U0506124

"六十四卦"中的人生哲理与谋略

《易经》对话录

（2016年版）

孙映逵 杨亦鸣◎著

社会科学文献出版社

SOCIAL SCIENCES ACADEMIC PRESS (CHINA)

目　录

下　经

“六十四卦”中的人生哲理与谋略

开场白

——读《易》须知

为何学《易经》

客：不知不觉已经年近半百了，回首往事，糊里糊涂地过了半生，正应了古人的一句话："行年五十，而知四十九年非。"现在想从《易经》六十四卦里学些古老的人生哲学和人生谋略，只怕为时过晚了。

主：学习在任何时候都不晚。孔老夫子说过："五十以学《易》，可以无大过矣。"人生半途，积累了不少经验教训，此时当会对《易经》有更多的理解，学《易》正是时候。话虽如此，年轻的朋友如能及早地从《易经》这口深井里汲取宝贵的智慧之水，作为跋涉人生沙漠旅途中的饮料，在生活中不断学习，逐渐加深领会，当然就更理想了。

客：我早就想学《易》了，苦于找不到合适的书看。有关的古籍和专著实在啃不动，近年来新出的这方面通俗读物倒不少，大都不得要领，似是而非，避开卦理，随意发挥，讲来讲去还是一笔糊涂账。还有不少用《周易》算卦的书，我更不敢问津，恐怕读了走火入魔。

主：我也读过十来本古今名家讲《易经》的书，觉得对现代读者最有帮助的还是金景芳、吕绍纲两位先生写的《周易全解》和黄寿祺、张善文两位先生写的《周易译注》。

客：这两本书我也翻阅过，太高深了，不大看得懂。还是向你求教吧。

主：能把《易经》六十四卦卦理讲清楚，讲得深入浅出，这很不容易，我恐怕做不到。再说《易经》所论是天地间的哲理，涵盖面极宽，其表述方法又极为特殊，讲解者众说纷纭，见仁见智，莫衷一是，很难采择。我们是不是这样来谈，以诸家权威之说为依据，择善而从，以免信口开河，尽量结合自己的体会和实际事例，谈得浅显一些。

客：这正中下怀，太好了。

《易经》是本怎样的书

主：你知道《易经》是本怎样的书吗？

客：这倒知道一些。《易经》本来是中国最古老的占筮书。起初有几种不同的本子，根据《周礼》记载，夏、商、周三代都有《易》。流传至今的只有周代之《易》，叫《周易》。《周易》后来被儒家奉为经典，故称为《易经》，并且冠居群经之首。

主：是的，《易经》最初来自古人的占筮记录，可以说是一部占辞汇编。但是它编排成书以后，虽然保留了占筮的主要功能，更体现了编纂者的哲学思想和生活经验。经过后人的进一步发挥，形成了《易经》的哲学体系，其影响难以估量，成为中华传统文化的基础，儒、道、墨、法、兵、名、阴阳等诸子百家思想的重要渊源，在世界文化史上也占有崇高地位。

客：一部占辞汇编怎么会形成哲学体系，产生这么大的影响呢？

主：从原始占筮记录而形成完整的哲学体系，有一个发展过程。《易经》是由一套象征符号系统六十四卦组成。最初用两个最基本的符号阳爻（—）和阴爻（－－）来表示宇宙间万事万物的基本分类（爻音 yáo，含有交错和变化之意），分别象征天、地，男、女，阳、阴，刚、柔，动、静，升、降等，这是古人对宇宙万物矛盾现象直接观察而得的概念，象征着相互对立的一切事物和现象。阳爻和阴爻这两种符号，看来是古人占筮时所用的一节和两节草棒的象形。

客：人们常说伏羲画八卦，文王演周易，孔子作易传，《易经》是这"三圣"完成的，真相究竟如何？

主：伏羲是远古时代的部落酋长，据说是他把阳爻、阴爻排列起来，每三爻组成一卦（单卦）得出了八种排列方式，这就是八卦：乾（☰）、坤（☷）、震（☳）、巽（读 xùn，☴）、坎（☵）、离（☲）、艮（读 gèn，☶）、兑（读 duì，☱），分别象征自然界的八种基本事物：天、地、雷、风、水、火、山、泽。后来，八卦的卦象含义又扩充到类概念，代表八种类型诸多物象，我们下面再谈。八卦是《易经》"假象喻意"表现形式的基础。至于八卦是否为伏羲所画，这传说很古老了，已无法查考。八卦的八种排列方式，当然是古人在排列草棒（蓍草的秆）作占卜时悟出来的。

客：据说是周文王把八卦两两重叠，演变成了六十四卦（重卦），并且写了卦辞和爻辞。

主：这是《易经》象征符号系统形成的最后阶段，将八卦符号两两重叠、排列组合的结果是六十四种（8×8＝64），这就是六十四卦。八卦称为单卦，六十四卦称为重卦。六十四卦分别象征六十四种事物和现象的特定情态，而卦中六爻之间的复杂关系，又显示出各种事理的发展规律。六十四卦的排列，也有规律可循，始于《乾》《坤》，终于《既济》《未济》，相邻两卦则多以卦象互为倒置为次序。其中有卦体倒置而卦形不变者计八个，则以六爻之阴阳互换为次序。总之，从六十四卦相承相受的排序中反映事物产生、发展的转化程序，这就形成了以阴阳爻为核心、以八卦为基础的符号象征体系。这时，产生了解说六十四卦哲理卦爻辞。解说某一卦含义的话是卦辞。每一卦包含六爻，六十四卦共有三百八十四爻，解说每一爻含义的是爻辞。六十四卦和卦爻辞的出现，意味着《易经》的"经文"已经完成。据说这一巨大工程是周文王之功，同时还有别的传说，现在也很难搞清楚了。我们觉得，完成这项了不起的工程恐非一人之力，集众人之智慧，才能写出这部以占筮为表以哲理为里的、卦形符号与文字解说有机结合的特殊的著作。

客：孔子作易传又是怎么一回事呢？

主：由于六十四卦的卦爻辞（即"经文"）写得太简单古奥，相传孔子又对经文加以必要的注释，这就是《易经》的"传文"，易传共有《文言》、《彖传》上下、《象传》上下、《系辞传》上下、《说卦传》、《序卦传》、《杂卦传》七种，计十篇，称为"十翼"。

客：由古人的占筮记录竟然发展成为体系完备的哲理著作，我总觉得不可思议！

主：这确实是个谜。我们设想，古人占卜不仅仅消极地问某事的结果如何，还会更进一步问应该如何。这样，占卜的结果启发人们思考"当为"与"不当为"，"如何为"，启发人们研究事物变易的微妙契机，昭示人们在屯难时避凶趋吉，在通泰时居安思危，从中积累进取技巧和处世智慧，逐渐从感性认识上升到理性认识，从千变万化中总结出不变的规律，以简易的符号系统加以表达，发展成《易经》的哲学体系。所以"易"字有"变易"、"不易"（"不变"）和"简易"三重含义。

客：《易经》被公认为一部古奥的奇书，从现代人的眼光看，《易经》究竟是怎样的一部书呢？

主：这要看你带着什么目的读它。它关系到哲学思想、天文地理、政治策略、军事计谋、伦理道德、行为科学、思维方式、人际关系、医学养生、信息预测、文艺美学等，甚至现代的前沿科学如计算机软件、遗传密码、混沌理论、耗散结构等，也可以从中得到启示。真是"仁者见之谓仁，智者见之谓智，百姓日用而不知"（《系辞传》）。总的说来，它当然是一部揭示万事万物发展变化规律的哲理著作。你说想从中学些古老的人生哲学和人生谋略，从你的这个角度看，《易经》六十四卦可以视为有关社会人生问题的六十四个专题，三百八十四爻可以看作在三百八十四种处境中可能发生的情况和最佳对策。《易经》，在古代是士大夫必读的高深教科书；在今天，仍不失为引导人们适应各种复杂环境的宝鉴，为人处世的指南，也可以说是一部完整的行为手册。

打开《易经》卦理奥秘的钥匙

客：《易经》深奥难懂，神秘莫测，令人望而却步，同时又有一种特殊的诱惑力，令人向往。我希望仁兄能交给我一把打开《易经》卦理奥秘的钥匙！

主：《易经》有其特殊的结构体系和表述方式，像任何学问都有它的 ABC 一样，《易经》体系也有基本法则，前人称之为"《易》学条例"。弄通《易经》卦理，有一些必备的实用的知识，我先做些简要介绍，以后在讨论六十四卦时再进一步阐述、印证，逐渐地加深领会，熟练掌握。首先我们要熟知八卦的卦形及其常见的象征意义，因为《易经》的表现方法是"假象喻意"的，其哲理是通过象征形式表达的。六十四卦皆由八卦重叠而成，八卦是最基本的象征符号。

客：我还没有记熟。有没有帮助记忆的诀窍？

主：卦形经常看就记住了。朱熹《周易本义》中有《八卦取象歌》，可以帮助记忆：

乾三连（☰），坤六断（☷），

震仰盂（☳），艮覆碗（☶），

离中虚（☲），坎中满（☵），

兑上缺（☱），巽下断（☴）。

乾、坤、坎、离四卦的卦形很好记。乾、坤分别由三阳爻、三阴爻组成。坎的卦形（☵）如同古文字"水"字（𣲏），水存于坑坎之中。离的卦形（☲）则与之相反，可与坎联系起来记忆。记忆兑、巽两卦卦形，也有一个取巧的法子。"兑"字上面是两点，兑的卦形（☱）上面也是两点；"巽"字下面是两点，巽的卦形（☴）下面恰好也是两点。剩下只有震、艮两卦，震的卦形（☳）取"震"字中间的四点和一横而成，艮的卦形则与此相反（☶）。

客：八卦的象征意义太多，这太难记了。

主：根本没有必要全部记忆，只记住八卦的最主要的象征意义就够用了。请你看看下面这张表，记住此表的内容就行了。这些基本卦象搞不清楚，任何《易经》著作都将读不懂。

卦　名	卦　形	象　形	意　义	（象义）
乾	☰	天	健	父
坤	☷	地	顺	母
震	☳	雷	动	长男
巽	☴	风、木	入	长女
坎	☵	水、雨	陷	中男
离	☲	火、日	附	中女
艮	☶	山	止	少男
兑	☱	泽	悦	少女

客：怎样才能记住这张表呢？

主：知道了八卦象征意义的来历，就容易记住了。我们最好在理解中记忆。

客：八卦象征意义的来历？请谈谈。

主："乾"的卦形为☰，三阳并升，犹如天体为阳气积聚而成，所以用来象征"天"；又由于阳性刚健，而天体也是健于运行的，所以"乾"的性质为"健"（刚健）。

"坤"的卦形为☷，三阴同降，犹如地体凝集阴气而成，所以象征"地"；又由于阴性柔顺，而地体也是宁静和顺地承接天体的，所以"坤"的性质为"顺"（和顺）。

"震"的卦形为☳，一阳上升之时，受到二阴下降之阻，两相激荡，如雷震动，所以象征"雷"；又由于一阳受二阴抑制必动，而雷也能震动万物，所以"震"的性质为"动"（奋动）。

"巽"的卦形为☴，二阳上升，一阴从中降下，中空而气体流通，所以象征"风"；而风吹是无孔不入的，所以"巽"的性质为"入"（潜入）。另一说，"巽"的卦形是二阳动于上，如同树身，一阴静于下，如同树根，所以此卦又象征"木"（树）；又由于树扎根于地，其根深入，所以"巽"的性质为"入"（潜入）。

"坎"的卦形为☵，一阳包含在二阴之中，犹如水表阴而里阳（水为阴质，但内含阳性元素，如氢氧均可燃），所以象征"水"；又由于此卦一阳陷入二阴之中，而水所存也总是低陷之地，所以"坎"的性质为"陷"（低陷），为"险"。

"离"的卦形为☲，二阳显于外，一阴含于内，犹如火表阳而里阴（火为阳忄生，但内含阴质，故火焰中间温度最低），所以象征"火"；又由于此卦二阳附着于一阴之上，而火的燃烧也必须附着于燃料，所以"离"的性质为"附"（附着）。

"艮"的卦形为☶，一阳居于二阴之上，犹如山之顶为阳，其下蕴藏阴质，所以象征"山"；又由于山总是静止不动的，所以"艮"的性质为"止"（静止）。

"兑"的卦形为☱，一阴在二阳之上，犹如湖上之水为阴，湖底为阳，所以象征"泽"；又由于湖泽能滋润万物，使之呈现喜悦之色，所以"兑"的性质为"悦"（欣悦）。

上述的八卦象义都是读懂《易经》必备的知识，实用价值较高。六十四重卦皆由八卦两两重叠而成，故八卦象义是研究六十四重卦卦理的基础。

我们读《易》重在解析六十四重卦，首先要了解重卦的基本结构。你对此有无了解？

客：重卦的基本结构，我略知一二。每卦先列卦形，次列卦名，再列卦辞（喻示全卦大意）。如《屯》卦：

䷂（卦形）屯（卦名）：元亨，利贞。勿用有攸往，利建侯。（卦辞）

《屯》卦由震☳和坎☵两单卦组成，有些《易经》版本在䷂之下常加小注："震下坎上"，又称为下体、上体，下卦、上卦，内卦、外卦。在卦辞之后，还附有以"《彖》曰""《象》曰"开头的两段文字，这就是传为孔子作的《彖传》和《大象传》，分别解释卦辞和卦象。

每卦重卦共有六爻，每爻先标出爻名，再列出爻辞（喻示本爻含义）。爻的次序是自下而上排列的。爻名用两字标出，一字表示位次，从第一爻到第六爻分别称为"初""二""三""四""五""上"；另一字表示爻性，阳爻用奇数"九"字代表，阴爻用偶数"六"字代表。爻名的两个字，第一爻和第六爻表位次的"初"字、"上"字在前，中间四爻表位次的"二""三""四""五"字在后。如《屯》卦（䷂）的六爻，自下而上依次为：1.阳爻，称"初九"；2.阴爻，称"六二"；3.阴爻，称"六三"；4.阴爻，称"六四"；5.阳爻，称"九五"；6.阴爻，称"上六"。每一爻都有爻辞，爻辞之后都附有以"《象》曰"开头的几句话，是传为孔子作的《小象传》，用以解释爻辞。

主：你讲得很清楚。

破译《易经》爻象密码的要诀

客：我最感困难的是读不懂六十四卦的爻辞，虽有《小象传》作解释，仍然莫名其妙。现代人的翻译和通俗解说虽然能看懂，但是还是无法理解原文中的那些稀奇古怪的话。

主：这是由于你不明白《易经》表述哲理的特殊方式。《易经》六十四卦，每卦的卦辞和六则爻辞，通过"假象喻意"的象征手法，提示该卦所蕴含的事物运行、变化、发展的规律。卦辞常通过卦象，尤其是上下二体之义释卦，就是说，要看组成这一重卦的上下两个单卦（上下二体）的象征意义，这就要熟知八个单卦（八卦）的象征意义，从而推知卦理。而六爻的哲理，则是通过爻象，即爻位特征以及各爻关系来反映，由爻辞用"假象喻意"的象征手法来表达。把爻辞说成爻象之密码，那真是一点也不过分。

客：究竟怎样破译这些"密码"呢？

主：须知每一爻的爻位特征和各爻关系的复杂情况，正是万事万物的复杂关系的反映，也是某种事物在某种特定情况下变动、发展规律的反映。"密码"就藏在爻位特征和各爻关系的多种类型之中，破译爻象密码的要诀也在于此。爻象中所隐含的哲理，正是通过爻位特征和各爻关系来体现的。

客：就是说，要想了解爻象中所隐含的哲理并读懂爻辞，必先了解爻位特征和各爻关系的种种类型？

主：正是。这是获得读《易》、解《易》的特殊技能所必不可少的。

先谈爻位特征。六十四卦的每卦各有六爻，自下而上分别称为初、二、三、四、五、上，区分出六级高低不同的等次，象征事物发展过程中所处的上下、贵贱、先后的地位、条件、阶段等，这六个等次构成六个不同的"爻位"。从六个爻位所处的地位之性质而言，用古代人的社会地位为喻，初为庶民，二为士人，三为大夫，四为公侯，五为天子，上为太上皇。从六个爻位代表的事物的发展阶段而言，初位为发端萌芽阶段，应潜藏勿用；二位为崭露头角阶段，应适当进取；三位为功业小成阶段，应谨慎防凶；四位为新入高层阶段，应警惧审时；五位为圆满成功阶段，应注意处盛戒盈；上位为发展终极阶段，应注意穷极必反。

客：在我的记忆中，《乾》卦六爻有此特点。

主：《乾》卦六爻最为典型。其他卦的爻位也可用此原理观察。此外，六爻中有为主之爻，称为"卦主"。卦主多取第五爻（上卦之中位）。

爻位又有当位、不当位之分。凡阳爻处于阳位（初、三、五为奇数，为阳位），阴爻处于阴位（二、四、上为偶数，为阴位），均称为"当位"，象征事物的发展变化符合规律（遵循正道）；反之，凡阳爻处于阴位，阴爻处于阳位，均称为"不当位"，象征事物的发展变化违反规律（背逆正道）。"当位""不当位"又称为"得正""失正"。

客：照这样说，以前面所举的《屯》卦为例，初九、六二、六四、九五、上六这五爻当位，只有六三不当位。

主：是的。不过，虽然一般说来，当位为吉，不当位为凶，但也不能以此为绝对标准，还要看其他多种因素，作综合考察。同时，当位与不当位也会有发展变化，所以当位者应守正防凶，不当位者应趋正求吉。另外，据三国时易学家王弼说，初、上两爻不存在"当位""不当位"的问题，因为初爻位卑势危，阴阳处之皆当深藏勿进；而上爻位极势危，刚柔居之都应谨防衰危。

客：爻位还有别的特殊情况吗？

主：还有两种重要情况。由于第二爻处于下卦的中位，第五爻处于上卦之中位，这两个位置优越，称为"居中"，象征守持中道，行为不偏。阳爻居中位，则有"刚中"之德；阴爻居中位，则有"柔中"之德。如果刚好阴爻处于第二位（六二），阳爻处于第五位（九五），那就更好了，是既"中"且"正"，称为"中正"，在爻位中是最为美善的象征。《易经》崇尚"居中""中正"，符合先秦儒家所提倡的中庸之道、中和之美。

客：上述爻位特征的种种类型，都是剖析爻象的依据吗？

主：是的，除此而外，各爻关系的种种类型也是重要依据。所以说，要作综合观察。

在六爻之间，由于各爻的位次、性质、远近距离等因素，常常表现出"承""乘""比""应"的复杂关系，反映事物在复杂环境中发展变化的有利或不利的外在条件。

凡相邻两爻，如阴爻在阳爻之上，称为"乘刚"，简称"乘"，象征弱者（柔者）乘凌强者（刚者）、"小人"乘凌"君子"，爻义往往不吉。如几个阴爻都在一个阳爻之上，则这几个阴爻对这一阳爻都可称"乘"。

相反，凡相邻两爻，如阴爻在阳爻之下，则称为"承刚"，简称"承"，象征卑微者（柔弱者）顺承尊高者（刚强者），请求援助。这时爻义的凶吉要看具体情况而定，一般说来，两爻阴阳当位者为吉，两爻阴阳不当位者多凶。如果一个阴爻之上有几个阳爻，则这一阴爻对几个阳爻都可称"承"。

凡相邻两爻，都可称为"比"（比近）。两爻互比，象征事物处在邻近环境中的作用与反作用，可通过两爻的阴阳承乘关系加以分析。

在一卦中，下卦三爻与上卦三爻在相应位置上是两两对应的

（即初爻与四爻，二爻与五爻，三爻与上爻）。对应之爻，如果为一阴一阳，互相交感，称为"有应"；如果都是阳爻，或者都是阴爻，不能交感，就称为"无应"。爻位的"有应""无应"，在剖析爻象时经常用到，这象征着事物之间的谐和、统一与矛盾、对立的运动规律。

客：这样看来，各爻之间的承、乘、比、应的关系，相当复杂！

主：确实如此。比如说，"应"就常常受到承、乘、比的影响和妨碍。这构成了复杂的关系网。而各爻关系又与各爻的爻位特征的种种规定性交织在一起，其头绪之纷繁可想而知，然而非如此也不足以反映万事万物的复杂变化。在这里，以六爻的变化模拟事物错综复杂的变化，六爻又是某种事物在某种时空中的象征，所以爻象的推演程式是十分繁复多变的。只要在每一卦的学习过程中，不断运用我们上面所说的破译"密码"的要诀，执简以驭繁，《易经》这座神秘迷宫是可以任人遨游的。

尤其值得注意的是，由于卦爻符号是一个开放系统，其象征意义是因时、因事、因人而异的，而卦爻符号的含蓄性、多义性、包容性，又能产生丰富的类比联想，所以，我们在探讨卦理爻象之时，要坚持两大原则。一是综合性：要善于体察多种因素，不执于一端，使得我们的推演得出顾及各种因素的综合性结论。二是灵活性：不生硬理解卦辞爻辞，机械套用卦理爻象，要在哲理的悟解中加以灵活运用。须知《易经》所启示的是"活法"，而不是"死法"，它是变化的哲学，是在无穷变幻中显示的根本大法。

客：最后还想请教一个问题，人们常说《易》学是象数之学，这是怎么一回事？

主：象数是《易经》用来表达义理的特殊方式。《易经》的义理寓于象数，其象数则蕴含着义理，这是《易经》象征特色的体现。何谓"象数"？简而言之，"象"有两种，一为"卦象"，即八卦与六十四卦所象征的事物；二为"爻象"，即卦中各爻所象征的事物。"数"也有两种：一为"阴阳数"，如奇为阳数，偶为阴数；二为"爻数"，即爻的位次。"数"又可体现为"空间之数"（即卦与爻的位置）和"时间之数"（如"困"之时、"随"之时、"需"之时）。"象"与"数"是不可分的，"象"正是在"数"的时空变化中发生变化的，《易经》正是探讨这千变万化中的规律。

客：何谓"时间之数"？

主："时间之数"就是通常所说的"卦时"。六十四卦的每一卦，各自象征某一事物、现象在特定背景中产生、发展、变化的规律，这种"特定背景"就是所谓"卦时"，简称为"时"。

客：就是说，六十四卦就有六十四种特定背景，就是六十四"时"？

主：正是。这六十四时从不同角度揭示了在特定背景下的事理，如《泰》卦象征"通泰"之时的事理，《否》卦象征"阻塞"之时的事理，《讼》卦象征"争讼"之时的事理，《师》卦象征"用兵"之时的事理，《既济》卦象征"事已成"之时的事理，《未济》卦象征"事未成"之时的事理，等等。每卦六爻的变化，反映了事物在特定"时"中发展到某一阶段的规律。换言之，六十四卦所表示的六十四时，可以说是社会人生问题的六十四个专题，三百八十四爻则可以视为在三百八十四种人生处境中可能发生的情况和最佳对策。《易经》六十四卦就是一部完整的行为手册。

客：这样看来，《易经》在社会人生问题上既有很高深广泛的哲理性和包容性，又有很强的指导性和实用性。我们选用什么版本的《易经》作为读本比较方便呢？

　　主：这里有一本我自己写的《易经》笔记，除了照录原文外，翻译了全部《易经》六十四卦的卦爻辞和象传、象传，每一条都以一句话提其要旨，写成"提示"。我们就以此为纲来讨论，如何？

　　客：太好了！不胜感激之至！

　　　　　　　　　　　　　　"六十四卦"中的人生哲理与谋略

六十四卦

——人生行为指南

上　经

1. 乾卦——刚强者的进取哲学

䷀　乾上乾下

乾：元亨利贞。

【译文】乾卦象征天：元始，亨通，和谐有利，正固持久。（贞：持正而坚固。）

【提示】指出乾的四种本质特征。

客：请你讲解六十四卦。我已下了决心，要啃这六十四个酸果。

主：好吧，我们从乾卦说起。乾坤两卦是六十四卦之首，是六十四卦的根本，也可称为"祖卦"。历来研读《易经》者，特别重视这两卦。乾卦以天为象征形象，表述了阳刚之气和强健本质的特征、作用及其发展变化规律，从中揭示了刚强者的进取哲学。我认为这就是乾卦的精神实质。

客：就是说，要效法天的刚健精神，奋发进取。我记得著名的古代格言："天行健，君子以自强不息。"就来自乾卦的《大象传》。

主：这正是法天而行。

客：我感到奇怪的是，此卦既然以天为象征，为什么不命名为"天"，而命名为"乾"呢？

主："天"表示的是实体，"乾"表示的则是"天"的本质作用。一为"体"，一为"用"。正如你刚才引用的《大象传》中所说，天体运行是亘古如斯、刚健不息的，是健于运行的，故"健"为"天"的本质作用。而"乾"正是"健"的意思。

客：也就是说，乾之"体"为天，乾之"用"为健；或者说，乾之"象"为天，乾之"意"为健？

主：你弄明白了。

客：你上次说，单卦"乾"的卦形为☰，意为三阳并升。两乾相叠得出了重卦"乾"（䷀），与单卦"乾"的含义是否有些区别？

主：重卦"乾"是乾而又乾，故称"重乾"；其性质是健而又健，故称"至健"。由两个相同的单卦组成的重卦，总共有八个，称为八纯卦。八纯卦与相应的八卦含义是一致的，谈不上有什么根本区别。当然八纯卦也可以理解为相应单卦意象的加强，如乾的单卦象征天，重卦则象征天外有天；坤的单卦象征地，重卦则象征地下有地；坎的单卦象征险陷，重卦则象征险而又险，如此等等。

客：现在请解释一下卦辞吧。为什么把元、亨、利、贞说成是天的四种本质特征呢？

主：这是古人对大自然的直观感受的总结。认为"天"的本质是沛然刚健、运行不息的阳气，体现出元始（元）、亨通（亨）、和谐有利（利）、正固持久（贞）这四种特征。天之阳气是始生万物的本原，故称为"元"；能使万物品类流布成形，无不亨通，故称为"亨"；并能使物性和谐，各得其利，故称为"利"；又能使万物正固，持久地存在，故称为"贞"。总之，天之阳气是万物资

"六十四卦"中的人生哲理与谋略

生之本，又制约、主宰着整个自然世界。天有开创万物并使之亨通、富利、正固的"功德"，故元、亨、利、贞被称为乾之"四德"。

客：就是说，卦辞用元、亨、利、贞四字赞美了天的阳刚之气的四大功德。

主：是的，并希望学《易》者从而效法，法天而行。关于四德，《彖传》发挥得比较详尽。我们先看《彖传》。《彖传》是相传孔子为《易经》所做的七种《易传》之一，是解释卦辞的文字。"彖"（音 tuàn）意为断，断定一卦之义，故名为"彖"。

《彖》曰：大哉乾元，万物资始，乃统天。云行雨施，品物流形。

【译文】《彖传》说：浩大啊，天的元始之气，万物依靠它起始产生，它主宰着宇宙自然。浮云飘行，雨水降落，各种物类变化成形。（统：统领，主宰。）

【提示】解释卦辞"元""亨"。

客：这段话写得很优美，很有诗意。

主：可以说是对天的礼赞，这几句同时解释了"元"和"亨"这两个本质特征。"元"即天的元始开创之功，强调了创生万物、主宰自然的正是"乾元"——天的元气，也就是乾阳元始之气。"云行雨施，品物流行"，则是乾之"亨"（亨通）的表现。天道运行于天地之间，无处不通达。万物经过雨露滋润，各自生长变化成形，生机勃勃，欣欣向荣，岂不是一派亨通气象。"元"是元始开创，"亨"是亨通顺达。元始开创之后继之以亨通顺达，这正是天之道的大功大德。再看《彖传》下文。

大明终始，六位时成，时乘六龙以御天。

【译文】太阳西降东升，终而复始。乾卦六爻按照不同的时机形成，就像按时乘着六龙在天上运行。（大明：太阳。）

【提示】 指出人事的发展变化也像天道运行一样有规律。

客：乾卦的六爻是取龙为象的，这里的"六龙"便是指乾卦六爻而言吗？

主：是的，这里的"六位""六龙"均指乾卦六爻而言。万事万物的发展变化，都像太阳的升降一样，有开端，有终局，这是由各个阶段组成的完整的历程，其发展变化有规律可循。乾卦六爻正是如此，设置六位，取龙为象，通过龙在六位上的潜、见、惕、跃、飞、亢的六种不同动态，说明人事中的行为主体在不同的时机条件下的不同的升降变化，并以此体现事物发展过程的内在规律。

客：《象传》在解释卦辞中所述天的本质特征之时，怎么突然扯出了乾卦的六爻？

主：乾卦六爻以龙在六种时位上的取象，喻指人生奋斗的六种不同境遇与对策。《易经》讲天之道是为了说明人之道。《象辞》在阐述天之道时往往引申到人之道，依据天道谈人事，通过人事观天道，互相印证，融会贯通。此处正是这样，指出人事的发展变化也正像天道运行一样，是有其规律可循的。

客：这也是出自天人合一的观念吧？

主：可以这样理解。下文继续论天，继续解释发挥卦辞中的"利""贞"二字。

乾道变化，各正性命，保合太和，乃利贞。

【译文】 由于天道的变化，——赋予万物以各自的本性和生命，而太和元气得以保全、融合，这样就使得物性和谐，各有其利，万物都能正固持久地成长。（太和：阴阳和合之气。）

【提示】 解释卦辞"利""贞"。

　　　　　　　　　　"六十四卦"中的人生哲理与谋略

客：这一小段不甚好懂。

主：解其大意就可以了。在天道的主宰下，阴阳和合的太和元气常运不息，使得一切生命体都能和谐生存，皆受其益，这就是"利"；使得万物都能长久地延续生命，不致夭折，这就是"贞"。"元""亨""利""贞"，便是天的四种本质特征，也是天的四大功德。天之所以为天，也正由于此。

客：如此看来，天真是至高无上的了。难怪《孟子》中说："惟天为大，惟尧则之。"圣人是以天为法则的。

主：天正是客观的自然法则。人与天的关系是，人应与天相应，法天而行，不可违抗自然规律。所以《彖传》在最后的结语中又与开头呼应，仍以对天的赞颂收束全文：

首出庶物，万国咸宁。

【译文】 天居于万物之首，犹如国君居于众民之首，使得天下都获得安宁。（庶物：万物。）

【提示】 指出天是主宰万物的。

客：这是强调天在宇宙万物中的主宰作用，并以帝王君临天下作为比方。是否还可以这样理解：君临天下的统治者，也应效法天道的元、亨、利、贞，以此恩泽天下，才能求得万国咸宁。

主：当然可以这样理解，也应该这样理解。法天道并应用于人事，这本来就是乾卦的基本精神。到此为止，从卦辞到《彖传》，只讲了"元""亨""利""贞"四个字，借此阐发了乾天产生并哺育万物的基本原理。让我们接下去看《象传》吧。

客：请问《彖传》与《象传》究竟有哪些不同之处？

主：《象传》也是相传为孔子所做的七种《易传》之一，旨在解释卦象、爻象的象征意义（"象"字意为"形象"、"象征"）。《象传》又有大、小之分，《大象传》每卦只有一条，解释卦象；

《小象传》则有六条，分别解释六爻爻象。《大象传》与《象传》虽然都是针对全卦而言，但二者有很大不同。《象传》解释卦名、卦辞及一卦大旨，并往往取卦象、爻象来做说明；《大象传》解释卦象，则专取上下两象来立义，从卦象中推衍出切近人事的象征意义。《象传》总是由论天道而论及人事，《大象传》则只讲人事，并且多以"君子"的言行、道德为喻。二者的区别是十分明显的，我们在研读各卦的《象传》和《大象传》时可以看得很清楚。

客：《小象传》附在各爻的爻辞之后，专门解释爻象吗？

主：是的，《小象传》根据每爻的特点，分析爻义的吉凶利弊之所以然，所以通行本《易经》都把《小象传》附在各爻的爻辞之后，以便对照爻辞阅览。有趣的是，《小象传》是押韵的，连起来读便是哲理诗。当然，古韵和今韵稍有不同。

客：现在请你讲解乾卦的《大象传》吧。

《象》曰：天行健，君子以自强不息。

【译文】《象传》说：天的运行刚劲强健，君子因此永不停息地发愤图强。（以：以此，因此。）

【提示】 指出君子应观天之象而自强。

主：这就是你刚才提到的著名格言，是从卦象中推衍引申出的人生哲理。请你试作解释。

客：这句话大概是古人直观自然的心得体会。看到天绕地转，昼夜更迭，四时交替，永无止息，永不懈怠，因而想到君子应该效法天象的健于运行，永不停息地发愤自强。

主：很准确。《大象传》正是如此，是古人在行为哲学方面对易理的推衍、发挥和运用，其中包含许多意味深长的格言警句。下面让我们考察乾卦六爻的爻辞吧。

☰. 初九，潜龙勿用。

"六十四卦"中的人生哲理与谋略

【译文】初九，龙潜水中，暂不发挥作用。

《象》曰：潜龙勿用，阳在下也。

【译文】《象传》说：龙潜水中，暂不发挥作用，说明阳气初生，居于下位。

【提示】指出初期阶段，应暂行潜藏。

客：乾卦的卦辞以天为象征，六爻的爻辞却以龙为象征，这是什么缘故呢？

主：乾卦的卦辞要说明本卦的特点——健，即元、亨、利、贞，取天为象是最贴切的。而乾卦六爻则是从变化的动态中反映健的特点，在变化的各阶段中有潜有见，有升有降，有飞有跃，六爻爻辞再取天为象就不便于说明问题了，取龙为象就非常合适。龙是神话中最高贵的动物，足以象征乾阳的至高无上；同时龙又是善变之物，能够潜水、行地、飞天，海陆空三栖，所以乾卦六爻取龙为象以明变化。由此可见，只要能确当地表意，取象是灵活的，不必拘泥，能达到"假象喻意"的目的就行了。

客：乾卦六爻标志着乾阳发展变化的六个阶段吗？

主：是的，事物的发展是有阶段性的。乾卦六爻以龙为喻，从潜龙到现龙、惕龙、跃龙、飞龙、亢龙，形象地展示了阳气萌生、增长、盛壮，直至穷极衰亡的发展变化的过程，暗示了人生奋斗的六个阶段的行为策略。我们认为，乾卦是刚强者的进取哲学，主要就体现在这六个阶段的过程中。

客：第一爻初九，应该是阳气初生的阶段吧？

主：正是。阳气初生，位卑力薄，一切还刚刚起步，需要养精蓄锐，有待于逐渐发展。这时只能潜藏待时，像卧龙一样潜伏水中，不宜有所作为。此时还不是崭露头角、跃跃欲试、发挥作用的时候，万万不能性急。待形势许可，时机已到时，再求发展可也。

客：这使我想起《三国演义》里的刘备，在他势单力微、依附曹操之时，一点也不敢露出胸中大志，更不敢出风头，"防曹操谋害，就下处后园种菜，亲自浇灌，以为韬晦之计。"曹操煮酒论英雄，指出他是当今英雄，他大惊失色。《三国演义》中有一首诗说这件事："勉从虎穴暂趋身，说破英雄惊煞人；巧借闻雷来掩饰，随机应变信如神。"刘备可算得是藏器待时的潜龙了吧？

主：历史上此等人物不胜枚举，这对于我们的人生修养确有启发。当学行未成、人微言轻之时，不可强行出头，多管闲事，因为你还没有兴云作雨的能力和条件，只宜潜伏。让我们再看第二爻，潜龙要初露头角了。

䷀. 九二，见龙在田，利见大人。

【译文】 九二，龙出现在田间，有利于大德大才之人出现。（见：同"现"。）

《象》曰：见龙在田，德施普也。

【译文】 《象传》说：龙出现在田间，说明贤人的恩德可以普遍推行。

【提示】 指出进取者应及时显现。

客：潜龙这么快就出来活动了吗？

主：这是由主客观条件决定的。从主观因素上看，九二为阳爻，气质刚健，同时又居于本卦下体之中位（得中），具备"刚中"之德。这意味着它既有足够的雄心和魄力，又能守持中道，妥善行事，品格修养已经成熟，具备了成功的素质，故被称为"大人"。再从客观形势上看，九二已经崭露头角，其才干和品德已为大众所发现。卦有天、地、人三才，初、二为地，三、四为人，五、上为天。九二居第二爻，位置正是地之上。说明阳刚渐增，纯阳之气已从地下升出地面。这是主客观情势使然，是事物发展必然结果，就不必再掩饰躲藏了。

客：这时候就应该一展身手，洒甘霖于世间，施恩德于百姓，让人们进一步了解你的抱负、你的事业。

主：就像诸葛亮被刘备发现之后，三顾于草庐之中，请出山来，就应该奋其智能，大有作为。于是《三国演义》在"三顾草庐"之后就续上了"诸葛亮火烧新野"这一回。

客：到了下一阶段，更应该一飞冲天、大展鸿图了吧？

主：不然，事情的发展并不是那样简单直截，请看下一爻。

䷀· 九三，君子终日乾乾，夕惕若，厉无咎。

【译文】 九三，君子整天勤奋不息，甚至夜间也时时警惕，虽然面临危险也无祸害。（乾乾：健行不息。若：语助词。厉：危险。）

《象》曰：终日乾乾，反复道也。

【译文】 《象传》说，整天勤奋不息，说明需要反复地遵行正道。（道，合理的行为。）

【提示】 指出进取者处于微妙阶段，必须更加小心勤奋。

客：九三为什么忽然如此戒备谨慎、心怀疑惧呢？

主：你这一问十分要紧。因为九三的处境很特殊，处于下卦之上、上卦之下，是个多凶的危厉之地，很容易动辄得咎。事业将成而未成，正如龙刚刚飞起在半空，上还没有直趋云天，下又脱离了地面。既不能凭借崇高威望获得尊重，又失去了立足保身之地。进不能只顾向上飞，因为事业的成就尚未得到公认，恐怕会被讥为小人得志；退又不能返回地面，使事业半途而废，甚至还会有不测之灾。有人说：人生最尴尬、最难挨的时期，是那种不上不下的时候。九三所处，正是这样。幸亏九三以阳爻居阳位，是个刚健而又得正的君子，"终日乾乾，夕惕若"，能够健而又健地勤奋工作，并且小心谨慎，即使到晚上也不敢松懈。九三能如此作为，有咎才转变为无咎，这可以说是履险如夷的真本事。天之降大任于斯人也，必然要反复地磨练他，有志之士皆有此思想准备。

客：所以《象传》中说："终日乾乾，反复道也。"

主：乾道在其发展过程中，不可能直线上升。九三处于乾卦的上下二体之间，正是在或上或下的反复阶段（自上而下为反，自下而上为复），必须反复地坚持遵正道而行。

客：九四的地位也有些类似，居上体之下，又临下体之上，这地位也比较难处吧？

主：你的推测是对的。我们现在就研究九四。

☰· 九四，或跃在渊，无咎。

【译文】 九四，应相机而动，或者跃起上进，或者退处在渊，则无咎害。

《象》曰：或跃在渊，进无咎也。

【译文】 《象传》说：或者跃起上进，或者退处在渊，说明相机前进没有害处。

【提示】 指出处九四之位应相机而动。

主："或"是不定之辞。或者跳跃而离渊，或者潜伏在深渊不动，要审时度势，灵活处理。因为九四的处境也很特殊。"三多凶"，"四多惧"。四迫于君位五，是多惧之地，不可轻举妄动，以免招受疑忌。形势可进则进，不可进则安居不动，进退掌握时机，则可免咎矣。由于九四正在从下体初入上体之时，地位未定，进退两难。有志之士在此阶段如何自处，自当慎重。

客：客观形势如此，确实令人为难。不过，从主观条件这方面看，九四是能够应付自如的。九四以阳爻居阴位，因不当位有不利的一面。但也应看到有利的一面，阳主进，阴主退，阳居阴位，能够随时进退，见机而动，故无咎。这使我想起了汉代刘秀在屈居更始帝刘玄之下时的艰难处境和明智对策。

主：逆水行舟，不进则退。九四已经开始进入上体，不能总是无所作为，总的指导思想还是要待时而进，伺机奋进。只是要求"待时""伺机"，不可盲目冒进罢了，不是要你不进。所以《象传》进一步强调说："进无咎也。"刘秀在更始帝杀死其兄刘縯之时，不得不深自贬抑，委曲图存。一旦得到了巡抚河北的机会，他立刻乘机而起，独树一帜，终于奠定帝业。

客：这样分析确实更全面了。下面一爻，就是大名鼎鼎的"九五之尊"，九四就要渡过难关登上尊位了吧？

☰ 九五，飞龙在天，利见大人。

【译文】九五，飞龙上天，有利于大德大才之人出现。（见：同现。）

《象》曰：飞龙在天，大人造也。

【译文】《象传》说：龙飞上天，说明到了大德大才之人大有作为之时。（造：有所作为。）

【提示】指出阳气发展的最佳状态。

主：九五为阳爻，故刚健；处于上卦之中位，故居中；五为阳位，阳爻在阳位，故得正。所以九五在所有卦里都是最吉之爻，旧称此爻为"君位"。皇帝通称为"九五之尊"，就是这么来的。乾卦之九五更是非同小可，因为乾卦全部由阳爻组成，是纯阳至健之卦，所以乾卦九五不仅刚健中正，同时纯粹而精，最为可贵。

客：九五与九二都称为"大人"，有何区别？

主：九二之大人虽有高德而无高位，九五之大人便不同了，德高位亦高，其品德、才智、地位兼备。主客观条件都已尽善尽美，这才是一飞冲天、大展鸿图的时候。这也是一切志士仁人、一切事业家最向往的境界。

客：象征着进取者的这条龙，而今已飞腾上天，以后又将如何发展呢？

主：物极必反，穷极将变。请看下爻。

☰ 上九，亢龙有悔。

【译文】《象传》说：龙高飞到了极点，必有过悔。（亢：音kàng，极高。）

《象》曰：亢龙有悔，盈不可久也。

【译文】《象传》说：龙高飞到了极点，必有过悔，说明盈满过分，不能长久。

【提示】指出盛极则衰，盈满易倾。

主：盛极必衰。上九之爻，龙已亢，阳已极，不仅在客观形势上处于极盛，在主观意识上也满盈了，到了止进而退的时候。如果进而不知退，往而不能返，就要走向反面，必有过悔，所以本爻的爻辞予以告诫。正如朱熹所说："当极盛之时，便须虑其亢。""《易》之大义，大抵于盛满时致戒。"（《朱子语类》）

客：所谓"峣峣者易折"，就是这个道理吧？

主：是啊。历史上有不少英雄人物，在艰苦创业之时并没有失败、倒下，而在大功告成、得意志满之时，却摔了大跟斗，甚至一蹶不振。

客：唐玄宗就是一个。此人颇有雄才大略，也很明智，将唐帝国推至极盛的顶峰，从此就变得刚愎自用，昏庸腐败，招引起安史之乱，差一点断送了江山，悔之无及，成了历史上著名的先明后暗的典型人物。

主：盈则易倾，如何能久！上九爻辞，确实是警世良言。站

"六十四卦"中的人生哲理与谋略

到令人眩目的高度，而能保持清醒头脑，不致晕头转向，那才是真正了不起的大英雄啊。

客：这样的奇才在历史上极其罕见，唐玄宗的曾祖父唐太宗，大概可以算是一个吧。

主：上九如有太宗的英明，居安思危，慎终如始，警惕戒惧，悔而能改，庶几可以善始善终了。

到此为止，六爻的爻象、特征都已分析了。各卦的卦爻辞都到此结束，唯独乾、坤二卦，下面多出一条"用九""用六"。

客：这是何故？

主：这与古代的占筮有关。乾卦"用九"，意味着六个阳爻全部变为阴爻，则乾变为坤。坤卦"用六"，意味着六个阴爻全部变为阳爻，则坤变为乾。这里表现了乾坤互相转化的思想。我们研究一下"用九"辞就明白了。

䷀ 用九，见群龙无首，吉。

【译文】 用"九"数，出现一群龙，都不以首领自居，吉祥。

《象》曰：用九，天德不可为首也。

【译文】《象传》说：用"九"数，说明天的美德是不以首领自居的。

【提示】 指出天德应该刚而能柔，兼具阳刚阴柔之美。

客："用九"是怎么一回事？

主："用九"，是指占筮得到六个数都是"九"，奇数"九"为阳爻，故所得之卦为"乾"；"九"又为变爻，六个阳爻都要变为阴爻，那么整个乾卦将变而为坤。值得注意的是，"用九"所得之卦既不完全是乾，也不完全是坤。是乾，却将变为坤；变坤，却又仍然是乾。就是说，处在乾坤转变之中，兼有乾、坤二者的美德。

客：乾德刚健，坤德柔和，二者兼备，就是刚而能柔了。这二者倒是难得双兼的。

主：刚健者勇于进取，其弊则咄咄逼人；柔和者亲切宽厚，其弊则软弱被动。兼具阳刚阴柔之德，真可谓尽善尽美了，故称为"天德"。

客：这与"群龙无首"有什么关系？

主："群龙"是乾卦的六个阳爻，性质刚健，一往无前；当"用九"之时，它们全部变为阴爻，除了保持阳刚本性外，同时又兼得阴柔之美。其重要表现是：越是强大，越有地位，越是谦逊谨慎，越是不为物先；处于首领地位，却不以首领自居，这就是"群龙无首"。这一批首领都有此风范，这真是大吉之兆。须知，自为人首者，人们偏偏不愿以为首；不以首领自居者，人们偏偏愿意推戴他为首领。

客：这与《老子》"贵以贱为本""后其身而身先"的观点倒是一致的。

主：《老子》说："江海所以能为百谷王者，以其善下之。""以其不争，故天下莫能与之争。"这里蕴含的哲理确实是深刻的。原始社会的部落联盟领袖尧、舜，不以首领自居，与人民同甘共苦，以谦让精神治理天下，确实得到了万民拥戴。这历来是人们所向往的理想的政治境界。

至此，我们研究了乾卦的卦、爻象的大致情况。乾卦以天和龙为象征，指出了阳刚之气的本质作用及其发展变化规律，揭示了事业发展的各个不同时期的行为准则，堪称是刚强者的进取哲学之结晶。

客：乾卦讲的是天和龙，指导对象是君子、大人，甚至是九五之尊，我总觉得高不可攀，对于我们一般人没有实用价值。

主：这话说错了。乾卦总结概括了人生奋斗的六个阶段的形势特征和最佳策略，对人人都适用。"潜"是人生奋斗之始，"见"是小试锋芒之时，"惕"是初获成就之日，"跃"是一举成功之机，"飞"是事业大成之际，"亢"是事业极盛时期。这是人人都可能遇到的人生境界。当你胸怀大志，默默无闻地努力时，你就是一条"潜龙"。当你的事业成功，你的聪明才智得到充分发挥时，你就是"飞龙在天"了。"人皆可以为舜尧"嘛。

客：除了卦象外，卦爻辞是研读《易经》的关键，既是重点也是难点。请你再谈谈这方面的知识好吗？

主：好。卦爻辞一般都由象征形象和象征意义两部分构成，其中描述象征形象的文辞称"象辞"，描述象征意义的文辞称为"兆辞"。如乾卦初九的爻辞："潜龙勿用。"其中"潜龙"为象辞，"勿用"为兆辞。象辞是前提，兆辞是结果。分清象辞与兆辞，对读懂卦爻辞很有用。

客：卦爻辞的内容奇奇怪怪，五花八门，够让人眼花缭乱的。

主：确实很复杂。其性质大约有这样四类：一是记事类，记古代故事以指示吉凶、祸福。二是取象类，用某种事物作为人事之象征，以指示吉凶、祸福。如乾卦各爻以龙来象征人事。三为说事类，直说人的所作所为，以指示吉凶、祸福。如乾卦九三爻辞："君子终日乾乾，夕惕若，厉无咎。"四为占断类，直接论断吉凶、祸福，常用下列占断用语：

1. 亨：通达顺利。

2. 利：有利，适宜。

3. 吉：吉祥。

4. 吝：遗憾，麻烦，艰难。

5. 厉：危险，危难。

6. 悔：忧虑，困厄。

7. 咎：过错，祸害，危害。重于"悔"，轻于"凶"。

8. 凶：灾祸，恶果。

客：就是说，亨、利、吉皆为吉词，含义有些区别。吝、厉、悔、咎、凶皆为凶词，其程度越来越严重。这样理解对吗？

主：大致上是这样。

2. 坤卦——柔顺者的辅佐哲学

䷁ 坤下坤上

坤：元亨，利牝马之贞。君子有攸往，先迷，后得主，利。西南得朋，东北丧朋，安贞吉。

【译文】 坤卦象征地：元始，亨通，有利于像雌马一样以柔顺坚持正道。君子有所往，如果争先前行会迷入歧途；如果随从人后，就会有人出来做主，必然有利。向西南走会得到朋友，向东北走会失去朋友，这时安于坚持正道是吉祥的。（攸：所。贞：坚持正道。）

【提示】 指出坤的阴柔顺从的本质特征。

客：乾象征天的纯阳之气，性质刚健；坤象征地的纯阴之气，性质柔顺。这样理解对吗？

主：大致上是这样，所以乾卦又以刚健而行天的龙为象征，坤卦又以柔顺而行地的雌马为象征。

客：谈乾论坤，说起来也是千头万绪，难得要领。请你大略地讲讲这两卦的要义，好吗？

主：刚才你的话中已经涉及两卦的要义。需要补充的是：乾、坤两卦揭示了阴、阳这对基本矛盾既对立又依存的关系。这是一。在这对矛盾中，"阳"处于主导地位，"阴"则处于附从地位，依顺于"阳"而存在并发展。这是二。

客：总而言之，乾阳是主导的、进取的、刚健的，坤阴是依存的、辅助的、柔顺的。

主：所以，乾卦讲的是刚强者的进取哲学，坤卦讲的是柔顺者的辅佐哲学。当然，这是从人事的角度来立论的。坤卦的卦辞就着重指出坤阴的本质特征为柔顺。

客：坤卦卦辞中也有"元""亨""利""贞"四字，这与乾卦有相同之处。

主：有相同之处，也有不同之处。坤阴配合乾阳，也能化生、创始万物，并使之生长、发展、亨通。所以坤阴也是元始而亨通的，这是与乾阳的相同之处。不同者，坤卦卦辞在"贞"字之前添上"牝马"二字加以限制，是"牝马之贞"，这就与乾卦之"贞"不同了。雄马的本质是刚健自强，坚持刚健便是雄马的正道，是雄马之"贞"；雌马的本质则是柔弱顺从，坚持柔顺便是雌马的正道，是雌马之"贞"。所以"坤"应像雌马那样坚持柔顺之正道。

客：就是说，阳刚而阴柔，乾健而坤顺，所以坤须顺乾。这样，才能与乾一起发挥和合化生、元始亨通的大作用、大利益。

主：卦辞的下文又举例进一步发挥"利牝马之贞"的精义，其要旨就是"柔顺""居后""随从"。好比外出旅行，不能争着走在前头，会有迷路的危险；要随从人后，会有人出来做主的，你跟着走好了。采取这个办法是对你有利的。这便是坤道，像雌马那样坚持柔顺之道。能如此行事者，便是行坤道之君子。

客：这岂不是太消极被动了吗？难道总是随人之后才是"君子"吗？

主：这是由于其内因——个性柔弱与外因——处于从属地位所决定的，在此种内外因改变之前，必须依柔顺的坤道行事，遵循"先迷后得主"的原则。要像《老子》所说的"不敢为天下先"，这才是处于坤位的君子必须采取的最有利的行为方针。坤就是应该顺乾的，要以乾为先而己居后，以乾为主而己为辅。所以前人说乾为君道、坤为臣道。拿现代语言表述，乾道为刚强者的进取哲学，坤道为柔顺者的辅佐哲学。

客：卦辞的最后几句话不好懂，什么"西南得朋，东北丧朋"，这是什么隐语？

主：《周易》里的这些话同周朝人的方位观念有关。周朝的本土在秦岭以北，西南方多山而背阴，东北方平坦而向阳，故以西南为阴方，东北为阳方。用《说卦传》中的八卦方位图来验证，也是符合的。卦辞的最后几句话仍以外出旅行打比方。向西南走，意味着坤阴趋向阴方，同类相聚，所以说"得朋"。向东北走，意味着坤阴走向阳方，失去阴性同类，所以说"丧朋"；但是以阴从阳实是好事，阴阳和合状态得以形成。在此种情况下，坤阴能够坚持以阴从阳就是坚持了柔顺的坤道，就是坚持了坤的正道，当然是吉祥的。总之，坤阴得到乾阳做己之主则吉，失去乾阳之主则凶。坤阴的本质特征就是"柔顺""随从""辅助"，是以乾为主，以己为从、为辅的，卦辞对此反复地加以暗示。下面的《象传》，对卦辞的每一句都做了说明，对照阅读，就更明白了。

《象》曰：至哉坤元，万物资生，乃顺承天。坤厚载物，德合无疆。含弘光大，品物咸亨。牝马地类，行地无疆，柔顺利贞。君子攸行，先迷失道，后顺得常。西南得朋，乃与类行；东北丧朋，乃终有庆。安贞之吉，应地无疆。

【译文】《象传》说：至善啊，地的元始之气，万物赖以生长，它顺从、承受于天。地体深厚，负载万物，与天之德相合，作用无穷。它含育一切，使之成长，万物因此欣欣向荣。雌马是地面动物，行程无限，温柔和顺，有利于坚持正道。君子有所远行时，争先向前会迷失正道，随后顺从而行才符合常理。向西南

　　　　　　　"六十四卦"中的人生哲理与谋略

走将得到朋友，因为能与同类偕行；向东北走将失掉朋友，最终却有喜庆。安于坚持正道是吉祥的，是与大地的无量美德相应合的。

【提示】 解释卦辞全文。

客：经过前面的讲解，《彖传》可以看懂，无非是通过对卦辞的逐句解释，论说坤阴以柔顺为本性，顺奉乾阳而动、配合乾阳以发挥生成万物的功能。《彖传》不用再讲了，请讲下面的《象传》吧。

《象》曰：地势坤，君子以厚德载物。

【译文】 《象传》说：地势是顺承着天的。君子因此要使自己的品德宽厚，能够容载万物。（坤：顺。）

【提示】 指出君子应观地之象而增进道德。

客："坤"就是"顺"的意思吗？

主：正是。乾卦的《象传》从刚健的天道中引申出"自强不息"的意义，坤卦的《象传》则从顺承的地道中引申出"厚德载物"的意义，这都是把自然之道扩展到人事哲理的领域中来。

客：的确，大地像母亲一样，以厚重的身体托载万物，这形象确实给人以莫大的启发，促使人们培养宽厚和顺的德行，勇于承受一切，负重致远。

主：孔子作《大象传》，用意就在于使蕴含于卦象中的象征哲理得以显露。我们看到了大地，就自然地想起君子要以大地的宽厚胸怀包容天下之人，把自己置于这种阔大恢弘的人生境界的陶冶之中，胸襟气质自然不同。好了，让我们看看坤卦六爻的爻辞能给我们哪些教益吧。

☷. 初六，履霜，坚冰至。

【译文】 初六，踩着微霜，就该知道坚冰快要出现了。

《象》曰：履霜坚冰，阴始凝也。驯致其道，至坚冰也。（"覆霜"后面的"坚冰"二字为衍文，当删。）

【译文】《象传》说：踩着微霜，说明阴气开始凝结了。以此规律顺推，坚冰一定会出现的。

【提示】 指出慎始防微的重要。

客："履霜坚冰至"倒是著名的格言，告诫人们要见微知著，防微杜渐。看见下霜，就该知道天寒地冻的冬天快来了，早做防寒准备。

主：出自《易经》的警句箴言很多，往往用以象喻理的形式表现。初六这一爻，是阴气初生之象。阴生于下，其始甚微，而其势必然增积渐盛，犹如微霜预示着坚冰将至。正如俗话所说："冰冻三尺，非一日之寒。"

客：这与坤卦的主旨有何联系呢？

主：坤卦讲的是柔顺者的辅佐哲学，然而行柔顺之道、为辅佐之事也并非易事，困难会接踵而来，一定要及时觉察征兆，见微知著，慎之于始，小心翼翼地预先防范。这是行坤道者首先要注意的事。

客：这样看来，行坤道一开始就要谨小慎微。

主：这正是阴柔品格的特点和优点。不但要细心觉察微小迹象，还要从中预测事物的发展趋势。

☷ 六二，直方大，不习无不利。

【译文】 六二，正直、端方、阔大，不用修习，无所不利。

《象》曰：六二之动，直以方也。不习无不利，地道光也。

【译文】《象传》说：六二的变动，趋向于正直而端方。不用修习，无所不利，是由于地道（坤地之道）广大。（光：即广，广大。）

【**提示**】 指出坤道正直、端方、阔大的美德。

客：六二何以有正直、端方、阔大的好评？

主：六二以阴爻居阴位，又居于下卦之中，故柔顺而中正，而且居臣之位（下卦），有地之象（初、二为地，三、四为人，五、上为天），可以说是纯正的坤道的体现者，故有直、方、大之美誉。孔颖达在《周易正义》中解释说："生物不邪谓之'直'也，地体安静是其'方'也，无物不载是其'大'也。"所以，以坤道行事的君子应该正直、端方、胸襟阔大，方能担负起辅佐之重任。

客：只要有此品德，不用修习也可以无所不利吗？

主：须知坤是以乾为主，顺乾而行，乾动而坤应之即可，自己不必另有作为。坤之道因任自然，这就是"不习"的真义。如此行事，对于坤来说是最确当的，是无往而不利的。这也正是老子所说的"无为而无不为"的意思。

客：不过，一个人如真正做到正直、端方、胸襟阔大，确实也不必执著地追求事功，便可处处心安，这岂不正是无所不利吗！

主：你这样来悟解，也十分正确，说得很透辟。

☷ 六三，含章可贞。或从王事，无成有终。

【**译文**】 六三，蕴含美德不是显露于外，这样可以坚持正道。如果辅佐君王的事业，不以成功自居，最后才会有结果。（章：文采，美德。）

《象》曰：含章可贞，以时发也，或从王事，知光大也。

【**译文**】 《象传》说：蕴含美德，可以坚持正道，说明六三应当等待时机发挥作用；善于辅佐君王的事业，说明六三的智慧光明远大。（知，即智。）

【**提示**】 指出六三谦逊韬晦、功成不居的美德。

主：六三这一爻的位置值得注意。

客：三位处于下卦之上，象征功业小成，地位接近于上层，一般说来，特别需要小心谨慎，以免猜忌，对吧？

主：对于行柔顺的坤道以事主的辅佐者来说，尤其应该如此。再说，六三的位置不中不正，形势很是不利，当然更需审慎。不过六三以阴（爻）处阳（位），以柔处刚，也有其内在的优点，它能含藏才能而不露锋芒，这是很难达到的修养，也正是六三的过人之处。

客：六三功成不居，这更不容易。

主：是啊。即或从事君王赐命之事，也绝不专有其功，功成亦不居功自傲，故能不受嫉害，而获善终。这也就是老子所说的"为而不恃，功成而弗居。夫唯弗居，是以不去。"

客：可见其智慧光大，行事得体，合乎其身份地位。

主：六三处在下卦之上，上卦之下，守坤道而行辅佐之事，确实颇多艰难之象。它能含晦藏美，慎行免咎，的确有其过人之智，终于成其事功。常人胸中浅狭，才有一功一善，就要夸夸其谈，抑制不住自我表现的欲望。正如瓶小水多，必然漫出，只有大瓶才能容得大量。能行六三之事，才能成大器啊。

客："含章""无成"的道理，真值得终生铭记。

☷ 六四，括囊，无咎无誉。

【译文】 六四，扎紧囊口，免遭危害，也不求赞誉。

《象》曰：括囊无咎，慎不害也。

【译文】 《象传》说：扎紧囊口，免遭危害，说明谨慎小心才能不惹祸患。

【提示】 指出慎其言行以免祸之道。

主：请注意，六四也是危惧之地。

客：六四处位不中，已经离开下体，逼近上层，不上不下，处境尴尬，正是嫌疑是非之位，的确不利于发挥作用。

主：好在六四是个知机的君子，能够以阴（爻）居阴（位），以柔德自处，慎之又慎，行谦退自守之道，故处位不利而能"无咎"。

客：如此说来，他的办法就是，像扎上口袋嘴儿一样，缄口不言，隐居不出。

主：处在六四这个敏感的位置，为了免遭猜忌谗谤，必须如此。所以这里特设诫辞，要像囊袋扎口封闭一样勿言勿动，非如此不能逃祸。你记得《三国演义》里司马懿装病的故事吧？

客：司马懿由于功高位崇遭忌，曹爽想除掉他。司马懿称病杜门不出，不问朝政。曹爽派人去探听虚实，司马懿装成老病糊涂、不久人世的样子，终于瞒过了曹爽。这便是"司马懿诈病赚曹爽"的故事。

主：司马懿此举，正是"括囊"之策。

客：这样看来，六四由于位高震主，既要谨防偾事之咎，又要避免成事之誉，进退两难，只有谨言慎行，保持缄默了。

主：有咎当然会获罪，有誉则可能遭忌，又何尝是福？最佳对策便是"无咎无誉"，做到既没有过失，也没有荣誉，这便是六四的免祸之道。在此种情况下，只有括囊而无为了，不仅恶不可为，善也不可为，恶不为则无咎，善不为则无誉。所以《庄子·养生主》中谈保身之术说："为善无近名，为恶无近刑。"这样，什么把柄也抓不着，才能安然地渡过难关。

☷ 六五，黄裳，元吉。

【译文】六五，穿黄色裙裳，大吉。

《象》曰：黄裳元吉，文在中也。

【译文】《象传》说：黄色裙裳大吉，说明六五有内在的美德。（文：文采，美德。）

【提示】 指出六五具有和顺谦下的内在美德。

客：为什么穿黄色裙裳就是大吉的象征呢？

主：黄为坤地之正色，代表坤德；黄又居五色之"中"，象征中道。这是"黄"的含义。"裳"是古人穿在下体的衣服（古人称上体之服为衣，下体之服为裳），象征谦下。坤卦的第五爻，说明坤阴已经发展到鼎盛时期，升居上卦之中的尊位，但仍保持坤阴柔顺的本性，而甘居下体，这是大吉之兆。

客：就是说，一个人处于坤阴的辅佐位置上，虽然地位极高，也要恭顺谦下才是。

主：这样，他的事业才能吉祥如意，顺利发展。《象传》指出，这是他的内在美德决定的，这种和顺谦下是蕴于中而形于外的，是自然而诚恳的，并非做作。你爱读《三国》，你觉得三国时代哪一位历史人物是此种品格的典型？

客：当然是诸葛亮。他虽然大权在握，位极尊崇，而对后主刘禅仍然恭顺谦下，可谓鞠躬尽瘁，死而后已。这种精神来自内心的忠诚。

主：所以诸葛亮始终吉星高照，刘禅左右的小人屡次想陷害他，终于不能得手。

▤▤ 上六，龙战于野，其血玄黄。

【译文】 上六，龙在原野上争斗，流出青黄混杂的血。（玄：青黑色。）

《象》曰：龙战于野，其道穷也。

【译文】 龙在原野上争斗，说明坤阴极盛已经发展穷尽。

【提示】 指出阴气极盛可能导致阴阳争斗。

"六十四卦"中的人生哲理与谋略

客：龙是乾阳的象征物，怎么会进入坤卦之中呢？

主：坤卦六爻本来是坤顺乾、阴从阳的发展过程，到了上六这一爻，坤阴发展到了极盛，过于高亢，甚至要和乾阳争个高低，顺转而为逆，坤顺乾变为坤敌乾，甚至与乾交战，这就是爻辞中所说的"龙战于野"。

客：这局面很糟糕啊。

主：太糟糕了。坤阴一反柔顺从阳的本性，而与乾阳抗争，势必两败俱伤，血流遍野。天为玄（青色），地为黄，"玄黄"是阴阳争斗造成天地混乱、乾坤莫辨的象征，这是再糟不过的事。正如乾阳之道发展至于穷极会导致"亢龙有悔"一样，坤阴之道发展至于穷极则会招致"龙战于野"，以致阴阳不分，乱成一团。作为行坤阴之道的辅佐者，要居卑而静，当其事业和声誉发展到极盛之时，必须警惕与乾阳争斗的局面的出现。这就是上六爻辞提出的告诫。

▤▤ 用六，利永贞。

【译文】 用"六"数，有利于永远守持正道。

《象》曰：用六永贞，以大终也。

【译文】 用"六"数永远守持正道，说明阴以返阳为终结。

【提示】 指出地德应该柔而能刚。

主："用六"的意义与乾卦"用九"一样，可以类推。

客：那就是说，"用六"，是指占筮得到六个数都是"六"，偶数"六"为阴爻，故所得之卦为"坤"；"六"又为变爻，六个阴爻都要变为阳爻，那么整个坤卦将变而为乾。

主：完全正确。坤虽变而为乾，坤性仍然保存；坤性虽然保存，却已带有乾的精神。就是说，阴柔之性中带有阳刚之质，这无疑是有利于永久守持坤之正道的。正如主宰者（乾阳）虽应刚健却不应刚愎自用一样，辅佐者（坤阴）虽应柔顺却不应一味附和，唯唯诺诺。

客：妙得很！乾卦"用九"是刚而能柔，坤卦"用六"是柔而能刚。刚柔相济之旨含于其中，《易经》真是圆通的哲学。

主：这里同时显示出阴阳转化的规律。阳为大，阴为小。坤卦"用六"，诸爻皆由阴转阳，所以《象传》说"以大终"，可见阴极必然返阳。《易经》的哲理体系确实是十分精巧的。

客：请你把坤卦的要旨再概括一下，好吗？

主：坤卦表现以柔顺为正的坤道。坤道贵在安于守正，安则戒躁，正则远邪，内直外方，胸怀阔大，谨慎恭敬，以无咎无誉为极致。坤卦六爻揭示了坤阴的性质、地位和作用的发展变化规律，展现了坤顺乾、阴顺阳的全部过程。初六"履霜"，阴气始集，防微杜渐；六二"直方大"，坤德已具；六三"含章"，晦而不露，功高不居；六四"括囊"，缄默退处；六五"黄裳"，位尊而谦，坤德完美；至上六"龙战"，阴气盛极而转顺为逆，走向反面。这里面凝聚着行坤道者的全部经验与教训，实为柔顺者的辅佐哲学之结晶。

3. 屯卦——论艰难创始

䷂ 震下坎上

屯： 元亨，利贞。勿用有攸往，利建侯。

【译文】 屯卦象征始生：极为亨通，利于坚守正道。不宜有所前进，利于建立诸侯。（贞：守持正固。攸：音 yōu，所。）

【提示】 指出艰难创始时期的形势和策略。

客：乾、坤之后的第一卦就是屯卦，为什么这样安排呢？

主：在六十四卦中，乾、坤两卦象征天地，其余六十二卦象征由乾、坤二卦相交错而产生的万事万物。屯卦意为"初生"，象征万物始生状态（"屯"的古文字像草芽破土而出尚未伸展的形状），故以屯卦作为乾、坤二卦始交而产生的第一卦。古人认为，天地开始产生万物时，万物处在一片混沌之中，这种状态也叫作"屯"。《序卦传》说："屯者，物之始生也。"

客：卦辞也有"元亨利贞"四字，这与乾卦相同吗？

主：不同。乾卦的"元亨利贞"说的是"天之道"，四个字分开解释，为天之"四德"。屯卦的"元亨，利贞"说的是"人之事"，"元亨"意为"大亨"（极为亨通），"利贞"意为"利于坚守正道"。因为事物初生，正待成长，有一股难以抑制的勃勃生机，所以其势极为亨通。但初生之物毕竟脆弱，必须正其根本，所以又宜于守正。

客："勿用有攸往"就是不可轻举妄动的意思吧？

主：是的。固然新生事物有大亨之象，将来必然亨达，但目前到底是萌芽状态，困难不少，必须坚守基地，培固根本，不能轻易有所动作，遽图发展。

客："利建侯"不大好懂。

主：这是一种比方。当新生力量处于开创局面的艰难时期，在固守基地的同时，应该广求辅助。正如一个君王登基，为了巩固自己的地位而采取的措施之一，就是分封诸侯，作为自己的辅助力量。总之，卦辞指出了在创始的艰难之中的发展趋势和策略原则。让我们看《象传》吧，《象传》对卦辞进一步加以发挥，可以加深我们对卦理的领会。

《象》曰：屯，刚柔始交而难生。动乎险中，大亨贞。

【译文】《象传》说：屯卦象征初生，阳刚阴柔开始结合，艰难也随之产生。在艰险之中变动，如能坚持正道是极为亨通的。

【提示】 解释卦辞"元亨，利贞"。

客：《彖传》似乎强调了"难"和"险"。

主：在事业草创时期确实有不少艰难和危险。从本卦上下二体的关系看，下卦为震为动，上卦为坎为险，是动而遇险之象。所以一般称创始的艰难为"屯难"。

客："动乎险中"为何能够"大亨贞"呢？

主：新生事物总是在艰险之中成长壮大的，在求发展中如果能坚持正道（"贞"），其前景无疑是极为亨通（"大亨"）的。问题在于，动则可以出险，当然不容不动；同时，动又要合乎正道（"贞"），动得适宜，才能获得"大亨"。《彖传》接着说：

雷雨之动满盈，天造草昧，宜建侯而不宁。

【译文】 雷雨将作，乌云雷声充满天地间，正如大自然造设万物于草创之际、冥昧之时，这时应该建立诸侯，不可安居无事。

【提示】 解释卦辞"利建侯"。

客：雷雨之象是从组成屯卦的震、坎二体推演出来的吗？

主：震为雷；坎在下为雨水，而屯卦的坎在上，只是云气。此时欲雨而未雨，只有乌云和雷声，阴阳二气充盈天宇，是雷雨将作时的景象，也是刚柔始交、物将萌生时的氤氲状态。这正如大自然在造设万物的草创时期那种冥昧状态。当此艰难创始时期，一切都混乱得很，但我们不遑宁处，无法安居，应该建立诸侯，作为自己的辅佐力量。下面的《大象传》也是由云雷之象推演到人事的。

《象》曰：云雷，屯。君子以经纶。

【译文】《象传》说：乌云与雷声混杂，象征"初生"。君子在初创时期要努力于治理经营。（经纶：治丝，比喻治理。）

【提示】 指示新生事物在草创时期要努力经营。

客：云雷交至，雷雨将作，是事物初创阶段的象征。这也是用天象来比附人事。

主：君子见到这种自然景象，就应该想到，愈是初生之物，愈是草创之事，就愈加需要治理经营。

䷂. 初九，磐桓，利居贞，利建侯。

【译文】 初九，徘徊不前，利于守正而居，利于建立诸侯。（磐桓：同盘桓，徘徊不进貌。）

《象》曰：虽磐桓，志行正也。以贵下贱，大得民也。

【译文】 《象传》说：虽然徘徊不前，但是思想和行为都没有偏离正道。尊贵者能够处于卑贱者之下，这是大得民心的。

【提示】 指出创始之初的行为原则。

主：屯卦六爻告诉人们，处于艰难创始之时，如何把握事物的发展规律，恰当地行事，以求化险为夷。

客：第一爻初九的爻义很明白。是说初九处在创始之初期，更不能轻举妄动，所以在坎险之前徘徊不进，守正而居。这正是爻辞中所说"勿用有攸往"的意思。我的理解对吗？

主：不错。此时动则难生，虽然初九为刚爻而勇于进，也不得不谨慎。这时初九唯一可做的有益之事是建立诸侯，以求资助。同时还要谦恭下士，以收揽人心。初爻是来自乾体的阳刚之爻，身份尊贵，于屯难之时竟能自处于较为卑贱的两个阴爻之下，这样就更得众望之所归了。

䷂. 六二，屯如，邅如，乘马班如。匪寇，婚媾。女子贞不字，十年乃字。

【译文】 六二，创始艰难，彷徨不前。乘马的人纷纷而来，他们不是强盗，而是求婚者。女子守正不嫁，过了十年才出嫁。

（如：语气词。邅如：难行不进貌。邅：音 zhān。班如：纷纷而来之状。字：许嫁。）

《象》曰：六二之难，乘刚也。十年乃字，反常也。

【译文】《象传》说：六二的难以前进，由于阴柔凌驾于阳刚之上。过了十年才许嫁，说明终于返归于常道。（反：即返。）

【提示】 指出守正待时的重要。

主：六二以阴爻居阴位，力量柔弱，在艰难创始之时，自身是无力出险的。虽然有济险之志，但在坎险之前也只能徘徊彷徨。如欲出险，非得阳刚之助不可。

客：屯卦中的阳爻只有初九和九五。初九倒是与六二近在比邻，一刚一柔。

主：可是六二居于初九之上，是以柔凌刚，逆而不比，六二无法借助初九之力出险，仍然难以前进。所以《象传》说："六二之难，乘刚也。"

客：另一阳爻九五，与六二位置相对，阴阳相应，关系密切，一定能够有助于六二吧？

主：九五果然乘马班班而来，迎娶六二。但六二当屯难之时，小心审慎，起先疑为歹人，后来才知道是求婚者。

客：为什么不马上缔结良缘，却等到十年后才出嫁呢？

主：由于处于屯难之时，六二之前有六三、六四两个阴爻阻隔，六二不宜轻动，只有耐心地守正待时，直到十年之后，形势好转，六二方才出嫁。《象传》指出，这是由于十年后一切终于返归于常道。当然，六二得与之正应的九五之力。

客：由此可见，摆脱创始时期的艰难，十分不易，要耐心等待各种条件成熟，有时甚至是长期等待。对屯卦的研讨，使我深感创业之难！

"六十四卦"中的人生哲理与谋略

主：下面还有各种各样的难处呢。

☷· 六三，即鹿无虞，惟入于林中。君子幾，不如舍，往吝。

【译文】 追猎野鹿而没有虞人引导，只能白白地深入林海。君子见机行事，不如放弃不逐，继续追赶下去会带来遗憾。（虞：虞人，掌管山林鸟兽的官。）

《象》曰：即鹿无虞，以从禽也。君子舍之，往吝穷也。

【译文】 《象传》说：追猎野鹿而没有虞人引导，这是盲目地跟着猎物跑；君子放弃不逐，继续追赶不止必然招致遗憾并陷入困境。

【提示】 指出在屯难中应借助外力，避免盲动。

客：六二爻辞讲的是婚姻故事，六三爻辞讲的是打猎故事，倒也有趣。

主：古人打猎，必有掌管山林的虞人把禽兽赶进围场。六三以阴爻居于阳位，力弱而急于求进，加之不中又不正，又处于下卦之上（震之极），本性决定它躁于进取，有所贪求。正像无虞人相助而逐鹿，必然劳而无功。如果不及时停止，深入山林，不仅有徒劳之憾，说不定还会陷入困境。

客：屯卦六三当创始艰难之际，又处在屯卦上下体之交的位置，处境很困难，本应守静以待，避免盲动，谨遵卦辞“勿用有攸往”之旨。如有所为，也要借助外力，“有虞”才能“逐鹿”。然而它贪求猎物，独往冒进，这是失策的。

主：懂得幾微之理的君子就明智得很，知道在此种情况下主客观都不具备出击的条件，不能被猎物诱惑，迷不知返，不如断然地放弃、丢开、罢手，免得“偷鸡不成蚀把米”。

客：这则爻辞中，描绘了盲目贪求的浮躁庸人和当止则止的明哲之士的两种形象，互相映衬，十分生动，给人留下深刻印象。

䷂ 六四，乘马班如，求婚媾。往吉，无不利。

【译文】 六四，乘马纷纷而来，是求婚者。前往应婚是吉祥的，无所不利。

《象》曰：求而往，明也。

【译文】《象传》说：求婚者来，前往应婚，这是明智之举。

【提示】 指出求贤自辅是明智的。

客：与六四位置阴阳相应的初九，有可能构成婚姻关系。看来是初九乘马前来求婚，六四前往应之，爻辞认为这是吉利的。

主：六四为阴柔之质，无力独自度过屯难之险，有待于外援。正好与六四有正应关系的初九向上仰攀，专程来求婚；六四便欣然俯允，前往应婚，喜结良缘。初九既有济险之志又有济险之力，只因所处条件不利，才坐而待时。六四十分明智，自知力量不足以济屯难，毅然地以上求下，取刚济柔，屈尊地与贤者初九合作。初、四两爻一来一往，一求一应，同舟共渡，刚柔相济，必然能够脱出屯难之险。

客：知己不足，求贤自辅，凡成就大事业者无不是如此。

䷂ 九五，屯，其膏。小贞吉，大贞凶。

【译文】 九五，处于艰难草创之时，需要普施恩泽。柔小者，守持正道可获吉祥；刚大者，即使守正道也会有凶险。（其：助词，用于祈使句，含有劝勉的语气。膏：膏泽，恩泽。）

《象》曰：屯其膏，施未光也。

【译文】《象传》说：处于艰难草创之时，需要普施恩泽，这说明九五所施的恩泽尚未光大。

【提示】 指出居上位者必须广施恩泽。

主：九五虽然是以阳刚之质，居于上体中正之尊位，但处于屯难之时，陷入坎险之中，迫切需要辅助之力。

客：我明白了。作为居于尊位的九五，要想得到辅佐，必须广施德泽，收揽人心。所以爻辞劝告说："屯，其膏!"处在屯难之时，赶快普施恩泽!为什么又说"小贞吉，大贞凶"呢？

主：柔小处下者，处理小事，虽然恩泽未施，但能守持正道，尚可得吉；至于刚大处上者，处理国家大事，如果恩泽不能广施，即使守正道行事，其结局也是凶险的。因为他在人心归向、力量对比上不能取得优势。尤其在艰难的创业斗争中，更为明显。所以广施恩泽对于领袖人物特别重要。

客：你的话使我想起楚汉相争时刘胜项败的一个原因。据《史记·高祖本记》记载，刘邦的部下分析说，刘邦舍得以官位和城池奖赏有功之臣，广施恩德，"与天下同利"，所以能得天下；而项羽吝于赏功，恩泽未施，"战胜而不予人功，得地而不予人利，此所以失天下也"。

☷☳ 上六，乘马班如，泣血涟如。

【译文】上六，骑在马上盘旋不前，哭泣得血泪涟涟。（班如：回旋不进貌。）

《象》曰：泣血涟如，何可长也。

【译文】《象传》说：哭泣得血泪涟涟，这样的局面怎么能长久呢？

【提示】指出屯极应思变。

客："班如"二字有不同解释吗？

主：六二、六四爻的"乘马班如"皆指迎亲队伍乘马纷纷而来。这里的"乘马班如"不同。上六位居屯卦之终，处于屯难之极，但它是阴柔之质，没有能摆脱困境，与六三又无正应关系，孤独无援，因而骑在马上盘旋（"乘马班如"），忧惧交加，血泪交流。

客：看来上六走入绝境，没有出路了。

主：不一定。有两种可能：或者归于灭亡，或者屯极而通。屯难之极，也可能出现新的变化，绝处逢生，变屯为通。于"山穷水复疑无路"之时，得"柳暗花明又一村"的新境界，也不是没有可能的。不管出现哪一种可能，目前的困境都不可能长久地存在下去，所以《象传》说："何可长也。"这话里也有穷极应思变的意味。

客：屯极而穷，穷则变，变则通嘛。

主：但愿如此。拿破仑流放地中海之后，不也曾一度振起吗？屯卦六爻讨论完了，你是否可以总结一下？

客：我试试看。屯卦论述创始的艰难及其对策。同是处于屯难之中，六爻所处爻位各异，各自都有自己的特点。初九"盘桓"，以居正不出为利；六二"屯邅"，以守正待时为宜；六三"即鹿"，以盲动有吝为诫；六四"婚媾"，以屈尊求贤为吉；九五"其膏"，施恩以防凶；上六"泣血"，屯极应思变。六爻分别剖析事物初生草创时期的种种情况及其凶吉，而以居正慎行为要旨。

主：总之，屯卦强调万事创始时期的艰难危险，告诫人们要认识艰险，不可轻举妄动；同时勉励人们把握事物的发展规律，积聚力量，冲破险阻，达到"元亨"的最佳境界。上自国家社会之大业，下至平民百姓的细事，都要处理艰难创始的问题，由此可见屯卦的普遍意义。陈毅将军有诗云"创业艰难百战多"。让我们在人生的奋战中体验屯卦的古老遗训吧。

4. 蒙卦——论启蒙之道

☷ **坎下艮上**

蒙：亨。匪我求童蒙，童蒙求我。初筮告，再三渎，渎则不告。利贞。

【译文】 蒙卦象征蒙昧：亨通。不是我去求蒙昧的童子，而是蒙昧的童子来求我。初次请问应该回答，对同一问题再三地渎问，那是对先生的亵渎，就不再回答。利于守持正道。（匪：即"非"。筮：音 shì，原指用蓍草占问，此处指学童向蒙师问疑求决。）

【提示】 指出启蒙教育的基本原则。

主：教育为本，中华先民早就认识到了。今天我们讨论的蒙卦，在六十四卦中，安排为乾、坤之后的第二卦，列于屯卦之后。"屯"为初生，"蒙"为蒙昧。两卦的卦形正好互为颠倒（䷂、䷃），构成一对。在事物发展的初期阶段，多处于蒙昧状态，开发民智便是首要工作，这就是启蒙教育。蒙卦的中心内容，就是论启蒙之道。

客：请允许我插问一句，六十四卦排列顺序的先后，都有内在规律可寻吗？

主：六十四卦的卦与卦之间，是存在着有机联系的。《易经》"七传"中的《序卦传》，就专讲诸卦前后相承的意义。一般说来，反映出事物"相承"和"相反"两种发展变化规律。从卦形上看，每两卦一对，每对不是卦象颠倒（称为"复"，如蒙卦是屯卦卦象的颠倒），就是卦象相反（称为"变"，六爻之阴阳相反，只有四对，如坤卦与乾卦卦象相反）。

客：我大体上明白了。请你接着谈蒙卦吧。

主：我们先看卦辞。蒙卦卦辞首先提出了启蒙教育的基本原则。

客：头一句我就看不懂，蒙昧怎么会亨通呢？难道《易经》提倡"蒙昧主义"吗？

主：不是这个意思。这是说，处在童稚蒙昧状态，只要加以恰当的教育，就可以得到启蒙，就必然是亨通的。好比一面镜子，它本来是明亮的，但蒙上了尘垢，只需擦去尘垢，就可以恢复它的本体固有的光明。"蒙"——"亨"，蕴含着这样的思想：教育是可以启蒙的；人是可以通过教育获得启蒙的。这无疑是十分积极的教育思想，也是指向"亨通"的十分乐观的教育思想。

客：卦辞中强调"童蒙求我"，"渎则不告"，是否在宣扬师道之尊严？

主："师者，所以传道、授业、解惑也。"师道当然应该是尊严的。不过，卦辞中所说意不在此。强调"童蒙求我"，实际上是强调受教育者的主动性、积极性和求知欲望的重要。所以孔子说："知之者不如好知者，好知者不如乐知者。"他如果没有学习的自觉要求，尽管"我求童蒙"，也无济于事的。所以孔子又说："不愤不启，不悱不发。"启蒙、启蒙，首先要启发他向学的愿望啊！一方面"学而不厌"，另一方面"诲人不倦"，这才能志趣相应，共同完成教与学的双向活动。

客：原来如此！《易经》往往有深层含义，而我往往只能看到表层。下文是："初筮告，再三渎，渎则不告。"是否应该这样理解：向先生请教，要向占筮一样抱着至诚的心。如果抱着不信任的态度，对已经答复过的同一问题再三发问，实际上等于不要先生指教，那就可以不必再回答，不知我的理解是否正确？

主：据我看完全正确。要有这样的精神。古人为了决疑，用蓍草向神灵占问凶吉，如果对某事回答是凶，但不合问者心愿，就反复占问，不回答"吉"就没个完，这是对神灵的不信任，或者说是亵渎，神灵就不再回答了。因为这样非但不能决疑，反而增加疑惑。同样，你问先生某事对不对，回答说不对，但你不满意，就再三再四地问，这也是对先生的不信任，也是一种亵渎。这样的态度，先生回答他一百遍也没有用，也解决不了他的疑惑。

所以不必再回答，先要端正他的态度。

客：记得《论语》上有孔子的这样一句话："举一隅而示之，不以三隅反，则不复也。"卦辞所说"再三渎，渎则不告"，是否也有类似的含义呢？

主：你的话给我很大启发，玩味起来，卦辞中确实也有这层意思。孔子的话是说，"我告诉他一个道理，他不能举一反三，我就不再教他了。"这种引导式的教学方式，重在启发其领悟，培养其思考。不必一答再答，让他在苦苦思索中领悟要更好些。所以，"初筮告，再三渎，渎则不告"，其中既有求学者的态度问题，也有施教者的方法问题。

客："利贞"二字，在卦爻辞中较常见；这里的"利贞"应如何理解？

主：这是对卦辞的总结，也可以视为补充说明。"童蒙求我"也罢，"渎则不告"也罢，这些教育原则都有利于守持正道，也是符合启蒙的规律的。

《象》曰：蒙，山下有险，险而止，蒙。

【译文】《象传》说：蒙昧，犹如山下有险阻，遇险阻则止步不前，这是蒙昧之象。

【提示】 用卦象解释卦名。

主：这里讲卦名的由来，通过上下二体的象征意义来说明。

客：下体是坎，坎为险；上体是艮，艮为山。所以说山下有险，只能止步不前。为什么说这是蒙昧之象，不大好理解。

主：艮为山，山也有止的含义。因为山岿然不动，性质为止。止则不通，止步不前当然不能通达。通则明，不通则昧（暗）。山下有险为蒙昧之象，就是这样推演出来的。卦名往往是这样，由上下二体的象征意义推演而得。《象传》的下文，逐句解释卦辞。

蒙，亨，以亨行，时中也。匪我求童蒙，童蒙求我，志应也。初筮告，以刚中也。再三渎，渎则不告，渎蒙也。蒙以养正，圣功也。

【译文】 蒙昧可以亨通，由于启蒙者按照亨通的法则行事，这就是灵活适时的中道。不是我去求蒙昧的童子，而是蒙昧的童子来求我，这样双方的志趣才能相应。初次请教给以回答，因为蒙师有阳刚气质，能行中道，有能力发蒙。对同一问题再三地滥问，那是一种亵渎，就不再回答，是说滥问亵渎了启蒙教育。童稚蒙昧的时候，应该涵养纯正无邪的本性，这是圣人施教的功业。

【提示】 逐句阐发卦辞之旨。

客：《彖传》对卦辞的解释，基本上可以看懂，有两个问题还要请教一下。第一个问题是，"初筮告，以刚中也"，这里为何提出"刚中"二字？

主："教不严，师之惰。"施教者须有阳刚气质，才能雷厉风行地推行教育，不容受学者懈怠。同时又应以宽严适宜、灵活适时的中道为准则，才能循循善诱，诲人不倦，才能因材施教，无过无不及。所以在卦辞中前面提出"时中"二字，后面又提出"刚中"二字，作为师长的基本修养。从蒙卦六爻看，两阳爻为师长，只有九二刚而居中，能够承担启蒙开智的重任。另一阳爻上九，由于过刚而不中，就失之过严，而缺少灵活变通的精神。

客：第二个问题是，卦辞又提出"蒙以养正"四字，而且十分推崇，究竟应该如何理解？

主：《彖辞》的结尾是解释发挥卦辞最后的"利贞"（利于守持正道）二字，而把"蒙以养正"视为最大的"正"，最了不起的圣人功业。蒙卦主要是讲"启蒙""发蒙"，这里却主张"养蒙"，当然是非同一般的。蒙童虽然处于无知无识的蒙昧状态，但是思想纯洁，天真无邪，此种天性不可失。所以孟子说："大人者，不

"六十四卦"中的人生哲理与谋略

失其赤子之心者也。"教育在使之开化增长才智的同时，千万不可斫伤蒙童的质朴天真的本性，相反，应该涵养蒙童所固有的纯正无邪的本性。这就是"养蒙"，这就是"蒙以养正"。

客：这个思想十分深刻，也很有现实意义。试想，如果我们把纯真的儿童教育成了世故的"小大人"，这种教育无疑是失败的。真正伟大的人物，确实并没有失去他的纯正质朴的童心啊！

《象》曰：山下出泉，蒙。君子以果行育德。

【译文】《象传》说：山下流出泉水，象征蒙昧的开启。君子因此用果敢的行为来培育品德。

【提示】指出启蒙发智应表现为果行育德。

主：上艮为山之象，下坎为水之象。泉水冲破山石的阻碍而流出，象征蒙昧得到消除，智慧得以开发。人的智慧首先应表现在品德修养上，所以君子观此象想到要"果行育德"。为此，行动之果决必行要像泉水之流，一往无前；修德之不止不息要如泉水之出，滔滔不绝。六爻的爻辞则进一步从教与学两个方面来探讨启蒙教育的规律。六爻中二阳四阴，二阳爻为"师"（启蒙者），四阴爻为"蒙"（受教者）。

䷃. 初六，发蒙，利用刑人，用说桎梏。以往吝。

【译文】初六，启发蒙昧，施加惩罚手段是有利的，使人免犯罪过。听任其发展下去必然造成遗憾。（刑人：罚人。说：即"脱"。桎梏：音 zhìgù，木制刑具。）

《象》曰：利用刑人，以正法也。

【译文】《象传》说：施加惩罚手段有利，因为这样可以让人就范于正确的法则。（正法：以法为正。）

【提示】指出严加管教的必要。

客：这里主张使用惩罚手段，是吧？

主：中国传统的教育思想一向认为"严师出高徒"。初爻是蒙卦的始爻，位置最下，以阴爻居于阳位，不中不正，是个蒙昧最甚、不守正道的学童。所幸的是，毕竟处在蒙昧的最初阶段，可塑性强。然而必须严加管教，必要时应给以惩罚，非如此不能使归于正途。若听任其滑下去，结果就成为受桎梏之苦的罪犯。

客：在教育过程中可以采取惩罚的办法吗？

主：惩罚也是一种教育手段。黄连、大黄，其味虽苦，其力虽猛，如用之适时、得当，皆为良药。"小惩而大诫。"对他略施薄惩，正是为了使他今后免受更大的惩罚。"用刑人"只是一种手段，目的是为了"用脱桎梏"。

客：这与近代英国法学家边沁的观点倒是不谋而合的：既然惩罚是承受痛苦，那么只有当它是为了防止更大痛苦时，它才被证明是正当的。

主：这倒是有趣的比较。总之，姑息迁就，后患无穷，虽说爱之，实则害之。发展下去，后悔莫及，这就叫"以往吝"。

☷ 九二，包蒙吉，纳妇吉。子克家。

【译文】 九二，包容蒙昧，吉祥；容纳昏暗，吉祥。儿辈能够治家。

《象》曰：子克家，刚柔接也。

【译文】 《象传》说：儿辈能治家，这是刚柔相接的结果。

【提示】 指出宽容包纳的必要。

客：九二爻辞令人莫明其妙。

主："包蒙吉，纳妇吉"两句含义相似，是互文见义的，"包"就是"纳"，"蒙"就是"妇"。意思是说，聪明的人能够包容蒙昧的人是吉祥的。

客："蒙"怎么就是"妇"呢？

主：等一会再解释。"包蒙吉，纳妇吉"即是指九二而言。九二以刚爻居阴位而得中，是刚柔相济、能行"刚中"之教的师长，故能包容蒙昧的受教者。阳为明，阴为暗。昏暗就是蒙昧。所以阳爻象征刚明之师，阴爻象征蒙昧之众。"妇"为阴，阴为暗，暗为"蒙"，所以说"蒙"就是"妇"。言"蒙"是为了强调蒙昧之义，言"妇"是为了指明卦中阴爻。刚明之师能够宽容地包纳蒙昧之众，以"刚中"之道教之，以启其明。上一爻强调的是严以管教，本爻则强调宽以包含，二者相辅相成，这样就全面了。

客：这与孔子"有教无类"的思想是一致的。

主：《易经》本来就是儒家的经典，与孔、孟所言往往可以相互印证。启蒙者要有普度众生的博大胸襟，要有"包蒙""纳妇"的精神，无所遗弃。这当然是吉祥的，所以爻辞接连用了两个"吉"字作了热情的赞美。

客：千千万万教育工作者对人类文明、社会进步做出了伟大贡献，我不禁想起了以"佛不入地狱，谁入地狱"的精神推行平民教育运动的陶行知。

主："儿辈能够治家"，既是教育启蒙的目的，也是其结果。"子克家"特指六五爻这个蒙童而言。六五与九二爻位相对、刚柔相应。九二为师，能行"刚中"之教，诲人不倦；六五为蒙童，能够虚心受教，学而不厌。这就是本爻《象传》中所说的"刚柔接也"，也是本卦《象传》中所说的"志应（志趣相应）也"。只有这样，才是成功的教育，才能造就"克家"之才。

☷ 六三，勿用取女，见金夫，不有躬，无攸利。

【译文】六三，不要娶这样的女子，因为她见到有钱的男子就失身了，娶她为妻是不利的。（取：娶。不有躬：失身。）

《象》曰：勿用取女，行不顺也。

【译文】《象传》说：不要娶这样的女子，因为她的行为违反正道。

【提示】指出品质不端的人难以施教。

客：六三也是阴爻，又是一个受教的蒙童。

主：这却是一个不可教的人。

客：还有不堪教育的人吗？

主：教育不是万能的。初六虽然顽劣愚昧，毕竟处在蒙昧的初始，入蒙未深，可塑性强。严加管教，尚可归于正途。六三则不然，它不是愚昧顽劣的问题，而是品性窳劣的问题。

客：何以见得呢？

主：六三不仅以阴爻居阳位，不中不正，且处于蒙卦下体之终，乘凌位卑而中正刚明的良师九二，攀附与它同样不中不正而处于极位的上九，可谓见利忘义，邪辟妄行，所以《象传》说它"行不顺也"。

客：六三不是与九二邻近相比吗？

主：不错，但是六三为阴柔反而在上，九二为阳刚反而处下，这是一种以柔乘刚的"逆比"，必然不利。六三与上九却是品质相近，气味相投，分别处于上下卦之极而不中不正，形成正应关系，故凌辱本师九二，高攀上九，这并不奇怪。爻辞中用"勿用取女"喻示不可收这样的人为门徒，因为本卦中阳爻为蒙师，阴爻为弟子，故设此喻。这是《易经》中不断使用的象喻法。

客：六三真的不可教吗？

主：外因只能通过内因起作用。教育并不是无往而不利的。连号称"圣人"的伟大教育家孔子也曾有"朽木不可雕也"的感叹。鲁迅是一贯满腔热忱地关心爱护青年的一代名师，教育培养出大批优秀人才，但是他也见到有些青年"或则投书告密，或则助官捕人"，极为失望和愤慨。

客：鲁迅在小说《奔月》中描写了企图射杀师父的逢蒙，指的就是他过去的弟子高长虹。鲁迅还在《捣鬼心传》一文中称高长虹"深得捣鬼正脉"，确实是视为不可教的人了。

主：不过，逐出门庭、弃而不教、鸣鼓攻之，在某些特定情况下，也可以说是施教的特殊方式吧！

☷ 六四，困蒙，吝。

【译文】六四，困在蒙昧之中，这是憾事。

《象》曰：困蒙之吝，独远实也。

【译文】《象传》说：困于蒙昧的遗憾，说明唯独六四与阳刚之师最疏远。（实：指阳爻。）

【提示】感叹不从师向学的人被蒙昧所困。

客：这一爻说得很清楚。"实"指阳爻吗？

主：阴虚阳实，这是中国古代的传统观念。在本卦中，阳实之爻指蒙师，阴虚之爻指蒙童。蒙童没有知识，空空如也，所以要虚心向学，开发智慧。如果远离明师，不主动亲近，必然困于蒙昧。六四就是指这样的人。

客：在蒙卦中，的确唯独六四这一爻距离阳爻最为疏远，与九二、上九两阳爻既非亲比，又无正应关系。

主：所以，它得不到明师的教化，同时又处于六三、六五两个阴爻中间，周围都是蒙昧阴暗之气，而它本身又是以阴爻居于阴位。从主观上看气质昏暗，从客观上看锢蔽又甚，是最为昏昧的蒙童，亟待启蒙教化。所以，卦辞对于六四困于蒙昧深感遗憾。

客：正如孔子所说："困而不学，民斯为下矣！"

主：流浪街头的少年犯，就是这样的人。社会应该帮助他们从"困蒙"之中自拔。

䷃ 六五，童蒙，吉。

【译文】 六五，童子蒙昧，吉祥。

《象》曰：童蒙之吉，顺以巽也。

【译文】 《象传》说：童子蒙昧而吉祥，是因为他的恭顺和谦逊。（巽：音 xùn，谦逊。）

【提示】 赞扬恭顺谦逊的好学君子。

客：全卦六爻之中，只有九二爻和这一爻是"吉"的，当然应该刮目相看了。

主：九二阳刚居中，启迪群蒙，是有道"师表"的象征；六五居尊谦逊，以"童蒙"自处，是好学"君子"的象征。九二与六五正应，是最理想的师生关系的象征。这也就是卦辞中所肯定的"童蒙求我"，当然是吉祥的。刘备以君主之尊，而以诸葛亮为师，可称六五与九三关系的范例了。

客：毛泽东曾经提倡过，要像小学生那样恭恭敬敬地向群众学习，这也正是以童蒙自处的精神啊。

䷃ 上九，击蒙，不利为寇，利御寇。

【译文】 上九，以猛击来启发蒙昧，过于暴烈是不利的，严防其为非作歹是有利的。

《象》曰：利用御寇，上下顺也。

【译文】 《象传》说：严防其为非作歹是有利的，说明上下的关系应该保持和顺。

【提示】 指出攻治蒙昧宜严不宜暴。

客：蒙卦的两个阳爻代表两种施教方法不同的师长，九二主

"六十四卦"中的人生哲理与谋略

张"包蒙"，上九却主张"击蒙"。

主：九二刚而居中，能够包容群蒙，治之以宽，所以叫"包蒙"；上九则高居上位，刚极而不中，以严厉措施治蒙，治之以猛，所以叫"击蒙"。蒙师的气质不同，治蒙方式也各异。当然九二所行的"刚中"之教是最为理想的。

客："击蒙"之法是否可以采用呢？

主："击蒙"之法容易产生弊病，要特别注意掌握分寸。爻辞中提出的原则是："不利为寇，利御寇。"就是说，可以采取适当的严厉之举，但不能超越限度，能够起到防止对方为寇作乱的作用就可以了。如果采取暴烈过甚的举动，击之过烈过猛，则击蒙者本身岂不是成为"寇"了，又安能教育引导别人？由于上九阳刚极盛，故告诫它治蒙可严不可暴。

客：这与初九爻所说的"利用刑人，用说桎梏"的精神是一致的，都主张严以治蒙。

主：严格是对的，不过一要目的明确，这是九二爻强调的；二要程度适当，这是上九爻所强调的。在施教方式上，一般说来是主张宽容的，但在必要时也不排斥严厉。《易经》的思维模式总是很辩证的，处处给人以启发。蒙卦以阳爻刚明为蒙师，以阴爻昏暗为蒙童。九二为能行刚中之教的良师，上九为刚极不中的严师。四个阴爻也情况各异。

既有素质极佳的好学君子"六五"，也有品质不端、难以施教的"六三"；既有因幼稚顽劣而蒙的"初六"，也有因不得师教而蒙的"六四"。蒙卦主张要包容蒙昧者而不是排除他们，要帮助他们走上正常的人生之路。同时，主张教育与惩罚相结合，必要时应有严厉的措施。这样，才能解脱蒙昧的枷锁，清除犯罪的根源，转化社会的消极因素。

5. 需卦——论等待时机

☰☵ 乾下坎上

需：有孚，光亨贞吉。利涉大川。

【译文】需卦象征等待：真诚地信守此道，前程光明而亨通，行于正途而获吉祥。利于涉越大河。（孚：诚实守信。）

【提示】指出善于等待的重要意义。

主：今天我们要讨论需卦，揭示的是等待的哲学，告诉我们要善于等待。

客：等待？这是什么意思？

主：在事物的发展进程中遇到艰险时，要审时度势，耐心地等待时机。能进则进，眼下不能前进时，要善于等待。本卦安排在蒙卦之后也是有深意的。在事物始生之初的童蒙阶段需要启蒙，启蒙之后，民智大开，必然以勃勃的生机求发展，这时往往会遇到险阻在前，却不可急躁地盲目闯关。这里就用得着需卦所讲的等待哲学，要懂得善于待时。"需"就是"等待"的意思。

客：从本卦乾下坎上的卦形看，是否可以这样理解：乾象征刚健勇进，一意向前；坎为险陷，象征艰难险陷，在前面拦住去路，于是只能等待时机。

主：说得对极了！此时万万不可急躁，要真正认识到待时的必要。等待并不是消极地无所作为，等待正是为了前进，是为了创造条件，捕捉时机，适时而进。这样才能真心诚意地信守待时之道，处理问题才不会有偏差失误，前途才会是光明而亨通的。这样的人既有魄力，又有韧性，既有胆略，又有远见，才能真正担负起跨越险阻、涉过大川的重任，这才是做大事业的干才。

客：记得柏拉图说过："耐心是一切聪明才智的基础。"人确

"六十四卦"中的人生哲理与谋略

实往往是因不能耐心等待而坏事。我在生活中对此深有感受。

主：朱熹《泛舟》诗云："昨夜江边春水生，艨艟巨舰一毛轻。向来枉费推移力，此日中流自在行。"时机未到，枉费气力；需要等待时机成熟，方可因势利导，顺水推舟。可见耐心待时，这里面大有文章。

《象》曰：需，须也，险在前也。刚健而不陷，其义不困穷矣。

【译文】《象传》说：需，意思是等待，因为前面有艰险。乾性刚健，勇于进取，而又能不陷入险中，其意义就在于避开穷途和困境。

【提示】说明需卦的基本卦义。

主：这几句包含两个要点，对我们理解"等待"的意义很有帮助。

客：一是"等待"的客观必要性，因为前面有艰险，不能不等待；二是"等待"的主观目的性，为了在进取时不陷入困境。对吧？

主：对了。知险才能待时而不妄进。乾性刚健，总是要前进的；可贵的是它又能遇险而止，不陷于险。绝不能像黑旋风李逵那样，只管抡起板斧鲁莽地砍杀过去，以致掉进敌人的陷阱里，而是该行则行，该止则止，既不会走进穷途，也不会落入困境。

需，有孚，光亨贞吉，位乎天位，以正中也。利涉大川，往有功也。

【译文】需卦象征等待，真诚地信守此道，光明而亨通，行正而吉祥，这是因为九五居于天位，处于正中。利于涉越大河，说明如此行事必获成功。

【提示】解释卦辞全文。

客："位乎天位，以正中也"是指九五爻而言吗？

主：是的。五、上两爻为天位。九五居于天位，又以阳爻居阳位为得正，处于上体之中为得中，其德其位都极好，所以能以诚信之心行待时之道。一旦时机到来，则锐意进取，必成大事。"光亨贞吉"主要体现于九五爻，需卦的基本精神也是通过九五爻来表现的，它是本卦的主爻。

《象》曰：云上于天，需。君子以饮食宴乐。

【译文】《象传》说：云气上升到天空，象征等待，君子因此饮食娱乐。

【提示】积蓄精力，等待时机。

主：需卦乾下坎上，乾为天，坎在下为水，在上则为云。云气升到天上，尚未成雨，只有等它下雨，所以需卦有等待之义。

客："君子以饮食宴乐"，是否可以这样理解：君子观此天象，想到在做事业的过程中，也有不得不等待的时候。这时不宜急于有所作为，更不必过于紧张，不如用饮食来保养自己的身体，用娱乐来陶冶自己的精神，轻松自如地养精蓄锐，等待机遇到来时再大干一场。

主：我完全同意你的解释。

初九，需于郊，利用恒，无咎。

【译文】初九，在郊外等待，利于保持恒心，这样不会有过错。

《象》曰：需于郊，不犯难行也。利用恒，无咎，未失常也。

【译文】《象传》说：在郊外等待，说明初九并不冒险犯难而行动。利于保持恒心，不会有过错，说明初九没有失去常理。

【提示】要耐心待时，不可轻易冒险。

"六十四卦"中的人生哲理与谋略

主：古人所居之地称为邑，邑外称为郊。"需于郊"，说明初九刚刚离开所居之地，走到郊外，知道前面有坎水之险，就停下来等待了，所以《象传》解释说："不犯难行也。"不过初九既是阳爻，就有阳刚之性，很容易冲动。它虽然懂得待时而动的道理，但是能不能持之以恒地等待下去，还是个问题。因此，不仅要能等待，更要紧的是要有"用恒"的耐心。"需"而"用恒"，才是善于等待。刚健之人，或为才能所使，或为意气所动，或为形势所激，或为利益所诱，很容易失去理智的控制，常常在时机不成熟时就犯难而不顾，把事情弄糟。这就是虽能"需"而不善于"用恒"，所以卦辞中特别地提出告诫。

客：《象传》说得很对。在中国历史的政治斗争中，经过长期等待、积蓄力量方才获得成功的事例，比比皆是。周灭商，经过了文王的努力经营，"三分天下有其二"，完成了对商都钳形包围，但终于没有起兵，仍在等待时机。武王即位，继续经营，九年后"观兵于孟津"，对商朝作了一次试探性的军事行动，八百诸侯前来会盟，但武王仍认为时机没有成熟，还需等待。又等了两年，商纣王杀戮元老功臣，引起朝野危机；商军主力又在东南作战，国都空虚。武王认为灭商时机已到，这才下令东征，大举伐商，于牧野一战击溃商军，推翻了商王朝。春秋时越王勾践卧薪尝胆，经过十年积蓄力量，才攻灭吴王夫差，这更是尽人皆知的典故。

主：不仅以弱胜强需要耐心待时，甚至以强击弱也需要等待时机。晋渡江灭吴，隋渡江灭陈，虽然都已形成以石击卵之势，仍然做了周密的计划、长期的准备，待时而动，并不轻易冒险，更不盲目蛮干。这不值得深思吗？

客：是啊，会捕鼠的猫总是善于耐心守候的。

䷄．九二，需于沙，小有言，终吉。

【译文】 九二，在沙滩上等待，有些小小的言语中伤，最终是吉祥的。

《象》曰：需于沙，衍在中也。虽有小言，以终吉也。

【译文】 《象传》说：在沙滩上等待，可见九二的心是宽舒的。虽然有些小小的言语中伤，但坚持等待至终，结果会吉祥的。（衍：宽舒，宽绰。）

【提示】 镇定以待，可以避险。

客：九二爻离坎水之险近一些了，所以爻辞中比喻为在近水的沙滩上等待，有趣得很。

主：从客观形势上来看，九二离坎险渐渐接近，已近于险，尚未至于险，但是已经受到一些言语伤害了。从主观素质上来看，九二处柔而居中，有静待不躁之象，所以虽已近险，仍能保持内心的宽舒，镇定以待。

客：初九远于坎险，只能争取"无咎"；九二近于坎险，却能得以"终吉"。这又是什么道理呢？

主：《易经》重视的是在复杂情势中的主观对策，认为主观因素比客观条件更为重要。初九以刚爻处刚位，恐怕它过于躁急，所以虽然它离坎险很远，仍然加以告诫，只能争取"无咎"；九二以刚爻居柔位，性宽而得中，所以虽然它离坎险较近，甚至有言语之伤，仍然可以"终吉"。

客：重内因，重视主观素质的培养训练，这样的指导思想无疑是可取的。

☰ 九三，需于泥，致寇至。

【译文】 九三，在泥淖中等待，可能招致贼寇到来。

《象》曰：需于泥，灾在外也。自我致寇，敬慎不败也。

　　　　　　"六十四卦"中的人生哲理与谋略

【译文】《象传》说：在泥淖中等待，说明灾祸尚在身外；自己招致贼寇，说明敬谨审慎才能避免失败。

【提示】临险谨慎，可以不败。

客：九三更加逼近于水，濒临于险了，所以爻辞中比喻为在水边的泥淖中等待。这情况看来很糟糕，假如在水边遇寇，就更严重了。

主：九三处于乾之上，过刚而不居中，又逼近坎险，当然很可能招致寇至，造成危害。爻辞中的"寇"就是危害的象征。但是，我们对于危害或灾祸的成因以及预防原则，应该特别注意分析研究。

客：从需卦的上下二体看，乾在下为内卦，坎在上为外卦。九三虽然位在乾之上，逼近坎险，毕竟没有直接陷入坎险中，灾祸危险仍然在外面，只要不去招引它就不会自己来。这时要注意不要自我"致寇"，如果自我去招致，那是咎由自取。这样理解可以吗？

主：分析得很好。就是说，即使在逼近危险的情况下，灾祸的形成也是自己招致的，要从自己身上找原因。

客：祸由自招，咎由自取，不必怨天尤人。所以韩愈《原毁》开篇就说："古之君子，其责己也重以周。"《易经》正是教人以自身反省的智慧。

≣· 六四，需于血，出自穴。

【译文】六四，在血泊中等待，能从陷穴中脱出。

《象》曰：需于血，顺以听也。

【译文】《象传》说：在血泊中等待，说明六三能够顺应形势，听从变化。

【提示】陷入险境，从容待变。

客：六四已经进入坎险中，看来已经受伤，只有在血泊中等待时机了。它又怎么从陷穴中逃脱出来的呢？

主：《周易正义》说："血者，杀伤之地；穴者，险陷之所。"六四虽已在坎险之中受伤，极其危殆，终于因它本身阴柔而得正（以阴爻居阴位），即使在血泊中仍能冷静地等待脱险的时机。顺应形势，听从变化。能够如此行事，终究会化险为夷，从险陷中脱出。

客：这倒使我想起周王朝的奠基者姬昌（文王），他被商纣王囚于羑里，镇定自若，静待形势的发展变化，还潜心研究八卦，据说六十四卦就是他在狱中演成的，最后终于获释。这种气度，非凡人所能及，可以说是"需于血，出自穴"的范例了。

☲☵ 九五，需于酒食，贞吉。

【译文】 九五，在酒食宴享中等待，守持正道可获吉祥。

《象》曰：酒食贞吉，以中正也。

【译文】 《象传》说：在酒食宴享中等待，守持正道可获吉祥，说明九五居中而得正。

【提示】 身处险困，不改其乐。

客：九五倒是快活得很，在酒食中等待，而且可获吉祥，这又何乐而不为！

主：这并不是容易办到的事。试想，处于危难之中，时时有生命之忧，给你酒食你能吃得下吗？在朝不保夕的危机感中，往往会胆战心惊，惶惶而不可终日。而九五能够若无其事，安闲地以酒食自养自娱，自有他的道理，这也是了不起的修养。九五已陷入坎险的中间，本来是最难自拔、最堪忧虑的。但这并不妨碍九五刚健中正而自尊自信，故能处变不惊，履险如夷，不改常态。爻辞中的"需于酒食"，并不是贪图享乐，更不是醉生梦死，而是在困境中仍能自得其乐，这当然是洞明事理的结果。这样的酒食之乐当然是正而不邪的，所以爻辞说"贞吉"。

客：你的话使我想起孔子对颜回的赞美："贤哉回也！一箪食，一瓢饮，在陋巷，人也不堪其忧，回也不改其乐。贤哉回也！"

主：可见真乐并不是专指丰盛酒食的乐趣，是指在艰险危困中仍能不失操守、仍能持中守正的乐观愉快。在险困中饮食自若，安然自处，以待时变，这才是处险待时的大境界。没有大胸襟、大气魄、大智慧是很难达到这地步的。

☵ 上六，入于穴。有不速之客三人来，敬之终吉。

【译文】 上六，落进陷穴。有不请而至的三个客人来，恭敬相待，会得到吉祥的。

《象》曰：不速之客来，敬之终吉，虽不当位，未大失也。

【译文】 《象传》说：有不请而至的三个客人来，恭敬相待会得到吉祥，说明上六所处位置虽然不当，但没有遭受重大损失。

【提示】 遇险待援，贵在诚敬。

主：上六已经到了坎险的极端，终于掉进陷穴中，无法自脱，只有等待外援。

客：上六是阴柔之性，看来还是有耐心等待的。这时正好来了三个不速之客，倒是很有戏剧性，突然得很，这是从何而来呢？

主：你是否注意到，和上六有正应关系的是九三。九三阳刚，又是阳居阳位，勇于进取，会主动地来援救上六。同时带动九二和初九，三阳连类并进，同来增援。这就是三个"不速之客"，倒是很像富有侠义精神的"三剑客"。

客：三阳来救援，上六当然会"敬之"的。

主：三阳虽然地位低下，但是勇武有力，忠肝义胆，愿意拔刀相助。上六地位虽高，但无力脱险，这时千万要尊重来自下层的义士，不能显示出丝毫"贵族"的派头和架子，如此上下才能契合。幸好上六属阴，性格柔顺，敬重越险而上的三阳，终于获得救援，因而劫难消解，吉星高照，真是幸运得很！

客：上六得以脱险，虽说是得力于三阳救援，也多亏它采取诚敬待援的态度。

主：这是需卦始终强调的基本思想。卦辞就已指出，遇到险陷在前，要心怀诚敬，守正待时，切忌躁进，则可"亨"可"吉"，可"涉大川"。卦中六爻，不论刚柔，无不耐心守静，敬慎待时，故或"吉"，或"无咎"，或"不败"，或"未大失"，皆不呈凶象。在险外，不轻进；在险中，静守待援。内怀诚敬，外行中正，故遇险而皆能待，入险而皆能出。处险的基本态度是沉着谨慎、守正待时，这便是需卦的精神实质。这种临难的精神是很值得我们研究参考的。

6. 讼卦——论止息争讼

䷅ 坎下乾上

讼：有孚，窒惕。中吉，终凶。利见大人。不利涉大川。

【译文】 讼卦象征争讼：内心诚实，克制、警惕。中途停止是吉祥的，争讼到底有凶险。利于出现大人。不利于涉越大河。（窒：堵塞。见：现。）

【提示】 提出处理争讼的指导思想。

主：在屯、蒙、需卦之后，出现了讼卦，讼卦是需卦（䷄）卦象的颠倒，这两卦是一对。从事物进行发展的最初阶段开始，就难免产生争执。讼卦就专门谈论争讼。讨论《易经》的讼卦很有现实意义，也是饶有兴趣的。

客：自有人类社会以来就有纷争，恐怕要伴随着人类发展的全部进程吧，这真令人慨叹！人类难道就不能其乐融融地和睦共处吗？《易经》是怎样看待争讼的呢？

主：总的指导思想是，争讼是坏事，不争讼最好。讼卦不是教人如何争讼，而是告诫人如何止讼息争。正如孔子所说："听讼吾犹人也，必也使无讼乎！"

客：这太好了，只怕仅仅是美好的理想。中国古人理想过天下为公的"大同世界"，西方神话中也说人类社会曾经有过和平宁静的"黄金时代"。

主：息讼确实是美好理想，但讼卦中也确实提出了合理可行的原则，充分体现了本卦作者的善良和智慧。

客：卦辞是如何表述的呢？

主：首先，不管对方态度如何，我首先要保持内心诚实，尊重事实而不感情用事，这是基本点，这就是立足于"孚"。其次，要堵塞忿争之心，克制这种有害的欲望，警惕因一时之忿而失去理智，努力从自己这一方平息争讼。再次，确实非争不可时，也要适可而止，见好便收，最好中途退出争讼，这是最吉祥的结局。如果一意孤行，争讼到底，难免劳神伤财，后果很凶险。

客：是啊，旧社会因为打官司而倾家荡产的屡见不鲜啊。

主：争讼本来就是凶事，无所谓胜败，即使在形式上把官司打赢了，也只能是相争结怨，仍然是凶，这就叫"终凶"。

客："利见大人"是可以理解的，争讼之时，能有公平正直的权威人士来调停裁决，当然是最为有利。但是为什么又告诫说"不利涉大川"呢？

主："大人"在本卦中指九五而言，九五刚中居正，能够断明是非曲直。"涉大川"指渡过大险大难。涉越大河一定要齐心协力，同舟共济。如以争讼手段而涉大川，人心乖离，纷争不已，不但川不可涉，还会弄翻船的。从卦象上看，讼卦上为乾，下为坎，是乾刚乘坎险之象。以刚乘险，恃刚犯难，使气好胜，极为不利。在危难之中的争吵，更是最不祥的征兆。

客：需卦卦辞说"利涉大川"，讼卦卦辞则说"不利涉大川"，刚好成为对比。

主：这恰恰说明，争讼不可为，争讼也是不能成大事的。《彖传》对此又作了解释。

《彖》曰：讼，上刚下险，险而健，讼。

【译文】《彖传》说：讼卦，阳刚居上，坎险在下，阴险而又刚健，就会与人争讼。

【提示】 从卦象看争讼者的素质。

客：一只巴掌拍不响。一方刚强，一方阴险，这就斗起来了。这里说得一针见血。

主：乾健遇坎险，当然是产生争讼的一个原因。不过《彖传》的话还可以再进一步剖析。宋代人程颐在《周易程氏传》中是这样分析的："若健而不险，不生讼也；险而不健，不能讼也；险而又健，则以讼也。"

客：这几句话说得确实有意思，既简洁明快，又鞭辟入里。个性刚强然而内心并不阴险的人，不会滋事争讼；内心阴险然而个性软弱的人，无力发动争讼；只有内心阴险同时个性刚强的人，最喜欢引起争讼。说得好！

主：这提醒我们，如果遇到这样的人，千万要注意避免与他发生争执。

讼，有孚窒惕中吉，刚来而得中也。终凶，讼不可成也。利见大人，尚中正也。不利涉大川，入于渊也。

【译文】 争讼，要内心诚实，克制、警惕，中途停止是吉祥的，这说明刚健者争讼要保持适中。争讼到底有凶险，说明争讼是成不了事的。利于出现大人，说明裁决争讼崇尚保持中正。不利于涉越大河，那样会陷入深渊。

【提示】 解释卦辞全文。

客：除了"刚来而得中"一句外，其他都很明白。

主："刚来而得中"，是从爻象的角度来解释对待争讼的基本态度，主要指九二爻而言。九二以阳刚之爻，来居下卦之中位、两阴之间，这一爻象意味着临险刚健，而能得中。就是说，刚健者处理争讼之事，必须注意不逞刚强，适中为好。

客：九二这一爻从何而"来"呢？"刚来"的"来"字有什么讲究吗？

主：在《易经》的习惯用语中，某卦上下二体的下体中某一爻，如果是另外两爻的异类，这一爻就可以称为"来"。如在讼卦下体（☵坎）中，二阴一阳，那么这一阳刚之爻（九二）就是异类，所以称"刚来"。这是一种习惯性说法，不必深究。

《象》曰：天与水违行，讼。君子以作事谋始。

【译文】《象传》说：天向西转，水向东流，互相违背运行，象征争讼的产生。君子因此在办事之初就仔细谋划。

【提示】 指出在谋事之始就要防止争讼。

客：讼卦上乾下坎，上为天，下为水。日月星辰等天体从东往西转，地上的江河水流则从西往东流，二者是反方向运行的。

主：古人直观自然，看到这一现象，联想到在反向中存在着矛盾，预示着争讼的可能。因此，善于谋事的君子从一开始就仔细思考，如何协调矛盾，防止争讼的产生。

客：防患于未然，把争讼化解于尚未形成之时，这一思想很有启示性。"作事谋始"，值得牢记。

主：讼卦六爻，九五为听讼之主，其余五爻都是诉讼之人，也很值得玩味。

☰ 初六，不永所事，小有言，终吉。

【译文】 初六，不长久纠缠于争执之事，略有言语摩擦，最终是吉祥的。（永：长。）

《象》曰：不永所事，讼不可长也。虽小有言，其辩明也。

【译文】 《象传》说：不长久纠缠于争执之事，说明争讼不可长久坚持。虽然略有言语摩擦，是非可以辨析清楚。

【提示】 争端初起，略辩即明，不可长久纠缠。

客：这一爻的文字很好懂。如果从爻象上看，这样说有何根据呢？

主：与初六相应的是九四，初六以柔弱之质居低下之位，而与九四刚强居上位者争讼，根本无法以实力取胜，只有用以柔克刚之法。九四以"言语"侵犯，由于初六阴柔能让，虽然不能不解释几句，小有言语摩擦，毕竟是处争执之初，没有发展下去。

客：看来"不永所事"是初六的指导思想，这是很明智的决策。

主：这个"事"字值得玩味。说"不永所事"，而不说"不永所讼"，可见事端初起，还没有发展成争讼，初六在指导思想上也希望这小小事端不要发展成争讼。所以它不长久纠缠于争执之事，断然地结束争执。

客：是的，有些事略辩即明，有些事甚至不辩即明，纠缠于口舌之争是无益的。

☰ 九二，不克讼，归而逋。其邑人三百户无眚。

【译文】 九二，不能胜讼，赶快回家，像犯人逃亡一样快。

"六十四卦"中的人生哲理与谋略

他的三百户邑人可以免灾。（克：胜。逋，音 bū，逃亡。邑人：领地中的农户。眚：音 shěng，灾祸。）

《象》曰：不克讼，归逋窜也。自下讼上，患至掇也。

【译文】《象传》说：不能胜讼，于是逃跑回来。下面的人与在上的人争讼，招来祸患会像俯身拾物一样容易。（掇，音 duō，拾取。）

【提示】争讼失利，要及时中止以免祸。

客：九二与九五处于相对位置，两刚相遇而不相应，造成争讼。九二居下，失败无疑。

主：九二以阳爻处于阴位，又在坎险之中，地位和形势都极为不利；九五以阳居阳，又是君位，势不可敌，九二怎么是它的对手！九二与它争讼，根本就无法进行，必然吃亏，招来的祸患将俯拾皆是。幸亏九二很快就明白了过来，发现官司不能再打下去，于是立即打退堂鼓，火速退出争讼而逃避，简直和罪犯逃亡无异！这种急流勇退的行为是不容易的，也十分明智。

客：亏得他在急处抽身，使得他的邑人三百户得以免祸了。

主：古代有连坐法，一人有罪，可能百家受累，那麻烦就大了！

☰ 六三，食旧德，贞厉，终吉。或从王事，无成。

【译文】六三，安享旧有的俸禄，守持正道以防危险，终将吉祥。或辅助君王的事业，不以成功自居。（德：指俸禄。厉：危险。）

《象》曰：食旧德，从上吉也。

【译文】《象传》说：安享旧有的俸禄，是说六三顺从居上位的阳刚得到吉祥。

【提示】 无力争讼者要退让免争。

客：这一爻没有谈到争讼之事啊。

主：六三是阴柔之质，本来就不是争讼者。这里谈的是六三当争讼之时如何自处。

客：看来六三只想安享旧有的俸禄，保持既得的利益，这是它的出发点。

主：六三以柔质居于下卦之上（这相当于"士大夫"的位置），有不能争讼、唯食旧德之象。但六三又是以阴爻居阳位，其位不正；更兼处于九二、九四两刚之间，是危厉之境；这里又是上下卦之交，是进退两难的是非之地。六三当争讼之时必然安分守己，与人无争，处危境而知防危虑险，才能保持旧禄不失，获得吉祥。即使从事君王委派之事，取得成绩也不敢自己居功，能这样小心谨慎就差不多了。

客：一般人无不喜欢自我表现，六三能够逃名避功，真是够小心谨慎的了。《象传》又特别强调"从上吉"，应该怎样理解呢？

主："上"指上九，它与六三构成了争讼的对立面。上九以刚健之质居于穷极之地，咄咄逼人，要与六三争讼到底，这是很难对付的。但是六三甘居下风，顺从上九，不与它相争。一个巴掌拍不响，这场讼事终于作罢。六三由于退让不争而获吉，而居高位、好滋事、喜争讼的上九，下面我们可以看到，却得到"终朝三褫"的恶果。争未必得，不争未必失。《老子》中说："夫唯不争，故天下莫能与之争。"这就是"柔弱胜刚强"的道理。刚强的上九向柔弱的六三挑战，最后谁赢了呢？看来是退让不争的六三赢了。

☰ 九四，不克讼，复即命，渝安贞，吉。

【译文】 九四，不能胜讼，回心转意而归向正理，改变态度

"六十四卦"中的人生哲理与谋略

而安守正道，可获吉祥。（复：回头。即：靠拢。命：天命，正理。渝：改变。）

《象》曰：复即命，渝安贞，不失也。

【译文】《象传》说：回心转意而归向正理，改变态度而安守正道，必无损失。

【提示】争讼无理，要立即回头，改正错误。

客：九四又为何败讼呢？

主：九四与初六位置相对，以强凌弱，以上压下，显然是没有道理的，也不得人心。初六则以柔克刚，退而不争，仅仅解释几句，辨明是非，就使九四理屈辞穷了。

客：九四岂能善罢甘休？

主：九四阳刚性健好争，但居于阴位，又有能退之象。它见到真理不在自己这一边，自己在道义上失败了，赶快回头转弯，改变蛮横无理的态度，归向于正理正道，修正自己的行为，按常规常理说话。九四能改弦易辙，修正错误，当然就不会有什么损失，结果也是吉祥的。

客：九四丢掉一点小面子，确实不算损失，它总算没有最后失去道义、失去人心。这种勇于回头、善于改过的精神还是值得钦佩的。

主：九四的可贵之处就在于"复"（回头）和"渝"（改变），能够毅然地"复"而"即命"（归向正理），"渝"而"安贞"（安守正道），终于变刚为柔，化讼为和。能够改过当然是吉祥之兆。

客：看来九四象征蛮横粗鲁的人，但是知错必改，这种性格也有可爱之处，像是《水浒传》中的黑旋风李逵。

主：也不尽相同，李逵是不会以上压下、以强凌弱的。这是一个较为明智的贵族。

☰ 九五，讼，元吉。

【译文】 九五，能够决断争讼，大吉。

《象》曰：讼，元吉，以中正也。

【译文】《象传》说：能够决断争讼，大吉，因为九五能行中正之道。

【提示】 以中正之道决讼最为吉祥。

客：你在前面说过，讼卦六爻，只有九五是听讼之主，其余五爻都是诉讼之人。九五以阳刚居于中正之位，看来是个贤明的法官。

主：九五象征刚健中正、明决无私的主讼者，也是理想的化身。能如此，方能明断曲直，诉者当然心悦诚服，而无不平之气，这是最大的吉祥。本卦辞中所说的"利见大人"，就是这位"大人"了。

客：这里也反映出平民对明镜高悬的公平法官的期待，所以包拯、海瑞被民众呼为"包青天""海青天"啊！

☰ 上九，或锡之以鞶带，终朝三褫之。

【译文】 上九，或许会得到赏赐佩带，也必然在一天之内三次被剥夺。（锡：赐。鞶［音 pán］带：大臣命服上的佩带。褫：音 chǐ，剥夺。）

《象》曰：以讼受服，亦不足敬也。

【译文】《象传》说：由于争讼而得到赏赐命服，也是不值得尊敬的。

【提示】 恃强争讼不止，必有恶果。

客：上九为什么会受到鞶带之赏，又为什么在一天之内三次被剥夺呢？

主：上九以阳刚居于讼卦的终极之地，象征恃强争讼到底而不知悔改的人。它的对立面是六三，我们前面分析过，六三是顺从上九不与它争的，使得上九不讼而获胜，并因此而得到升官之赏。但是这完全是由于偶尔遇上了退让不争的六三而占了"便宜"。一般来说，这种强讼不止的人没有什么好下场，所以爻辞在"锡之以鞶带"之前加了一个"或"字，表示偶然性。即使如此，这种通过争讼而获得的高官厚禄也是极不光彩的，必然受到舆论谴责，结果还是保不住，甚至在一天之内被君王连下三道命令加以剥夺。不旋踵间，弄得身败名裂。这完全是咎由自取。

客：这和清代官员被拔去"顶戴花翎"差不多。

主：上九所得到的恶果，正好印证了卦辞和《象传》中所强调的"终凶，讼不可成也"的告诫。总之，整个讼卦不是教人如何争讼，而是教人息争止讼。

客：的确是这样。除了九五居尊中正，是听讼之主外，作为诉讼人的其余五爻的凶吉，无不体现主张止息争讼的思想。初六和六三是阴爻，以柔克刚，不争不讼，得以"终吉"。九二、九四和上九是阳爻，刚健能讼。但九二、九四都能迷途知返，及时退出争讼，因而也免灾获吉。只有上九一味逞强，争讼到底，虽一时占了上风，终于没有好下场，受到夺赐之辱。

主：你已经作了很好的总结。我们看《史记》中记载的廉颇、蔺相如两人的故事，一个是忍让息争的典范，一个是迷途知返的榜样，最能够说明讼卦的精髓要义。

7. 师卦——论用兵之法

☷ 坎下坤上

师：贞，丈人吉，无咎。

【译文】师卦象征军队：守持正道，以贤明长者为统帅，可以吉祥，无灾祸。

【提示】 提出指导战争的总原则。

客：前一卦是"讼"，争讼的结果会造成兴师动众，所以这一卦是"师"，对吧？

主：在《序卦传》里正是这样讲的。师就是兵众、军队，所以师卦专讲如何用兵打仗。

客：打仗可不是闹着玩的儿戏。《孙子兵法》开篇就说："兵者，国之大事，死生之地，存亡之道，不可不察也！"

主：所以卦辞首先强调战争的两大原则。一要把握战争的性质，用兵要守持正道，要师出有名，是正义之师。这是战争的大前提。二是要善于选择统帅，要以贤明而富有经验和威望的将领统兵，这是出师胜负的关键。

客：这两大原则，即使从现代战争的角度看，也是不可违背的。"丈人"是指年高的长者吗？

主：指老成持重、众所畏服的人，不一定是年纪很大的人。对于统帅的具体要求，在《象传》中作了发挥，我们待一会再谈。

客：还有一点我不明白，卦辞既已论断为"吉"了，又加上"无咎"二字，岂不是重复吗？

主：卦爻辞极为简练，决不会重复，似乎重复的地方更值得玩味。在"吉"之后又补充"无咎"二字，是说用兵之"吉"，仅仅是"无咎"而已。因为战争毕竟是凶事，能有"无咎"的结局，这也就是上上大吉了。

《彖》曰：师，众也。贞，正也。能以众正，可以王矣。刚中而应，行险而顺。以此毒天下，而民从之，吉又何咎矣。

【译文】《彖传》说：师，是兵众的意思。贞，是持正的意思。能使众多的军队守持正道，就可以成就王业了。统帅刚健居中，而与君王相应；进行危险的战争，而能得到兵众的依顺。凭借这些来攻伐天下，百姓愿意服从，这是吉祥的征兆，哪里还谈得上灾祸呢？（王：音 wàng，统治天下。毒：攻治。）

【提示】 解释发挥卦辞含义。

客：《彖传》是怎样解释发挥卦辞的？

主：首先用"能以众正"解释"师贞"二字。要使战争中的千军万马成为仁义之师，才能打赢战争。但这又谈何容易！谁"能以众正"，谁就"可以王矣"。不仅要执法严明，以纪律来约束军队，如初六爻辞所说要"师出以律"；还要赏罚公正，使军队乐于听从号令，如九二爻辞所说的"在师中吉"。这样才能把兵众引导到正义之师的轨道上去。

客：《彖传》中"刚中而应，行险而顺"八个字，就是对卦辞中的"丈人"的具体说明吧？

主：是的。这八个字指出一个优秀统帅应该具备的素质。这在本卦中指九二而言。九二阳刚而居中，上与君位的六五相应，正是行师的主帅之象征。九二完全具备统帅的素质，它以刚爻居阴位，又得下体之中，说明它刚而能柔，刚柔相济而得其中，确实是有勇有谋的帅才。九二又居于下位，而与六五这个温和中正的君主相应，象征带兵打仗的统帅得到君主的完全信任，必能大展才能。这就是"刚中而应"四字的内涵。

客：师卦的卦象，下为坎、为险，上为坤、为顺，《彖传》"行险而顺"四字是不是从这里推演出来的？

主：一点也不错。坎险象征战争的凶危，坤顺象征军心的归顺。进行生死存亡的战争，而能得到兵众的依顺，万众一心，舍生赴死，这也是指挥战争的统帅的特有本领。能够作"刚中而应，行险而顺"，就符合卦辞中"丈人"的标准，可以带兵出征了。

客：《彖传》的最后几句，"以此毒天下，而民从之，吉又何咎矣"，是针对卦辞"吉无咎"三字而言。

主：《象传》的最后几句，发挥"吉无咎"的精义，十分透辟。最值得玩味的是"以此毒天下"的"毒"字，既有"攻伐""治理"的意思，又含有它的本义"毒害"的意思。战火一起，生灵涂炭，战争本来就是灾祸，是毒害社会、伤财损民之举，怎能无咎呢？但是，正义的战争又是非打不可的，这如同用毒药攻治疾病，非到迫不得已不轻易使用。这也正是所谓"必要的恶"之意。由于是正义之师，最终符合人民的根本利益，所以虽然伤财损民，造成灾难，人民仍然愿意顺从。从正义战争的进步意义来看，尽管付出了惨痛的代价，后果毕竟是吉祥的，又怎么谈得上灾祸呢！这就是卦辞"吉无咎"、《象传》"吉又何咎"的深层含义。

客：比如说，武王伐纣的战争，虽然其惨烈到了血流漂杵的程度，但是由于推翻了商纣王的暴虐统治，推动了历史的进程，代表了人民的愿望，还是受到了人民的支持。当然也可以说是："以此毒天下，而民从之，吉又何咎矣！"

主：《易经》能把战争的性质与其价值联系起来思考，并且从民心向背这个角度观察，这在古代是很了不起的。战争与人民的关系密不可分，这道理在《大象传》中也有表述。

《象》曰：地中有水，师。君子以容民畜众。

【译文】《象传》说：地中聚藏着水源，象征兵众。君子因此注意蓄养民众。

【提示】指出兵来源于民的道理。

客：师卦上为坤、为地，下为坎、为水，是水聚于地中之象。

主：水藏于地中，取之不尽用之不竭；象征兵藏于民中，也是取之不尽用之不竭的。

"六十四卦"中的人生哲理与谋略

客：是的，古时是藏兵于民、兵民合一的，平时是扛锄头的农民，战时就是执干戈的士兵。

主：民为兵之本，民众是兵众之源。所以，君子要效法大地蓄水，平时注意蓄养民众，战时兵源才不会断绝。《象传》论兵直溯本源。六爻则分别从六个方面展示用兵的要旨。

䷆. 初六，师出以律，否臧凶。

【译文】 初六，军队出动要用纪律来约束，军纪不良必有凶险。（否臧：不善。）

《象》曰：师出以律，失律凶也。

【译文】 《象传》说：军队出动要用纪律约束，说明丧失纪律必然凶险。

【提示】 指出纪律是军队的生命。

客：出兵打仗，军纪为先。必须以节制之师，依法度行事，才能所向披靡。

主：初六处师卦之始，正是兵众初出之象。可惜它以阴柔居下，象征着弱才为将，很可能做不到"师出以律"，所以用"否臧"必"凶"的严重后果来告诫它。

客："师出以律"不说"吉"，而反过来说军纪不佳则"凶"，意思虽然一样，就起了告诫的作用。看来《易经》在用辞上的细微差异，并非随意着笔，无不有其深意。

主：不说"吉"而说"否臧凶"，还有一层含义。因为"师出以律"只是取胜的一个前提，而不是唯一条件，不能仅仅根据这一点就预测胜负，所以还不能判断为"吉"；可是如果军纪不良，就必然打败仗，所以"否臧"就可以断定为"凶"。

䷆. 九二，在师，中吉无咎，王三锡命。

【译文】 九二，统率军队，守持中道，可获吉祥，无灾祸。君王多次赐命嘉奖。（在师：率师。锡命：颁发赏赐诰命。）

《象》曰：在师中吉，承天宠也。王三锡命，怀万邦也。

【译文】《象传》说：统率军队守持中道，可获吉祥，说明受到了天子的恩宠。君王多次赐命嘉奖，说明怀有安抚天下的志向。

【提示】 指出统帅受到君王信用的重要。

客：你在前面说过，九二象征统军将帅。

主：九二是本卦唯一的阳爻，是一卦之主，象征带兵的统帅。它以阳刚居于下卦之中位，与居于君位的六五形成正应的关系，这一点非常重要。将帅受到君王的委任派遣，出征作战，授有指挥军队之权，非如此就无法打仗；但又不能过分专权，过分专权则会受到君王的猜忌，祸不旋踵。这就要求统帅善于掌握适度的分寸，这个分寸就是"中"。中则不偏，守持中道就不会有偏差了。

客：这样的统帅就会受到君王的信任、恩宠和嘉奖，所以"吉无咎"，所以"王三锡命"。《象传》最后特别指出"怀万邦也"，用意何在呢？

主：这就是说，君王三次奖赏作战有功的将帅，并不是鼓励穷兵黩武，而是为了迅速结束战争，以安抚万方百姓，统兵将领对此应有所领会。这里再次强调必须坚持战争的正义性，意在防止胜利冲昏头脑，防止战争逸出正义的轨道。这与师卦论战争的总的精神是一致的。

☷☵ 六三，师或舆尸，凶。

【译文】 六三，军队可能会载尸而归，凶险。（舆尸：以车运载尸体，兵败之状。）

《象》曰：师或舆尸，大无功也。

【译文】《象传》说：军队可能载尸而归，说明出师完全失败了。

【提示】指出志大才疏者用兵必败。

客：六三出师大败，以致用车子载尸逃回，原因何在呢？

主：六三以柔爻居于阳位，而且处于下体坎卦之上，上无阳爻与之相应，下有阳爻又是以柔乘刚。这象征带兵将领力微而任重，才疏而志刚，不顾主客观条件的不利，贪功冒进，盲目行险，结果大败而归，损失惨重，几乎全军覆没。这一爻告诫我们，像六三这种类型的人，志大才疏，决非将帅之才，千万不可任用此等人统率军队，否则必有凶险。

客：在中国战争史上这样的教训不少，如战国时期赵国的赵括全军覆没于长平，三国时期蜀汉的马谡一败涂地于街亭，都是任用志大才疏、刚愎自用之士的恶果。六三爻辞以"舆尸"二字强调用鲜血换来的教训，给人的印象特别深刻！

䷆ 六四，师左次，无咎。

【译文】六四，军队撤退驻守，没有灾祸。（左次：撤退宿营。古人以右为上，左则为后退。）

《象》曰：左次无咎，未失常也。

【译文】《象传》说：撤退驻守，没有灾祸，说明未失用兵的常法。

【提示】指出形势不利时应该退守。

客：六三冒进而败，六四却退守图存。

主：六四处在上下之交的"多惧之地"，下面又没有相应的阳爻作为援军，形势也很不利。幸亏六四的个性与六三大不相同，它以柔爻居于阴位，阴柔而得正，性格细心慎重，在不利时不敢轻易冒险，自知一时无力前进取胜，于是暂时退后一步，按兵不动。

客：六四暂时退守保全了军队，比六三强行冒险惨败好多了，所以算它"无咎"。

主：从爻象上看，六四无应（下面没有相应阳爻）而得位（以阴爻居阴位），无应则不可以轻进，得位则可以驻守。所以六四的决策还是明智的。虽然暂时无功，毕竟保存了实力，又可静待形势变化，伺机进击，随时转守为攻，这是不违背用兵常规的。兵法以慎重为常，恐怕一般人不明此意，认为六四的撤退是胆怯，所以《象传》特地申明："未失常也。"

☷ 六五，田有禽，利执言，无咎。长子帅师，弟子舆尸。贞凶。

【译文】 六五，田地有禽兽，捕捉是有利的，没有灾祸。刚正长者可以率兵出征，平庸小子必将载尸败归。守持正道可以防凶。（言：焉，语助词。）

《象》曰：长子帅师，以中行也。弟子舆尸，使不当也。

【译文】《象传》说：刚正长者可以率兵出征，说明九二能以中道行事。平庸小子必将载尸败回，说明任用将领不得当。

【提示】 指出君王处理战争问题的原则。

客：六五阴柔，处于师卦之君位（上体之中位），又与统帅九二相应，看来是象征战争时期的君王了？

主：正是。在战争期间，作为最高决策人的君王要把握两大原则。一要把握战争的性质，要师出有名，打的是正义战争；二要选择能够胜任的统帅，要善于用人。本卦卦辞中所强调的就是这两大原则，六五爻辞中所讲的仍然是这两大原则，首先以"田有禽，利执言"设喻。

客：就是说，田地里有禽兽损坏庄稼，可以把它捉住，这是应该的，没有过错；比喻敌人来侵犯我们的领土，我们起而应战，是师出有名的正义之战，这仗当然是应该打的。这样理解对吗？

主：正是如此。爻辞的后面几句话，谈的是任用将领的得与失。"长子"指九二，阳刚而居中，以中道行事，善于指挥战争。六五作为君王，任命它为统帅，无疑是正确的。可惜六五又画蛇添足，同时任命一位平庸小子六三参与军事指挥，去分统帅九二的权，这就坏事了。六三本性柔弱而居于阳位，凌驾在九二之上，只有干扰、破坏统帅的军事部署，成事不足败事有余，最后必然弄得大败而归，载尸奔逃。这完全是君主六五用人不当所致。

客：六五任用九二时是何等明智，怎么又忽然糊涂起来，把六三派到指挥系统中去捣乱呢？

主：六五体柔而居中，又与九二正应，这是它的优点，故能正确地任用九二。但它毕竟又是以阴爻居阳位而失正，所以不能保险它没有糊涂的时候，它任用小人六三去牵制统帅九二，就是出于对九二的猜疑之心作怪，终于导致战争失败。

客：这使我想起唐代的肃宗这个皇帝。在平息安史之乱的战争中，他命令名将郭子仪等率军围攻叛军于邺城，又命令宦官鱼朝恩为监军，节制各路军马，这分明犯了以六三牵制九二的大忌，结果终于招致唐王朝六十万人马崩溃的大失败。唐肃宗惯于玩弄浅智短计，以小人来抑制功臣，因而引起一连串的变乱。

主：在用人方面玩弄这种权术，是绝对办不好事的。看来唐肃宗正是六五式的君王，可引以为教训。所以爻辞最后发出守正防凶的告诫，用人要光明正大，任人唯贤，才是正道，才能防止凶险。如果心术不正，则凶。

☷☵ 上六，大君有命，开国承家。小人勿用。

【译文】上六，国君颁发命令，封赏功臣，或分封为诸侯，或任命为大夫。小人则不可重用。（开国：册封新的诸侯国。承家：封为大夫使之承家继业。）

《象》曰：大君有命，以正功也。小人勿用，必乱邦也。

【译文】《象传》说：国君颁发命令，是为了评定功勋。小人不可重用，因为重用小人必然使国家发生动乱。

【提示】指出封赏军功时要防止小人拥有实权。

客：上九是师卦之终，象征战争结束，军队班师凯旋，该论功行赏了。

主：按照立功的大小，有的命他立国为诸侯，有的命他承家为大夫，让他分别享有国土和爵位。但是在封赏时要特别注意"小人勿用"的原则。

客："小人"立了战功，也不封赏吗？

主："小人"有才无德，即使立了军功，也只能给以财帛田宅的奖赏，绝不能让他们开国承家，获得掌权的机会。小人是不稳定因素，如果他们拥有实权，就会伺机作乱，必然危害国家。只怕外患方平，内乱又起，不得不防。

客：本卦多次强调任用君子不用小人。

主：在战争胜利、封赏功臣的时候，尤其值得注意，以免授小人以权柄，埋下祸根。因为君子往往是推功让利的，而小人则不择手段地争权夺利，尤其需要警惕。总之，本卦中告诫之语甚多，六爻的吉断也是凶多吉少，强调兵者凶器，用兵当慎之又慎。全卦堪称古代兵法的总纲，表述了基本的战略战术思想。六爻展示了用兵打仗自始至终的过程和指挥战争的要旨，不仅是研究古代军事思想的重要资料，对于人生事业的谋划策略也会有很大启发。仁者见仁，智者见智，运用之妙，存乎一心，这里就不

"六十四卦"中的人生哲理与谋略

多讨论了。

8. 比卦——论亲附之道

☷☵ 坤下坎上

比：吉。原筮，元永贞，无咎。不宁方来，后夫凶。

【译文】 比卦象征亲附：吉祥。要经过考察研究再作决定（是否亲附），（如果所亲附者）有尊长之德、可以长久不变、能够坚守正道，就不会有灾祸。不安顺的邦国也来亲附了，后来者将有凶险。（原：考察，推究。筮：（占卜）决定可否。不宁方：不安顺的邦国。后：后来者。夫：语助词。）

【提示】 指出亲附之道的原则。

主：师卦之后是比卦，这两卦又是一组，卦象互为颠倒（☷☵、☵☷）。"比"的意思是比附、亲密辅助。战争平息之后，首要大事是和平安定，休养生息，这就必须谋求人际关系的和谐，讲究亲附之道。所以，在师卦之后安排了比卦。

客：师卦讲武力征服，比卦讲政治安抚，这正是古代统治阶级恩威并施、宽猛兼济的两手吧？

主：是啊。人不能遗世独立，做任何事业都需要相互合作，这就必须协调人际关系，所以比卦是值得研究的。卦辞首先肯定："比：吉。"能够互相亲密比辅、互助合作，是吉祥的。但是紧接着就强调选择亲附对象必须慎重，不可滥交滥比。

客：《易经》常常是如此，讲了事物的这一面，接着就要讲到那一面。

主：是否可以亲附，要经过考察研究才能做出决策，这就是"原筮"。如何考察？卦辞中提出三条标准："元、永、贞。"要有尊长之德，要能长久不变，要能坚持正道。与这样的对象亲附，才能"无咎"。由此可见，亲附行为并不总是吉祥的。亲附不得其人，后果可能是灾难性的。卦辞先说比"吉"，接着又补充说如此方可"无咎"，这又是十分辩证的。

客：决定亲附对象确实要慎重，不能专拣高枝飞。

主：看准了以后，就要抓紧时机，争取结盟亲附，这时就宜速不宜缓，要当机立断，不能再拖拖拉拉，心存观望。这又是问题的另一方面了。就是说，当慎则慎，当断则断。卦辞中打比方说，在有德之君当位时，连不安顺的诸侯邦国（"不守方"）也来亲附了，到这时你才姗姗来迟地沟通联系，必然搞不好关系。因为你的行动已经说明你没有互相协作的诚意，人家也不会同你竭诚合作的。其结果当然不妙，甚至在竞争的环境中失去生存的机会。这就是"后夫凶"的含义。

客：史书上记载说：万国朝禹，防风后至；天下归汉，田横不来。结果是防风被诛，田横自杀，这两个"后夫"的结局果然不妙。

主：因为他们违背了亲附之道，终于陷入走投无路的困境，导致失败。

《彖》曰：比，吉也。比，辅也，下顺从也。原筮，元永贞无咎，以刚中也。不宁方来，上下应也。后夫凶，其道穷也。

【译文】《彖传》说：亲附，会得到吉祥。"比"是亲附辅助的意思，指九五以下的阴爻顺从上面的阳刚之君。经过考察研究而作决定，所亲附者有尊长之德、可以长久不变、能够坚守正道，不会有灾祸，因为九五刚健而居中。不安顺的邦国也来亲附，说明上下相互应合。后来者有凶险，因为它已走入困境。

【提示】解释卦辞全文。

客：有一点不明白。看《彖传》对本卦爻象的分析，九五是唯一的阳爻，而且居中得正，处于君位，是本卦的主爻，符合"元、永、贞"的标准，是各阴爻所亲附的对象。但是，《象传》只说九五以下的阴爻顺从九五（"下顺从"），而把上六除外，这是什么缘故呢？

主：本卦一阳五阴，体现出人际关系中的主从关系，一阳（九五）为主导，五阴为从属。九五以下的四个阴爻皆以九五为亲附对象，上下应合；只有上六迟迟不来亲附，正是卦辞中所说的"后"者，即"后来者"。这个后来者直到陷入困境，才想到向九五亲附，失去了时机，预后必"凶"。

《象》曰：地上有水，比。先王以建万国，亲诸侯。

【译文】《象传》说：地上有水，象征亲附。先代君王因此封建万国，亲近诸侯。

【提示】指出以上亲下的必要。

客：这意思是明白的。比卦上为坎、为水，下为坤、为地。水在地里，水性润下，浸润入地，这现象象征"亲附"（"比"）。先王观此亲比之象，受到启发，因此通过分封建国来亲近天下诸侯。

主：《象传》侧重于强调以下附上，《象传》则强调以上亲下，二者相辅相成，这才是完整的亲比之义。

☷☵ 初六，有孚比之，无咎。有孚盈缶，终来有它吉。

【译文】初六，心怀诚信地亲附，没有过错。充满诚信如同美酒盈缸，终究会有意外的吉祥（孚：诚信。缶：音 fǒu，盛酒的瓦制器皿。它吉：它至之吉。）

《象》曰：比之初六，有它吉也。

【译文】《象传》说：在开始阶段的亲附，会有意外的吉祥。

【提示】 强调亲比贵在诚信。

客：初六地位低微，遥居"荒外"，位置也不相应，它想亲附于"至尊"九五，恐怕不很容易！

主：与人亲比最重要的是心怀诚信，取得信赖。初六在不利的条件下，能够以诚信求亲附自可无咎。

客：待人以诚，人必报之以诚。诚信确实是处理人际关系的一大法则，这就是爻辞所说的"有孚比之"了。

主：如果能够"有孚盈缶"，诚信充满于内，像装满美酒的瓦缸一样，满腹皆诚，不但可以免咎，最终甚至会得到意外的好处（"它吉"）。《象传》又进一步指出"比之初六"的重要，还是因为初期阶段的亲附更能体现诚意。

客：这与上九的"后夫凶"正好是鲜明的对比。

䷇ 六二，比之自内，贞吉。
【译文】 六二，从内部亲附，坚持正道必获吉祥。

《象》曰：比之自内，不自失也。
【译文】 从内部亲附，说明没有失去自有的正应关系。
【提示】 强调亲比贵在守正。

客：六二以柔爻居阴位得下体内卦之中，九五以刚爻居阳位得上体外卦之中，二者形成正应关系。六二亲附于九五，条件最为优越，再不会出什么岔子了。

主：不然。居内卦正中的六二与居外卦正中的九五亲比，叫作"比之自内"，当然有极其优越的条件；虽然条件优越，获吉仍然是有条件的。"贞吉"，意味着贞则吉，不贞则不吉。吉与不吉，要看能不能坚持正道。坚持正道，才能"不自失"，不失去六二与九五之间自有的正应关系。《易经》十分重视主观作用。初六的客观条件很差，由于主观上的"有孚"，仍然可以"无咎"，甚至

"六十四卦"中的人生哲理与谋略

"有它吉"；六二的客观条件极好，如果主观上不能坚守正道，仍将失去其优势。"不自失"三字仍隐含告诫之意，这一点很重要。

客：在亲比问题上，什么是正道呢？

主：古人认为，应该修身正己，以待人君之求，而不要降志辱身，汲汲钻营。历史上的伊尹、吕尚、诸葛亮等名臣都是如此行事的，实现了君臣风云际会式的亲比。

䷇ 六三，比之匪人。

【译文】 六三，想亲附而不得其人。（匪：非。）

《象》曰：比之匪人，不亦伤乎？

【译文】 《象传》说：亲附而不得其人，岂不是可悲的事？

【提示】 指出建立亲比关系需要有基本的客观条件。

客：六三与九五无比应关系，它的应爻上六又是个"后夫凶"，因此想亲附而不得其人。看来六三的处境很不妙。

主：六三的处境极为不利。初六、六二、六三、六四，这四个阴爻都想亲附唯一的刚健中正的阳爻九五。其中六二与九五有正应关系，六四与九五有亲比关系（阴阳当位，以柔承刚），条件都十分有利，皆得"贞吉"之兆。初六与九五虽然也没有正应、亲比关系，条件不利，但是初六处于初期阶段，就捷足先登地以诚信亲附九五，不但"无咎"，甚至可能"有它吉"。最糟糕的就是六三了，与九五既无正应和比邻的关系，又没有捷足先登的机会，这确实是值得悲伤的事！由此可见，建立亲比关系也需要有基本的客观条件。初六、六二两爻强调了主观努力的重要，本爻又强调了基本条件的必不可少，顾及了主客观两个方面，这正是《易经》卦理的严密精审之处。

客：难道六三就无计可施了吗？

主：请注意，这里并没有为六三的最终凶吉下断语，仅仅惋惜六三目前的无人亲比，仅仅感叹"不亦伤乎！"这就很值得玩味。可见六三的处境虽然可伤，其凶吉仍在未定。从六三的角度考虑，在条件不成熟时，只有守正以待时变。

☷☵ 六四，外比之，贞吉。

【译文】 六四，在外部亲附，坚持正道可获吉祥。

《象》曰：外比于贤，以从上也。

【译文】 《象传》说：在外部亲附于贤人，是说六四顺从于上。

【提示】 指出亲附于上要注意守正。

客：六二自内卦（下体）而亲比于外卦的九五，称为"比之自内"；六四居于外卦（上体），亲比于同样属于外卦的九五，当然应该称为"外比之"了。

主：六四以阴爻居阴位，柔顺得正，上承刚健中正的九五。凡是六四承九五者都是吉象，在象征亲附关系的比卦中当然更是如此。不过，这里的"吉"也是有条件的"贞吉"。

客：六四不和与它相对应的初六亲比，而向上比附处于君位的九五，所以爻辞特别提醒它要坚守正道（"贞"），否则恐怕有谄媚之嫌，尽管九五是刚明中正的大贤。

主：你说得很有道理，亲附于上，一定要坚持正道，以免被人误解为奉迎讨好。连孔子当年也曾经感叹过："事君尽礼，人以为谄也。"只要行得正、走得端，闲言碎语是可以不攻自破的。

☵☷ 九五，显比。王用三驱，失前禽。邑人不诫。吉。

【译文】 九五，光明正大的亲比。君王打猎三面驱围，一面放开，听任前方的禽兽逃掉。对属下的邑人也不特别告诫。吉祥。（显：显明。）

《象》曰：显比之吉，位正中也。舍逆取顺，失前禽也。邑人不诫，上使中也。

【译文】《象传》说：光明正大的亲比是吉祥的，由于九五处正而得中。舍弃违逆者，容纳顺从者，所以听任前方的禽兽逃掉。对属下的邑人也不特别告诫，说明君上实行中道。（使：用。）

【提示】 阐述光明正大的亲比之道。

主：九五以唯一的阳刚之爻处于君位，群阴都来亲附它，它能保持刚正无私，不偏不倚，更不搞暗中交易。这是光明正大的亲比天下的行为，一切都是显明于外的，所以称为"显比"。

客：怎样才能做到"显比"呢？

主：爻辞里打了个比方。好比君王打猎，只从三面设围，驱赶猎物；在前面却网开一面，任凭禽兽随意逃跑。王者对于亲附于己的民众也应是这样，来者不拒，去者不追，顺从者就收容他，违逆者则放过他。如九五以下的四阴都愿意顺从亲附，则来者不拒，一概收容；只有上六违逆，以阴乘阳，不愿归依，则去者不追，好像打猎时从前面跑掉的"前禽"。

客：真有"来去自由"的度量。《三国演义》中的曹操勉强地做到了这一点，当暂时依附他的关公离他而去时，他总是想追回。最后终于网开一面"失前禽"，放走了关云长。这毕竟算得上"九五之尊"的大胸襟。

主：不仅如此，九五对他属下的人（邑人），也不专门告诫，叫他们格外地亲近自己。意思是天下人一视同仁，并不因近者而亲，也不因远者而疏，实行中道。这才是光明正大的"显比"，这当然是完全的"吉"，不附加条件的"吉"。

客：不过，这毕竟有些理想化了。

主：人终究是应该有理想的。《易经》里就记载了古人的很多理想境界。《论语》中说，孔子像对待其他弟子一样对待自己的儿子孔鲤，并不特别亲近，也无特别的传授。故陈亢由衷地赞颂为"君子之远其子"。岂不是达到了理想境界吗？

☷☵ 上六，比之无首，凶。

【译文】 上六，比附于人而没有良好的开端，凶险。

《象》曰：比之无首，无所终也。

【译文】 《象传》说：比附于人而没有良好的开端，也不会有好的结果的。

【提示】 指出亲比迟疑则结果不好。

客：九五以下的四个阴爻都求附于九五，最后只剩上六这个姗姗来迟的"后夫"了。

主：上六位高而自傲，在开始时期它不愿与九五亲比。亲比之事最重初始，迟疑观望就谈不上有什么诚意了，然而上六却"比之无首"。直到大家都纷纷亲附于九五，上六陷入孤立无援的困境，这才被动地求比，然而为时已晚，错过了时机，不会有什么结果了，这就是《象传》所说的"无所终也"，卦辞所说的"后夫凶"。

客：开头无所始，最后就无所终。初六与上六，恰好是鲜明的对照。初六地位最卑，与九五距离最远，但是能够以诚亲附，比之于初，所以不仅"无咎"，反而有"它吉"。上六地位最高，与九五距离最近，但是不能及时亲附，失去主动，所以不仅"无所终"，甚至有"凶"。

主：正由于上六地位最高，因而高傲自负；它与九五距离最近，反而以阴乘刚，形成"逆比"。上六不能善用其长，有利因素反倒转化为有害因素了。

客：人的社会性决定了人们必须相互合作，协调人际关系的重要已经为人所共知。从这个角度看，《易经》比卦有很大的实用价值。

"六十四卦"中的人生哲理与谋略

主：比卦提出的一系列原则确实值得深思，这有益于现代人的社会生活的和谐运转。比卦特别侧重于人际关系中主从关系的确当处理，强调指出，不论是亲附于人，还是为人所亲附，都要正而不邪，心怀诚信。不仅作为本卦唯一阳刚之爻的九五之尊是如此，本卦的五个阴柔之爻的凶吉无不与此有关。九五为人们争相亲比的对象，它实行光明正大的"显比"之道。初六、六二、六四都能充分利用有利因素，守正以求比，各自都得到了吉祥的结果。六三客观条件不利，结局未卜，需要守正以待时。只有上六失去中正之道，不守诚信之诚，条件优越而不善利用，与人相交而先倨后恭，在茫茫人海中无所适从，终于难免陷于凶险。

9. 小畜卦——论以阴蓄阳

☰ **乾下巽上**

小畜：亨。密云不雨，自我西郊。

【译义】 小畜卦象征微小的蓄聚：亨通。从西方吹来的浓云密布，却不降雨。

【提示】 指出以阴蓄阳的基本含义。

客：小畜这一卦我预习过了，觉得很难懂，理不清阴阳关系的头绪。

主：小畜卦确实是比较难懂的一卦，历来很少有人讲得清楚。我们知道，《易经》的思维方法总是辩证的，在阴阳这一对矛盾中，既谈阳的主导作用，又谈处于从属地位的阴的反作用。比和小畜这两卦都是以阴阳为象征符号来谈人际主从关系、上下级关系，反映了这一关系的复杂变化的深隐微妙之处。

客：前面的比卦由一阳五阴组成，一阳为主导，五阴为从属，侧重于谈阴对于阳的比附，这很好理解。小畜卦的基本精神是什么呢？

主：小畜则由一阴五阳组成，虽然阳为主、阴为从，阳为刚健、阴为柔顺的基本性质不变，但是看问题的角度不同了。比卦谈的是五阴比附一阳，小畜卦谈的是一阴蓄聚五阳。因为阴为小，阳为大，以阴蓄阳就是以小蓄大，所以此卦称为"小畜"。

客："畜"的含义究竟是什么？

主："畜"就是"蓄"，作为阴对阳反作用的表述，它的含义要视具体情况而定，大体上说的是一种聚合、吸引、蓄容的作用。因为阴是从属的，它反作用于主导的阳，只能起这种微小的蓄聚作用，故称之为"小畜"。当然，这毕竟也是一种主观能动作用。

客：卦辞称"小畜，亨"，看来这是一种良好的作用了？

主：是的。小畜卦中唯一的阴爻六四以阴居阴位，得正，上下五阳都与它相应，这就是一阴蓄五阳之象。在这种情况下，本来处于从属地位的六四，只能采取"小"的方式，即"阴"的方式、柔顺的方式，小心翼翼地团结、吸引、聚合、容蓄处于主导地位而又性格刚健的五个阳爻。这就是行"小畜"之道。六四能如此行事，以恰当方式把阴阳关系协调到最佳状态，实现了阴阳的和谐统一，当然会是亨通顺利的。

客：就是说，"小畜"则"亨"，强调采取"小"的方式去"畜"则"亨"。这是"小"的另一含义吗？

主：不错。这就意味着不能采取"大"的方式、强力的方式，那样就违反了阴阳主从关系的基本原则了。以阴蓄阳，以小蓄大，只是处于从属地位者采取的一种主动姿态，这必须以不违背阴阳主从的基本态势为前提，否则，就破坏了基本态势，就无"亨"可言了。

客：卦辞的下文接上"密云不雨，自我西郊"两句，很突然，

"六十四卦"中的人生哲理与谋略

也很难理解。

主：西来的乌云密布，但聚积尚未达到饱和状态，还没有降雨。这正像小畜卦中以阴蓄阳的情况。由于六四这一阴爻力量弱小，聚阳甚微，还不足以和阳成雨，所以只能采取"小"的方式、柔顺的方式蓄聚五个阳爻。

客：吹西风的天气，云层被风从西方吹向东方，确实难以下雨。所以民间谚语说："云行东，一场空；云行西，披雨衣。"

主：下雨是阴阳二气和合的结果。"密云不雨"，说明阴气的聚集还不足以和阳化雨，这正是行"小畜"之道的时候。

《彖》曰：小畜，柔得位而上下应之，曰小畜。健而巽，刚中而志行，乃亨。

【译文】《彖传》说：小畜，阴柔得位而上下阳刚都来应它，所以称"小畜"。强健而又顺逊，阳刚居中而志向可以实行，因此是亨通的。

【提示】解释卦名和卦义。

客："柔得位而上下应之"，是指六四而言吧？六四以阴爻居阴位，当然是"得位"。而与六四相应的阳爻只有初九，为什么说"上下应之"呢？

主：本卦由一阴五阳组成。"夫少者，多之所贵也。寡者，众之所宗也。一卦五阳而一阴，则一阴为之主矣。"这是三国魏时青年易学家王弼的解释。所以上下五个阳爻都与六四这个阴爻相应，形成一阴蓄聚五阳的"小畜"之象。"小畜"的卦名就由此而来。《彖传》先从一阴的角度观察，解释卦名"小畜"；接着又从五阳的角度观察，解释卦义"亨"。本卦下为乾、上为巽，乾为健、巽为顺。这就意味着，当"小畜"之时，阳爻虽有强健之性，仍能顺乎形势，接受阴爻的蓄聚，这就叫"健而巽"。"刚中而志行"

是指九五而言，它刚健而居中，处于上体至尊之位，对于其余四个阳爻起着统辖作用。而唯一的阴爻六四即在九五之下，以柔承刚，形成亲比关系，使得九五欣然接受六四的蓄聚，从而带动其余四个阳爻也接受六四的蓄聚。这样，九五之志得以实行，一柔蓄五刚的良好局面得以实现，这当然是亨通的。

客：玩味起来，这里的含义很是微妙精辟。九五作为五阳的主宰，不仅自己接受六四的蓄聚，而且协助一阴蓄五阳局面的形成。九五能如此配合六四，事态的发展无疑是亨通的。九五等阳爻本性刚健，而又能顺逊于六四，对于"小蓄"之道的顺利实行，这也是一个重要因素啊！

主：所以，行"小畜"之道，不仅要求阴柔的一方能够以"小"蓄"大"，而且需要阳刚的一方"健"而能"巽"。在这种情况下"乃亨"，否则是"亨"不起来的。

密云不雨，尚往也。自我西郊，施未行也。

【译文】 浓云密布却不降雨，说明阳气还在上升。风从西方吹来，说明阴阳交和之事已经实施，尚未畅行。（尚：上。）

【提示】 解释卦辞。

客：这是对卦辞"密云不雨，自我西郊"的解释了，却并不好懂。

主：因为这是古人的一种特殊的表述方式，虽然是对卦辞的解释，仍需要再解释。这里无非是说，由于阴气蓄阳不足，所以阳气仍在上升之中，阴气也还不足以和阳化雨。这就是卦辞"密云不雨"的含义。这样，阴阳交合之事虽然已经开始，还没有十分畅行，还没有达到化为一场甘霖的程度；正像风从西方吹来，下不了雨。这就是卦辞"自我西郊"的含义。

客：但是《象传》终于没有点明的是，"密云不雨，自我西郊"只是一种状况的象征。它借用阴气的力量弱小，聚阳甚微，不足以和阳成雨这一自然现象，暗示处于从属地位的"阴"对于处于主导地位的"阳"所发挥的反作用，只能采取恰当的特殊方式。这就是小蓄卦中所提示的，只能用"小"的方式、柔顺的方式，行"小畜"之道。

主：真是一通百通！这里面包含着三个方面的问题：一、在何种情况下实行"小畜"之道？二、为何需行"小畜"之道？三、如何行"小畜"之道？当然，这三个问题是融合在一起的，是密不可分的。

客：不过，《易经》为什么不明白地说出哲理，却采用这种隐晦、含混的象征方式加以表述呢？

主：哲理的包容性极大、辩证性极强。哲理思考本来就是伤脑筋的事，不像跳华尔兹舞那样轻松愉快，然而它的特有的乐趣也在于此。《易经》的表述方式的确特殊，一般只提供具体的象征事物，而抽象的内在哲理有时只是轻轻一点，令人大有"神龙见首不见尾"之感，留给读《易》者自己玩索的无限天地。在这种沉潜玩索的过程中，引导读者自己步入佳境，从冥思苦想中不断地有所领会，不断地获得发现的乐趣。

《象》曰：风行天上，小畜。君子以懿文德。

【译文】《象传》说：风流行于天上，象征微小的蓄聚。君子因此蓄养文明之德。（懿：指蓄养美德。）

【提示】 指出蓄养道德的必要。

主：《象传》仍然是从卦象推演出自然现象，又从自然现象推演出行为哲学。请你讲讲推演的过程。

客：小畜卦的上体为巽、为风，下体为乾、为天，所以是风行天上之象。风行于天，还处在逐渐积蓄力量的阶段，还未能普及于天下，大展其才能，吹拂大地上的万物生长。君子观此天象，应该想到，要效法风行天上积聚力量之象，不断地蓄养自己的德行，使之逐渐充实，趋于完美。

主：《象传》所言，是对"小畜"的又一种理解。现在让我们接下去考察由一阴五阳组成小畜卦六爻，这六爻展示了阴、阳之间"蓄"与被"蓄"的复杂关系。

☰. 初九，复自道，何其咎？吉。

【译文】 初九，返回于本位，会有什么害处呢？吉祥。（自道：自己原来的位置。）

《象》曰：复自道，其义吉也。

【译文】 《象传》说，返回于本位，在事理上是吉祥的。（义：事理。）

【提示】 阳质薄弱时应避免被阴蓄聚。

主：在小畜卦的六爻中，唯一的阴爻是六四，上下五阳都受它蓄聚，这就是一阴蓄五阳之象。

客：初九与六四位置相对，阴阳相应，形成"正应"关系。它应该主动接受六四的蓄聚才是，为什么又返回于本位呢？

主：初九上应六四，阳刚好动，动则上行，必被六四蓄聚。但是初九位居最下，阳质尚弱，此时被六四蓄积，必然失去主导地位。在这种情况下，初九不宜急躁冒进，明智的做法是返身回归于本位，等待时机。初九能这样慎重行事，就不会有危害。从事理上推断，这样做是吉祥的。

客：这与"以阴蓄阳"的小畜卦义不矛盾吗？

主：从"阳"的角度观察，只有在保持"阳"的主导地位、"阴"的从属地位不变情况下，接受"阴"的蓄聚，以致促进阴阳的和谐协调，才是吉祥的。如果"阳"之本质尚弱，而被"阴"

蓄聚，危及"阳"的主导地位，那只能破坏阴阳的和谐协调，那只能造成危害，就无吉祥可言了。

☷. 九二，牵复，吉。

【译文】 九二，被牵连而返回于本位，吉祥。

《象》曰：牵复在中，亦不自失也。

【译文】 《象传》说：被牵连而返回，居于中位，也没有失去自己的本质。

【提示】 阳质薄弱时应联合抵制阴的蓄聚。

客：九二也不受蓄聚返回本位吗？

主：九二的情况与初九相似，它在上行之时受到初九的牵连影响，也退守于下卦中间的本位，同样避免了被六四蓄聚而失去自己的主导性。这样，由于初九和九二地位较低，刚质未盛，被蓄必危，它们就相互牵连地退守本位，联合抵制六四的蓄聚，以求保持自己的阳刚本质。这就是初九、九二两爻皆吉的原因。唯独九三爻贸然上行，被六四蓄聚，陷入被控制的困境。

☷. 九三，舆说辐，夫妻反目。

【译文】 九三，车轮的辐条散脱，夫妻反目失和。（说：脱。）

《象》曰：夫妻反目，不能正室也。

【译文】 《象传》说：夫妻反目失和，说明九三不能规正妻室。

【提示】 阳受制于阴，造成阴阳离异。

客：九三与六四阴阳亲比，形成"舆"与"辐"、"夫"与"妻"的亲密关系，九三终于接受六四的蓄聚。这怎么会又造成

"舆说辐，夫妻反目"的相互离异的结局呢？

主：九三处于下卦的上位，刚亢而躁动，又与六四比近，阴阳相悦，终于被六四蓄聚。但是形势对九三是不利的，六四以阴质居上，乘凌九三，阴盛阳衰，致使九三非但不能以阳制阴，反而被阴所制，失去了主导地位，破坏了阴阳平衡。这样，阴阳冲突是不可避免的，必将造成"舆说辐，夫妻反目"的离异结局。因为九三居下，根本就无力"规正妻室"。

客：历史上有不少弱主被强臣控制的例子，恐怕就是属于这种情况。这是上下级关系中的反常现象。

☰ 六四，有孚，血去惕出，无咎。

【译文】 六四，心怀诚信，就能免去伤害，脱出惕惧，不会有过失。（血：流血，指受到伤害。）

《象》曰：有孚惕出，上合志也。

【译文】 《象传》说：心怀诚信，脱出惕惧，说明六四与在上的九五意志相合。

【提示】 以阴蓄阳必须心怀诚信。

客：六四是本卦唯一的阴爻，上下五阳都受它蓄聚，这一爻当然格外重要。

主：小畜卦以阴蓄阳的主旨，正是通过六四表现出来。问题就在于，处于从属地位的六四，怎样才能对处于主导地位的九五发挥团结、吸引、蓄聚的积极作用？

客：的确，从属者要想发挥自己的主观能动作用，并不容易，因为很难避免主导者的猜忌。

主：六四处于近君危惧之地，实行以阴蓄阳之事，弄得不好，不仅会遭到猜忌，甚至还会有蒙受伤害的危险。六四要想发挥以阴蓄阳的主观能动作用，促进阴阳和谐协调，而不危及阴阳平衡，

"六十四卦"中的人生哲理与谋略

不破坏主从关系，最要紧的是心怀诚信，以诚感之，取得九五的信任、理解与支持，这正是以阴蓄阳、以小蓄大、以下蓄上、以从蓄主的首要原则。只有这样，才能达到上下"合志"，从属者与主导者精诚合作，"小畜"之道才有可能顺利实行。

客：这样的事例真的不胜枚举。蜀汉时诸葛亮如果得不到后主刘禅的完全信任，他就无法发挥才干，完成辅佐的事业，北伐中原的战争更无法进行。我们读诸葛亮的前后《出师表》，深切地体会到他是如何以诚信去感动刘禅的。

主：从六四和九五这一臣一君看，六四以阴爻居阴位，柔顺而得正，上承九五，无疑是个善于以阴蓄阳的能臣；而九五也是个刚健中正的明君，比阿斗（刘禅）强多了，这是刘禅之父刘备那样的人物。所以六四能够取得九五的完全信赖，君臣相得，上下合志，正是"小畜"之道的理想象征。

䷈　九五，有孚挛如，富以其邻。

【译文】九五，心怀诚信，紧密合作，充满至诚之心，并且推广影响到它的近邻。（挛如：结合紧密。）

《象》曰：有孚挛如，不独富也。

【译文】《象传》说：心怀诚信，紧密合作，说明九五不仅是自己充满诚意。

【提示】九五应以至诚之心促使"小畜"之道实现。

主：既然六四是个善于以阴畜阳的能臣，而九五是个刚健中正的明君，那么，当六四行"小畜"之道时，九五采取何种态度呢？

客：据我对爻辞的揣摩，六四能够心怀诚信地以阴蓄阳，九五也能心怀诚信地接受蓄聚，积极地予以配合，以消除六四的疑虑，使它充分地发挥能动作用。两者都以诚心交相感应，所以六四和九五的爻辞都突出地强调了"有孚"二字。

主：这一点很重要，作为主导者的九五的态度对于能否完美地实现"小畜"之道至关重要。我们看九五爻辞，在"有孚"之后又加了"挛如"二字，特别强调，当"小畜"之时，九五尤其要以诚信之心加强与六四的紧密合作，要紧密得像握紧的拳头一样（"挛如"）。非如此不能消除六四对小人离间的疑虑，只有如此才能促使六四大展其才，充分发挥它作为从属者的辅佐作用。

客：也可以说，在这一点上，正体现出了作为主导者的九五的主导作用，因为当"小畜"之时，九五的诚信尤其重要。

主：清代易学家李光地的《周易折中》说："富者，积诚之满也。积诚之满，至于能用其邻，则其邻亦以诚应之矣。"十分有见地。九五不仅自己"富"，不仅自己充满至诚之心，而且"富以其邻"，把这种至诚推广到它的比邻六四，以至诚影响六四，使六四同样以至诚报之，同心同德地实行"小畜"之道。

客：由此看来，九五确实是刚健中正之明君，这是很值得我们担任领导工作的同志思考学习的。我又想起了刘备，他对诸葛亮一片至诚，君臣相得，如鱼得水，不由得诸葛亮不感动，也以一片赤诚相报，鞠躬尽瘁，死而后已。这正是上下级关系的完美范例。三顾草庐，白帝托孤，传为千古佳话，真不是偶然的啊。

主：我们读诸葛亮上给刘禅的《出师表》，他追述当年刘备"三顾臣于草庐之中，咨臣以当世之事"的往事，仍然抑制不住"由是感激"的心情。可见，主导者九五的至诚之心对从属者六四的巨大影响，确实能产生了不起的力量啊！

☰ 上九，既雨既处，尚德载。妇贞厉，月几望。君子征凶。

【译文】上九，密云已经降雨，阳气已被畜止，高尚的功德已经圆满。妇人应该坚守正道以防危险，要像月亮将圆而不过盈。

此时君子如果继续前进，将有灾祸。（处：被畜止。载：积满。几望：将圆。征：前进。）

《象》曰：既雨既处，德积载也。君子征凶，有所疑也。

【译文】《象传》说：密云已经降雨，阳气已被畜止，说明功德的积累已经圆满，此时君子如果继续前进将有灾祸，因为形势的发展变化令人疑虑。

【提示】以阴蓄阳过于盛满，会有祸殃。

主：你注意到没有，卦辞中说："密云不雨"，在上九爻辞中变成了"既雨既处"。

客：据我看，卦辞中的"密云不雨"，是说小畜刚开始时，阴气的积累不足，还不能充分地蓄聚阳气，难以完成和阳化雨之功。到了上九这一爻，已是一卦之终，小畜之道已经发展到了极盛阶段，"既雨既处"是说阴气已经充分积累，阳气也被充分蓄聚，阴阳和合而降雨，这正是以阴蓄阳功德圆满的象征。

主：讲得很好。当此之时，阴蓄阳已经达到最大限度，阴阳对比已经达到中和平衡的最佳状态，唯有保持这种平衡才能稳定。作为从属者的"阴"的一方要及时地停止以阴蓄阳，要像妇人之坚守正道以防危险，要像月亮之将圆而不过盈，以避免盛极必危、物极必反的结局。

客：阴蓄阳的事态如果再发展下去，就破坏了阴阳之间主从关系的平衡稳定，必然会引起阴阳抗争，由和谐转向对立，确实很危险。

主：在这当口，作为主导者"阳"的一方的"君子"应该注意"阴"的动向，控制事态的发展，阴蓄阳的路子不能继续走下去了。如果顺此态势继续朝前走，结局必然不妙。阴盛于阳，必然致使阴疑于阳，"阴疑于阳必战"（坤卦《文言传》），后果必凶。

客：上九爻辞往往以盈满告诫，这里也是"满招损"之一例。

主：继续发展下去必然走向反面。这又一次证实了卦辞中"小畜，亨"的主旨：守持"所蓄者微小"之道则"亨"，反之则"凶"。小畜，就蓄聚的主体看，是"小"者、"阴"者；就蓄聚的程度看，是微小的、不过甚的；就蓄聚的方式看，是柔顺的、小心翼翼的。总之，作为从属者的"阴"只能在适宜的限度内发挥主观能动作用，蓄聚作为主导者的"阳"，促使阴阳的和谐统一。

客：学了这一卦，很受教益。我们可以通过古老的小蓄卦观察被领导者与领导者之间微妙关系的发展变化，从中得出有益的正面经验和反面教训，运用于现代的社会生活。

10. 履卦——论慎行防危

☱ 兑下乾上

履：履虎尾，不咥人，亨。

【译文】 履卦象征行走：跟在老虎尾巴后面行走，老虎却不咬人，亨通。（咥，音 diè，咬。）

【提示】 提出慎行免祸的行为原则。

主：履卦放在小畜卦之后，也自有它的道理。

客：两者的卦象是互为颠倒的。把小畜卦（☴）颠倒过来，就是履卦。这两卦是一组。

主：两者卦名的含义也正好相反。"畜"是畜止、停止，"履"是履行、行走。不过都强调要小心谨慎，止是小心谨慎的止，行是小心谨慎地行。"履"为行走，引申为立身行事。履卦谈的是行为哲学，要求用礼节来规范行为，循礼而慎行。关键是小心谨慎，要像"履虎尾"那样地战战兢兢，就差不多了。

客："履虎尾，不咥人"，这真是奇特的表述方式，给人的印象是难以忘却的。

主：立身处事，不可大意，要有如履虎尾的危机感。紧跟着老虎尾巴走路，可以说是最危险不过的事了，然而老虎却不咬你。你如能做到这一点，那么你的小心谨慎的功夫算是到家了，你干什么事都不会出乱子，虽危而无害。让我们继续研究下面的《象传》，看看这种慎行功夫的要领是什么。

《象》曰：履，柔履刚也。说而应乎乾，是以履虎尾，不咥人，亨。

【译文】《象传》说：行走，是指阴柔者行走于阳刚者之后。应该和悦地与阳刚者应合，这样就能够跟在老虎尾巴后面行走，老虎却不咬人，这样行事是亨通的。（说：悦。）

【提示】解释卦辞。以上、下二体解释卦名和卦义。

主：《象传》首先阐发卦名"履"字，"履"是指"柔履刚"而言，这是由履卦上下二体推演出来的。

客：履卦的卦体上乾下兑，乾在前行，兑蹑其后。兑为柔、乾为刚，形成柔履刚之象，象征阴柔者蹑行于阳刚者之后，又犹如人蹑行于猛虎之后。

主：这是很危险的事，必须慎行以防危，《象传》提出一条行为准则："说（悦）而应乎乾。"这条准则也是由履卦上下二体推演而出的。

客：这个推演过程简单明白。兑有和悦之义，上与乾刚相应，象征柔弱者以和悦的态度对待刚强者。这样，刚强者再猛再烈，也将被驯服。只要你不去将虎须，不激怒它，而是事事顺着它，它就不会咬人。

主：这与《老子》中所说的"柔弱胜刚强"的哲理是一致的。

这就是柔弱与和悦的妙用，也就是"兑"的妙用。这也正是"履"之道的要义。

刚中正，履帝位而不疚，光明也。

【译文】 阳刚居中而守正，能够践履帝位而避免弊病，这才称得上正大光明。（疚：毛病。）

【提示】 补充卦义。

客：《象传》所说的"中正""帝位"，看起来是指九五爻而言？

主：正是。九五爻在这里成了上体三阳爻组成的"乾"的代表。九五不仅刚健，而且又居中得正（居上体之中位为"居中"，以阳爻处阳位为"得正"），所以它能够用刚，而并不刚愎自用；以"九五之尊"登上君临天下的帝位，却能免除位高权重者常犯的毛病。这才算得上是正大光明的"明君"。

客：看来，九五虽有老虎之威严，却并不是"老虎屁股摸不得"。

主：《象传》揭示了履卦的相辅相成的两个方面，一方面是"兑"以"说（悦）而应乎乾"的方式"履虎尾"，一方面是"乾"以"中正""不疚""光明"的品格"履帝位"。二者的结合，才是"履"之道的完美体现。

《象》曰：上天下泽，履。君子以辩上下，定民志。

【译文】 《象传》说：上为苍天，下为湖泽，象征循礼而行。君子因此辩明上下名分，端正百姓意识。（辩：辨。）

【提示】 指出"履"与"礼"的关系。

客：乾为天，兑为泽，是上天下泽之象。这与"履"有什么关系呢？

主：上天下泽，象征着上下尊卑有别的"礼"的规范；而

"六十四卦"中的人生哲理与谋略

"履"，正是要求沿着"礼"的道路行走，依"礼"而慎重行事。"履"与"礼"就这样联系起来了。所以君子观察上天下泽之象，就要起到辨明上下的名分，端正百姓的意识。只要依靠"礼"的规范行事，就可以做到"履虎尾，不咥人"了。这是古人的政治行为哲学。

☰ 初九，素履，往无咎。

【译文】 初九，以质朴的态度行事，继续前进必无过错。（素：朴素，质朴。）

《象》曰：素履之往，独行愿也。

【译文】《象传》说：以质朴的态度行事而继续前进，说明初九能独自实行自己的意愿。

【提示】 初涉世事应以质朴的态度行事。

主：履卦六爻，根据不同的主观特性和客观处境，分别陈述六种不同的处事类型。

客：初九属于处履之初，相当于一个人初涉世事，起步践履，刚刚踏上人生旅途。

主：这时应该以质朴的态度实践人生，这就是"素履"。"素"是事物本质本色，没有虚饰。初入社会，做事应该本分自然，虽然未必得吉，起码可以没有过错。《象传》进一步指出，初九能够一如既往地行"素履"之道，必须不受世风浇薄的影响，特立独行，我行我素，以实现自己的夙愿初志，这就是"独行愿"的精神。

客：初九本性刚健，又以阳爻居阳位得正。它能行"素履"之正道，并且坚持初衷，并非偶然。

☰ 九二，履道坦坦，幽人贞吉。

【译文】 九二，行走在平坦的大路上，安静恬淡的人坚持正道可得吉祥。

《象》曰：幽人贞吉，中不自乱也。

【译文】《象传》说：安静恬淡的人坚持正道可得吉祥，说明九二没有扰乱自己的内心世界。

【提示】 内心安静恬淡，道路自然坦荡。

主：初九是刚刚踏上人生道路的旅客；九二则是在人生道路上安闲行走的旅客，"幽人"即安静恬淡的人。

客：九二的主客观条件都很好。首先，它以阳刚而谦居阴位，说明它刚而能柔；其次，它处于下卦之中，得中而不偏。

主：所以，九二的内心是安恬清静的，前途是平易坦荡的。重要的是内在的自我修养，不因人间的纷争而扰乱自己的精神境界，保持"如如不动"的安详心态，方可得吉。

客：说到底，"不自乱"，外界谁也乱不了你。

☲· 六三，眇能视，跛能履。履虎尾咥人，凶。武人为于大君。

【译文】 六三，独眼却自以为能看，跛脚却自以为能行。跟着虎尾行走被虎咬，有凶险。这是一介武夫，只可以效力于大人君主。（眇：一只眼盲。）

《象》曰：眇能视，不足以有明也。跛能履，不足以与行也。咥人之凶，位不当也。武人为于大君，志刚也。

【译文】《象传》说：独眼却自以为能看，根本谈不上能辨明事物。跛脚却自以为能行，根本不可同他一起走路。有被老虎咬的凶险，说明六三的位置不当。一介武夫可以效力于大人君主，因为六三的心志刚强。

"六十四卦"中的人生哲理与谋略

【提示】 以匹夫之勇盲目妄动是凶险的。

客：眇一目而强视，跛一足而强行，这是滑稽可笑的形象。《易经》中居然也有这样幽默风趣的片断。

主：六三以阴爻居于阳位（第三爻为阳位），实质虚弱而盲目妄动，如此行事，一定要出问题。好比一个瞎子兼跛子，还自以为视力和脚力好得很，偏要上路乱闯，事情坏就坏在这里。这样稀里糊涂地踏上危机重重的旅途，怎能不被老虎咬伤呢？俗语说："盲人骑瞎马，夜半临深池。"其结果之凶险可想而知。

客：六三所处的位置很危险，正在乾之下、兑之上，上下二体之间，是属于"多惧之地"。

主：乾之下为"虎尾"，兑之上为"兑口"，六三夹在这里，当然是"位不当也"。它又既眇且跛，任意乱闯，不被老虎吃掉才是怪事！

客：九二是个闲适恬淡的"幽人"，六三却是个眇目跛足的"武人"。一个在安闲地漫步，一个在鲁莽地乱闯。这恰好形成鲜明的对比，倒也煞是有趣！

主：像六三这样的人，虽然心雄万夫，实际上志大才疏，只是鲁莽行事、一味逞强的一介武夫，总要闹到人仰马翻才算完事。不过此种人才智虽弱而气刚胆壮，能够不顾一切，勇猛向前；如果把它置于大人君主的指挥之下，倒可以发挥它不怕危险的长处，以匹夫之勇，报效君主，暴虎冯河，死而无怨。"武人为于大君"，六三是堪当此任的。

☱ 九四，履虎尾，愬愬终吉。

【译文】 九四，跟在老虎尾巴后面行走，保持恐惧谨慎，最终可得吉祥。（愬愬，音 suò suò，恐惧貌。）

《象》曰：愬愬终吉，志行也。

【译文】《象传》说：恐惧谨慎，终于吉祥，说明九四的进取之志得到实现。

【提示】 履危知惧可以化险得吉。

主：从全卦看，上体"乾"是代表阳刚的老虎，六三紧跟在老虎后面，有"履虎尾"之象；从各爻看，上体"乾"的中爻九五是代表阳刚的老虎，九四紧跟在老虎后面，也有"履虎尾"之象。六三、九四，同履虎尾，三凶而四吉，这是何故呢？

客：依我之见，六三以阴爻处阳位（第三爻为阳位），是虚弱其内，刚强其外，以跛眇之身，鲁莽行事，必然凶险。九四刚好相反，以阳爻处阴位（第四爻为阴位），是内刚外柔，刚而能柔，内具阳刚之质，却能以阴柔的方式行事。所以它跟在老虎尾巴后面行走，小心翼翼，愬愬而行，自然不会出岔子，理应吉祥。

主：说得好！九四内怀刚志，外示柔行，履危知惧，小心仔细，以恐惧谨慎之行，实现其锐意进取之志，所以《象传》称为"愬愬终吉，志行也"。可见九四实非等闲之辈，是有勇有谋之人。他与有勇无谋的六三也恰好形成对比。《易经》的爻旨常常在两两对比中得到更明白的显示。

≣ 九五，夬履，贞厉。

【译文】 九五，刚决果断地行事，要坚守正道以防危险。（夬：音 guài，决。）

《象》曰：夬履贞厉，位正当也。

【译文】《象传》说：行事刚断果决，要守正防危，因为九五正处于帝位。（当：处。）

【提示】 主宰者要防止武断。

客：这一爻说到身居"帝位"的"九五之尊"了。

主：九五以刚爻居阳位，又处于乾体之正中，《象传》所说的

"刚中正，履帝位"，正是指此而言。而本爻爻辞中却用了"厉"字，指出九五有危象。

客：《易经》总是善于从正面因素中找出反面因素，从大吉的事态中找出不吉的征兆。对于履卦的九五，大概也应该作如是观吧？

主：一点也不错。九五以刚健中正而践履帝位；从上乾下兑的卦象看，像苍天一样高高在上，正面的众人都"说（悦）而应乎乾"。正因为如此，拥有绝对权威，行事果决而独断，这就是"夬履"。同时，由于以阳爻居阳位（第五爻为阳位），气质刚硬而处事方式也刚硬，过刚而不能以柔济之，英明刚决有余，兼听包容不足，主观武断，听不得不同意见，长此以往，必有危厉。

客：这正是当权者的大病，历来难免，令人慨叹！

主：正因为如此，九五尤其要守正防危，不要忘掉"贞厉"二字。于"夬履"之时，行"贞厉"之道。当权者应该像《尚书》中所说的那样："心之忧危，若蹈虎尾。"

客：《新序》一书中记载孔子告诫鲁哀公说："夫执国之柄，履民之上，懔乎如以腐索（腐烂的绳子）御奔马（驾驭飞奔的马）。《易》曰'履虎尾'，《诗》曰'如履薄冰'，不亦危乎！"这段话是值得玩味的。

☷ **上九，视履考祥，其旋元吉。**

【译文】 上九，回顾行履的历程，考察凶吉的征兆，反身自省，大吉。（祥：凶吉的征兆。旋：转身，反身。）

《象》曰：**元吉在上，大有庆也。**

【译文】 《象传》说：践履至终极，才可能获得元吉，这是大有福庆的事。（上：上爻，指履卦之终。）

【提示】 处履之终应该总结经验教训。

客：上九是履卦的最后一爻，处履之终，象征着到达了旅途的终点。这时候要回头看看所经过的历程，得失成败的情况，反身自省，从中总结经验教训。

主：善始者必须善终。只有在践履至终极时，仍能作总结回顾，不怨天不尤人，反身求诸己，才算是最后完成了履之道。所以大吉总是在最后的时刻获得的，这就叫"元吉在上"。"行百里者半九十。"把慎行的精神贯彻始终，获得最终的"元吉"，才是大有福庆的事，才是履之道的圆满实现。

客：这样看来，履卦专论立身行事的哲理。

主：履卦以践履比喻人生之途，以"履虎尾"这个中心意象突出强调慎行防危的行为哲学。履卦六爻，形象地展示了从履之初到履之终的六种情况加以剖析，往往从正反两方面告诫，寓意深长。六爻中，初九居下守朴，九二心安意恬，九四履危知惧，九五果决持正，上九回顾反省，这五个阳爻，虽然气质刚健，都能善处其身，慎行防危。只有六三以阴虚之质，盲目妄行，有"履虎尾咥人"之"凶"。总之，慎行防危，虽危无害；鲁莽妄动，难免凶险。履卦中对此有很多精深入微的分析，很可以作为人生旅程中的行为守则。

11. 泰卦——论阴阳交泰

䷊ 乾下坤上

泰：小往大来，吉亨。

【译文】 泰卦象征通泰：阴气往上升，阳气向下降，吉祥而亨通。（小：指阴。大：指阳。）

【提示】 提出阴阳相交而通泰的卦旨。

主：谨慎地践履，事情一定会通泰，所以履卦之后是泰卦。

泰卦论述的是保持事物通泰的哲理，历来很受重视。

客：怎样才算是通泰呢？

主：阴阳相交，必然通泰。阴阳代表万事万物对立的两个方面，它们不但处于对立状态，也会和谐地统一在一起，这就是"阴阳相交"。在《易经》的概念中，乾为天、为阳、为大，坤为地、为阴、为小。天之阳气下降（如云气冷却下降为雨），地之阴气上升（如地气受热上升为云），二者必然相交，因而阴阳和畅，万物生长。随后阳气再上升，阴气再下降，再度相交，如此阴阳循环升降而交泰。这就是阴阳相交的通泰之象。所以泰卦乾在下、坤在上，这既是阴升阳降的结果，又是阳升阴降的前兆。卦辞说"小往大来"，就是说阴气（"小"）往上升（"往"），阳气（"大"）向下降（"来"）。阴阳二气交泰，当然是吉祥而亨通的。

客：泰卦强调了"交"而后"泰"的义理。

主：卦辞表述的是自然界的规律，《彖传》则由此推论社会人事的道理。《易经》总是先明于天之道，再察于民之政。

《彖》曰：泰，小往大来，吉亨。则是天地交而万物通也，上下交而其志同也。

【译文】《彖传》说：通泰，意味着阴气往上升，阳气向下降，吉祥而亨通。这是由于天地之气交和使得万物生生不息，上下尊卑交和使得人们的意向一致。

【提示】 解释卦辞。

客：这里把卦辞中的"小往大来"解释得很清楚。事物的通泰，就在于"天地交"和"上下交"而产生的"通"和"同"。

主：天气上升，地气下降，云行雨施，万物生成，这是大自然的通泰；上下意见沟通，协调一致，是国家或社会的通泰。

内阳而外阴，内健而外顺，内君子而外小人。君子道长，小

人道消也。

【译文】 阳在内，阴在外；刚健者在内，柔顺者在外；君子在内，小人在外。这说明君子的正道日益滋长，小人的邪道日渐消亡。

【提示】 补充卦义。

客：每一卦都有上下二体，下体为内，上体为外。泰卦是乾下坤上，阳刚在内，阴柔在外。

主：阳刚代表君子，阴柔代表小人。就是说君子在内，小人在外。当"泰"之时，"小往大来"，阴柔者"往"于外，处于消亡的过程；阳刚者"来"于内，处于积累的过程。总之，"泰"的特点是阳长阴消，利于君子而不利于小人。

客：君子之道占上风，小人之道在下风，总的趋势是正气压倒邪气。

《象》曰：天地交，泰。后以财成天地之道，辅相天地之宜，以左右民。

【译文】《象传》说：天地交合，象征通泰。君主因此要调理实现天地交合的大道，辅助扶持适宜于天地化生的事，以此保佑百姓。（后：君主。财：裁。左右：佐佑。）

【提示】 天地交泰之道在政治中的应用。

主：对君主来说，观此天地交泰之象，就要体会大自然的道理，在施政实践中顺应阴阳协调、上下交泰的规律行事，才能保国安民，实现天地之道。

客：《易经》总是把抽象的哲理落实在具体的社会人生的活动中。

䷊ 初九，拔茅茹，以其汇。征吉。

【译文】 初九，拔起茅草，根系牵连而并出，因为它们是同类。前进可获吉祥。（茹：连茹，根系相连。汇：音 huì，同类。）

《象》曰：拔茅征吉，志在外也。

【译文】《象传》说：拔起茅草，前进可获吉祥，说明初九志在向外进取。

【提示】一阳始泰，诸阳皆泰，连类并进。

客：茅草的根在地下是相牵连的，拔出一根茅草，必定连带拔出同一根系的其他茅草。爻辞描述这一现象，当然是一种比喻，不过终究使人茫然，不知所云。

主：初九以阳爻居阳位，处于下卦之初，刚健好动，当此上下交泰之时，它首先上行，与六四相应。这就带动了它的同类九二、九三也都上行，分别与六五、上六相应，所以《象传》说"志在外也"。这就好像拔起了一根茅草，连带出同根同类的其他茅草。

客：就是说，初九与其同类九二、九三都有外应，志在上行，一阳动而三阳皆动。

主：是的。值此天地交泰之时，阳气盛长，一阳始泰，诸阳皆泰，宜于进取，皆得吉祥。君子要像"拔茅茹"一样，连类而及其他，不仅自己上进，还要带动自己的同类一起前进。

客：既然"泰"是"君子道长"之时，当然也就出现君子并进之象。

主：君子要抓住这个大好时机，同心同德，相从而动以求进取。

☷ 九二，包荒，用冯河，不遐遗，朋亡，得尚于中行。

【译文】九二，有包容荒秽的胸襟，可以涉越大河，不遗遐远，不结朋党，能够辅助中道而行的君主。（冯：涉越。亡：无。尚：佐助，配合。）

《象》曰：包荒，得尚于中行，以光大也。

【译文】《象传》说：有包容荒秽的胸襟，能够辅助中道而行的君主，因为九二光明正大。

【提示】指出治理天下以致太平之道。

客：九二以阳刚居柔位，得下卦之中，上与六五正应，看来是颇有吉相的。

主：九二确实有不少优越条件。以刚爻居柔位，是为内刚外柔，内心刚毅果敢，外表柔和宽大，这是很优秀的品格。得中，能以中道行事。上应六五，是君臣相得之象。总之，当世道安泰之时，九二可以说是"治世能臣"的象征。

客：记得《三国演义》中许劭称曹操为"治世之能臣，乱世之奸雄"，曹操闻言大喜。九二既然有这样非凡的素质，在具体表现上又有什么过人之处呢？

主：爻辞指出了九二的四大特点。一是"包荒"。它能够大度包容，所谓"宰相肚里能撑船"，一切反面的东西都能容得下，甚至能够包容荒秽小人。

客：这一点果然了不起。包含宽容，含垢纳秽，十分不容易。无此胸襟也就做不成大事业。

主：二是"用冯河"。做成大事，不但要有胸襟，还要有气魄，要有刚决果敢、徒涉大河的勇气。所以，"包荒"之德和"冯河"之勇是相反相成、不可或缺的两个方面。前者是"外柔"，后者是"内刚"。

客：曹孟德有包举宇内、并吞八荒之志，曾作《短歌行》述志："山不厌高，水不厌深；周公吐哺，天下归心。"可谓兼而有之矣！

主：三是"不遐遗"，四是"朋亡"。这也是相反相成的两个方面。既不遗弃远贤，又不结党营私。九二之所以能够这样，《象传》指出其原因是"以光大也"，因为它的心迹光明、度量宏大。

客：远者不弃，亲者不昵，这真是理想的"治世能臣"。国家交给这样的人去治理，又何愁不致太平呢！

主：它与六五这个守持中道的君主相配合，正是"泰"之道大行于天下的象征。

䷊ 九三，无平不陂，无往不复，艰贞无咎。勿恤其孚，于食有福。

【译文】 九三，没有总是平地而不化为险坡的，没有总是前进而不返回的。不忘艰难，坚持正道，可以避免过错。不必过分忧虑，要以诚心相信本爻哲理，自有福庆食享俸禄。（陂：音 pí，斜坡。恤：忧虑。）

《象》曰：无往不复，天地际也。

【译文】 《象传》说：没有总是前进而不返回的，说明九三正处在天地交接的边际。

【提示】 处泰而防否，可以避害。

客："无平不陂，无往不复"，这已经成了著名的警句，说明事物的发展往往正、反互为转化，泰极成否，否极泰来。

主：九三正处在泰卦上下二体乾坤的交接处，这里正是《象传》所说的"天地际"，是阳刚极盛的临界点，也是由阳转阴的转折点。因此，九三特别要注意处"泰"而防"否"，防止"通泰"转化为"否塞"。

客：因为有平就有坡，有往就有来，有"泰"就有"否"，这是事物的客观规律。

主：九三当此"通泰"有可能向反面转化之时，重要的是知"艰"而守"正"，以求"无咎"。过分忧虑是无济于事的，要真诚地相信本爻所表述的哲理，坚持以此为准则行事，不仅可以避害，而且自有福庆降临。

䷊· 六四，翩翩不富，以其邻，不戒以孚。

【译文】 六四，翩然下降，虚心求阳，连带着它的近邻。它们无须互相告诫，都心怀诚信地下求阳刚。（翩翩：相随飞翔貌。不富：指阴虚不实，不自满。以〔其邻〕：和，同；带着，率领。以〔孚〕：而。）

《象》曰：翩翩不富，皆失实也。不戒以孚，中心愿也。

【译文】 《象传》说：翩然下降，虚心求阳，因为上卦各爻都阴虚不实。无须互相告诫，都心怀诚信，因为内心有应下的意愿。

【提示】 阴爻虚心应下，以实现阴阳交泰。

主：泰卦六爻，三阳爻在初九的带动下连类并进，上升求阴；三阴爻则在六四的带动下相从而行，下降求阳。这就形成了上下交泰的局面。

客：所以三阳爻像拔茅草一样牵连向上，三阴爻像鸟飞落一样翩然同下。这两个比喻相映成趣，十分生动。不过，为什么六四能够在三阴爻中起这样的带头作用呢？

主：六四以阴爻居阴位，处于上卦之初，柔顺谦虚，当此上下交泰之时，初九等三阳爻上升求阴，它首先下降与初九相应。这就带动了它的近邻六五与上六也都相随下降，分别与九二、九三相应了。而三阴爻都是阴虚之质（"不富""失实"即指此而言），所以当三阳上升求阴之时，三阴都能以虚怀若谷，下应阳刚，无须相互告诫，不约而同地联翩并降。这样，就实现了阴阳合德，上下交济，呈现出一派"通泰"气象。

䷊· 六五，帝乙归妹，以祉，元吉。

【译文】 六五，帝乙嫁出少女，以此得福，大吉。（帝乙：商代帝王。归：女子出嫁。妹：为少女之称。祉：福泽。）

《象》曰：以祉元吉，中以行愿也。

【译文】 《象传》说：以此得福而大吉，说明六五以中道实行应下的心愿。

【提示】 居尊而下交，是"泰"之道大成的象征。

客："帝乙归妹"，这个典故我略有所知。帝乙是商纣王之父，史称殷高宗。帝乙把他的小女儿嫁给了当时的西部诸侯姬昌，称为"帝乙归妹"。古人称少女为"妹"。姬昌就是后来的周文王。

主：帝王的千金是十分尊贵的，仍然需要屈尊下嫁给贤臣，才能获得福祉。爻辞借用这一典故，说明六五以阴爻居上体之中的君位，位尊而性柔，能够屈己之尊与下体的阳爻九二相应，以助成阴阳交泰的实现，这是莫大的吉祥。

客：《象传》的补充说明也很有深意。六五屈尊而下交并不是勉强的，而是"中以行愿也"。由于它能依中道而行，深知与九二上下交济的必要；为了实现应下的愿望，它主动、自觉地屈尊而下交于九二。假如这位金枝玉叶的帝女委屈而勉强地降格下嫁，就不可能有夫妻和美的生活，阴阳交泰的局面也就不可能出现。

䷊ 上六，城复于隍。勿用师，自邑告命。贞吝。

【译文】 上六，城墙倾覆到干涸的城沟里。这时不可兴师动众，要发布自行贬抑的文告。即使坚持正道也难免遗憾。（复：覆。隍：城下沟，无水称隍，有水称池。邑：挹，贬损。告命：诰命，文告。）

《象》曰：城复于隍，其命乱也。

【译文】 《象传》说：城墙倾覆在干涸的城沟里，说明天命到了由治转乱的时候了。

【提示】 指出泰极否来之时如何应变。

客："城复于隍"，很不吉利！这是大变乱的象征吧？

主：上六在泰卦的终结处，"泰"的终结就是"否"的开端，这就是"泰极否来"的道理。"城复于隍"正是由泰返否的象征。城墙本来就是挖掘城沟中的泥土累积而成的，好比"泰"的局面是由长期的艰难辛苦积累而成的；现在城墙倒了，墙土又填塞在原来取土的城沟里，又回到了原地，比喻到达了"泰"的终极又复归于"否"。这样，泰卦的上坤必然返回到下面，变成坤下乾上的否卦。"通泰"于是转为"否塞"。

客："城复于隍"，原来含有如此深长的哲理意味。这真是一大悲剧，难道无法避免这个不幸的结局吗？

主：十分遗憾，这是历史的必然，是人类社会的固有规律。所以，《象传》指出这时由于天命到了由治转乱的时候了（"其命乱也"）。"天命"变了，该当如此。

客：就是说，泰极否来，归根结底是不可改变的规律？

主：是这样。不过，可以安慰你的是，"否"也并不会永远"否"下去，"否"之极仍然要复归于"泰"，这又是"否极泰来"了。"冬天已经到了，春天还会远吗？"你记得雪莱的这句诗吧？

客：这是"历史循环论"吗？

主：历史正是在循环变化中不断地前进，在螺旋运动中不断地上升的。

客：这就是说，"泰极否来"毕竟是事物的发展链条中不可避免的一个环节。

主：我们认为是这样。所以，当泰极否来之时，即使坚持正道而行，也难免于遗憾，这就是爻辞中"贞吝"二字的含义。

客：那么此时应该怎样地守正以应变呢？

"六十四卦"中的人生哲理与谋略

主：作为统治者来说，当此患难之秋，要认识历史趋势的必然，兴师动众已经无济于事，动用武力只有更加坏事。因为泰极而否，众心已变，难以力争，否则只有增加灾难。所以爻辞首先提出的告诫是"勿用师"。其次，要发布文告，表示引咎自责。古时帝王下"罪己诏"，原先就是出于这种精神。

客：上六所处的局面太凶险了。

主：这是警告那些居安而不知思危者，不要忘记泰极而否的道理。生于忧患，死于安乐，历来如此。其中饱含"处泰虑否"的鉴戒意义。

客：其实九三爻辞中指出"无平不陂，无往不复"，已经有了由泰变否的预兆了。

主：如果对此预兆视而不见，发展到了上六阶段，泰变否已经由可能变为现实，形势就更加严峻，就不容你视而不见了。

客：九三与上六两爻的内在联系是十分明显的，这也显示出《易经》爻象、爻理的严密性。

主：不仅如此，在泰卦六爻中，下面的三阳爻与上面的三阴爻都是两两对应的，必须联系起来思考。因为泰卦正是以上下交济、刚柔应合阐明事物的通泰之理，以乾坤阴阳、相反相成构成对立面的辩证统一；所以，全卦的六爻无不上下相对，互文见义。初九与六四对应，为"泰"之始，象征阴阳交济的开始，初九与其同类三阳爻上升，如拔茅之连茹；六四与其近邻三阴爻下降，如飞鸟之联翩。九二与六五对应，为"泰"之中，是阴阳交泰理想境界的象征，九二如大臣尽其职以事君，六五如人君降其尊以任臣。九三与上六对应，为"泰"之终，是阴阳错乱、泰极否来的象征，九三标志着平变为坡，已示征兆；上六意味着城复为隍，终成事实。

客：可见，成泰不易，保泰更难。所以孔子告诫说："君子泰

而不骄。"(《论语·子路》)

主：古人对于人类社会的治乱、泰否的演变，早就有了宏观认识。《诗经》中"高岸为谷，深谷为陵"的描述，正是沧海桑田式的历史变化的形象写照，可与本卦所述的"无平不陂，无往不复""城复于隍"互为印证。其中的深刻哲理，是值得反复领悟的。

12. 否卦——论处乱世之道

䷋ 坤下乾上

否：否之匪人，不利君子贞。大往小来。

【译文】 否卦象征闭塞：闭塞不是人间正道，不利于君子坚守正义。阳气往上升，阴气向下降。（否：音 pǐ，闭塞。匪：非。）

【提示】 提出阴阳背离、天地闭塞的卦旨。

客：泰极否来，所以泰卦之后是否卦。"否"的含义究竟应该如何理解呢？

主："泰"为通泰，"否"为闭塞不通。"泰"是阴阳交会、天地通泰而万物生长之象，是盛世的象征；"否"是阴阳不交、天地闭塞而万物不生之象，是乱世的象征。

客：泰、否构成一组。"泰"的卦象为乾下坤上，"否"的卦象为坤下乾上，卦象相反，其卦义也相反吗？

主：是的。"否"卦坤下意味着地之阴气沉降而不上升，乾上意味着天之阳气升腾而不降落。这样，阴阳二气反向运动，分离而不相交接，由此而造成天地闭塞不通，这就是"否"。乾、坤两卦经过多次变化而形成泰、否两卦，泰否是乾坤运动的两种主要形态，其区别就在于乾阳与坤阴的交与不交，交则为通、为泰，不交则为塞、为否。闭塞不通非人间之正道，当然不利于君子坚

"六十四卦"中的人生哲理与谋略

守正义。

客：这样看来，"大往小来"就是指天之阳气（"大"）往上升（"往"），地之阴气（"小"）向下降（"来"）的阴阳分离的运动，这与泰卦的"小往大来"正好相反。

主：这正是对于阴阳不交、闭塞不通而致"否"的说明。

《彖》曰：否之匪人，不利君子贞，大往小来。则是天地不交而万物不通也，上下不交而天下无邦也。内阴而外阳，内柔而外刚，内小人而外君子，小人道长、君子道消也。

【译文】《彖传》说：闭塞不是人间正道，不利于君子坚持正义；阳气往上升，阴气向下降。这是由于天地阴阳不能交接，以致万物生长不能畅通，君臣上下不能交换，以致天下不成为邦国。阴在内，阳在外；柔顺者在内，刚健者在外；小人在内，君子在外。这说明小人的邪道日益滋长，君子的正道日渐消亡。

【提示】解释卦辞。

客：否卦与泰卦的《彖传》，句型可以说完全一样，只是内容完全相反。

主：否卦卦象所显的卦理，恰好是泰卦的反面。可以参照泰卦《彖传》加以理解，不用多讨论了。

《象》曰：天地不交，否。君子以俭德辟难，不可荣以禄。

【译文】《象传》说：天地之气互不交合，象征闭塞。君子因此收敛才德以求避难，不可以禄位为荣。（辟：避。）

【提示】指出君子在乱世应如何自处。

主：阴阳失常，上下不交，天地闭塞，这是乱世的象征。君子处于乱世，显露才德必然遭嫉而受到迫害，所以要求有才不露，有德不显，超然于荣禄之外，以求逃避危难。这与孔子所说的"天下有道则现，无道则隐"（《论语·泰伯》）的精神是一致的。

古人认为"易传"是孔子所作，这是有一定道理的。

客：孔子确实说过与此类似的很多话，如："邦有道，则仕；邦无道，则可卷而怀之。"（《论语·卫灵公》）"邦有道，贫且贱焉，耻也；邦无道，富且贵焉，耻也。"（《论语·泰伯》）这是儒家对待"出"与"处"问题的准则，其中包含着古代哲人特有的智慧，对中国文人的社会心理影响极大。

主：否卦六爻，下三爻谈阴柔者如何"处否"，也就是在否闭之时如何自处；上三爻谈阳刚者如何"济否"，也就是如何转否为泰。

䷋. 初六，拔茅茹，以其汇，贞吉，亨。

【译文】 初六，拔起茅草，根系牵连而并出，因为它们是同类。君子守持正道可获吉祥，亨通。（茹：连茹，根系相连。汇：音 huì，同类。）

《象》曰：拔茅贞吉，志在君也。

【译文】 《象传》说：拔起茅草，守持正道可获吉祥，说明君子仍然不忘上应阳刚。（君：指阳刚之爻。）

【提示】 小人连类趋进之时，君子要自守正道。

客：泰、否两卦初爻都说"拔茅茹，以其汇"，不同的是下文，泰卦为"征吉"，否卦为"贞吉"。两者的区别在哪里？

主：泰卦的初九处于上下通泰之时，引导同类三阳爻上行，与三阴柔相应，当行而毅然前行，所以称为"征吉"。而否卦的初六却处于上下否塞之时，虽然与九四本来有正应关系，但由于"否"之时上下隔绝不通，这时就应该自守于本位不动才是。可是初六以阴质处于阳位（第一爻是阳位），是个急功近利、轻举妄动的"小人"，于是像"拔茅茹"一样带动三阴爻，连类而向上趋进。值此"小人道长，君子道消"之时，君子应该坚持守正不动，当守而决然自守，可保平安，所以称为"贞吉"。不仅固守而已，同时也是等待事态的变化，以求发展，以利通达，目的仍然是达到与上卦的阳爻相交相应，实现阴阳交济，所以《象传》说"志在君也"。

客：就是说，初爻处于否塞刚刚开始之时，事态还不可能转化；阴阳阻隔，还没有通达的条件。但此时君子心中并没有忘记与阳刚之君相应，自守正道以求安吉，正是为了待机而动，化否为泰，在君臣际会中实现阳阴交泰。

主：你说得很好。

☷☰. 六二，包承，小人吉，大人否，亨。

【译文】六二，包容奉承，小人得吉，大人闭塞，可获亨通。

《象》曰：大人否亨，不乱群也。

【译文】《象传》说：大人闭塞，可获亨通，说明君子不与群小混乱在一起。

【提示】小人道长之时，君子要安于闭塞。

客：六二以柔爻居阴位，而且处于下体之中，有至顺之象。这也是一个"小人"吗？

主：这是一个善于用柔顺手段包容奉承九五之君的小人。本爻象征小人处下，施展其阿谀奉迎的伎俩，以巴结上司，笼络君子。这对于小人来说是吉利的，因为小人的那一套往往能够得手。值此小人得意之秋，君子如何自处呢？

客：君子处此，应该甘居否塞的困境，以缓求未来的亨通，这就是"否亨"，对吧？

主：对了。君子此时要擦亮眼睛，划清界限，不受那群闹闹嚷嚷、得意忘形的小人的迷惑。此时需要的是洁身自好，我行我素，杜门闭户，守正不阿。总之，要自甘寂寞，安于闭塞，藏器待时，这就是君子安于"否"而求"亨"的"否亨"之道。也正是孔老夫子"无道则隐"、"邦无道则愚"的处世哲学。这才是"大智之愚"，是与小人们的小伎俩、小聪明、小鬼点子不可同日而语的。

客：看来君子的"否亨"之道，关键在于不与群小同流合污，所以《象传》着重提出"不乱群"的告诫。

主：处"否"之时，社会失常，世风邪恶，上下不能以正道交往，小人乘机活跃，浑水摸鱼，大获其利。君子与小人本非同类，此时决不能"乱群"，不能受小人的笼络误入邪途，不能受私利的诱惑丧失本心，以致堕入狐狗之群。孔子作《象传》至此，不能不发出警告。君子此时要立定脚跟啊！

客：我不禁想起郑板桥题画崖头竹丛之诗："咬定青山不放松，立根原在破崖中。千磨万击还坚劲，任尔东南西北风！"君子处"否"之时，是需要这种倔强精神的。

主：禅家也有诗说："八风吹不动，端坐紫金莲。"君子处"否"之时，也需要宗教修行家的这种定性。

☰☷ 六三，包羞。

【译文】 六三，因包容而蒙受羞辱。

《象》曰：包羞，位不当也。

【译文】 《象传》说：因包容而蒙羞，说明六三居位不当。

【提示】 小人会因包容奉承而蒙羞。

主：六三的爻辞和《象传》十分简要：包（容）——（蒙）羞——位不当。之所以包容而蒙羞，其根源在于"位不当"。

客：六三处于上下体之间，迫近于上；而且又以阴质居于阳位，不中不正。的确是"位不当"。

主：可见六三是个地位较高而又不中不正的小人，秉性浮躁。

"六十四卦"中的人生哲理与谋略

当社会政治失常的否塞之世，它不能像"君子贞"那样安守正道。为了飞黄腾达，它急于高攀，通过与上九在形式上的相应的关系，以媚态包容奉承上九。但是上九是正人君子，严守"君子贞"的处"否"之道，不愿与之同流合污，六三徒然蒙受羞辱而已。

客：一般人都喜欢别人奉承自己，这也是"人性的弱点"吧。尤其是当权者，总有一批人在鞍前马后巴结讨好。

主：倒也有不吃这一套的人。据历史记载，有这么一件事。北宋宰相寇准在中书省会餐时，胡须不小心沾上了汤水。寇准的部属丁谓是个喜欢逢迎的小人，连忙上前给"寇大人"擦拂胡须。寇准很看不惯这种嘴脸，当即加以责备，弄得脸皮很厚的丁谓竟也羞愧万分。后世称逢迎讨好为"拂须"，就是从这件事来的。

客：这真可以说是"包羞"了。

☴ 九四，有命无咎，畴离祉。

【译文】 九四，有天命安排，必无过错。同类相互依附，都能受福。（畴：即"俦"，同类。离：即"丽"，依附。祉：福祉。）

《象》曰：有命无咎，志行也。

【译文】 《象传》说：有天命安排，必无过错，说明九四的济否之志得以施行。

【提示】 转否为泰要顺应客观规律。

客：这里所说的"天命"是什么？

主："天命"就是固有的客观规律。泰极转否、否极转泰的变化规律，乃是天之所命，是天道的体现。人必须顺应客观规律，利用恰当的时机，因势利导地推动转否为泰。宋代哲学家朱熹有一首《泛舟》诗说："昨夜江边春水生，艨艟巨舰一毛轻；向来枉费推移力，此日中流自在行。"时机不成熟，那是"枉费推移力"

的。客观机遇具备了，便有水到渠成之妙，转否为泰只在指顾之间。

客：这可以说是，因风吹火，费力不多。不过，目前已经到了由否转泰的时候了吗？

主：差不多了。九四正处在否塞过中、将要转为通泰的时候，实行转否为泰的时机已经到了。九四以阳刚之质居于阴位，也有此魄力适时地扭转乾坤，此时行动，是顺应"天命"而行，当然不会有过错。同类的三阳爻交互相依附，齐心协力，成此大功，都会一齐受福。这就是"有命无咎，畴离祉"之义。

☷☰ 九五，休否，大人吉。其亡其亡，系于苞桑。

【译文】 九五，休止闭塞局面，大人可获吉祥。会灭亡，会灭亡！终于像系于桑树丛上一样牢固。（苞：丛生。）

《象》曰：大人之吉，位正当也。

【译文】《象传》说：大人的吉祥，说明九五居位中正得当。

【提示】 转否为泰时要居安思危。

客：否卦发展到九四，"否"开始向"泰"转化；发展到九五，闭塞不通的局面应该休止了，"休否"的时候到了。"大人"，无疑是指九五而言。

主：九五阳刚中正而居尊，值此否将转泰之时，以消除闭塞状态为己任。可以说是既得其时，且有其德，又居其位。话虽如此说，此刻毕竟还没有完全摆脱否境，要将休否的可能性变为现实，君子仍应有戒惧之心。

客：所以心中要常常自警：会灭亡，会灭亡！以免掉以轻心。惧危则安。正因为有危亡之感，警钟长鸣，才能得到"苞桑之固"。

主：所以，《系辞传》中引证了本爻爻辞说明这样的道理：

　　　　　　　"六十四卦"中的人生哲理与谋略

"君子安而不忘危，存而不忘亡，治而不忘乱，是以身安而国家可保也。"

客："行百里者半九十。"愈是在事业即将成功的关键时刻，愈要防止败亡。这种思想确实是《易经》中的精华，对后人的思维方式产生了颇为深刻的影响。

☷☰ **上九，倾否，先否后喜。**

【译文】上九，倾覆闭塞的局面。有起先的闭塞，才有最后的欣喜。

《象》曰：否终则倾，何可长也。

【译文】《象传》说：闭塞的终极，必然倾覆，怎能长久呢！

【提示】否极泰来，既是自然规律，也有人事作用。

客：否卦发展到上九，闭塞不通的局面已经到了尽头，物极必反，否塞必然转为通泰。岂有长闭不通之理？所以《象传》强调指出："否终则倾，何可长也！"

主："否终则倾"是必然的客观规律。但是，人们在否终将倾之时，要因势乘机而动，主动地去"倾否"，不可被动等待。所以爻辞讲"倾否"而不讲"否倾"，是有深意的，强调了"否"之所以"倾"，人事的力量起有重要作用。并不是否闭局面发展到极点时，不须人力就会自然地倾覆。从上九看，它以阳爻处于阴位，又居于乾体之上，积累乾健之质至于极盛，确实具有刚健勇猛、无坚不摧之力。所以，当否塞穷极之时，它能够乘时而起，一举倾覆否塞局面。

客："先否后喜"四字也很可玩味，大有苦尽甘来的乐趣。没有先前的闭塞之苦，又哪有后来的"倾否"之喜？爻辞以此嘉勉人们在困境坚持奋斗，争取最终的胜利。有道是："谁笑在最后，谁笑得最好。"

主："泰"与"否"的处境都是人生所常常经历的。"否"，在哲理上体现于对立面之间的不相协调，即阴阳不交、上下不和，形成闭塞不通的局面。下卦三爻皆阴，象征小人用事，胡作非为，君子此时要安于闭塞，守正而慎行。因为转否为泰的时机还未到，故下三爻只谈"处否"之道。上卦三爻皆阳，象征君子顺应否将变泰的客观趋势，充分发挥人的主观作用，积极而又谨慎地行事，促使转否为泰的局面的实现。这就是上三爻所谈的"济否"之道。

客：于胜利前进时防倾覆，在艰难困苦中复安康，这就是泰、否二卦所给予人生的积极启迪。而泰与否的互相转化的理论，更为人们认识自然现象和社会现象提供了实用价值很高的思维方法。

13. 同人卦——论和睦相处

䷌ 离下乾上

同人：同人于野，亨。利涉大川，利君子贞。

【译文】 同人卦象征和睦相处：在远郊之野与人和睦共处，亨通。利于涉越大河，利于君子坚持正道。

【提示】 指出广泛地与人和睦共处的积极意义。

主："天下大同"是古人美好的社会理想。人类应该和睦共处。孔子说："四海之内，皆兄弟也。"这是多么令人向往的世界图景啊！恩格斯说过一段话，意思是只要人与人之间还存在相互斗争，而没有联合起来共同向自然做斗争时，人类就还没有进入自由的王国。"同人"这一卦专谈与人和同，就是人类和睦相处，是与"大同"理想的旨趣相通的。"否"是阴阳不交，"同人"是与人和睦共处。"否"发展到一定程度，就要被"同人"否定，所以在否卦之后是同人卦。

客：请问怎样才算是"同人"呢？

主：能够与人同心同德、友好合作、共同为善，就可以算得上是行"同人"之道。重要的是要有"同人于野"的胸襟，这也是卦辞中提出的第一个要点。在古代，"国"之外是"郊"，"郊"之外才是"野"。与人和睦共处的范围要扩大到最边远的地区，要与天下之人和睦相处，这才是真正的"亨通"。所以，行"同人"之道一定要有博大的胸怀，鸡肠狗肚、鼠目寸光之人是不能行"同人"之道的，也一定成不了大事业。

客：无怪乎孟子赞扬说："大舜有大焉，善与人同。"

主：只有这样，才能够齐心协力地做大事业，同舟共济地涉越大川。这是卦辞中提出的第二个要点——"利涉大川"。

客：第三个要点看来是"利君子贞"了？这句话是《易经》中的"惯用语"，好像是到处都适用的套话。

主：不然，我们应该善于体会这句话在各种不同情况下的特定含义。与人和睦相处并不都是有益的。狐朋狗党，臭味相投，狼狈为奸，为非作歹，这种现象是司空见惯的。更常见的是，三朋四友，同其嗜好，甩扑克，搓麻将，夜以继日，虚耗光阴，这种"和睦相处"难道不是要命的恶习吗？人们常常地互相鼓励、齐心协力做正事，人们也常常会相互影响、大伙一起做坏事。所以唐代儒家学者孔颖达在《周易正义》中说："与人同心，足以涉难，故曰'利涉大川'；与人和同，易涉邪僻，故'利君子贞'也。"

客：的确说得很有道理。

主：因此，卦辞告诫说，与人和睦相处，只利于君子坚守正道。这就不仅仅是一句套话，而显得意味深长。如果以小人之道自媚于世，纵然做到左右逢源，八面玲珑，亦非君子之所为与君子之愿为，这也不是真正的同人之道。总之，有些卦辞虽然看起来是简单而雷同的，由于出现在不同的"卦时"之中，所以其内涵仍然是丰富而多变的。

《象》曰：同人，柔得位，得中而应乎乾，曰同人。

【译文】《象传》说：和睦共处，由于柔顺者处于正位，守持中道，与上面的刚健者相应，所以能够和睦共处。

【提示】 以卦象解释卦名。

主：六二是全卦唯一的阴爻，《象传》就以六二作为"同人"的主体，剖析六二的性质和地位，以解释"同人"二字。

客：六二确实具有与人和睦共处的一些必备条件。它以柔爻居于阴位，得其正位，而且又处于下体之中，象征着它有柔顺谦逊、能行中道等美德。同时，它还与居乾体之中的君位的九五相应，得到刚健者的有力配合。

主：这样，《象传》首先指出行"同人"之道即和睦共处的三个条件："柔得位""得中""应乎乾"。下文接着解释卦辞。

同人，曰同人于野，亨，利涉大川，乾行也。

【译文】 同人卦，指出在在远郊之野与人和睦共处是亨通的，利于涉越大河，这说明刚健者的行动发挥了作用。

【提示】 解释卦辞。

主：《象传》的上文侧重于强调柔顺品格在与人和睦共处之时的重要作用，这里则侧重于强调刚健品格在和衷共济、克服险阻时的决定意义。实行同人之道是为了齐心协力做成大事业，这时柔顺者必须得到刚健者的济助，否则将难以成功。

客：《易经》中处处表现出刚柔相济的思想。以九五为代表的刚健者与六二相应，对于促成同人之道是必不可少的因素。

文明以健，中正而应，君子正也。唯君子为能通天下之志。

【译文】 禀性文明而又刚健，行为中正而又互相配合，这是君子所行的正道。只有君子才能与天下人的心志相通。

【提示】 继续解释卦辞"利君子贞"。

主：这里又进一步从卦象入手，指出与人和睦共处的君子应有的素质和行为准则。

客：同人卦下体为离，象征文明；上体为乾，象征刚健，从中引申出君子应有的素质是文明而又刚健。同人卦的六二和九五两爻都居中得正而又相应，从中引申出君子的行为准则是处事中正而又互相配合。

《象》曰：天与火，同人。君子以类族辨物。

【译文】 《象传》说：天、火互相亲和，象征与人和睦共处。君子因此要分析品类，辨别事物，以审异求同。（与：相与，亲和。类：动词，类析。）

【提示】 指出与人和睦共处要求同存异。

客：同人卦上体为乾、为天，下体为离、为火。天与火有什么共同点，怎么会互相亲和呢？

主：的确，天与火的差异很大，可以说是绝不相同的两类东西。但是，在不同之中可以找出一点相同之处，就是天体在上，火的性质也是炎上的，这一点是相同的。这就启示我们，在与人和睦共处时，对万事万物要加以分类辨别，既找出异中之同，又不忽视同中之异。既求同，又存异，这是行"同人"之道时必须采取的科学态度。

客：是啊，看不到异中之同，就无法与人和睦共处；看不到同中之异，就会在不应共处的地方也勉强求同，其结果仍然是无法与人和睦共处。

主：同人卦的六爻，揭示了行"同人"之道的各种复杂情况。

≡. 初九，同人于门，无咎。

【译文】 初九，与门外之人和睦共处，必无过错。

《象》曰：出门同人，又谁咎也。

【译文】 《象传》说：刚出家门就与人和睦共处，又有谁会怪罪呢。

【提示】 与人和睦共处要打破门户之见。

主：初九处于同人卦之始，象征刚出家门就与人和睦共处。

客：走出门外去与人和睦共处，不分亲疏厚薄，这样做当然无人怪罪。这就超越了一门之内的狭隘关系，打破了门户之见。

主：再说，同人卦只有六二一个阴爻，五个阳爻都有与它和睦共处的愿望。初九与位置相对的九四都是阳爻，不发生阴阳相应的关系；却与六二比邻，故刚出门就与六二相遇。这不是出于私意而主动求同，是不期而遇，不约而同，又有谁能去责难呢。本爻没有断定凶吉，凶吉要看事态的进一步发展而定，目前无咎则是毫无疑问的。

≣. 六二，同人于宗，吝。

【译文】 六二，只与宗主和睦共处，会有弊病。

《象》曰：同人于宗，吝道也。

【译文】 《象传》说：只与宗主和睦共处，这是造成弊病的做法。

【提示】 不可专与上司和睦共处。

主：按照王弼的解释，"宗"是宗主，指九五而言。

客：六二与九五两爻，分别居于上下二体的中位，一阴一阳，形成正应关系。它们相互和睦共处，怎么会有弊病呢？

主：六二与九五正应，本来是好的，但是在同人卦中并不好。因为同人之道是广泛地与人"同"。而六二却专攀高枝，专与处于君位的九五"同"，置其他四阳爻于不顾，违背了卦辞所指出的"同人于野"的精神，有逢迎上司之嫌，其弊病是不言自明的。

☰ 九三，伏戎于莽，升其高陵，三岁不兴。

【译文】 九三，伏兵在草莽间，登上高山观察敌情，三年也不敢兴兵交战。

《象》曰：伏戎于莽，敌刚也。三岁不兴，安行也？

【译文】 《象传》说：伏兵在草莽间，说明九五的敌人刚强。三年也不敢兴兵交战，怎么能贸然行动呢？

【提示】 不可以武力争夺同盟者。

客：九三的爻辞形象生动，好像是讲军事。行"同人"之道怎么会打起仗来呢？

主：因为争夺同盟者而兵戎相见，也是常有的事。在本卦中，五个阳爻都想与阴爻六二和睦共处。九三在六二之上，以刚乘柔，本应该可以与六二互相亲比的。但是六二舍近求远，专攀高枝，已与处于君位的九五结为秦晋之好，对于近在比邻的九三不予理睬，这就引起了九三的忌恨。上一爻说六二专应九五为吝，在这里果然体现出来了。九三以阳刚之质居阳位，又处于下卦之上而不得中，是个质刚而用刚、容易冲动的鲁莽之士。六二亲彼而疏此，使得九三咽不下这口气。它利用横梗于二、五之间的有利地势，埋下伏兵，意欲与九五一战，以争夺六二。

客：为什么只是登高瞭望，终于三年也不敢交战呢？

主：瞭望敌情的结果，深感九五实力雄厚，自己不能匹敌，故一再迟疑，以至三年没有交战。从下文九五爻辞中可知，这场争夺同盟者的战争终于爆发，当然是以九三的失败而告终，这真是一场悲剧。

客：想不到同人卦中竟然充满着火药味。

主："同人"之中也有明争暗斗，事物的辩证法就是如此。

☰ 九四，乘其墉，弗克攻，吉。

【译文】 九四，登上城墙，又自己退下不进攻，吉祥。（墉：城墙。克：能。）

《象》曰：乘其墉，义弗克也。其吉，则困而反则也。

【译文】 《象传》说：登上城墙，但从道义上考虑是不能发动进攻的。获得吉祥，是由于九四在陷入困境时能够回到正道上来。（反：返。则：准则。）

【提示】 与人和睦共处应以道义为准则。

客：九四也参战了吗？

主：九四性刚，不中不正，又与初九不应，也想与唯一的阴爻六二亲近共处，却被九三像一堵城墙似地隔开，不能与六二相近。九四于是"乘其墉"，登墙攻击，也想以武力争取六二。

客：为什么又停止进攻呢？

主：九四此举，当然也是违背"同人"之道的。九四质刚故能攻，居阴位则又能用柔，在攻而不胜，陷于困境之时，能够反躬自省，知道自己的行为于义不正，因此困而知返，退而不攻，回到了"同人"之道的准则上来。结果仍然是吉祥的。

客：确实，强人所同，是违背"同人"之道的。

主：六二、九五是正应关系，具有天然的、感情上的联系。以武力夺取他人的正应，不仅有亏于道义，也是极不明智的。求人之同，首先是求心之同。以武力勉强于人，岂不是成了"强风情"的呆霸王了？

☰ 九五，同人，先号咷，而后笑。大师克，相遇。

【译文】 九五，与人和睦共处，起先号啕大哭，后来欣喜欢笑。大军克服了阻碍，与同盟者相遇。

《象》曰：同人之先，以中直也。大师相遇，言相克也。

【译文】《象传》说：与人和睦共处，起先号啕大哭，因为九五虽然中正而不能与六二相应。大军与同盟者相遇，说明九五克服了阻碍。（直：正。）

【提示】 心同志同，就可以克服障碍，实现和睦共处。

客：九五爻辞为争夺同盟者的结局涂上了戏剧性色彩。九五何至于如此大悲大喜、先哭后笑呢？

主：这场战争涉及六二、九三、九四、九五四方，关键在于对唯一的阴爻六二的争夺。九五阳刚中正，与六二是同心相应的天然同盟者；但由于九三、九四横梗其间，割断其联系，使得九五不能与相应者相遇，所以为之痛哭。但是九五毕竟是刚健有力的，尽管九三伏兵于林莽，九四登上城墙进攻，九五仍然决心为正义一战。也许是由于"哀兵必胜"吧，同时也由于九五以中正之道作为行事原则，大军顺利地克服了一切阻碍，终于得以与同盟者六二相遇。这又使得九五破涕为笑。

客：这样看来，九五的先哭后笑是非同平常的，也正反映了它与六二的特殊的感情联系。

主："同人"之道重在求心之同。心同意同，不用强求而自同。

≡ 上九，同人于郊，无悔。
【译文】 上九，在郊外与人和睦共处，没有悔恨。

《象》曰：同人于郊，志未得也。
【译文】《象传》说：在郊外与人和睦共处，说明求大同之志还没有实现。

【提示】 再次强调广泛地与人和睦共处的重要性。

客：你在前面说过，国之外是郊，郊之外是野。上九是同人卦最靠外面的一爻，仅仅是"同人于郊"，还没有达到"同人于野"的地步。

主：上九在与人和睦共处的宽泛性上犹有欠缺，还没有做到我"同"天下之人，天下之人也来"同"我，求天下大同之志还没有实现。所以卦辞指出"同人于野"为"亨"，而本爻的"同人于郊"仅仅可以"无悔"罢了。

客：从本卦六爻看，都没有达到卦辞中所提出的理想要求。无论是"同人""于门""于宗""于郊"，都有所不足，更不用说那些"伏戎""乘墉""大师克"的争夺行为了。

主：由此可见，在行"同人"之道时，以天下为怀、求天下至公的大同，是极其不容易的。与人和睦共处时最容易夹杂私心，这就是孔颖达所说的"易涉邪僻"，所以卦辞特别告诫说"利君子贞"。在现代人生活的人际交往中，与人和睦共处的协作精神是不可缺少的。

客：卦辞强调了"同人"之道的基本精神和理想境界，固然令人向往；爻辞更通过"同"与"争"的矛盾冲突，揭示出在现实生活中行"同人"之道的复杂性和规律性，从中引申出若干可思、可感、可行、可戒之处，这些都是从前人社会实践中提炼出来的结晶品，很值得认真玩味啊！

14. 大有卦——论富有之道

☰ **乾下离上**

大有：元亨。

【译文】 大有卦象征富有：至为亨通。

【提示】 提出大有则大通的卦旨。

主：有一次孔子到卫国去，学生冉有替他赶车。卫国都城里人来人往，熙熙攘攘。孔子脱口而出："庶矣哉！"（人真多呀！）冉有是个"处处留心皆学问"的人，就向老师请教："既庶矣，又何加焉？"（人口多了，又该怎么办呢？）孔子回答说："富之。"（让他们富起来。）冉有又问："既富矣，又何加焉？"（已经富了，又该怎么办呢？）孔子回答说："教之。"（要教育他们。）这是《论语·子路篇》里记载的一段对话。孔子道出两个见解：一是在人口众多的国家里，人民需要脱贫致富；二是人民富起来了，需要加以教育。孔子只用"庶矣哉""富之""教之"，寥寥数语就说明白了。

客：孔子的话很适合中国的国情啊。虽然是在两千五百多年前讲的，今天听起来仍很新鲜、很贴切，特别富有现实指导意义。

主：《易经》大有卦贴合孔子的思想，正好讨论了这两个问题：一是如何致富的问题；二是富了以后如何善处其富、保有其富的问题。"大有"就是"大获所有""富有"的意义。

客：当今一片致富热潮，在经济繁荣、人民富裕的大好形势中，也出现了物欲横流、道德沦丧的种种弊病。《易经》大有卦正可以说是充饥之佳肴、应时之良药。

主：大有卦列于同人卦之后，其卦象正好是前者的颠倒（☲、☰），两卦构成一组。"同人"是我与人同，"大有"是物归我有。因为我与人同，所以物归我有。因此《序卦传》中解释说："与人同者，物必归焉。"大有卦的卦辞却极其简单："元亨。"

客：大大的富有当然是大大的亨通，这还用说吗？商家牌号上写的"亨达利""亨得利"，就是财运亨通的意思。谁不盼望着"生意兴隆通四海，财源茂盛达三江"呢！

主：但是，怎样才算得上"大有"，怎样才能"元亨"，这里面还大有道理呢。

《彖》曰：大有，柔得尊位大中，而上下应之，曰大有。

【译文】 《彖传》说：富有，阴柔者居于尊位，大而得中，上下阳刚与它相应，称为富有。

【提示】 以卦象解释卦名。

主：大有卦由一阴五阳组成，唯一的阴爻六五居于尊位。柔居尊位，是其大；处于上卦之中位，是得其中。六五既大且中，五个阳爻都归向于它，都为它所有。五阳皆应于我，我有其大，这才是大富大有。

客：而一般人只有小家子气，满足于小富小有，同时也往往保不住他的小富小有，更不懂得什么是大富大有。

主：真正有大抱负者，追求的是全面丰收的大富大有之完美境界。大有卦的卦象，就意味着、象征着这一完美境界。

其德刚健而文明，应乎天而时行，是以元亨。

【译文】 本卦象征的品德刚健而又文明，能够顺应自然规律，适时行事，所以是至为亨通的。

【提示】 以卦象解释卦辞。

主：卦辞指出的"元亨"，是至为亨通、大亨大通。

客：怎样才能实现"大有"——"元亨"呢？

主：卦象中已经作了暗示。下为乾，象征刚健；上为离、为火、为光明，象征文明。内怀刚健之质则奋发有为，外行文明之道则处事合理。这是就上下二体来申述卦义。再从全卦的主爻六五看，它能够与代表乾阳的九二相应，象征着顺应天道，适时行事，可行则行，可止则止，不与客观规律相违。如此则任凭事态千变万化，都能应付自如，获得最佳效果，所以能够达到大富大有、大亨大通的理想境界。

《象》曰：火在天上，大有。君子以遏恶扬善，顺天休命。

【译文】《象传》说：火在天上，象征富有。君子此时要遏止邪恶，发扬善行，顺应天道，求得美好的命运。（休：美好；使之美好。）

【提示】富有时应该止恶扬善。

客：大有卦上离下乾。离为火、为日，乾为天。火在天上，光照万物，遍及人间，如同古代天子之富有天下，所以是"大有"之象。这样理解对吗？

主：我认为是对的。君子观此大有之象，应该从中领悟到：当富有之时，要涵养道德，止恶扬善，要像火一样以光明驱走阴暗。这样才不至于因逆天行事，而受到自然规律的惩罚。这样才是善处其富，保有其富，才有美好的命运。

客：财富增长，势力扩大，很容易在物欲享受中失去良知，欲壑难填，贪心难餍，以至道德沦丧。非但不为善举，反而愈加作恶多端，最后闹到天理不容，身败名裂。《象传》以"遏恶扬善，顺天休命"为劝诫，并非无的放矢。

☲ 初九，无交害，匪咎，艰则无咎。

【译文】初九，不涉及利害，没有过错。仍然要不忘艰难，才能免除过错。（交：涉及。匪：非。）

《象》曰：大有初九，无交害也。

【译文】《象传》说：大有卦初九爻，不涉及利害。

【提示】富有时要不忘艰难。

主：贫穷固然困难，富有也不容易，都有一本难念的经。致富之人，是会有各种意想不到的麻烦的。

客：初九是大有卦最下面的一爻，象征刚刚富有、地位低下的人，还没有多大影响，不至于树大招风吧？

主：初九不仅与本卦主爻六五相距甚远，无比无应，甚至与位置相对的九四也没有相应关系。这样，初九也就不涉及上层的利害，一般说来是可以逃避过错、不受怪罪了。这种情况就是爻辞所说的"无交害，匪咎"。然而不可以为"匪咎"而掉以轻心，一定要处富而思艰，不要忘记创业时的艰难，不生骄侈之心，谨慎行事，才能免除过错。这就是爻辞里所强调的"艰则无咎"。

☰☲. 九二，大车以载，有攸往，无咎。

【译文】 九二，用大车运载财富，有所前往，必无过失。（攸：所。）

《象》曰：大车以载，积中不败也。

【译文】《象传》说：用大车运载财富，积累于其中，不会失败。

【提示】 刚健谦和，中道而行，能够保有其富。

主：九二好比一辆载重大车，能够满满地装载财富，稳稳地前进。请讲讲，这是什么缘故呢？

客：因为九二是阳爻，有刚健之质；居阴位，有谦和之德；又得中，能中道而行；上与居于君位的六五阴阳相应，得到上层人士的倚重和信任。这样，九二在大有之时，犹如一辆任重道远的大车，材质强壮，谨慎行驶，承载的东西适量而不超重，沿着中道稳稳地前进，当然可以远行而不会败毁。

主：你说得很精彩。不妨这样看，这辆大车装载的不仅是物质财富，也是精神财富。因为九二以阳居阴又得中，刚而能柔，谦而能容，道德积累于内，正像大车上的重物满载于其中，所以能够稳健行驶，无往不利。这就是《象传》所说的"积中不败"的含义。

☲. 九三，公用亨于天子，小人弗克。

【译文】 九三，公侯向天子致敬献贡，小人做不到这一点。（亨：享，朝献。）

《象》曰：公用亨于天子，小人害也。

【译文】《象传》说：公侯向天子致敬献贡，小人当此大任时必然为害。

【提示】 富有而又有地位者，要对国家和社会有所贡献。

客：爻辞中所说的"天子"当然是居于君位的六五。这里所说的"公侯"是指九三而言吗？

主：是的。九三象征不仅富有而且已经取得了很高的社会名望和政治地位的人。因为九三居于下卦之上，刚健而得正（以阳爻居阳位），有公卿侯王之象。九三已经是有地位有影响的人物，这时要向"天子"做出物质上的贡献和精神上的敬意，才能保持其富有和地位，这是明智的做法。所以爻辞说"公用亨于天子"，然而"小人弗克"。

客：小人则做不到这一点，他们鼠目寸光，吝啬守财，往往一毛不拔，无视"天子"的权威，只能因小失大。在古代，"天子"是国家的代表和象征。无视天子的权威，在今天也可以理解为无视国家和社会的利益吧？

主：对《易经》这部古典著作，作这样灵活的理解，我认为是可取的。这可以说是遗其貌而取其神，弃其糟粕而取其精华。

客：《象传》中进一步指出，如果是小人处于富有而又有地位的情况之下，他就会骄盈傲物，为害社会，所以说"小人害也"。当然，最后也害了小人自己。

主：可见，财富既会给人带来利益、名誉和地位，也会给人带来危险。关键在于，拥有财富者是有贡献于社会呢，还是危害社会。

客：君子与小人的分界线也正在这里。

☰ 九四，匪其彭，无咎。

【译文】 九四，富有而不过盛，没有过错。（匪：非。彭：盛大。）

《象》曰：匪其彭无咎，明辩晢也。

【译文】《象传》说：富有不过盛则无过错，说明九四具有明辨事理的智慧。（辩：辨。晢：音 zhé，明智。）

【提示】 过分富有应自我损抑。

主：九四在大有卦六爻中已经过中，是富有过盛的象征。事物处在过盛阶段，极易发生问题。九四不仅其势盛大，又近于六五君位，处在多惧招嫌之地，更有一定的危险性。《系辞传》中就明确地指出："四多惧，近也。"

客：在这种情况下，九四应该怎样行事呢？

主：幸亏九四以阳爻居于阴位，具有内刚而外柔的品质，能够谦以自处，不以富有骄人，能够看到盛极得咎的规律，自觉减损其盛大，得以免过。这就是"匪其彭，无咎"的含义。

客：急流勇退，自我损抑，这是很不容易的，可谓明哲之士矣。无怪乎《象传》赞道："明辨晢也！"

主：唯有不大其所有，才能保其大有。

☰ 六五，厥孚交如，威如，吉。

【译文】 六五，以诚信交接，威严庄重，吉祥。（厥：其。孚：诚信。如：语助词。）

《象》曰：厥孚交如，信以发志也。威如之吉，易而无备也。

【译文】《象传》说：以诚信交接，说明六五能以自己的诚信启发他人的忠信之心。威严庄重是吉祥的，因为六五的威严是在平易近人中显示的，无须防范戒备。

【提示】 首脑人物要诚信威严，柔中有刚，可以保持大有。

客：六五处上卦之中的君位，是个首脑人物。本爻所论，应该是首脑人物如何善处"大有"之道吧？

主："大有"两字在本爻的含义，就不仅仅局限于物质的富有了，应该扩大到政治上的大获人心、富有天下。

客：诚然，对于首脑人物来说，天下归心才是最大的富有，才是真正的大有。

主：六五是一卦之主，是阴爻处于君位，柔而居中，五个阳爻都归向于它。它以自己对下的诚信启发众人对上的忠信，这就是爻辞所指出的"厥孚交如"，而《象传》更进一步强调这是"信以发志也"。不仅如此，六五虽然是阴柔之爻，毕竟居于阳位、尊位，仍然有一种刚健威严的气象。不过这种威严，并不是作威作福，使人畏而远之。恰恰相反，六五是平易近人的，人们也无须畏惧戒备；由于六五温和诚信，坦然无私，受人拥戴，使人心悦诚服地生出敬畏之心，自然地显示出威严庄重的王者气象来。这种平易近人的威严，无须戒备的威严，由威信、威望而产生，是一种祥和的、内在的威严。所以《易传》说："威如之吉，易而无备也。"

客：这也许就是《论语》中所说的"望之俨然，即之也温"吧。

䷍ 上九，自天佑之，吉无不利。

【译文】 上九，得到来自上天的保佑，吉祥，无所不利。（佑：助。）

《象》曰：大有上吉，自天佑也。

【译文】《象传》说：大有卦上九爻的吉祥，是由于得到来自上天的保佑。

【提示】顺应客观规律行事，可以长保富有。

客："上天保佑"之说，岂不是迷信天命！

主：所谓"上天""天命"，其实是自然界和人类社会客观规律的象征罢了，古人习惯于用"天""道"等象征符号来表达。我们应该舍其表述形式，取其内在含义。

客：上九为何能得到"上天保佑"呢？

主：上九居于大有卦之终，能够以阳从阴，以刚顺柔，谦逊地与下面的六五结成阴阳相比的关系。可见它能察知盈满则溢、盛极则衰的客观规律，富而不骄，慎终如始。这就顺应了客观规律，当然也就受到了客观规律的保护，因而可长保富有，"吉无不利"。用古人的话来说，这是得到了"天助"，这是"自天佑也"，也就是《大象传》所说的"顺天休命"的意思。

客：孔子说："贫而无怨难，富而无骄易。"其实，"富而无骄"也不容易啊。

主：不仅是富于财产易骄，富于资历、富于学问，甚至富于年龄等等，都可能成为骄傲的资本。修养到了"无骄"的境界，确实不易！

客：人们都在追求致富之方，却很少思考：应该如何善处富有？《易经》大有卦的六爻提供了不少有益的启示。

主：初九为富有之始，"艰则无咎"，不能忘记艰难。九二有车载斗量之富，慎行中道方可"无咎"。九三富如公侯，必须有所贡献。九四过分富有，需要自我损抑。六五居于尊位，诚信威严才能富有天下。上九处于大有之终，顺应天道方可长保富有。总的精神是：不大其所有，才能保其大有。这就是富有之道的辩证哲学。

15. 谦卦——论谦虚行事

☷☶ 艮下坤上

谦：亨，君子有终。

【译文】 谦卦象征谦虚：亨通，君子能够保持谦虚至终。

【提示】 谦虚有益，要始终坚持。

主：《韩诗外传》中记载周公告诫的一段话说："《易》有一道，大足以守天下，中足以守其国家，小足以守其身：'谦'之谓也。"

客：谦卦安排在大有卦之后，也很有意思：以富有骄人是世间常态，然而越是富有越要谦虚。大获所有，到了一定极限就要满盈，就要走向其反面而衰败。为了防止因满盈而衰败，必须谦虚。所以《序卦传》中说："有大者不可以盈，故受之以谦。"

主：古人极其重视谦德。"满招损，谦受益"，《尚书》中的这句古语，已经成为至理名言了。从初涉人世的青年到饱经世故的老人，对这句话都会有切身体验的。所以卦辞首先指出：谦虚处世，必致亨通。谦虚者人皆乐于与他共事。有一分谦虚，必然有一分受益处。不仅事业上能够得到他人之助，精神上也能得到与人融洽相处的快乐。但是，一个人做到一时的谦虚并不难，难在一生谦虚、始终谦虚。只有自我修养良好的谦谦君子，能够安行于谦道，终身不改。这叫作"君子有终"。

客：俗话说：满瓶子不摇，半瓶子晃荡。"学然后知不足。"坐井观天，所见者小，便易于自满。内心充实的人总是谦虚的。

主：越是精神贫乏的人越是骄矜浮躁，越是内心充实的人越是谦逊深沉。确实是如此。伟大的科学家爱因斯坦说过一句话："我只知道一件事，就是：我一无所知。"这是他的由衷之言，令人感叹，更令人深思。知之越多，越感到"吾生也有涯，而知也无涯"（庄子语），越感到宇宙的奥秘之不可究诘。所以，谦虚确实是每一个对主客观世界孜孜探求的人所自然形成的品性。谦虚不是浅薄，更不是虚伪。

《彖》曰：谦，亨。天道下济而光明，地道卑而上行。

【译文】 《彖传》说：谦虚则亨通。天的规律是下济万物而天体却越加光明，地的规律是低处卑下而地气却源源上升。

【提示】 解释卦辞"谦亨"。

客：《彖传》说的"天道"，从卦象中看不出来，是怎么一回事？

主：谦卦下为艮（☶），由乾的一阳来交于坤上爻而形成，有如日光照射在地上而产生光明。这一卦象说明天本来是居上的，却能下降而交于地，更显出它的光明，所以说"天道下济而光明"。谦卦上为坤、为地，地本来是居下的，正因为它居下，才使得地气上行而交于天，所以说"地道卑而上行"。"天道下济"与"地道卑"皆为"谦"，"光明"与"上行"皆为"亨"。这样，《彖传》就以天与地的自然规律为象征，解释了卦辞中"谦亨"的含义。再看下文，进一步发挥论证"谦"的好处。

天道亏盈而益谦，地道变盈而流谦，鬼神害盈而福谦，人道恶盈而好谦。

【译文】 天的规律是亏损满的，补益虚的；地的规律是倾陷满的，充实虚的；鬼神的规律是危害满的，加福于虚的；人类的规律是厌恶满的，喜好虚的。（变：倾坏。流：流注。）

【提示】 论证谦虚的益处。

主：这里以天地鬼神为比附，意在说明"人道恶盈而好谦"。太阳正中时就要西斜，月亮盈满时就要亏损，可见"天道亏损而

"六十四卦"中的人生哲理与谋略

益谦"；高山会因地震而倾坏下陷，低谷会因沙石流动而淤积增高（这种现象叫作"高岸为谷，深谷为陵"），可见"地道变盈而流谦"；自满者往往取祸，谦虚者往往得福，可见"鬼神害盈而福谦"。鬼神指一种不可知的力量，也就是自然和人事的客观规律的象征。天地鬼神都是损有余以补不足的，而人之情也是厌恶盈满、喜好谦虚的，东方人情尤其如此。

客：这就进一步申明了卦辞"谦亨"之义。

谦尊而光，卑而不可逾，君子之终也。

【译文】 谦虚的人居于尊位时，其道德更加光大；处于卑位时，其品行也不可逾越。只有君子能够始终保持谦虚。

【提示】 解释卦辞"君子有终"。

客：这几句话说得好。位尊者谦而不傲，见出其胸襟阔大，更令人敬服；位卑者谦而不怨，见出其气度不凡，更难以企及。

主：位尊而气不盛，位卑而气不馁。只有品行纯正的君子，才能在任何情况下都能够谦虚如一，终身躬行谦虚之道。

《象》曰：地中有山，谦。君子以裒多益寡，称物平施。

【译文】 《象传》说：地下藏着高山，象征谦虚。君子因此取多补少，称量财物，平均分配。（裒：音 póu，取。施：给予。）

【提示】 以谦让的精神治理社会。

主：谦卦上为坤、为地，下为艮、为山，是"地中有山"之象。山本来是高耸于地面的，现在却降到地下，以造成山与地之平，这象征着谦虚、谦让以求平的精神。君子见到这种地质变化现象，受到启发，认为也应该用这样的精神治理社会，减有余而补不足，平均分配财富，以避免因分配不公而导致动乱。

客：想不到"均贫富"的观念，在《易经》中已经有了。

主：《大象卦》往往在社会政治问题上发挥。下文是谦卦六爻的分析，下三爻皆吉而无凶，主旨是行谦必受益；上三爻皆利而无害，主旨是过谦则无益。上下相映成趣，相得益彰，辩证地论述了谦虚哲学。

☷☶. 初六，谦谦君子，用涉大川，吉。

【译文】 初六，谦而又谦的君子，用这样的美德涉越大河，吉祥。

《象》曰：谦谦君子，卑以自牧也。

【译文】《象传》说：谦而又谦的君子，能够以谦卑之道自我修养。（牧：养。）

【提示】 谦而又谦，能做成大事业。

客：初六以柔爻处于谦卦最下的位置，是谦而又谦之象，所以称为"谦谦君子"，是吗？

主：是啊，"谦谦君子"的美称，即由此而来。初六处于谦道之初，象征人在初入世时，容易锋芒毕露，不知深浅，尤其需要谦上加谦。有谦谦之德，心地光明，得道多助，就有能力渡越艰难险阻，做成大事业，前途必定顺利吉祥。

客："谦谦君子"，"用涉大川"亦"吉"，日常行事还有什么不吉呢！不过，养成谦谦之德，并不是一件容易的事啊！

主：这就需要"卑以自牧"，坚持用谦卑之道，作自我修养的功夫。人的常性是易生骄矜之气，难归谦逊之途。对待自己的骄气不能放松纵容，要像牧牛一样，拉紧牛鼻子。牛如向邪路上走，立即拽回到正途上来。这就叫"卑以自牧"，这四个字是值得好好思忖的。

☷☶. 六二，鸣谦，贞吉。

【译文】 六二，谦虚的名声远扬，坚持正道可获吉祥。（鸣：

名声外传。)

《象》曰：鸣谦贞吉，中心得也。

【译文】《象传》说：谦虚的名声远扬，坚持正道可获吉祥，说明谦虚要出自内心。（中心：内心。）

【提示】谦虚要发自内心。

主："鸣"是名声外传，美名远扬。因为六二以柔爻居阴位得正，又得下体之中，柔顺则能谦退，得中则无过无不及。谦退居下，而又能行中正之道，所以谦声外传，远近闻名。

客：既然谦虚的美名远扬，这应该是大大的吉祥了，为什么只评断为"贞吉"（坚持正道可获吉祥），只得到了有附加条件的吉祥呢？

主：附加这个"贞"字很重要，因为有许多人的"美名远扬"不一定是从正道而来。如历史上著名的伪君子王莽，是个老奸巨猾的家伙。为了篡夺西汉政权，捞取政治资本，他干了不少笼络人心的事，其中之一是表现得特别谦恭下士。当他的丑恶面目未暴露之前，确实是"美名远扬"，人人传诵，俨然是一个"鸣谦"之士，十足的"正人君子"。当他的真实嘴脸暴露以后，人们才大吃一惊。唐代诗人白居易读了这一段历史，从伪君子王莽一度得到美名，联想到真正的君子人物周公被流言中伤，一度得到恶名，写诗感叹道："周公恐惧流言反，王莽谦恭未篡时。倘若当时身便死，一生真伪有谁知？"所以爻辞中特地在"吉"字之前加上"贞"字：凡"鸣谦"者，守正方可获吉，以邪道"鸣谦"者，当然无吉可言。作《象传》者怕人家不明此意，又特别强调："鸣谦贞吉，中心得也。"

客："中心得"就是得于心中，确实是在人生修养中有所心得的结果。因此，谦虚是发自内心的，非勉强可为，更不是假装出来骗人的。

主：是啊！由于谦退之道有得于心中，所以一言一行不必作修饰，就自然而然地合乎谦退之道。这是"得于中而形于外"的自然流露，毫不做作，要达到此种境界才是。当然，其谦虚的名声会自然地由近而闻于远。

客：这是"兰在林中，其香自远"啊！

䷎ 九三，劳谦，君子有终，吉。
【译文】 九三，有功劳而又谦虚，君子能保持至终，吉祥。

《象》曰：劳谦君子，万民服也。
【译文】《象传》说：有功劳而又谦虚的君子，人人都敬服。

【提示】 有了功劳而保持谦虚，最为可贵。

主：有了功劳，并不居功自傲，仍然以谦虚自处，这叫作"劳谦"。"劳谦"，是谦虚修养达到新的高度的表现。

客：谦虚已经很不容易做到了，劳谦更是难能可贵！人之常情，谁不爱夸夸其谈、自我推销？

主：所以《系辞传》里引用孔子的话解释本爻说："子曰：劳而不伐，有功而不德，厚之至也。"这是品质极其忠厚的标志。暂时的劳谦，还是可以勉而为之的；如果长久不渝，始终如一，劳谦终生，谁能受得了？不是大德君子无法做到。这样的人，无疑要受到万民的敬服和拥戴，在人民心中立起丰碑，这当然是吉祥之兆。照我看来，已故总理周恩来就当得起"劳谦君子，万民服也"的美誉。

客：在本卦中为何把"劳谦"的美誉归于九三呢？

主：九三是本卦中唯一的阳爻，一阳处于五阴之中，有出类拔萃之象；同时又以刚居阳，守其正位，是勤劳有功之士。论其功德，九三本应居于上位，现在却止于下体。能者多劳，同时又甘心谦退，这正是"劳谦君子"之象。而九三虽处下体，而上下群阴皆归向之，也正象征着君子谦退而万民归心。

▤ 六四，无不利，㧑谦。

【译文】 六四，无所不利，挥手不受谦逊的虚名。（㧑：音huī，挥手拒绝。）

《象》曰：无不利㧑谦，不违则也。

【译文】 《象传》说：挥手不受谦逊的虚名无所不利，因为这样做不违背法则。

【提示】 要避免谦虚过度。

主："㧑"是"挥"的意思。"㧑谦"有两种解释，一说认为是发挥谦虚的美德，另一说认为是挥退过分的谦虚。我们取后一说。凡事超过了限度，做过了头，都不好。过分的谦虚，其中很可能掺杂着虚伪的成分，使人感到并非出于诚心。再说，有时候就该当仁不让，不必点头哈腰，退避三舍。

客：依我看，对待谦虚的人切勿高傲，对待高傲的人不必谦虚！

主：我们看谦卦下体的三爻，初六"谦谦"以自养其德性，六二"鸣谦"已有得于心中，九三"劳谦"而万民悦服，谦虚之道已经得到了最充分的表现，再谦虚下去就有过谦之嫌了，应该适可而止了。所以谦卦上体的三爻，都有防止过谦之义。到了六四，本来就是阴柔之质，以居于阴位，不患其不能谦虚，而患其谦虚过度。所以这时六四挥手不受谦逊的虚名是对的，是无所不利的。这就是"㧑谦"之义。

客：不可不谦，也不可过谦，需要的是适度的谦虚。

主："过犹不及"（过分与不足同样不好），这就是儒家的"中道"的法则。所谓"适度"就是符合于"中"的法则。所以六四要挥退过分的谦虚。针对可能产生的误解，《象传》特意强调指出："扴谦，不违则也。"

☷☶ 六五，不富以其邻，利用侵伐，无不利。

【译文】 六五，不富实，但能左右近邻。宜于出征讨伐，无所不利。（以：使用，有指挥、调度之意。）

《象》曰：利用侵伐，征不服也。

【译文】 《象传》说：宜于出征讨伐，因为这是征伐不服从的骄横者。

【提示】 行谦道仍有骄横不服者，可以征伐。

客：在第十三卦中，行同人之道竟引起了战争；本卦谈的是谦道，更不该打仗了，怎么也发生了征伐之事呢？

主：谦虚宽容并不能解决一切问题。在人类历史上，以武力解决问题的方式，从来没有停止使用过，这是令人无可奈何的事实。谦卦六五、上六两爻指出，在某种特定情况下，征伐是许可的，是不违谦道的。

客：在什么情况下可以不必谦让，甚至诉诸武力、使用强硬手段呢？

主：我们先研究六五爻的情况。《周易》以阳爻为实、为富，以阴爻为虚、为贫。六五居于君位，但它是阴爻，是不富实的，就是说实力并不强，但它仍能左右它的近邻，指挥得动亲近它的力量，这是什么原因呢？就因为它能行谦道，有谦德。六五以柔居尊得中，能够广泛地施谦于下，善于团结群众，所以部下乐于为它所用。在《易经》中，"富以其邻"是比较正常的，富有实力的阳爻居中处尊，当然足以左右其近邻，如前面讨论过的小畜卦九五爻。然而能够做到"不富以其邻"，这就不简单了，标志着实行谦道达到了很高的水平。

客：但是六五毕竟不富不实，必然会有一些势力不服从它，抗拒它的权威。

主：是的。服从者是从道义上心悦诚服，不服从者是从实力上不甘心为之下。对待这些骄横强暴的势力，六五就不能再一味谦让，姑息养奸，任其坐大，以至不可收拾；必须利用人心归向的道义优势，团结民众，以武力征伐的手段，将其制服。

客：唐代中期地方军阀飞扬跋扈，形成"藩镇割据"的局面。唐宪宗以宽容政策招降了河北藩镇田弘正以后，任用李愬等将领发动征讨战争，一举扑灭了长期割据淮西以抗朝廷的吴元济，受到了民众的拥护。这次著名的战争，正如本爻《象传》所说，是"利用侵伐征不服"的正义之举。

主：当行谦道民众大悦之时，仍有桀骜不驯者执意为非，只有以征伐加以惩处，这并不违背谦道。

≡≡ 上六，鸣谦，利用行师，征邑国。

【译文】上六，谦虚的名声远扬，利于出兵，征讨附近的邑国。（邑国：领地。）

《象》曰：鸣谦，志未得也。可用行师，征邑国也。

【译文】《象传》说：谦虚的名声远扬，然而其志向没有实现。可以出兵，然而只能征讨附近的邑国而已。

【提示】以谦道未能安定天下时，可以动用武力。

客：上六的情况似乎与六五有相似之处。

主：上六和六五，都不是谦虚得不够的问题，而是过于谦虚了，然而谦虚退让并不能解决一切问题，最后不得不诉诸武力。上六以柔爻处于阴位，是阴柔之极；又居于谦卦最上，是谦让之极。以至柔之质，处于极谦之地，所以上六的谦名远扬，有"鸣谦"之称。

客：上六虽然位高谦极，足以感化众人，恐怕仍然无法在骄横的强徒身上奏效。

主：因此，上六企图以谦道安定天下之志，毕竟无法实现。所以《象传》指出，虽然"鸣谦"，依然"志未得也"。在此种情况下，横逆者不是以谦道可以安抚的，只有兴兵征讨。由于上六兴兵是不得已而为之，在舆论上占有优势，所以是利于出兵的（即"利用行师"）。不过，上六毕竟是以阴爻处于阴位，非刚健之才，只能征讨附近的邑国罢了。

客：由此可见，在政治斗争中，谦让之术的作用也是很有限的，只能起些辅助作用。一般说来，决定性的因素还是实力，还是刀兵。本卦对于这些表述得很清楚。到了关键时候，一味谦让有什么用呢？

主：《易经》十分重视谦道，充分肯定了它在缓和一般矛盾、融洽人际关系方面的重要作用，这主要体现在谦卦的前三爻中；同时强调谦道并不是万能的，谦让过度并不可取，尤其不能解决对抗性矛盾，必要时应辅之以强硬手段，或代之以武力斗争，这主要体现在谦卦后三爻中。

16. 豫卦——论处安乐之道

☷ 坤下震上

豫：利建侯行师。

【译文】 豫卦象征欢乐：利于建立诸侯，出兵征战。（师：兵众，军队。）

【提示】 和悦顺畅的局面利于有所作为。

主：中国有一句古话："生于忧患，死于安乐。"（《孟子·告子》）否卦（第12卦）、剥卦（第23卦）等都论及处忧患之道，而讨论致安乐与处安乐之道的专卦就是我们今天要谈的豫卦。

客：目前社会上有一种贪图享受的风气。热衷富有者不知如何善处富有，追求安乐者不知如何对待安乐。《易经》往往对症下药，针砭时弊，这些都是救治现代流行病的妙方。

主：《序卦传》指出："大有而能谦必豫，故受之以豫。"意思是说：富有而又能谦让，一定会在身心上感到安逸快乐，所以在大有卦、谦卦之后，接下来就是豫卦，卦象正好是谦卦（☷☶）的颠倒。两卦构成一组。"豫"就是"欢乐"的意思。

客：豫卦象征欢乐，这与"利建侯行师"又有什么联系呢？

主：豫卦上为震、为动，下为坤、为顺。震动于上，坤顺于下。象征天子在上面封建诸侯，兴兵征战；民众在下面顺从悦服，乐于从征。卦辞说明了一个道理：上下和悦顺畅的时候，正是可以大有作为的时机。因为这时民心可用，士气正旺，要抓住这个有利时机，即使出兵打仗也能成功。换句话说，要想有所作为，必须造成上下和悦顺畅的局面。这就是"豫"的精神力量和积极意义。

《象》曰：豫，刚应而志行，顺以动，豫。

【译文】《象传》说：欢乐，这里是指阳刚与阴柔相应，意愿得以实现，顺应情理而动，就感到欢乐。（志：志向，意愿。）

【提示】 以卦象解释卦名。

主：九四是豫卦中唯一阳刚之爻，所有阴爻都来与之相应，因而其志向得以实行，这就叫"刚应而志行"。豫卦下为坤、为顺，上为震、为动，这就构成了"顺以动"的状态。由于刚得柔应，又是"顺以动"而行，合于客观规律，因此一切都是和顺吉祥的，这就叫作"豫"。换句话说，顺理而动则安，动而和顺则乐，既安且乐，谓之安乐，这就是"豫"的本意。这里实际上是从安乐的真义来揭示如何得到安乐的"致安乐之道"。

客：这就是说，"豫"由"顺以动"而产生，顺动才能致豫。对"安乐"作这样的理解，确实颇有令人深思的精警之理。

主：有这样的安乐观，才有这样的致安乐之道和处安乐之道。在这里，"顺以动"很重要，是"豫"的实质内容和必备前提。所以下文就从"顺以动"的角度解释卦辞。

豫，顺以动，故天地如之，而况建侯行师乎？

【译文】 欢乐和谐，是由于顺应情理而动所产生，所以连天地的运行都是如此，何况建立诸侯、出师征战这些事呢？

【提示】 解释卦辞。

客：是啊，顺乎天理，应乎人心，也就是顺应客观规律随之而动，才会导致喜悦与和谐，才合于"豫"之道。如果违背客观规律，逆天而动，下场必然可悲，又何"豫"之可言呢！

主：自然界的天地星辰的运行尚且不违此理，何况人世间的建侯行师之事，怎能不顾天理人心而轻举妄动呢！

天地以顺动，故日月不过，而四时不忒。圣人以顺动，则刑罚清而民服。豫之时义大矣哉！

【译文】 天地顺物理而动，所以日月运转不致失误，四时更替不出差错。圣人顺民情而动，所以刑罚清明，民众服从。欢乐的特定意义大得很啊！

【提示】 发挥"顺动"之义。

客：天道、人事都是以"顺以动"为"豫"，只有顺应客观固有的规律而运动，才能得到和谐，产生喜悦。这样的事例是不胜枚举的，《象传》不过是略举数例作为印证罢了。

主：所以《象传》最后总括成一句感叹："豫之时义大矣哉！"因为说不完、道不尽，只有这样感叹了。

"六十四卦"中的人生哲理与谋略

客：什么叫"时义"？

主："时义"就是由卦时所决定的卦义，也就是某种事物和现象在特定背景中产生、发展、变化的规律。这种特定背景就是卦时，我们以前在开场白中说过。而这种规律反映了一定的事理，就是卦义。或称"时义"，为了强调是在某种特定背景下的事理。比如说，在豫卦中，"豫之时义"就是"顺以动"。"时义大矣哉"的赞叹在《彖传》中多次出现。有时只说"时大矣哉"，强调抓住时机；或者说"时用大矣哉"，强调因时而用，含义有些区别。

《象》曰：雷出地奋，豫。先王以作乐崇德，殷荐之上帝，以配祖考。

【译文】《象传》说：雷声发出，大地振奋，象征欢乐。先代君王因此制作音乐，用来赞美功德，以盛大的典礼奉献给天帝，并让祖先的神灵配享。（殷：盛大。荐：奉献。配：配享。祖考：祖先。）

【提示】"豫"的精神在政治、伦理上的运用。

客：豫卦上为震、为雷，下为坤、为地。雷声震动，大地上万物复苏，生机盎然，一片和乐之象，这作为豫卦的象征很恰当。

主：由此而产生了礼乐。先王观此景象，看到声音有振奋万物、使之欢乐的作用，受到启发，模仿雷声创造了鼓乐等音乐，用来颂美天地造化万物的功德。就这样逐渐地制礼作乐，举行典礼，祭祀天地祖宗。古人把陶冶民情的"乐"与行为规范的"礼"结合起来，用来教化民众，这就是"豫"的精神在政治、伦理上的运用，也可以说是"寓教化于娱乐之中"吧。

䷏. 初六，鸣豫，凶。

【译文】初六，因欢乐而自鸣得意，有凶险。

《象》曰：初六鸣豫，志穷凶也。

【译文】《象传》说：初六因欢乐而自鸣得意，说明志气已穷尽，会有凶险。

【提示】 在安乐中自鸣得意者凶。

主：卦辞侧重于致安乐之道，六爻的爻辞则转而讨论处安乐之道。

客：初六自鸣得意，喜从何来？为什么又有凶险呢？

主：初六阴柔居初，位卑而不中正，却与本卦唯一的阳爻九四阴阳相应。犹如小人在下，行为不端，却依靠关系而得到上层强有力者的支持，因而得意扬扬，忘乎所以，甚至到处自吹自擂，这就叫作"鸣豫"。

客：这种嘴脸很叫人瞧不起，一副轻贱相！

主：小人偶然得志，就沾沾自喜，可见其器量狭小。因它的志气到此已尽，当然不会有什么出息；又因它狐假虎威，必然为非作歹，甚至还会有难以预测的凶险。所以《象传》说它"志穷凶也"。

客：东晋宰相谢安指挥其弟谢石、其侄谢玄、其子谢琰等率军抗击秦兵入侵，以少胜多，打赢了著名的淝水之战，立下了不世的功勋。谢安正在对客弈棋之时，忽然得书知道淝水大捷，他脸上了无喜色，若无其事，仍然下棋如故。客人询问何事，他只轻描淡写地答道："小孩子们已经破了秦军。"我每次读到这段历史，都感叹谢安的从容不迫，喜悦不形于色的深沉性格。

主：是啊，这才是了不起的大器量啊！

六二，介于石，不终日，贞吉。

【译文】 六二，耿介如石，避开安乐，不待终日，坚守正道可获吉祥。（介：耿介正直。）

《象》曰：不终日贞吉，以中正也。

【译文】《象传》说：避开安乐不待终日，坚守正道可获吉祥，因为六二居中得正。

【提示】在安乐中警惕守正者吉。

主："介如石"，是说六二有操守，身处安乐之中，却能坚定如石，坚贞自守。因为沉溺于安乐必然导致骄奢淫逸，所以它避之唯恐不速，不待终日。正因为它以柔居阴，居中而得正，能以中正之道作为立身之根本；又无应无比（与其他各爻没有比应关系），意味着它不为外物所吸引，能够我行我素，对于安逸享乐不动于心。这与器小志满的初六恰好形成一正一反的鲜明对比。

客：读了这一爻，我又想起了《三国演义》中的刘备。刘备在荆州依附刘表时，因为长期脱离鞍马生涯，生活比较安逸，大腿上生出了肥肉，由此想到日月蹉跎，功业不建，不觉潸然流泪。刘备可以说是不贪安乐、不忘功业的英雄了。

主：我们凭借着持中守正的人生哲理，坚定如石，一定不会在安乐之中消沉。

☷ 六三，盱豫悔，迟有悔。

【译文】六三，献媚讨好以求安乐，必生悔恨；在安乐中留恋迟疑，必然又生悔恨。（盱：音 xū，张目仰视；睢盱，以媚眼讨好。有：又。）

《象》曰：盱豫有悔，位不当也。

【译文】《象传》说：献媚讨好以求安乐，必生悔恨，说明六三居位不当。

【提示】媚上以求安乐不可取。

客：奴颜婢膝地巴结上司的人，最没有人品，最为人们厌恶。孔子以"巧言令色"为耻，孟子以"胁肩谄笑"为病，这都是向人献媚时做出的丑态。本爻所说的"盱豫",大概也是这一类丢人现眼的样子。六三为了营求安乐,怎么会到了寡廉鲜耻的地步呢?

主:六三居位不当,以阴爻居于阳位,不中不正,上承唯一的阳爻九四;象征不正派的小人,内怀阴柔,外有所求,张目向上仰视,不择手段地趋炎附势,巴结讨好有权势的上司。"人到无求品自高";反之,唯利是求的人,利欲熏心,也就不要脸皮,不顾寒碜了。这等人,不仅以巴结讨好求安乐,久而久之,练成一副奴颜媚骨,也就以巴结讨好为乐,自以为得计,沾沾自喜得很,以为做一个溜须拍马、阿谀逢迎的奴才有无穷乐趣,这又是"盱豫"二字的又一层含义了。

客:六三如不及早抽身,必然身败名裂,悔之莫及。

☷☳ 九四,由豫,大有得。勿疑,朋盍簪。

【译文】 九四,人们靠它得到安乐,大有所获。不必疑惧,朋友们会像头发束在簪子上一样聚合起来。(由豫:由之而豫。盍:合。)

《象》曰:由豫大有得,志大行也。

【译文】 《象传》说:人们靠它得到安乐,大有所获,说明它的志向可以充分实现。

【提示】 为人带来安乐的人会大有所获。

主:九四是豫卦中唯一的阳爻,得到五个阴爻的相应和悦服。它象征给人家带来安乐的人,人们靠它得到安乐,"由"它而"豫",故而称为"由豫"。所以,尽管九四处于上下二体之间的"多惧之地",也不必疑惧,因为人心已经归向于它,会像朋友一样紧密地聚集在其周围,爻辞中称之为"勿疑,朋盍簪"。

客:"己与人时己愈有。"获得人心,这才是真正的"大有得",才有可能"志大行"。

"六十四卦"中的人生哲理与谋略

主：正由于九四给人们带来了安乐，它才可能有自己的安乐。这就是对孟子提出的"独乐乐，与人乐乐，孰乐"这一问题的回答。

䷏ 六五，贞疾，恒不死。

【译文】 六五，长期患病，却经久不死。（贞：常。）

《象》曰：六五贞疾，乘刚也。恒不死，中未亡也。

【译文】 《象传》说：六五长期患病，因为它乘于阳刚；经久不死，因为它还没有失去中道。（乘：阴爻在阳爻之上。）

【提示】 指出沉溺于安乐的弊病。

主：六五是个柔弱昏暗之君，它以阴柔之质居于至尊之位，又乘于九四阳刚之上，依托于强臣。这样的君主，处在安乐之时，必然只图享乐，不问国政，以致大权旁落于九四之手，处境十分糟糕。好像一个人疾病缠身，无法治愈了。

客：这样的人，早该"死于安乐"了，怎么还能够经久不死呢？

主：只因为六五居于中位，还没有失去中道，还可以在各种势力的平衡中维持自己的一席地位罢了。不过也只是充当傀儡，得以苟延残喘而已。《三国演义》里的汉献帝，大概就是这样的角色吧。

䷏ 上六，冥豫成，有渝无咎。

【译文】 上六，已经形成昏昧纵乐的局面，及时改正仍然可以免祸。（冥：昏沉糊涂。）

《象》曰：冥昧在上，何可长也。

【译文】 《象传》说：昏昧纵乐已经到了极点，怎能保持长久呢。（上：上爻，最后一爻。）

【提示】 乐极则必变，应改恶而趋善。

主：上六以阴爻在上位，处于豫卦之终，是极端享乐的象征，到了昏昏沉沉、迷迷糊糊的程度，这种状况叫作"冥豫"。

客："豫"本来是好事，到了这种地步就不妙了，要乐极生悲了。西方社会中常有这类病态现象，醉生梦死地一味狂欢，以致失去了理智。

主：这样的狂欢长不了，不在安乐中猛醒，就在安乐中毁灭。总之，"豫"的发展已经到了极点，非变不可了。所以卦辞一方面以"冥豫成"发出警告，一方面又从"有渝无咎"勉励盲目纵乐者迷途知返，从灭顶之灾中自拔，实现有价值、有意义的人生。

客："浪子回头金不换。"极端荒唐的人可以一变而为极其优秀的人，这种情况古今中外不知有多少。作《正气歌》的民族英雄文天祥，据说曾经是一个风流放诞的花花公子。近代杰出的文化名人李叔同（后出家为高僧弘一法师），原先也是一个生活浪荡的纨绔子弟。这真令人意想不到。所以，误入歧途的人不应该自暴自弃。

主："生于忧患，死于安乐"，确实是至理名言。不过，只要能认清沉溺安乐的危害，以安乐为忧患，仍然可以从死中求生，重获新生。总之，豫卦指示我们，要顺理而动，使天下同归于安乐，这是我们应有的安乐观。至于如何致安乐、如何处安乐的道理，都包括在这样的安乐观之中。而豫卦六爻分别情况从正反两方面作了剖析，指出了趋吉避凶的途径。由此可知，"豫"是好事，也是坏事，处理好了就是好事，处理不好就是坏事，这里面大有文章，值得深入研究。

17. 随卦——论随从之道

☳ 震下兑上

随：元亨，利贞，无咎。

【译文】 随卦象征随从：至为亨通，利于坚守正道，没有过错。

【提示】 指出随从的基本原则。

主：人的社会性决定了人们需要互相协作，互相赞同、顺从，需要讲究人际互相随从的道理，这就是随卦的基本精神。从卦序上来看，豫为安乐，随为随从，安居乐业了，人们自然会来随从，所以豫卦之后是随卦。

客：人们互相随从，建立起融洽的关系，这当然是极为亨通的。这就是卦辞中"元亨"两字的本义吧？

主：是的，但是这样说还不全面。所以卦辞接着补充说，还要"利贞"，才能"无咎"。就是说，随从必须以守正为前提，该随则随，不该随的不能乱随，这才是随而得其正，才能"元亨"而"无咎"。言下之意，如果不随正道而行，跟错了人，不仅无"元亨"可言，而且有咎，必然招致过错。

客：《易经》的表述方法经常是这样，将反面的可能性隐藏在正面的陈述之中。

《彖》曰：随，刚来而下柔，动而悦，随。

【译文】 《彖传》说：随从，阳刚能前来居于阴柔之下，有所行动一定会使人悦服，乐于随从。

【提示】 以卦象解释卦名卦义。

主：随卦下震上兑。震为阳卦（长男），兑为阴卦（少女）。

阳刚本应居上，现在却来屈居阴柔之下，以刚下柔，以大下小，这是谦恭下士。这样的举动使人悦服，人们自然会来随从。这叫作："动而悦，随。"

客：随卦下为震、为动，上为兑、为悦，正是此动而彼悦的象征。

主：这是心悦诚服的随从，而不是强迫人家随从你，这才是"随"的真义。你先要有尊重别人的态度，你先随人家，人家才来随你。

大亨贞无咎，而天下随时。随时之义大矣哉！

【译文】 坚持大亨通的正道不会有过错，天下人都会适时地来随从。适时地随从，意义大得很啊！

【提示】 解释卦辞。

主：上下随从并不是朋党相从，恣意妄为；并不是少数人结成关系网，共同干坏事。而是要坚持正道而行，使得天下人都来随从，都沿着大亨通的正道相随而行。

客：什么叫"随时"呢？

主：《象传》很重视"时"的概念。"时"在这里是灵活适时的意思，就是适应不同的时间、条件和情况而灵活处理。孟子说孔子是"圣之时者"，也是说孔子是个灵活适时的圣人。本爻《象传》中"随时"二字，意为"适时地随从"。要因时而定，不能随便盲从。随的对，事业亨通；随错了，动辄得咎。所以《象传》中强调："随时之义大矣哉！"适时地随从，事关重大啊！

《象》曰：泽中有雷，随。君子以嚮晦入宴息。

【译文】《象传》说：大泽中响起雷声，象征随从。君子因此随着天时在傍晚时入室休息。（嚮晦：向晚。"嚮"即"向"。宴息：休息。）

【提示】 以日常作息说明"随时"之义。

客：随卦上为兑、为泽，下为震、为雷。雷震于泽中，泽随震而动，所以有"随"之象。君子观此自然景象，想到生活要随时作息，日出而作，日入而息。——这意思太浅显了，好像没有什么微言大义吧？

主：这里正是用生活中最切近、最简单明白的事来作比喻，说明前面所阐发的"随时"的道理。每当我们早起晚睡之时，都会很自然地联想起"随"之道。这样，就把卦理融会在日常生活中了。

䷐. 初九，官有渝，贞吉，出门交有功。

【译文】 初九，为主的地位改变了，坚守正道可获吉祥，出门交往能够成功。（官：主。渝：改变。）

《象》曰：官有渝，从正吉也。出门交有功，不失也。

【译文】 《象传》说：改变为主的地位，说明初九随从正道可获吉祥。出门交往能够成功，说明初九的行为没有过失。

【提示】 刚下于柔是"随"之正道。

主：按照常规，阳爻为主应该居上，阴爻为从应该在下。但在本卦中，阳爻初九反而在阴爻六二之下，初九为主的地位改变了，这就是爻辞中所说的"官有渝"。这恰好符合随卦卦辞所说的"刚来而下柔"的精神，阳刚居于阴柔之下。这意味着初九不以"主"自居，变主为从，首先降其尊贵去随从六二。我们在前面说了，你要先随人家，人家才会来随你。所以爻辞断为"贞吉"，《象传》断为"从正吉也"。刚先随柔，这就是守正（"贞"）、"从正"，是吉祥之正道。

客：毛泽东说过：先当学生，后当先生。这句话与本爻的精神是一致的。你先要随从群众，与群众打成一片，代表他们的利益；然后群众才会随从你，跟随你前进。"出门交有功"又该怎么讲呢？

主：这也是指初九随从六二而言。不在家内，而是走出门外，表明交往不是出于私心，所交对象并非亲属。初九走出门外，举步就和六二相遇、相交而相随，这样的谦恭下士之举当然是会获得成功的。

䷐. 六二，系小子，失丈夫。

【译文】 六二，依从下面的小子，失去了上面的大丈夫。

《象》曰：系小子，弗兼与也。

【译文】《象传》说：依从小子，说明六二不能同时与两方亲近。

【提示】 随从之时要避免因小失大。

客：六二下与初九阴阳相比，上与九五阴阳相应，看来"小子"和"丈夫"是指初九和九五这两个阳爻而言了。六二随从哪一个为好呢？

主：鱼和熊掌不可得兼，必须二者选一。六二以阴爻居阴位，它是优柔寡断的。看它的本意，既想系于年轻小子，又不想失去伟岸丈夫，但这是不可能的，一女不能随二男。在这艰难的选择中，六二终于依从了小子，同时失去了那位大丈夫。

客：六二不免顾此失彼，因小失大了。年轻小子之所以获胜，大概有两个原因：一是"近水楼台先得月"；二是阳居阴下，谦恭有礼，终于获得了六二的芳心。

䷐. 六三，系丈夫，失小子。随有求得，利居贞。

【译文】 六三，依从上面的大丈夫，失去了下面的小子。随从于人有求必得，利于安居守正。

《象》曰：系丈夫，志舍下也。

【译文】《象传》说：依从上面的大丈夫，说明六三意在舍弃下面的小子。

【提示】随从居于上位者要注意守正。

客：六三与上面的九四阴阳相比，就来依附九四这个"丈夫"。以阴随阳，当然是有求必得。而初九这个小子地位卑下，何况它已经被六二所系，所以就被六三舍弃了。这样看来，六三"系丈夫，失小子"，舍下而取上，似乎也是很自然的事。"二者不可得兼，舍鱼而取熊掌者也。"

主：六三的取舍确也无可指责。话虽如此说，六三毕竟是阴居阳位而失正，给人的印象不太好，现在又舍下而从上，上交于权贵，恐怕会有腆颜媚上之讥，在舆论上有些不利。所以，虽然六三"随有求得"，还是不要得意忘形为好，要注意安居守正，少出风头，否则前景恐怕不妙。爻辞以"利居贞"三字为戒，并不多余。

☶ 九四，随有获，贞凶，有孚在道，以明，何咎？

【译文】九四，被人随从而有所获，要守正以防凶。心怀诚信，合乎正道，做事光明磊落，还有什么过错呢？（孚：诚信。）

《象》曰：随有获，其义凶也。有孚在道，明功也。

【译文】《象传》说，被人随从而有所获，从九四所处位置的意义看有凶险。心怀诚信，合乎正道，这是做事光明磊落的功效。

【提示】在特定情况下，被人追随要防凶险。

客：九四被六三随从，获得六三的信任，这当然是一件好事，怎么会有凶险呢？

主：你的后面有追随者，说明你已经有一定的威望，这当然是令人快慰的事。可是你要留心，在某种特定情况下这不一定是好事。九四居于九五君位之下，是近君之位，这是容易引起猜忌的危惧之地，特别要小心。九四"随有获"了，已经为人所随而颇得人心了，其威望就有可能超过人君九五，这就太危险了。再加上九四以阳爻居阴位失正，处理问题不很妥当，此乃取凶之道。

客：那怎么办呢？怕引起上司的猜忌，难道应该袖手不干、无所作为吗？

主：在此种情况下，九四要注意"贞凶"，也就是守正以防凶。具体说起来，要内怀诚信之心，外行中正之道，所作所为既尽其诚，又合于道，一切归之于心地光明，胸怀磊落。如此则无愧于人，无懈可击，还有什么过错呢！这就是爻辞所说的："有孚在道，以明，何咎！"

☱☳ 九五，孚于嘉，吉。

【译文】 九五，真诚地随从于嘉言善行，吉祥。

《象》曰：孚于嘉吉，位正中也。

【译文】 《象传》说：真诚地随从于嘉言善行，吉祥，因为九五的位置处于正中。

【提示】 居尊者应该从善如流。

主：九五的象征意义是：居于尊位，而能以诚从善，必获吉祥。九五既得正又居中，得正则所从皆善，居中则不偏不倚，这是其卓越之处。

客：位高尊崇者不是刚愎自用，就是偏听偏信。九五以阳刚居尊，却能中正诚信，从善如流，这是作为一个领导者的很优秀的品质。

☱☳ 上六，拘系之乃从。维之，王用亨于西山。

"六十四卦"中的人生哲理与谋略

【译文】 上六，拘禁起来才勉强服从。为了维系感化它，君王在西山祭天。（维：维系，捆绑。亨：享，祭享。西山：指西周岐山。）

《象》曰：拘系之，上穷也。

【译文】 《象传》说：上六被拘禁起来，说明在最后阶段随从之道已经发展到穷尽的地步了。（上：最后的爻位。）

【提示】 对违逆不从者可以先拘禁后感化。

客：随卦谈的是随从之道，怎么会发生拘禁事件呢？

主：这是由对立因素互相转换的规律决定的。在举世从善之时，必然会有逆其道而行之的人，就不得不"拘系之"，强迫其改邪归正。上六居于随之极，随从之道已经发展到了穷尽的地步，极则反，穷则变，于是由随变为不随。上六居于最高爻，以柔乘刚，不愿随从，作为君王象征的九五不得不以阳刚之力强行"拘系"。

客：系得了它的身，系不了它的心，这总不是办法吧？

主：九五的策略是，先强行拘系，然后再用祭天一样的诚意，予以感化，顽石总有点头的一天。上六和九五毕竟是阴阳比近，仍有相随之义；加上九五以阳刚之尊居于上六之下，符合"刚来而下柔，动而悦，随"的卦旨。这样，在九五诚意的感召下，上六终究是会悦而相随的。

客：新中国成立后对战犯进行了成功的改造，与本爻提出的策略是一致的。

主：随卦集中展示了人际关系中以正相随的宗旨。随卦六爻，其中初九是刚下于柔，九五是居尊中正，最能体现竭诚从善的"随"之正道；其余四爻，情况各有不同，或有得有失，或守正才能防凶，或被制方可从正。总之，本卦从正、反两方面，从各种不同角度反映"随从"这一行为的得失利弊和相应对策，是古人处世修身经验的宝贵结晶。

18. 蛊卦——论除弊治乱

䷑ 巽下艮上

蛊：元亨，利涉大川。先甲三日，后甲三日。

【译文】 蛊卦象征除弊治乱：至为亨通，利于涉越大河。在事情开始前三天内（要调查研究，周密计划），在事情开始后三天内（要监督执行，补救缺失）。（蛊：音 gǔ，毒虫；蛊害，蛊乱，蛊惑；治蛊。甲：天干数之始，象征事情的开始。）

【提示】 指出除弊治乱的基本原则。

主：目前正在进行全国范围内的反腐败斗争，我们在这种情势下讨论蛊卦一定会有更多的感受。"蛊"是象形文字，上虫下皿，本义是器皿中食物腐败生虫，引申出蛊害、蛊乱、弊病，以及治蛊、惩治腐败等含义。蛊卦在随卦之后，构成一组，从卦形上看两卦互相颠倒（䷐、䷑）。随卦讲的是上下相随而天下太平无事，蛊卦讲的是太平日久而产生腐败现象。

客：不过蛊害既然是坏事，卦辞中为什么又断为"元亨"呢？

主：物极必反，这是一切事物发展变化的必然规律。乱是治的根源，蛊乱到了极点，治的局面总是要出现的，必然导致大亨大通。一乱一治，一治一乱，历史的辩证法就是如此，没有什么值得奇怪的。

客："乱"会自动地变为"治"吗？

主：不是这个意思。由乱变治，由害转亨，只是客观的可能性。将可能变为现实，还需要主观的能动性发挥作用。蛊乱和腐败现象必须下大决心坚决整治，治蛊必须奋力冲破障碍，要有涉

"六十四卦"中的人生哲理与谋略

险济难的精神，才能转乱为治，所以卦辞说"利涉大川"。

客：拨乱反正毕竟是一场艰苦的斗争，需要有"涉大川"那样的勇气、决心和魄力。

主：不仅需要有济险犯难的极大勇气，还要有周密谋划、贯彻始终的科学精神。在卦辞中以"先甲三日，后甲三日"来暗示。"甲"是事之始。在治蛊开始之前要进行调查研究，做充分的准备；在治蛊开始以后更要坚决地监督执行，随时地补救缺失。这样才能真正地惩治腐败，根治蛊害。"三日"是多日的意思。

客：治蛊的斗争是十分艰苦复杂的，绝不是一时的大嚷大轰可以奏效的，必须事先做出切实可行的周密计划，并且善始善终地贯彻执行到底。否则，必然是雷声大，雨点小，虎头蛇尾，流于形式，导致失败。

《彖》曰：蛊，刚上而柔下，巽而止，蛊。

【译文】《彖传》说：蛊乱，由于上下刚柔不交，柔顺而又遇阳，就形成了蛊乱。

【提示】 以卦象解释卦名。

客：蛊卦上艮下巽，艮为阳刚在上，巽为阴柔在下。按照阳升阴降的规律看，蛊卦阳在上而更向上升，阴在下而更向下降，这是阴阳背离不交之象。

主：阴阳交济而万物生。现在阴阳背离不交，上下隔绝不通，这是生命力枯竭、造成腐败蛊乱的根源。再说，巽为逊让，艮为阻止，象征软弱退让的人而又遇到阻碍，因循苟且，姑息养奸，必然积弊而至于蛊乱。

客：只有洞察致蛊之由，才能把握治蛊之道。

主：这里正是通过解释卦名论致蛊之由，下文则通过解释卦辞论治蛊之道。

蛊，元亨而天下治也。利涉大川，往有事也。先甲三日，后甲三日，终则有始，天行也。

【译文】 除弊治乱，至为亨通，意味着天下大治。利于涉越大河，说明治蛊要勇往直前，有所作为。在事情开始前三天内（要周密计划），在事情开始后三天内（要监督执行），说明旧的告终，才是新的开始，这是大自然的运行规律。

【提示】 解释卦辞。

客：这里通过解释卦辞论治蛊之道，说得很清楚。

主：需要补充的是，先甲三日，后甲三日，加上甲日本身，共为七日。七日正是终而复始、循环往复的周期。物极必反，所以取甲日为转乱为治的象征，以七天为治蛊而得亨通的期限。

《象》曰：山下有风，蛊。君子以振民育德。

【译文】 《象传》说：山下吹来大风，象征整治蛊乱。君子因此振奋民众精神，培养道德风尚。

【提示】 治蛊要振奋精神，培育道德。

客：蛊卦上为艮、为山，下为巽、为风，正是风行山下之象。

主：大风劲吹，遇山折回，其力迅猛，势不可挡，枯枝败叶，扫荡一空。君子处于蛊乱之世，观此卦象，想到应该振起民之心，培育民之德，挽救败坏的社会风气，像劲风扫落叶一样涤荡腐败现象，以兴利除弊，弃旧图新。

客：整治腐败、除弊治乱是"破"，而振民育德是"立"。必须树立起新风，才能从根本上破除陋习。在专论"破"的蛊卦中，《象传》特地提出"立"的命题，这是很有深意的。"破"与"立"的统一，才是真正的辩证法。

䷑. 初六，干父之蛊。有子，考无咎。厉终吉。

【译文】 初六，整治父辈的弊病。有这样的儿子，父辈可以免除罪过了。虽有危险，最终将得吉祥。（干：矫正，整治。考：亡父，先父。）

《象》曰：干父之蛊，意承考也。

【译文】《象传》说：整治父辈的弊病，意在继承先父之志。

【提示】子辈应该纠正父辈的弊端，这才是继承父志。

客：蛊卦谈的是除弊治乱，怎么扯到父子关系上来了呢？

主：蛊害的产生不是一朝一夕的事，是积久而成，往往要经过一个世代才能充分表现出来。上代人造成的弊端，往往要到下一代人才能得到矫正。所以本卦谈治弊常以父子为喻，本爻则以亡父与儿子为喻。苏轼在《东坡易传》中解释说："蛊之灾非一日之故也，必世而后见，故诸爻皆以父子为言。"再说，弊端多自上起，"上有好者，下必甚焉。"本卦论治弊以父子为喻，也有提倡子治父弊的含义。

客：初六明明是阴爻，怎么比喻成"儿子"呢？

主：初六以柔爻处于卑位，上承九二、九三之阳，阴之承阳，犹如子之承父，在这种意义上，初六正是处于"子"的地位。

客：既然说子应该承父，为什么又改弦易辙，变更前人旧法，甚至"干父之蛊"呢？

主：父辈的成法如果有毛病，经过时间和实践的检验其弊端已经显露，子辈加以矫正和整治，这样的"干父之蛊"正是补父之过，使得父辈免除更多的过错，使得父辈、子辈代代相传的事业免遭更多的损失，这样才算得上真正地继承先父之志。所以《象传》指出："干父之蛊，意承考也。"

客：是啊！后辈人对于前辈人的事业应该在开拓进取中继承并且发展，这才无愧于时代！

主：蛊卦论治弊之道，涉及多种复杂关系。不仅有凶与吉、乱与治、破与立的关系，还有上与下、前人与后人的关系。从本卦看，中华民族并不因循守旧、故步自封，并不一味强调"萧规曹随""三年无改父之道"；相反，中华民族自古以来就鄙弃抱残守缺，提倡革故鼎新、"干父之蛊"的精神。

客：禹之父鲧以湮法治水失败，禹舍弃湮法，采取导法治水成功。从表面上看似乎违背了"父之道"，实际上是消除了父辈的过错，继承并完成了父辈的事业。这正是"干父之蛊，意承考也"。

☶☴. 九二，干母之蛊，不可贞。

【译文】 九二，整治母辈的弊病，不可以过于固执守正。

《象》曰：干母之蛊，得中道也。

【译文】 《象传》说：整治母辈的弊病，应该掌握刚柔适中的原则。

【提示】 治弊应掌握适当的策略。

客：九二为阳爻在下，相应的六五为阴爻在上，这大概就是母子之象吧？

主：正是。九二"干母之蛊"，有不少困难。初九爻辞既称"父"又称"考"，而九二爻辞只称"母"不称"妣"，可见父亡而母存。六五以阴居尊失正，在这里象征仍然在位的前辈领导，其个性阴辟，难以听从正确意见。九二纠正这样的前辈领导的弊端，当然不可操之过急，不能简单地固执守正，强行扭转，以免把事情弄僵。而要委曲周旋，在可能情况下争取治弊的最佳成效。这就是"不可贞""得中道"的含义。

客：九二以刚爻处于柔位，又居于巽体中位，是能够得刚柔之中的。

主：九二内刚健而外柔顺，具有"干母之蛊"的坚定魄力和灵活策略，是刚柔并济的难得之才。本爻侧重于掌握治弊的适当策略，这一点尤其值得重视。

☶ 九三，干父之蛊，小有悔，无大咎。

【译文】 九三，整治父辈的弊病，虽然会小有悔恨，但是不会有重大过失。

《象》曰：干父之蛊，终无咎也。

【译文】《象传》说：整治父辈的弊病，终究不会有过失的。

【提示】 治弊既要防止过于刚猛，又要不失锐气。

客：九三以刚爻居于阳位（第三爻），未免过于刚猛了。

主：所以，九三整治父辈的弊病，就会操之过急，必有不当之处，会遇到一些挫折，而感到小有悔恨。但是九三毕竟是得正位的（以阳居阳），"干父之蛊"是行正直之道；同时，九三居于巽体，这就意味着它在治蛊过猛而失当时，能够适度地退让，调整其策略。因此，虽然出了些偏差，有些小小之悔，归根到底是没有大过失的，不必畏缩不前，丧失锐气。

客：位卑者以刚正不阿的精神整治位尊者的积弊，这是极为难能可贵的，当然需要热忱鼓励，大力提倡。有时甚至必须不顾"小悔"，犯难而行。

☶ 六四，裕父之蛊，往见吝。

【译文】 六四，姑息宽容父辈的弊病，将来必然会出现憾事。（往：长此以往。）

《象》曰：裕父之蛊，往未得也。

【译文】《象传》说：姑息宽容父辈的弊病，长此以往，必然不得治弊之道。

【提示】 治弊不可宽容。

客：九三治弊过急，虽然"小有悔"，但是"无大咎"；六四治弊过于宽缓，这就更成问题了。

主：九三以刚居刚，过于刚猛，雷厉风行；六四恰恰相反，本来就是阴柔之爻，又处于阴位（第四爻，）而且居于艮止之体，柔者懦，止者怠，既懦弱又懈怠。这样的人根本就不是治弊的材料，只会姑息宽容，敷衍了事。所谓"投鼠忌器"，不敢下手，这就叫"裕父之蛊"。"裕"就是"宽裕"的意思，采取能拖就拖、得过且过的态度。六四就是这种胆小怕事、不负责任的家伙。

客："蛊"并不是小灾小病，怎能拖延不治呢！长此以往，蛊将日深，这岂不是养痈遗患吗！

主：作为事业继承人就应"干父之蛊"，立志整治而责无旁贷。决不能让六四这样的人主持其事。

☳ 六五，干父之蛊，用誉。

【译文】 六五，整治父辈的弊病，因而受到称誉。 （用：因此。）

《象》曰：干父用誉，承以德也。

【译文】 《象传》说：整治父辈的弊病而受称誉，说明六五能用道德来继承前人的事业。

【提示】 治弊应该刚柔适中，才能得到成功。

客：前面讲过，九二爻"干母之蛊"，是以六五为母的，六五是治蛊的对象；在本爻中，六五又成了"干父之蛊"的主体。这是怎么一回事呢？

主：《易经》卦爻的取象无非是打比方，角度不同，所比的事物也就随之变化。各爻处在动态关系中，不能用静止不变的眼光去看。六五在九二爻中可以是治蛊的对象，在本爻中则是治蛊的

"六十四卦"中的人生哲理与谋略

主体，这并不奇怪。

客：看来，六五整治父辈的弊病取得了成功，因而备受称誉。

主：整治前人的积弊并非易事，过缓则姑息养奸，过急则增加阻力。九三失于急，六四失于缓，一过一不及，都不能做到适度。六五以阴居阳位而得上体之中，以刚柔相济的中道治弊，恰到好处，因此取得成效。六五是以道德的力量继承并发展了前人的事业，而不是承袭前人之弊端，这正是最值得称誉的地方。所以《象传》说："干父用誉，承以德也。"

䷑ 上九，不事王侯，高尚其事。

【译文】 上九，不谋求王侯事业，把这种（功成身退的）行为看得很高尚。（事：从事，谋求。事：行为。）

《象》曰：不事王侯，志可则也。

【译文】 《象传》说：不谋求王侯事业，这种高洁的志向是值得效法的。（则：以……为则，效法。）

【提示】 治弊大功告成之后，应该退出名利之争。

客：这一爻没有说到治弊的主题啊。

主：治弊之事发展到了六五爻的阶段已经大功告成，因此，本卦之终的上九爻，谈的就是治弊完成之后的行为原则了。在某种事业完成的最后阶段，功劳卓著、众口交誉的人往往会经营自己的权势地位，产生称王称侯的欲望。在这种情况下，古人看得很高尚的行为是功成身退，超然地退出名利之争，而保持自己志向的高洁。因为除弊治乱是为了民众的幸福，志不在建立私人的"王侯事业"。如果借此以追求个人私欲的满足，必然是治蛊未成，反被名利权势蛊惑，不仅身受其害，而且蛊害于社会。

客：这样看来，整治世事之蛊者，也要防治人心之蛊啊！所以《大象传》提出要"振民育德"。

主：本爻也体现出卦辞中所说"先甲三日，后甲三日"的鉴前戒后、慎始慎终的精神。总之，蛊卦对除弊治乱之道作了完整的论述。在六爻中，初六爻谈了"子"除"父"弊的必要性，九二、九三、六五各爻专论除弊治乱的各种策略问题，六四爻指出宽容养弊的危害，上九爻归结到除弊成功以后的行为道德。全卦以精深的哲理、象征的形式揭示了惩治腐败的举措法则，是古人的政治生活的生动反映。其中包含了丰富的成功经验和失败教训，值得我们珍视。

19. 临卦——论统御之术

䷒ 兑下坤上

临：元亨，利贞。至于八月有凶。

【译文】 临卦象征以上临下：极为亨通，利于坚持正道。到了八月将有凶险。

【提示】 指出以德临人的原则。

主："临"的意思是以上临下、以尊临卑、以君临民，换句话说就是统御民众。在除弊治乱完成以后，就面临着如何统御民众的问题，所以在蛊卦之后就是临卦。

客：君临天下，为众人之长，当然是极为亨通的；但是有附加条件，即为尊为长者要坚持正道，以德临人，才为有利。所以卦辞说"元亨，利贞"，这不难理解。"至于八月有凶"，似乎是算命推吉凶的口气，这就带有迷信色彩了吧？

主：不然，这是含有象征意义的一句话，我们不要忘了《易经》里面处处都是象征。这里以时令为喻。春生、夏长、秋杀、冬藏，这是自然现象。秋七月肃杀之气已生，八月更旺，摧残生机，草木凋零。所以《礼记·月令》讲仲秋之月（八月）说："是月也，杀气浸盛，阳气日衰。"卦辞"利贞"二字已经从正面强调"临下以正道有利"，这里又从反面指出"临下以苛虐必凶"，"八月"正是肃杀之气、苛虐之道的象征。正道而行、以德临人，这应该是统御民众的总原则。如果以威压人、以暴虐民，民众口服而心不服，非长治久安之道。

《彖》曰：临，刚浸而长，说而顺，刚中而应。

【译文】《彖传》说：以上临下，说明此时阳刚之气逐渐增长，万物喜悦而顺从，刚健者居中而上下相应。（浸：逐渐。说：悦。）

【提示】 以卦象解释卦名。

主：临卦的卦象，在四个阴爻的下面生出两个阳爻，正象征着阳气已生、逐渐增长。临卦下为兑、为悦，上为坤、为顺，象征着在阳生之时，万物都欣欣向荣，生机勃勃，顺从天时而生长。这一切都说明阳道亨通、人心和附、上下志同的局面已形成。

客：这正是以德临人的标志，说明领导者统御有方，大见成效。

大亨以正，天之道也。至于八月有凶，消不久也。

【译文】 由于坚持正道而获得大亨通，这是自然的法则。到了八月将有凶险，这是因为阳气消减，好运不能长久。（以：由于。）

【提示】 解释卦辞。

客：《彖传》对卦辞的解释很清楚明白。

主：值得深思的是，在春天阳气增长之时，已经想到秋季阳气衰减的可能。这是基于对阴阳消长规律的透彻了解的理性观照，处盛而知衰，居安而思危，正是《易经》哲学思想的精华所在。

《象》曰：泽上有地，临。君子以教思无穷，容保民无疆。

【译文】《象传》说：水泽上有土地，象征以上临下。君子因此要教化、关心民众，永无穷尽；要包容、保持百姓，永无止境。

【提示】要以恩德教化来保民、容民。

客：临卦上为坤、为地，下为兑、为泽。地高而泽卑，是以上临下之象，象征领导者统御民众。

主：君子观此卦象，应该想到，不仅要教民，还要思民，要恩德如泽，其深无穷；不仅要保民，还要容民，要度量如地，其大无疆。这才是统御之道。

客：土象征领导者，水象征民众。土在水上，以上临下，但是土和水总是互相浸润而亲密无间的。领导者也应该以德亲民。如果处置不当，激起怒涛，就有冲垮土岸的危险了。

䷒ 初九，咸临，贞吉。

【译文】初九，以感化的方法统御民众，坚持正道可得吉祥。（咸：感，感化）。

《象》曰：咸临贞吉，志行正也。

【译文】《象传》说：以感化的方法统御民众，坚持正道可得吉祥，说明初九的思想行为端正。

【提示】在统御民众的初期要实行感化。

客："临"是指以上临下地统御民众。初九地位卑下，怎么也能起"临"的作用？

主：临卦六爻，四个阴爻在上，两个阳爻在下。在取象上，四个阴爻取以上临下之义；两个阳爻则不同，取以刚临柔之义。阳刚为主导，阴柔为附从，仍然是统御民众的象征。正如《象传》所说，初九、九二这两个阳爻处在"刚浸而长"的主导地位，四个阴爻则处于"悦而顺"的从属地位。不过初九毕竟是在"临"之初始阶段，象征刚刚上任的领导者，更加注意以德临人，于是屈尊降下，用感化的方法统御民众，群众当然会喜悦地顺从，一切都很顺利吉祥。这就是爻辞"咸临，贞吉"的含义。

客：《易经》的取象命义确实是灵活多变的，不小心就搞糊涂了。从初九的情况看，它处在阳长之时，以阳爻阳位而得正，当然是会"志行正"而"贞吉"的。

主：初九这位初出茅庐的领导，不仅思想行为端正，而且能以感化的方法打开局面，出手不凡，初战告捷是必然的。

≡. 九二，咸临，吉无不利。

【译文】 九二，以感化的方法统御民众，会得到吉祥，无所不利。

《象》曰：咸临吉无不利，未顺命也。

【译文】《象传》说：以感化的方法统御民众，会得到吉祥，无所不利，因为这时民众还没有顺从命令。

【提示】 在民众未顺命时要实行感化。

客：九二对群众也是实行感化式的领导，当然也是"吉无不利"的。

主：九二与初六的情况有相类似之处，刚才已经谈过了。九二居于下卦之中，形成与六五阴阳感应的关系。但是这里面隐藏着不利因素，由于九二是以阳爻居阴位，六五则以阴爻居阳位，两者位皆失正，造成九二与六五相应关系中的不协调，因而产生被统御的民众"未顺命"的不利情况。这时九二必须实行感化式的领导，协调好与群众的关系。

客：统御者不能滥用权势，应该讲究领导艺术，在感化中建立起真正的权威。

主：权、势、术三者是不可分的。不讲究统御之术，最终会失去统御之权与势。

☷☱ 六三，甘临，无攸利。既忧之，无咎。

【译文】 六三，靠花言巧语统御民众，没有什么好处。如果已经知道忧虑而改正，就可以免除过错了。

《象》曰：甘临，位不当也。既忧之，咎不长也。

【译文】 《象传》说：靠花言巧语统御民众，说明六三居位不当。知道忧虑而改正，过错就不会长久。

【提示】 不可以空言欺骗，失信于民。

客：以甘美的空言欺骗，口惠而实不至，这种领导作风是最要不得的！

主：以言辞之甘，骗取民众的支持，这叫作"甘临"。屡次自食其言，必然丧失威信，招来怨恨，当然百无一利。六三阴居阳位，不中不正，上无正应，下乘二阳，《象传》说它"位不当也"，故其心术不正。六三又在"兑"之上，为悦之极，故一味以甘言欺骗的手段取悦民众。

客：骗术不可能长久生效，必有技穷之时。

主：如果六三能知危而忧，改弦易辙，还是可以挽回影响的。所以爻辞提醒说："既忧之，无咎。"

☷☱ 六四，至临，无咎。

【译文】 六四，亲临现场统御民众，没有过错。（至：亲临现场。）

《象》曰：至临无咎，位当也。

【译文】 《象传》说：亲临现场统御民众，没有过错，说明六四居位正当。

【提示】 统御民众要亲临现场，接近下层。

客：六四能亲临现场指挥，领导作风踏实深入，一定会受到欢迎的。六三"既忧"才能无咎，六四无须忧就可以无咎，看来关键在于前者"位不当也"，后者"位当也"，对吧？

主：你看得很准确。六四居于上卦之下，切近下体，正是"地"与"泽"的接触之处，故能亲近于所临之民。再说，六四以阴居阴而得正，象征领导者温和虚心地亲近群众。这些都是六四"位当"之处，它摆正了自己的位置。这些都值得细心地领会。

䷒ 六五、知临，大君之宜，吉。

【译文】 六五，以智慧统御民众，伟大的君主应该如此，吉祥。（知：智。宜：适宜，应当。）

《象》曰：大君之宜，行中之谓也。

【译文】 《象传》说：伟大的君主应该如此，是说六五应该实行中道。

【提示】 统御民众要选贤任能。

主：六四指出统御民众要亲临现场，叫作"至临"，可以"无咎"而已。而真正聪明睿智的大君的统御之术是"知（智）临"，这才是可以得"吉"的"大君之宜"。领导者如果事事亲临，难免分身乏术，疲于奔命，穷于应付，这样也不利于最大限度地调动众人的积极性。领导者应该选贤任能，适当授权。以众智为己智，善取下级之智慧以临天下，这才是以智慧临下的"智临"。既不是事必躬亲，又并不脱离民众，这才是无过无不及的"中道"。

客：汉代开国君主刘邦总结自己的成功经验说："夫运筹策帷帐之中，决胜于千里之外，吾不如子房（张良）；镇国家，抚百姓，给馈饷，不绝粮道，吾不如萧何；连百万之军，战必胜，攻必取，吾不如韩信。此三者，皆人杰也，吾能用之，此吾所以取天下也。"刘邦可以说是善取臣下之智以临众的"大君"了。不过，何以见得六五能行"知临"之术呢？

主：六五以柔居尊，而又得中，下与九二阴阳相应，可见它能够中道而行，善于虚心任用刚健能为的大臣，辅助自己君临天下，这正是"大君"的明智之处。

☷ 上六，敦临，吉，无咎。

【译文】 上六，以厚道来统御民众，吉祥，没有过错。（敦：敦厚，厚道。）

《象》曰：敦临之吉，志在内也。

【译文】 《象传》说：以厚道来统御民众是吉祥的，因为用意敦厚存在内心。

【提示】 统御民众要心存厚道。

主：居于极位者，获得了绝对的权势，易于刚愎自用，行暴政以虐民，其恶果是祸不旋踵的。所以本爻强调位居最上者必须心存厚道以临民，只有这样才能免除卦辞所警告的"至于八月有凶"。值得注意的是，"敦临"与"甘临"有本质上的不同。"甘临"是口头上虚伪的花言巧语，那是骗不了民众的；"敦临"是内心中真诚的敦厚仁惠，是"志在内也"。

客：上六的素质能够实行"敦临"之政吗？

主：上六以阴柔之质处上，是能够以敦厚临下的。再说，上六处于本卦上体坤之极，天高地厚，上六恰好具有君子敦厚之象。

客：临卦的核心思想是为临人、治人者着想，实质上是统御之术。然而，给人的感觉又不仅仅是权术的研究，而与伦理思想融合在一起，处处显示出内心的真诚仁厚、心灵的沟通感应。

主：这种精神正是《易经》的精髓。《易经》虽然是人类生存竞争策略的集大成之作，却处处体现出儒家伦理哲学的"诚"的精神、"正心诚意"的原则。所以《礼记·中庸》说："诚者，天之道也；诚之者，人之道也。"只有至诚之人，才能"尽人之性"，"赞天地之化育"。从临卦论统御之术的六爻看，初九、九二实行感化（咸临），六四亲临下层（至临），六五知人善任（知临），上六敦厚待人（敦临），皆获"吉"而"无咎"；只有六三以虚假的甘言诳众（甘临），因而"无攸利"。在统御方略中贯穿着"正心诚意"的精神，这也就是《易经》中反复强调的"利贞"（利于坚持正道）二字的实质。据我看，《易经》是人生策略为其表、人生伦理为其里的。伦理道德是其内在实质，方略对策只是其外部表现。

20. 观卦——论观察事物

☷ 坤下巽上

观：盥而不荐，有孚颙若。

【译文】 观卦象征观察：把手洗干净，还没有供献祭品，已经可以看出充满诚敬的样子。（盥：音 guàn，祭祀前洗手。荐：供献祭品。孚：诚信。颙：音 yóng，肃敬。若：语助词。）

【提示】 提出观察事物的基本原则。

主：观卦专谈观察事物的原则和方法。观卦在临卦之后，构成一组，卦形也恰好是临卦（☷）的颠倒。《序卦传》说："临者大也，物大然后可观，故受之以观。"居高临下的东西一定很大，成为众人观望的对象，所以临卦后面是观卦。

客：观卦论述对事物的观察，怎样从祭祀的仪式说起呢？

主：祭祀的基本精神是心中诚敬，而不在于祭品是否丰盛。所以孔子说："祭神如神在。"（《论语·八佾》）就是说，祭神的时候，要如同神灵就在你面前一样。卦辞说，看见祭者洗手时虔诚肃穆的样子，即使还没有摆出祭品，已经可以判断祭祀是庄重诚敬的。因为已经看到了祭祀的本质——心诚，至于祭品，那只是现象，是无关紧要的。

客：就是说，观察事物要看其实质，而不是只看表象。后者只是肤浅的观察，前者才是深刻的观察。

主：现象当然也要看，但是要透过现象看本质。这就是卦辞通过祭祀的比喻，所揭示的观察事物、分析问题的基本原则，这也正是观卦中所蕴含的"观"之道的基本精神。

《象》曰：大观在上，顺而巽，中正以观天下。

【译文】《象传》说：站在高处，眼界阔大，纵观一切。要温顺而谦逊，以持中守正的观念去观察万事万物。（巽：逊。）

【提示】 以卦象解释卦名。

主：《象传》指出，观察事物立足点要高，眼界要阔大，才能纵览一切，这才称得上是"大观"。要有毛泽东所说的"极目楚天舒"的气魄和"风物长宜放眼量"的胸襟，而不是目光如豆，坐井观天。

客：登高望远胸自宽，此种境界确实是令人神往的。

主：这还不够，要想看得真、看得全、看得深入透彻，还必须有虚心求教的精神，因为个人所见毕竟是有限的；又要有持中守正的观念，因为个人的偏见和私心往往妨碍观察的由表及里和去伪存真。

客：既有阔大的眼界，又有科学的态度，这才是真正的"观"，才是"观天下"的"大观"，才算穷尽了"观"之道。

主：《象传》为"观"的阐释和发挥，是从卦象中推演出来的。观卦的两个阳刚之爻雄踞于上，这是"大观在上"之象。观

　　　　　　　　　"六十四卦"中的人生哲理与谋略

卦下体为坤、为顺，上体为巽、为逊，这是"顺而巽"的象征。九五爻居于上体之中，又以阳爻居阳位（第五位）得正，既中且正，"中正以观天下"便是指九五而言。

观，盥而不荐，有孚颙若，下观而化也。观天之神道，而四时不忒；圣人以神道设教，而天下服矣。

【译文】 观看祭祀，祭者把手洗净，还没有供献祭品，已经表现出充满诚敬的样子，在下面观礼的人就会受到感化。观看天然的神奇规律，四时交替毫无差错；圣人借用这种神奇规律来施行教化，就能使天下人顺服。（忒：音 tè，差错。）

【提示】 解释发挥卦辞。

主：《彖传》又进一步指出，祭祀时的诚敬，是为了使观礼者受到感化。就是说，诚敬的祭祀本身，实质上是一种教化的形式。

客：这就更深一层地透过诚敬祭祀的形式，观察其实行教化的根本实质。下文更明确地说，对神灵的祭祀，正如同观察神奇的自然规律，借以施行教化而使百姓信服一样，其实质可以说是"神道设教"的一种手段。

主：《彖传》对祭祀的实质所做的观察和提示，可以说是极为深刻和精辟的。在两三千年前，已经能这样明快地道出"神道设教"的奥秘，极为难得。这正是观察和分析的一个范例，是对卦辞所提出的观察事物的基本原则的具体运用和发挥，是"观"之道的生动体现。

《象》曰：风行地上，观。先王以省方观民设教。

【译文】 《象传》说：风流行于地上，象征观察。先代君王因此巡视四方，观察民情，实行教化。（省：察看。）

【提示】 实行教化之前要广泛地观察民情。

客：观卦上为巽、为风，下为坤、为地，是风行地上、无所不至之象，象征广泛、全面地观察。先王受此启发，于是像风行地上一样巡视天下，考察民情，以便于普遍地实施教化。《象传》的寓意是很清楚明白的。

主：《象传》往往在伦理道德和政治教化上作引申。

☷☴ 初六，童观，小人无咎，君子吝。

【译文】 初六，像儿童一样观察，对于小人来说没有过错，君子必然会有遗憾。

《象》曰：初六童观，小人道也。

【译文】 初六像儿童一样观察，这是小人的浅见之道。

【提示】 观察事物不能目光短浅。

客："童观"大概就是通常所说的"小儿浅见"，这比喻很生动。儿童蒙昧无知，视力稚弱，认识肤浅，没有辨别真伪、分清是非的能力。初六以阴居阳，其位不正，又处在"观"之初期，离开九五、上九的"大观"境界很远，当然谈不上远见卓识。为什么说"童观"对于小人是"无咎"的呢？

主：因为小人卑下，鼠目寸光，并不足怪；况且小人胸无大志，偷生苟活，浑浑噩噩，也无须苛责。而君子肩负重任，欲有作为，理应高瞻远瞩，却局限于小人的短视浅见之道，当然是令人憾惜的事。所以同样是"童观"，对于小人来说无咎，君子则可吝。

客：这种比较式的判断是发人深省的。在很多情况下，我们常常处在小人童观的境界里，而没有君子远瞩的见地。

☷☴ 六二，阚观，利女贞。

【译文】 六二，暗中窥探地观察，只利于女子坚持正道。（阚：音 kuī，窥。）

《象》曰：阚观女贞，亦可丑也。

【译文】《象传》说：暗中窥探地观察，只利于女子坚持正道，对男子来说是可羞丑的。

【提示】观察事物不能目光狭隘。

主："童观"是说观察的幼稚性，像个小儿；"阚规"是说观察的狭隘性，像个女子。所谓"小儿之见"、"妇人之见"，都是古人认为不可取的。

主：六二虽与上面的九五相应，但是阴柔暗弱，见识不广，并不能见到大观之境。像个足不出户的人，从门缝里向外窥看，只能见到一星半点。这对于不出闺房、自守贞洁的女子来说，还算正常；至于要外出办大事的男子，这样就可羞丑了。

客：六二居于下体之中，又以阴爻处阴位得正，确实是静居闺中、自守贞洁的象征。男子汉应该眼界开阔，纵览全局，要像宋词里所写的那样："独上高楼，望尽天涯路。"所见者广，所蓄者大，不计较一时之成败得失，这才是做大事业的胸襟气度。怎能效小女子行径，"个人痴小，乍窥门户"，目光狭小，只见眼前，岂不令英雄齿冷！

☷ 六三，观我生，进退。

【译文】六三，观察自我行为，以决定进取或退守。（生：生活中的行为举措。）

《象》曰：观我生进退，未失道也。

【译文】《象传》说：观察自我行为以决定进取或退守，说明六三没有失去观察的正道。

【提示】自我省察以调整自己的行为。

主：初六、六二讲的是向外观察，六三"观我生"讲的是向内观察，反身自省。人们往往注意观察客观环境，而不注意省察主观行为。在认知客观环境以后，必须据此调整主观行为，以求适应环境，实现主客观的统一。在这种情况下，就要有曾子"吾日三省吾身"的精神，反观本身的所作所为是否合理，以决定是继续坚持而进取呢，还是加以舍弃而退守呢？做出调整和修正，这才不失为"观"之正道。

客：我们应该深入了解客观，但是永远不要责怪客观，而要求之于主观，以主观去适应客观、改造客观。

主：为了不断地改造客观，首先要不断地改造主观，这就是"观我生进退"的工夫。从六三来说，以阴柔之质居于阳刚之位，又处于上下二体之间，很容易搞得进退失据。这就更需要在观察自己的处境的同时，省察自己的行为，以决定自己用舍行藏，时可进则进，时不可进则退。根据客观态势的发展，灵活机动地调整自己的所作所为，才能像活水中的蛟龙一样腾挪变化，进退自如。

☷ 六四，观国之光，利用宾于王。

【译文】 六四，观察国家政绩的光辉，利于在王朝从政。（宾：作宾；仕进。）

《象》曰：观国之光，尚宾也。

【译文】 《象传》说：观察国家的政绩光辉，说明六四有志于从政。（尚：志尚。）

【提示】 考察国家政治情况以决定是否从政。

客：六四"观国之光"，观的范围更大了。

主：这是有志于从政的人的观察。六四以柔居阴位得正，能够观察到九五中正之君的治国德政，这就是"观国之光"。六四与九五形成阴阳亲比的关系，上承九五，有君子宾于君王之象。所谓"宾于王"，就是为王之宾，指的是在王朝做官，为王朝效力。

决定是否从政之前，当然先要观察国家的政治情况。

客：古人反对盲目从政。孔子说："邦有道，则仕；邦无道，则可卷而怀之。"（《论语·卫灵公》）

主：目前六四遇九五之明君，观见国家的政绩光辉，当然要出来从政，为国家和民众效力。

䷓ 九五，观我生，君子无咎。

【译文】 九五，观察自我行为，君子这样做一定没有过错。

《象》曰：观我生，观民也。

【译文】《象传》说：观察自我行为，首先要观察民风民情。

【提示】 当政者观己要与观民相结合。

客：六四是从政之臣，九五是执政之君。九五应该怎样行"观"之道呢？

主：执政之君坐在令人眩目的权位顶峰，颂歌盈耳，威势逼人，最不容易看到自己的毛病，也最需要作清醒的自我审察。所以九五爻辞提出"观我生，君子无咎"是十分明智的。独踞权势之巅者，如果没有反躬自省的精神，是绝对无法免除过错的。

客：《象传》又提出"观民"的问题，这与"观我生"有什么关系呢？

主：《象传》进一步指出九五"观己"的途径，要通过"观民"来"观己"，这是十分精辟的见解。作为一个君王，能向他直言相谏的人极其罕见，而人们又总是难得有自知之明，很难看到自己的真相，很难实现客观的自我评估。所以九五虽然认识到了自我审察的必要，但是实现自我审察极其困难。而民风之美恶、民情之好恶、民生的优劣，正是检验为君者的政绩如何、是否合乎民意的尺度，正是自我审察的极好的明鉴。所以三国时青年易学家王弼在《周易注》中说："欲察己道，当观民也。"欲观

"我"的行为、德政如何，是否应当坚持、更改、调整，只要观民风、民情以及民生状况如何就清楚了。所以古人特别强调"观民风"，这与今天我们经常强调的深入群众、了解下情，在基本精神上是一致的。

客：九五阳刚而中正，居于群阴之上，所以能够统观全局，省察民情，作为反观本身行为的借鉴，算得上是有君子之风、行君子之道的明君。

☴ 上九，观其生，君子无咎。

【译文】 上九，人们都观察他的行为，这样的君子一定没有过错。

《象》曰：观其生，志未平也。

【译文】 《象传》说：人们都观察他的行为，上九的心志才不至于安逸松懈。（平：安宁。）

【提示】 居上位者要置于民众的监视之下。

客：上九爻辞与九五爻辞基本相同，只有一字之差。

主：变动这一个字，大有讲究。"观我生"是自我审察，"观其生"是被人审察。就是说，居上位者置于民众的监视之下，这样才可以避免过错。在众目睽睽之下，才会警惕戒惧，不至于心志安逸，放纵自己为非作歹。清代易学家李光地在《周易折中》里解释说："志未平，言心未敢自安也。"可见接受群众监督是必要的。

客：这样看来，《易经》中还包含着民主性的精华，这是很值得珍视的启示。

主：上九居于本卦最上位，正是天下人仰观的对象，应该时时想到自己的一举一动皆为万民所注目，要格外地自我检点，垂范于众人才是。这当然是祖先留给我们的很可宝贵的遗训。总的说来，观卦论述如何观察事物，涉及对客观世界和主观世界的正确认识，提出不少有关人生策略和政治道德的精辟见解。观卦六爻，初六"童观"、六二"阚观"，从反面指出目光短浅和眼界狭窄的弊病。六三"观我生"，揭示反身自省以决定进退的原则，这是重要的人生修养。六四"观国之光"，则是出仕从政的重要前提，反映出古人对用舍行藏的审慎。九五和上九两个阳爻高踞于四个阴爻之上，一则"观我生"，一则"观其生"，特别强调居于上位的执政柄者不仅要以观察民情为鉴作自我省察，还要主动地置于民众的审察之下，如此方为坦荡"君子"，方可"无咎"，否则是难以免除过错、改正过错的。这正如《论语·子张》中所说："君子之过也，如日月之食（蚀）焉。过也，人皆见之；更也，人皆仰之。"

客：这真是"观其生，君子无咎"的绝妙写照啊。把"观"之道发挥到这样的境地，真能使人产生回味无穷的乐趣。

21. 噬嗑卦——论执法断狱

䷔ 震下离上

噬嗑：亨，利用狱。

【译文】 噬嗑卦象征咬合：亨通，利于执法断狱。（噬嗑：音 shì hé，咬合。狱：讼案。）

【提示】 指出执法惩恶的必要。

主：噬嗑卦论执法断狱。这不仅是司法人员的事，每一个人都必须具备法制观念，在现代人的生活中尤其应该如此。《易经》不仅重视德治，也很讲究法治，这二者是相辅相成的。

客："噬嗑"的卦名很奇怪，这与法制有什么联系呢？

主："噬"为咬，"嗑"为合，噬嗑就是用牙齿咬合，这是本卦卦形的象征。本卦上下是阳爻，中间三个阴爻，其中又夹着一个阳爻。这形状很像一张嘴，满口牙齿，牙中梗塞着一个东西，必须把它咬断，嘴才能合上。推演到治国之道上，这就象征有强暴梗阻，必须用刑法除去，社会才能安宁。

客：只有惩恶才能扶善，断然地以刑法除奸惩恶，是势在必行的，在任何社会都必须这样做。非如此，便无"亨"无"利"可言。

《象》曰：颐中有物，曰噬嗑。

【译文】 《象传》说：嘴里有东西，咬断了才能合上嘴。（颐：音 yí，面颊；口腔。）

【提示】 以卦象解释卦名。

主：嘴里塞了件东西，必须咬断才能吐出。罪恶行为妨害社会，也必须除去这种祸害。

客：这个比喻很生动，把道理表述得直截了当，又十分透彻。可见执行刑法是不得不如此。

噬嗑而亨，刚柔分，动而明，雷电合而章。

【译文】 噬嗑卦的亨通，由于包含刚柔分明的两个因素，能够迅速行动而又明察秋毫，像雷和电一样互相配合，从这里显示出卦理。（章：显示，显明。）

【提示】 解释卦辞"噬嗑而亨"。

主：从卦象看，噬嗑卦由下震上离组成，震的象征意义为刚、为动、为雷，离的象征意义为柔、为明、为电。这就意味着本卦由刚柔各异的两种因素构成，就是说，既要迅速行动，如疾雷之奋威，又要明察秋毫，如电光之照耀，这道理是很明白的。这就是《象传》所说的"刚柔分，动而明，雷电合而章"的含义。

客：执法断狱，正需要"动而明，雷电合"的精神素质，才能确保贯彻法制的亨通。

柔得中而上行，虽不当位，利用狱也。

【译文】 柔爻居中，并且在上体，虽然不当位，却利于执法断狱。（上行：柔爻居上体称为"上行"。）

【提示】 解释卦辞"利用狱"。

客：前面由卦象推演，这里看来转为由爻象进行推演了。"柔得中而上行"是指哪一爻呢？

主：是指主爻六五而言。六五以阴柔之爻，居于上体之中的尊位。虽然以阴爻处于阳位，在爻象上称为"不当位"，但是这种性质和品格是有利于执法断狱的。治狱之道，过刚则伤于严暴，过柔则失于宽纵。六五以柔居刚且得中，意味着内怀温柔仁厚之心，外示刚毅果决之行，刚柔相济，宽严兼施，行于中道，用来执法断狱是最为适宜的。

《象》曰：雷电，噬嗑。先王以明罚敕法。

【译文】 《象传》说：雷电交加，象征咬合。先代君王因此严明刑罚，公布法令。（敕：音 chì，公布命令。）

【提示】 执法要将威与明相结合。

主：噬嗑卦下为震、为雷，上为离、为电，正是雷闪交加之象。君子观察此种天象，应该受到启发，效法雷的声威与电的光明，既有威严又能明察，用这样的精神搞好法治，首先要"明罚敕法"。

客：什么叫"明罚敕法"呢？

主："明罚"就是严明刑罚，将什么罪定什么刑罚作明确规定；"敕法"就是公布法令，普遍告知民众。这样，严行告诫，广泛宣传，使得民众有所畏惧，有所躲避，不致触犯刑罚。所以，"明罚敕法"也是一种法制教育。孔子说过："不教而杀谓之虐。"

（《论语·尧曰》）

客：儒家的治国方略，是以德教为主，辅之以法治。在刑罚问题上，着眼于事前的防范，不是事后的惩治。这是与法家在根本精神上有所不同，法家在刑罚问题上偏重于惩治主义。

䷔. 初九，屦校灭趾，无咎。

【译文】 初九，脚上套着刑具，遮住了脚趾，没有害处。（屦：音 jù，在脚上穿套。校：木制刑具。）

《象》曰：屦校灭趾，不行也。

【译文】 《象传》说：脚上套着刑具，遮住了脚趾，初九就不能继续行走。

【提示】 小惩大诫，防其再犯。

主："屦校"，就是把木制刑具像穿鞋一样套在犯人脚上，刑具仅仅遮没了脚趾，这并不能造成什么创伤，只是约束他不得自由行走罢了。

客：这真是小惩而大诫了。限制他的自由，使他不至于在犯罪道路上继续走下去，这对他当然是没有害处的。

主：初九是第一爻，象征初触刑法，其过尚微，所以不必严惩。初九又是以阳爻居阳位，刚暴好动，能力很大，所以又必须加以惩罚。量刑的结果，是加以较轻的足刑，以警诫后来，防止他继续发展，犯更大的罪行。这样做，看来是惩治，实际上是挽救。在《系辞传》引用了孔子对这一爻的解释，说："小人不耻不仁，不畏不义，不见利不劝，不威不惩。小惩而大诫，此小人之福也。"

䷔. 六二，噬肤灭鼻，无咎。

【译文】 六二，咬松软的嫩肉，连鼻子也掩没进去，没有过错。（肤：松软的嫩肉。）

《象》曰：噬肤灭鼻，乘刚也。

【译文】《象传》说：咬松软的嫩肉，连鼻子也掩没进去。说明六二应该乘凌于刚强者之上。

【提示】 柔顺中正者要注意执法深严。

主：噬嗑六爻的象喻意义值得注意。初、上两爻以刑具为喻，从执法对象的角度谈量刑断狱；二、三、四、五各爻则以食肉为喻，从执法主体的角度谈审讯治狱。

客：就是说，初九、上九是指罪犯而言，六二、六三、九四、六五是指执法者而言？

主：对了。六二以阴爻处阴位，又居于下体之中，象征柔顺中正的执法者。这样的人审讯治狱，不能一味用柔，要防止优柔寡断，要注意执法的深严，要像咬松软的嫩肉一样，一下子就深深地咬进去，甚至连鼻子也陷进肉里。总之，像六二这样个性的人，执法深严一些是没有害处的，这就是爻辞所说的"噬肤灭鼻，无咎"。

客：六二作为执法人员，要扬长避短，在耐心细致的同时，必要时要抓住时机，像"快刀切奶油"一样坚决果断，才能办好案子。对罪犯一味地用柔是不行的，必须压住他的气焰，乘凌于强硬的罪犯之上，执法深严，宽猛相济，才能制服罪犯，进而达到改造、挽救他的目的。

主：这就是《象传》指出的"乘刚"的含义，这也是从六二居于初九之上、以柔乘刚的爻象中得出的启示。

☰☳ 六三，噬腊肉遇毒，小吝，无咎。

【译文】 六三，咬干硬的腊肉，中了毒，会小有不适，没有过失。（腊：将肉晾干。）

《象》曰：遇毒，位不当也。

【译文】《象传》说：中了毒，因为六三居位不当。

【提示】阴居阳位者执法，会遇到麻烦。

客：咬腊肉要比咬嫩肉困难多了。

主：咬嚼风干的腊肉，很难咬断，还可能中毒。比喻六三在办案时，罪犯不服，甚至反诬执法人员。

客：六三怎么会遇上这块咬不动的硬肉呢？

主：这原因要在六三自己身上找。由于六三居位不当，阴居阳位，而又不居中，以柔弱之质，居于执法者的刚强之位，犯人也会欺软怕硬，因此而顽抗，所以难免会遇到些小麻烦。不过六三毕竟上承于九四，得到刚强的上司的支持，这块硬肉终究会咬下来，中点毒也不过是小有不适，无伤大体，尽管放胆执法好了。所以爻辞说它"小吝，无咎"。

☲ 九四，噬乾胏，得金矢。利艰贞，吉。

【译文】九四，咬带骨头的干肉，得到铜箭头。利于在艰难中守正，吉祥。（乾：干。胏：音zǐ，带骨头的肉。金矢：铜箭头。古代称铜为金。）

《象》曰：利艰贞吉，未光也。

【译文】《象传》说：虽然利于在艰难中守正，可获吉祥，但是执法治狱之道尚未发扬光大。（光：动词，发扬光大。）

【提示】刚直者执法，利于以艰难中守正。

客：咬带骨头的干肉，咬出一只铜箭头，一定是打猎时射进动物体内的箭头。这又是什么兆头呢？

主：带骨头的干肉比腊肉更难啃，这意味着案子更加难办；居然啃出一只铜箭头，这就暗示办案人员要像金属那样刚硬，要像箭头那样正直。由于九四以阳居阴，失位而又不中，在主客观因素上有这样弱点，所以在执法治狱时遇到重重困难，十分艰苦。不过九四的优点也很明显，它秉性阳刚，正直不阿，有此品格，就能够在艰难中坚持守正，所以爻辞断为"利艰贞，吉"。六爻中只有这一爻吉祥，可见执法人员刚直的品格十分可贵。

客：《象传》为什么又评判为"未光"呢？

主：九四虽然刚直守正，难能可贵，但是从儒家的理想政治的高度来看，还没有达到治狱之道充分实现的光辉境地。有两点还不够理想，一是客观上阳居阴位是"失位"，没有足够的职权；二是主观上不居中位（属第四爻）是"失中"，不能掌握中道的分寸。尤其是中道哲学：德治与政治、奖与惩、宽与严、急与缓、擒与纵等问题的处理，都有个"中"的度量，这是儒家的大学问，九四还没有达到这一层次。

☲ 六五，噬乾肉，得黄金。贞厉，无咎。

【译文】 六五，咬干肉，得到一粒黄铜。守持正道以防危险，可以免除过错。（黄金：黄铜。）

《象》曰：贞厉无咎，得当也。

【译文】 《象传》说：守正防危，可以免过，说明六五的行为得当。

【提示】 位尊性柔者执法，要发扬刚中之德，守正防危。

客：咬干肉，咬出一粒黄铜，看来是猎人射进动物体内的弹丸。这又有什么寓意呢？

主：六五虽然高居尊位，但是它性格柔弱，以阴居阳，以柔乘刚，在审理上报到国君面前的大案要案之时，显得魄力不足，正像咬嚼干肉一样困难。六五咬干肉时，无意中咬出一粒黄铜，这似乎是神灵的启示，使得处于治狱困境中的六五有所领悟。"黄"在五色之中是中央之色，暗示六五居于中位，要注意发扬中道；"铜"为刚坚的金属，暗示六五以柔居刚，要注意刚决果断。总之，黄铜是刚中之德的象征，要求六五以"刚"来克服阴爻性格的"柔弱"，以"中"来克服以阴居阳的"不正"。

客：六五以这样的精神调整自己的行为，才能够守正防危以免过，这就是"贞厉无咎"了。

主：可见，六五原本是可能"有咎"的，由于行为"得当"，也就转为"无咎"了。

☲☳ 上九，何校灭耳，凶。

【译文】 上九，肩上负着大枷，遮住了耳朵，有凶险。（何：音 hè，负荷。校：木制刑具。）

《象》曰：何校灭耳，聪不明也。

【译文】 《象传》说：肩上负着大枷，遮住了耳朵，说明上九听觉失灵。（聪：听觉。）

【提示】 不听告诫，积恶不改，必有凶险。

客：初九、上九是指罪犯而言。初九脚上套着刑具，遮住了脚趾，"无咎"，罪行较轻；上九肩上扛着大枷，遮住了耳朵，"凶"，看来罪行加重了。

主：初、上两爻是始与终的关系。初九是初犯，故给以薄惩，使它痛改前非，重新做人。上九却是最后一爻，这意味着罪行已经发展到了极点，必须严办，处以重刑，以儆效尤。所以上九被钉上了遮住耳朵的死囚大枷，这当然是极为凶险的象征。

客：初犯之时，实行小惩而大诫，但是上九怙恶不悛，对于改恶从善的告诫充耳不闻，所以《象传》说它"聪不明也"。

主：综观噬嗑卦六爻，初九、上九两爻指罪犯而言，以刑具为喻谈量刑断狱；六二、六三、九四、六五各爻指执法者而言，以食肉为喻谈审讯治狱。合在一起，就是古代的一部刑法学大纲。

　　　　　　　　　　"六十四卦"中的人生哲理与谋略

这里面所体现的法治思想，涉及主体和对象两个方面，自有其鲜明的特色。尤其值得注意的是，儒家的法治思想包容着德治的精神。不仅对于罪犯以惩戒作为教化的手段，对于各种性格类型的执法者也特别重视各种品德修养。只有这样，才能在"咎""吝""艰""厉"的情况下顺利地执法治狱。噬嗑卦中所表述的这些原理，确实有其独到之处，至今仍然值得我们思考和借鉴。

22. 贲卦——论文饰美化

☲ 离下艮上

贲：亨，小利有攸往。

【译文】 贲卦象征文饰：亨通，对于事业发展有小利。（贲：音 bì，文饰。）

【提示】 指出文饰的作用。

主："贲"是文饰美化的意思。看问题当然首先要看实质，不能只看外表。像某些包装华美的商品，金玉其外，败絮其内，到底是骗不了人的。但是，质优价廉的产品，如果包装粗劣，同样地打不进国际市场。可见外表的文饰美化也是不可忽视的重要因素。一个人内在的品质优秀，如果再加上外在的仪表高雅，秀外而慧中，那就更显示一种人格的魅力了。

客：所以孔子说："文质彬彬，然后君子。"外在的文饰和内在的品质，正是文与质的关系。文质双兼，就有彬彬之美了。

主：贲卦专谈文饰美化的道理，涉及《易经》的美学思想。适当的文饰，有助于发挥积极作用。但是文饰要恰如其分，不可太过。因为文饰只是促进事业成功的助因，而不是主因，只起辅助作用，不起决定作用。决定因素仍然是内在的实质。如果文饰太过，超过限度，不符其实，那就适得其反。文过盛，实必衰，这是必然的道理。所以贲卦的卦辞对于文饰的作用作了辩证的说明："贲：亨，小利有攸往。"

客：卦辞首先肯定适当的文饰可致亨通；接着指出文饰的作用是有限的，所利者小。这话确实说得很辩证。贲卦排列在噬嗑卦后面，其间有什么内在联系吗？

主：《易经》重视卦象的社会意义。在社会生活中，"噬嗑"象征刑狱一类的法治手段，"贲"象征礼仪一类的教化手段，这二者是相辅相成的。这就是两卦的内在联系。两卦的卦象（䷔、䷕）也是互相颠倒的，构成一组。

客：礼仪也是一种"文饰"吗？

主：礼仪正是人际交往的一种文饰，可以优化社会环境，起有移风易俗、教育感化的作用。从这种意义看，贲卦象征德治的一种形式，与噬嗑卦所象征的法治是相辅相成的。

《彖》曰：贲。亨。柔来而文刚，故亨。分刚上而文柔，故小利有攸往。

【译文】《彖传》说：文饰，亨通。阴柔前来文饰阳刚，所以亨通。分出阳刚居上，文饰阴柔，所以对于事业发展有小利。

【提示】 解释卦辞。

客：这一段《彖传》不好懂。"柔来而文刚""刚上而文柔"是什么意思？

主：这是以卦象的变化说明两种文饰的含义。贲卦的下体为"离"（☲），"离"本是"乾"刚之体（☰），由于"坤"（☷）的一个阴柔之爻来交于"乾"的第二爻而成"离"（☲），这就是"柔来而文刚"。由此可见，"离"以二刚爻为质，一柔爻为文，其象征意义是本质刚强，却以举止的温和作为文饰。以刚为本，刚柔双兼，这是理想的人格类型，可以导致事业的亨通。正如三国

"六十四卦"中的人生哲理与谋略

时名将关羽，既有刚毅的个性，又有儒雅的风度，所以获得"儒将"的美名。

客：这确实是东方型的理想人格。

主：按照这样的思维模式，"分刚上而文柔"应该由贲卦的上体"艮"（☶）来推演。"艮"本是"坤"柔之体（☷），由于"乾"（☰）分出一个阳刚之爻来交于"坤"的最上爻而成"艮"（☶），这就是"分刚上而文柔"。由此可见，"艮"以二柔爻为质，一刚爻为文，其象征意义是本质柔弱，仅仅以外表的刚强作为文饰。这样的人格类型并不能有大的作为，充其量不过是"小利有攸往"罢了。

客：这样的人格类型，使我想起唐诗里描写的男装宫女："临上马时齐赐酒，男儿跪拜谢君王。"（王建《宫词》）虽然学男子式的跪拜，不过是博得君王一粲的新颖姿态罢了，并无男儿气质。由于这一"逆向文饰"，反而更显女子内在的妩媚来。

主：《红楼梦》中的贾宝玉作《姽婳词》，写美女习武，更是以刚文柔、尤显其柔的绝妙写照，竟成了男子玩赏的对象。记得有这样的句子："叱咤时闻口舌香，霜矛雪剑娇难举。"可见仅以"刚"的文饰是无法改变"柔"的气质的。所以贲卦承认适当文饰可以致"亨"的作用，但其作用有限。《易经》的美学思想更为重本色、重气质，文饰应与实质相得益彰。

（刚柔交错，）天文也。文明以止，人文也。观乎天文，以察时变。观乎人文，以化成天下。

【译文】（阳刚与阴柔互相交错，）这是大自然的文饰。文明礼仪而有一定的限度，这是人类的文饰。观察大自然的文饰，可以了解四时变迁的规律。观察人类的文饰，可以教化天下。

【提示】进一步阐释卦理。

客：日月运行，这是大自然刚柔交错的文饰，这是所谓"天文"，比较容易理解。"文明以止"的"人文"应该怎样理解呢？

主：贲卦下为离、为火，象征光明、文明；上为艮、为山，象征静止、止限。文明礼仪，是人类社会生活的一种文饰，但是要恰到好处，要有一定的限度，这就是《象传》所说的"文明以止"。过分讲究文明礼仪，就会导致浮华虚伪之风盛行，反而掩盖了质朴真诚的本色之美。要倡导文明，使之恰到好处，这样才能"化成天下"。

《象》曰：山下有火，贲。君子以明庶政，无敢折狱。

【译文】《象传》说：山下有火光，象征文饰。君子因此要通晓各种政事，但不敢依此判决案件。（明：弄明白，通晓。折狱：判决案件。）

【提示】 文饰可用于一般政事，不可用于执法断狱。

客：贲卦上为艮、为山，下为离、为火，是山下有火之象。这里面又有什么微言大义呢？

主：山下有火，山间草木被火光映照，流光焕彩，这是文饰的象征。《象传》告诫"君子"，文饰可以运用于一般政事，礼仪制度等都是社会政治的文饰；但文饰不能运用于执法断狱，执法断狱一定要以法律为准绳。如果以文饰之辞为依据判决案件，只能造成冤假错案。可见文饰的运用是有一定范围的。

☲. 初九，贲其趾，舍车而徒。

【译文】 初九，文饰双脚，不乘车徒步行走。（趾：脚趾，代指脚。舍：弃。）

《象》曰：舍车而徒，义弗乘也。

【译文】《象传》说：不乘车徒步行走，因为初九在道义上不屑乘车。

【提示】 最简陋的文饰表现出质朴之美。

客："文饰双脚"是怎么一回事呢？

主：初九处于"贲"的初始阶段，所以文饰程度最轻。把脚包扎一下，这是为徒步远行做准备的最基本、最初步的文饰，简直可以说是朴素无文，表现出的是一种质朴之美。

客：为什么初九弃车不乘，徒步行走呢？

主：初九是最下面的一爻，是个处于社会底层的寒士。假如他愿意像战国时的冯谖那样，弹铗于贵族之门，他也可以有鱼吃、有车乘，也可以混得满不错的。然而初九却颇有些骨气，像诗人李白所说的那样，有一种"曳裾王侯不称情"的人格的自尊。他宁肯徒步，也不愿向人乞求，在道义上不屑于乘坐乞来之车。所以他"舍车而徒"，"义弗乘也"。

客：初九以布衣草鞋的最粗陋质朴的文饰，在人生旅途上仆仆于风尘之中的形象，自有其动人之处啊！

主：初九以阳爻居于阳位，地位虽然低下，其精神并不卑下。虽然没有高车大马，那种一往无前的刚毅精神就足以壮其行色了。千里之行，始于足下。只需包扎好一双硬脚板，就可安步当车，风雨兼程，一路行歌，坦然前进。

☲. 六二，贲其须。

【译文】 六二，文饰胡须。

《象》曰：贲其须，与上兴也。

【译文】 《象传》说：文饰胡须，说明六二是随着上面的九三而动的。（兴：兴起，活动。）

【提示】 文不能脱离质而独立存在。

客：文饰胡须，大概是指对胡须加以修剪、美化。"须眉"是男子的象征，古人对胡须的美化很重视，三国时的关羽长须飘拂，有"美髯公"之称。从《易经》本卦"贲其须"的爻辞看，美化胡须的习俗很古老了。

主：胡须一定要附着在脸面上，才能装饰人的仪表。如果没有脸面，胡须也就不能存在。胡须与脸面的关系正如文与质的关系，胡须是一种文饰，脸面才是实质，文不能脱离质而独立存在。

客：本爻的爻象可以说明这种关系吗？

主：从爻象看，六二与九三两爻，各得其位（六二以柔爻居柔位，九三以刚爻居刚位），皆无应爻，二者亲比依附，正像胡须和颜面的关系。六二为纯柔、为胡须，是文饰的象征；九三为纯刚、为颜面，是实质的象征。正像胡须依附于颜面、要随着颜面而动一样，文也是依附于质的，是由于质的存在而发挥作用。所以《象传》说六二"与上兴也"。

客：《易经》最善于把抽象哲理表述得十分明快晓畅，这正是以卦象、物象为工具的唯象思维方式独特的长处。

☲ 九三，贲如濡如，永贞吉。

【译文】 九三，又文饰，又润色，永守正道才能得到吉祥。（如：语助词。濡：润色，使事物有光泽。）

《象》曰：永贞之吉，终莫之陵也。

【译文】 《象传》说：永守正道能获吉祥，说明终究不可使文凌驾于质之上。（陵：凌，凌驾。）

【提示】 应该避免文饰过分造成文胜灭质。

主：九三爻处在两个阴爻之间，下比于六二，上比于六四，一个刚爻同时受到两个柔爻的文饰，可以说是上下文饰，锦上添花，到处是鼓掌声和赞美辞，这就叫"贲如濡如"。

客：这样恐怕过于浮华了吧？

主：适当的文饰是必要的，过分了就会适得其反，这就成了"文胜灭质"。九三处在这种情况下，尤其要头脑清醒，要坚持求实精神，不要被"假、大、空"的表面浮华迷惑。"求实"才是正道，坚持永守正道，才能获吉，这就叫"永贞吉"。

客："文"应该从属于"质"，为"质"服务。文饰过分，文胜于质，那就是本末倒置、反客为主了。

主：文饰自然是令人赏心悦目的，文饰过分了很可能是鲜花掩盖的陷阱。所以必须对文饰加以限制，终不可使"文"凌驾于"质"之上。"终莫之陵"，才是"永贞之吉"。

客："永"字后面又下一个"终"字，强调的语气很重。可见要永远坚持、始终留意，在任何时候也不要把"文"抬高到"质"之上，否则真的要吃苦头的。

☶ 六四，贲如皤如，白马翰如。匪寇，婚媾。

【译文】 六四，文饰得全身素白，白马翩翩像飞的羽毛。不是强寇，而是求婚者。（皤：音 pó，白色。翰：羽毛。匪：非。）

《象》曰：六四当位，疑也。匪寇婚媾，终无尤也。

【译文】 《象传》说：六四所处的位置，是疑惧之地。不是强寇，而是求婚者，终于没有什么可怨尤的。

【提示】 素洁之美适应于刚实之质。

主：贲卦发展到九三，是象征文明的"离"体的最后一爻，已经出现文胜于质的倾向。发展到六四，已经进入象征停止的"艮"体，文饰应该到此为止，到了贲极返素的时候了，便由文饰转为质朴，尚质而不尚文。所以六四素装白马，不加文采，以朴素为贲。

客：爻辞中突然接上一句"匪寇，婚媾"，又是什么意思呢？这种突如其来的跳接，往往叫人摸不着头脑。

主：我们看到"婚媾"二字，就应该想到与本爻阴阳相应的另一爻，在这里当然是指与六四阴阳相应的初九。初九虽然以刚质处阳位，气质刚强，又舍车徒步，风尘仆仆，但他并不是打家劫舍的鄙夫，而是不慕浮华的志士。它与洁身自好、素朴为美的六四阴阳相应，同气相求，实在是理想的配偶。

客：初九已徒步而来，六四理应飞马相迎啊。

主：由于六四处于下体之上、上体之下，是上下相交的疑惧之地，"当位疑也"，所以开始时对初九有些误解；后来经过观察了解，"匪寇，婚媾"，并非强寇，是可以联姻的爱侣，六四终于毅然与之结合，"终无尤也"。六四与初九联姻，这也是"柔来而文刚"的象征。以六四之"柔"文初九之"刚"，以六四"素洁"之美文初九"刚实"之质。一为"白马"尚素，一为"舍车"弃华，志趣相投，珠联璧合。如果以古人作比，初九是亲自劳作的高士梁鸿，六四就是举案齐眉的贤女孟光了。糟糠夫妻，相敬如宾。双方有共同的精神境界和审美情趣，就有共同的价值取向和生活追求，这是必然的。

客：前面学过的屯卦六二爻，爻辞与本爻十分相似，都是迎亲，但前者艰难缓行，后者则飞马速往，倒是相映成趣。

主：前者是以下求上，不可太急，太急就是逢迎了；后者是以上求下，不可太缓，太缓就是倨傲了。由此可见，要视具体情况恰当掌握行为的分寸，否则就有失风度了。在这些地方，反映出《易经》行为规范的微妙之处。

☶ 六五，贲于丘园，束帛戋戋，吝，终吉。

【译文】 六五，文饰山丘中的庭园，只花费一束微薄的丝帛，虽然显得吝啬，终将吉祥。（戋戋：音 jiān jiān，微薄，极少。）

《象》曰：六五之吉，有喜也。

【译文】《象传》说：六五的吉祥，说明必有喜庆。

【提示】 国君应提倡简朴之风。

主：六五以柔居尊位，象征仁厚之君。他并不兴建壮丽的宫殿，只花费一束之帛，戋戋之数，修饰一下山丘中的庭园。看起来吝啬得很，没有国君的排场和气派，但是这种崇尚简朴无华的清廉举措，对政风的影响是巨大的。对一个国家来说，这无疑是吉祥喜庆的征兆。

客：传说的上古时代贤君尧、舜，提倡俭朴，带头住在茅屋里，墙上连白灰也不涂，与百姓同甘共苦，受到万民拥戴。

主：其实，茅草覆顶的房屋，连同生活在其中的非凡的人，正有一种朴素之美的特殊魅力，这往往是沉浮在花花世界中的庸夫俗子们所不能理解的。

䷕ 上九，白贲，无咎。

【译文】 上九，以纯白为文饰，没有过错。

《象》曰：白贲无咎，上得志也。

【译文】《象传》说：以纯白为文饰，没有过错，因为这完全符合上九崇本尚质的心志。

【提示】 以白为饰，饰极反素。

客：纯白无色，怎么能够作为文饰呢？

主：上九处于贲卦之极，文饰至极，则反归于素，由追求文饰转为崇实尚质。"白贲"是以白为饰，以无色为文采，以质素为贲。"贲"至于极点，饰极反素，无饰就是最好的饰。任其质素，不劳文饰，才见其自然真趣，才是自然的美、朴素的美、本色的美，才是纯美、真美的象征。"清水出芙蓉，天然去雕饰"，加以文饰反而是亵渎，反而泯灭其真趣。真美是本质的美，是不用再美化的。真正的"天生丽质"是"粗服乱头，不掩国色"的，是

"却嫌胭脂污颜色"的。所以"白贲"由绚丽归于纯白，以白为饰，以无色为美，进入返璞归真的美的最高境界。

客：无怪乎中国画从金碧山水发展到淡水墨画，古典诗文也讲究"绚烂之极，归于平淡"。漫不经心，随意涂抹，而有无穷韵味。淡到了看不见"诗"，却又蕴含着隽永之趣，令人玩索不尽。

主：这正是超脱了外表的美、附加的美，而表现了内在的美、本色的美，这也正是"白贲"的境界。归结到伦理教化上来说，提倡"白贲"则敦本尚实，华靡之习不足以累之，又何咎之有？所以爻辞说"白贲无咎"。

客：这样看来，贲卦虽然专论文饰，但是并不是无条件地赞成文饰。在文质关系上，主张文从属于质，崇尚质朴自然的伦理规范和美学境界。这些见解无疑是很精辟的。

主：从贲卦六爻表述文质的辩证关系看，下三爻属"离"体，"离"为文明，故侧重于从"文"的角度谈文从属于质的道理。初九"贲其趾"，谈文饰应表现质朴；六二"贲其须"，谈文不能脱离质；九三"贲如濡如"，谈应避免文胜灭质。上三爻属"艮"体，"艮"为止，主于笃实，故侧重于从"质"的角度谈文反归于质的道理。六四"贲如皤如"，谈素洁之美；六五"贲于丘园"，谈简朴之风；上九"白贲"，谈饰极反素。全卦以文与质为命题，通过卦象和爻象的剖析全面表述了现象与本质、外在仪表与内在精神的辩证关系。从下离上艮的卦象中，从中抽出文明而有所止的原则，这正是贲卦的精髓。外表的华美固然表现了一定的文明，但是无限度地追求文饰和浮华，会越来越远离自然质朴之美，奢靡腐败的恶劣风气就会泛滥成灾，甚至由于物质文明繁荣和精神文明堕落的巨大反差而危害人类。这在现代人生活中已经成为引人注目的问题，不能不加以重视。

23. 剥卦——论退守待变

☶ 坤下艮上

剥，不利有攸往。

【译文】 剥卦象征剥落：不利于有所前往。

【提示】 邪盛正衰之时，应该安居待时。

主：文饰标志着繁华，繁华到了一定程度就要向反面转化，就要衰落，正如华美的装饰到了一定时候就要剥落一样。所以在贲卦后面出现剥卦。从卦象看，剥卦的寓意很清楚，阴生于下，逐渐滋长，阳气消退，形成"五阴剥一阳"的局面，象征邪气上升，正气消亡，阴气极盛，阳消将尽。

客：这时正是小人嚣张的时候，邪气进逼，正气衰微，君子几乎不能立足了。

主：此时天时、人事、力量均对君子极为不利，君子不能作正面抗争，宜藏器待时，保存自己，勿有所往，静待时局变化。所以剥卦象征正气剥落衰微，探讨的是处衰败之道、退守待变的哲学。

《象》曰：剥，剥也，柔变刚也。不利有攸往，小人长也。

【译文】 剥，是剥落的意思，由于阴柔的侵蚀改变了阳刚的性质。不利于有所前往，因为小人的势力正在增长。

【提示】 解释卦名和卦辞。

主："柔变刚"三字，道出了形势的险恶。由于阴柔的进逼，阳刚陆续变质，为阴柔所取代，大有阴霾压城、众芳芜秽之感，只剩下微弱的一阳硕果独存。这仅存的一阳如何求生存、求发展，这正是本卦的命题。

客：这使我想起毛泽东在《冬云》这首诗里所描写的形势："雪压冬云白絮飞，万花纷谢一时稀。高天滚滚寒流急，大地微微暖气吹。"这不正是阴盛剥阳的景象吗？

主：在这种危急关头，首先要保存住这一丝即将消散的阳气、这一星即将熄灭的火种。由于形势极为不利，切忌轻举妄动，要退守安居，等待转剥复阳的时机。

顺而止之，观象也。君子尚消息盈虚，天行也。

【译文】 要顺应形势，停止进取，这是从观察卦象得到的启示。君子崇尚消长盈亏互相转化的哲理，这是大自然的运行规律。（消息：消减与增长。盈虚：盈满与亏虚。）

【提示】 发挥卦理。

客：剥卦下为坤、为顺，上为艮、为止，所以观察卦象得出"顺而止之"的启示。这暗示君子处"剥"之时，要顺应形势，停止进取，以利于保存自己。难道这时就毫无作为了吗？

主：不，君子应该研究并掌握阴阳的增长和消减的自然变化规律，把它应用到人事上来。要明白一切力量对比都是动态的，增长到一定时候就要消减，正像月亮盈满了就要亏损一样，又像冬天阴气极盛之时就预示着春天阳气的回归。所以君子既要顺时而止，又要冷静观察，把握机遇，适时而动。

《象》曰：山附于地，剥。上以厚下安宅。

【译文】 《象传》说：高山颓落，附着于地，象征剥落。在上者因此加厚下面的基础，以求安固宅屋。

【提示】 固本可以防"剥"。

客：剥卦上为艮、为山，下为坤、为地。高山经风雨侵蚀颓倒于地，这是剥落的象征。剥落是从下面开始的，下剥则上危。只有下面的基础厚固，上面的宅屋才会安全。这就是观察"剥"

"六十四卦"中的人生哲理与谋略

之象可以得到的结论吧？

主：在上位的统治者把这种观念引申运用到政治生活中，应该想到，君应以民为根本，厚待下民，则君安于上。下民受剥，居上者就难以保全。这就是《尚书》中所说的"民惟邦本，本固邦宁"的道理。

☶ 初六，剥床以足，蔑贞凶。

【译文】 初六，剥蚀到了床脚，不守正道，有凶险。（以：及，到。蔑：轻视。）

《象》曰：剥床以足，以灭下也。

【译文】 《象传》说：剥蚀到了床脚，说明已经损害下面的基础。

【提示】 开始剥落，危及基础。

主：剥卦的卦形像一张床（☶），所以爻辞取床为象。再说，剥卦下为坤，坤地可以载万物，床具则可以供人安居休息。阴剥阳首先从床脚开始，好比潮湿的阴气对床的剥蚀，首先从床脚开始，这叫"剥床以足"。

客：这样看来，阴对阳的剥蚀是渐进的，首先从下面的基础开始，所以《象传》说"以灭下也"。

主：不过，初爻意味着剥蚀刚刚开始，如果能够及时地按照《大象传》所指出的"厚下安宅"的原则行事，保护、加固下面的基础，问题还不至于很严重。如果此时仍然无视于正道，继续剥蚀下去，就难免会有凶险了，这就是爻辞所说的"蔑贞凶"。

☶ 六二，剥床以辨，蔑贞凶。

【译文】 六二，剥蚀到了床身，不守正道，有凶险。（辨：指床体。）

《象》曰：剥床以辨，未有与也。

【译文】《象传》说：剥蚀到了床身，说明六二没有相应相助者。（与：同盟者，友好者。）

【提示】被剥而又无助，应守正防凶。

客：阳消阴长的形势继续发展，剥蚀渐及于上，六二已经剥到床身了。当然，不守正道，更有凶险。《象传》指出"未有与也"，应该怎样理解呢？

主：阴阳相应为"有与"，六二与六五都是阴爻，互不相应，没有援助，这叫作"未有与"。

客：这就是说，由于六二阴柔中正，如果上有阳刚相应相助，还不至于陷入险境，对吗？

主：是这个意思。请与六三作比较，六三虽然不如六二的中正，但与上九相应"有与"，就得以"无咎"。

六三，剥之，无咎。

【译文】六三，剥蚀，但没有过错。

《象》曰：剥之无咎，失上下也。

【译文】《象传》说：剥蚀，但没有过错，说明六三脱离了上下同类。

【提示】被剥而有助，可以免过。

客：六三之所以"剥之无咎"，就是因为它与上九相应吗？

主：是的。六三虽然被消剥成阴，但是它以阴爻居阳位，与上九阳刚相应，这就意味着六三仍然存有"含阳待复"的因素和"转剥复阳"的可能。一旦时机成熟，就可以阴退阳回，阳气复生，所以能够"无咎"。当然，处"剥"之时，因得阳刚之助，也仅能免过而已，毕竟无"吉"可言。

客：《象传》说六三"失上下"，是怎么一回事？

"六十四卦"中的人生哲理与谋略

主：六三处在本卦的五个阴爻的中间，上下各有二阴，唯独它与上九阳刚相应而"无咎"脱离了上下同类。"失上下"三字，意在指出六三在群阴中的特殊性，引起解卦者的注意。

䷖ 六四，剥床以肤，凶。

【译文】 六四，剥蚀到了床面，有凶险。（肤：指床面。）

《象》曰：剥床以肤，切近灾也。

【译文】 《象传》说：剥蚀到了床面，说明六四已经逼近灾祸了。

【提示】 剥落至极是最危险的时刻。

客：六四剥蚀到了床面，问题非常严重了，不是"蔑贞凶"，而是直截评断为"凶"，甚至"切近灾"了。

主："剥床以肤"，可以说剥到极点了，借以坐卧安身的床快要剥蚀完了。不过，正当剥落至极、大祸临头之时，转机也会随之而来。我们看下一"六五"爻的"无不利"，就知道已经出现"转剥复阳"的苗头了。

䷖ 六五，贯鱼，以宫人宠，无不利。

【译文】 六五，鱼贯而来，带领宫女们求宠于君主，无所不利。

《象》曰：以宫人宠，终无尤也。

【译文】 《象传》说：带领宫女们求宠于君王，说明六五毕竟没有过错。（尤：过失。）

【提示】 出现"阳剥为阴"向"阴复为阳"转化的契机。

客：群阴剥阳到了六五这一爻，已经逼近最后仅存的阳爻，局势不是更加危急了吗，怎么忽然又变成"无不利"了呢？

主：阴阳之间的斗争、依存和转化是十分微妙的。我们看剥卦中的五个阴爻，初六、六二、六四这三个阴爻，都与阳爻上九无应无比，故表现出斗争的一面，所以步步进逼剥阳，从"剥床以足"，到"剥床以辨"，直至"剥床以肤"，局势也都是"凶"的。而六三、六五两个阴爻，与阳爻上九存在着或应或比的关系，就表现出了依存的一面，甚至含有转化的契机，局势就大不相同了，六三"无咎"，六五"无不利"。六五以阴爻居尊位，是众阴之长。当剥极将复之时，它以阴柔之性与上九阳刚邻近而相比，以阴承阳；不仅如此，它又以众阴之长的身份，影响并带领众阴一起顺承上九，就像后妃带领一群宫女向天子邀宠一样，听命于上九。由于鱼为阴物，所以又用一串首尾相接的鱼来比喻初六、六二、六三、六四、六五等五个阴爻。群阴鱼贯而进，归顺于孤阳上九。

客：这样就形势大变了，这正是"阳剥为阴"的终极和转化的关键，预示着"阴复为阳"的契机已经出现，当然是"无不利"的。

主：看到这个转变的契机是很重要的。六五虽然仍处在"阳剥为阴"的过程之中，但同时已经处在"阴复为阳"的转换之中，所以《象传》说它"终无尤也"。

▤ 上九，硕果不食，君子得舆，小人剥庐。

【译文】 上九，硕大的果实没有被吃掉，君子得到大车，小人剥蚀房屋。

《象》曰：君子得舆，民所载也。小人剥庐，终不可用也。

【译文】 《象传》说：君子得到大车，说明万民得以乘载。小人剥蚀房屋，说明小人终究不可任用。

【提示】 孤阳独存时会有两种可能。

客：诸阳都已被剥成阴，只剩上九独存阳实，犹如硕果仅存。对这种爻象应该怎样看呢？

主：这仅存的一阳，下乘众阴，关系非常重大。预后如何，有两种可能。如果君子能够得到这可贵的一阳，把握矛盾转化的时机，就可以力挽颓势，转剥复阳，那么得此一阳就犹如得到一辆大车，运装万民滚滚向前，历史就会展开一个新的历程。

客：这样，经过了拨乱反正，整个局势就转危为安了。

主：如果在此危急关头，小人竟占了上风，扑灭了这仅存的阳气，那就无异于破坏了安身的房屋，大家都无法生存了。一阳在上，覆盖五阴，有房屋之象；如果剥掉这一阳，岂不是掀去屋顶了吗？可见在此危急关头，切切不可任用小人，否则遗患无穷。

客：在同样的局势下，却有两种天壤之别的发展趋向。失之毫厘，差之千里。

主：这正是"剥"尽"复"来、君子有为之时，所以爻辞作此吉言，殷殷勉励；这同样又是独枝孤果、摇摇欲坠之时，所以爻辞又特设危言，谆谆告诫。

客：把一个问题的正反两面作了对比式的表述，确实给人以难忘的印象，使人产生千钧一发的危机感和千载一时的紧迫感。

主：剥卦不仅指出了阳气逐渐消亡的被"剥"之过程和退守待变的处"剥"之策略，尤其可贵的是，分析了在正气衰败的严峻形势下"剥"尽"复"来的契机。剥卦六爻中，初六、六二、六四这三个阴爻，由于与阳爻上九无比无应，故步步剥阳，形势凶险，特别要提防。对于六三、六五两个阴爻，要看到它们具有"含阳"和"承刚"的一面，"阴复为阳"的希望正在这里。而生死存亡的决定因素，则是上九这最后独存的孤阳。星星之火，既可以燃成燎原之势，也有可能被扑灭。君子得之则存，小人剥之则亡。鱼死乎？网破乎？在此最后一搏。

客：本卦所述的哲理，确实大可玩味。

主：凡此种种，对于在人生历程中如何善处衰败、退守待变，是很有现实指导意义的。这要看学《易》者怎样去领会、运用了。

24. 复卦——论正气回复

䷗ 震下坤上

复：亨。出入无疾，朋来无咎。反复其道，七日来复。利有攸往。

【译文】 复卦象征回复：亨通。阳气生长没有害处，结伴前来没有过错。返转回复有一定规律，过了七天必然回复。利于有所前往。（出入：生长。"入"为自内生，"出"为向外长。）

【提示】 概述正气回复的卦旨。

客：从卦形看，复卦正好是剥卦（䷖）的颠倒。这再明显不过了：剥卦是独阳在上，复卦则是独阳在下。

主：阴极而阳返，这是必然的道理。群阴剥阳，剥至极处，阳便要复生了。阳被剥于上，复生于下。复卦就是一阳复生于下之象，"复"就是返本回复之意。虽然只有一阳，但它是新生的，蓬勃向上的。正如冬至之后，阴寒最盛之时，一阳复生，这就预兆着大地回春之时将至，其欣欣向荣的生生之势毕竟是不可阻挡的，当然是必"亨"无疑的。

客："出入无疾，朋来无咎"这两句话的含义似乎不很明白。

主：这是对"亨"之义作具体说明。"出入"指阳爻从内卦产生、逐渐进入外卦。"朋来"是指一阳萌生则众阳将会陆续皆生，诸阳将像朋友一样结伴前来。总之是阳气萌发、勃勃生长的一片兴旺景象。《易经》中常有不要轻举妄动的告诫，然而当此之时，情况不同了，这正是任凭阳气萌生、发展的大好时机，所以可以尽情地生长和扩展，都不会犯错误的，都是"无疾""无咎"的，都是"利有攸往"的。"复"道之"亨"，就"亨"在这里。

客：这与剥卦的"不利有攸往"，真是形成了鲜明的对比。

主：此一时也，彼一时也，对于正气来说，时来运转了。"待时而动"，待的就是这个时候。

客："反复其道，七日来复"又该怎样理解呢？这些话似乎带有神秘色彩。

主：这里指出阳气回复的必然性。"反复其道"，是说阴长则阳消，阳长则阴消，阴阳往来交替消长，按照一定的规律变化。这个规律在《易经》中表述为"七日来复"，就是说，从"一阳消退"到"一阳复生"，要经历七次变化。具体过程是："一阳消"为"姤"（☰），"二阳消"为"遁"（☶），"三阳消"为"否"（☷），"四阳消"为"观"（☶），"五阳消"为"剥"（☶），"六阳消尽"为"坤"（☷），"一阳来复"为"复"（☷）。当"剥"之时，阴进阳退，阳消将尽，所以"不利有攸往"；当"复"之时，阳进阴退，阳气方生，所以"利有攸往"。

《象》曰：复，亨，刚反。动而以顺行，是以出入无疾，朋来无咎。反复其道，七日来复，天行也。利有攸往，刚长也。复，其见天地之心乎？

【译文】《彖传》说：回复，亨通，说明阳刚返回。阳气萌动，并能顺应客观规律而运行，所以产生、滋长没有害处，结伴前来没有过错。返转回复有一定规律，过了七天必然回复，这是大自然的运行法则。利于有所前往，说明阳刚在生长。回复，大概体现着天地主宰万物的用心吧？

【提示】解释卦辞。

客：《彖传》对卦辞逐句解释其大意，简明扼要。

主：其中"动而以顺行"一句尤其值得注意，这是从复卦卦象推演而得（复卦下为震、为动，上为坤、为顺），指出了复卦的基本卦旨。处"复"之时，行动是顺应客观规律而动。这与剥卦《象传》指出的"顺而止之"的基本卦旨恰好相反。君子处"剥"、处"复"，或止或行，都是顺乎规律。能够认识客观规律并且能灵活主动地顺应它，也就从必然中实现了自由。

《象》曰：雷在地中，复。先王以至日闭关，商旅不行，后不省方。

【译文】《象传》说：雷潜藏于地中，象征阳气回复。先代君王因此在冬至日闭关静养，商人旅客不外出远行，君主不巡视四方。（后：君主。省：巡视，视察。）

【提示】 微阳初生时需要静养。

主：复卦下为震、为雷，上为坤、为地，是雷在地中之象。雷潜于地中，象征着阳气刚刚回复，一阳始生于下，还很微弱，还无力奋出地面。在节气上，这正是阴气极盛、阴极生阳、阳气初生的"冬至"之时。由于阳气始生，不能随意损耗，应该静养以待其壮大。人在此时也要安静保养，闭上关卡，君王百姓都要停止活动，以利于养精蓄锐。

客：本卦卦辞中强调"利有攸往"，《象传》中又强调"闭关""不行"，岂不是前后矛盾吗？

主：《易》有"变易"之旨，读《易》也要有灵活变化的观念。卦辞强调进取，是着眼于发展的趋势；《象辞》强调静养，是着眼于暂时的现状。这二者立意虽相反，其精神实质却并不矛盾。猛力前冲之前，先要后退几步，这叫"蓄势"。静养正是为进取而积蓄力量。

☷ 初九，不远复，无祗悔，元吉。

"六十四卦"中的人生哲理与谋略

【译文】 初九，走得不远就回复到正道，不至于悔恨，大吉。
（祗：即"抵"，至。）

《象》曰：不远之复，以修身也。

【译文】《象传》说：走得不远就回复到正道，因为初九善
于修身。

【提示】 偏离正道者贵在及时回复。

主：初九处在复卦之初，首先回复于阳。犹如一个人离开正
道不远，很快就回来了，还不至于达到悔恨的程度。

客：这正如东晋诗人陶渊明在《归去来兮辞》所写："适迷途
其未远，觉今是而昨非。"一时偏离正道、误入歧途，总是难免
的；重要的是善于省察、修正自己的失误。

主：所以爻辞称初九的不远而复为"大吉"，这真是"知过能
改，善莫大焉"。

☷☳ 六二，休复，吉。

【译文】 六二，喜悦地回复，吉祥。（休：喜庆。）

《象》曰：休复之吉，以下仁也。

【译文】《象传》说：喜悦地回复，吉祥，因为六二谦逊地
亲近仁人。（下：谦逊。）

【提示】 亲近仁人者能够乐于回复正道。

客：六二之"复"，"休"在何处，"吉"在何处呢？

主：《象传》指出，原因在于"以下仁也"，这为我们提供了
探讨爻义的门径。这里的"仁人"指率先回复于阳的初九。六二
当阳气回复之时，性柔居中得正，与初九最为亲近，最早受到阳
刚之气的影响，以回复于阳为可喜庆之事。因此，六二虽然在初
九之上，却能视初九为"仁人"，亲而下之，谦逊地归向于它，这

就是《象传》所说的"下仁"。这样，六二就会心悦诚服地向阳刚回复，而得到"休复之吉"。

≣· 六三，频复，厉无咎。

【译文】 六三，愁眉苦脸地勉强回复，虽有危险，却没有过错。（频：同"颦"，皱眉。）

《象》曰：频复之厉，义无咎也。

【译文】 《象传》说：愁苦地回复虽有危险，从回复于正道的意义上来说，是没有过错的。

【提示】 痛苦的回复对于改过自新是必要的。

客：六二"休复"，能够心怀喜悦地主动回复到正道上来；六三"频复"，却是愁眉苦脸地勉强回复到正道上来。同样是回复于正道，为什么会有这样不同的感情境界呢？

主：六二居中得正，又亲近于初九，所以对于回复于阳是心悦诚服的。六三以阴爻居阳位而失正，在素质上并不很好；又与初九无比无应，对于回复于阳并无内心需要。只是处于阳气回复之时，在客观形势的裹挟之下，不得不勉强地回复于正道。由此可见，是否回复于正道是问题的关键，哪怕是内心不很情愿地回复，也可以免过。不过，"频复"只能"无咎"而已，到底不能与"休复"之"吉"同日而语。

客：一个人滑向邪恶的泥坑十分容易；重新回到正道上来却很不容易，有时候就是要强迫自己改邪归正，要忍受脱胎换骨的痛苦。所以，愁眉苦脸的"频复"也是很有必要的，这可以视为洗涤灵魂的"炼狱"。

≣· 六四，中行独复。

【译文】 六四，走在中间，独自回复。

《象》曰：中行独复，以从道也。

【译文】 《象传》说：走在中间，独自回复，是为了遵从正道。

【提示】 与阳刚相应，可以独自回复于阳。

主：六四上下各有两个阴爻，它居于五个阴爻的中间位置，所以叫作"中行"。它以阴爻居阴位得正，而且与初九阴阳相应。在五个阴爻中，唯独六四处在与阳刚相应的位置，这是十分有利的条件。所以，六四虽然居于群阴包围之中，却独能顺利地回复于阳。这就叫"中行独复"。

客：在阳气初生之时，要认清趋势，坚决果断，敢于独自回复于阳。要提倡这种"独复"的精神。

主：一般人都习惯于随大流，受"从众"意识支配。六四独能"从道"而不"从众"，独自走自己的路，确实有其超凡出群之处。

⸺ 六五，敦复，无悔。

【译文】 六五，敦厚地回复，没有悔恨。

《象》曰：**敦复无悔，中以自考也。**

【译文】 《象传》说：敦厚地回复，没有悔恨，说明六五能够以中道反省考察自己。

【提示】 品格敦厚，有利于回复于阳。

主：六五以柔爻居尊位，持中而不偏；又处于坤体之中，而坤地是厚实的象征。所以六五能够敦厚诚恳地一心向善，回复于阳。本来，由于六五与初九阳刚无比应关系，处于阳气回复之时，应该有悔的；但是由于六五居中而且能复，以中道作自我考察，调整自己的行为，这样也就变"有悔"为"无悔"了。

客：这样看来，品格敦厚，也是一个有利的因素。

主：正像唐代大诗人杜甫的两句诗所写："葵藿倾太阳，物性固莫夺。"能否回复于阳，外部的条件固然不可忽视，内在的秉性尤其能起决定作用。

䷗ 上六，迷复，凶，有灾眚。用行师，终有大败，以其国君凶，至于十年不克征。

【译文】 上六，迷失了回复的路，有凶险，有灾祸。如果用于行军作战，最后只有大败，使得他的国君也遭凶险，以至于十年不能再出征打仗。（灾：外来之灾，天灾。眚：音 shěng，自作之祸，人祸。）

《象》曰：迷复之凶，反君道也。

【译文】 《象传》说：迷失了回复的路，有凶险，是由上六违反了阳刚之道。

【提示】 迷而不复，极为凶险。

客：上六居于极外之地，离初九阳刚最远，又与初九无应，已经无法复归于阳，确实是迷而不复之象。称为"迷复"，十分确当。

主：误入歧途是难免的，回来便是，回头就是岸。最可怕的是迷途而不知返回，迷迷糊糊地越滑越远。"盲人骑瞎马，夜半临深池"，必然遇到灭顶之灾。

客：如果带兵打仗的话，会导致全军覆灭，连累整个国家陷入险地，甚至一蹶不振，这后果太严重了。不过，上六为什么会迷失回复之路呢？

主：原因在于上六认不清事物发展的大趋势，逆潮流而动。当阳气回复、众阴归向阳刚之时，它仍然违反阳刚之道，一意孤行，不知回头。（阳为君，是主导因素；阴为臣，是从属因素。所以《象传》把阳刚的主导作用称为"君道"。）复卦的基本精神就在于揭示正气回复、顺之则亨的道理。初九不远而复，"元吉"；上六远而不复，"凶有灾眚"。这一首一尾两爻，对比最为突出。初九是全卦唯一的阳爻，一阳初生，生机勃勃，这是阳气回复的根本。五个阴爻，除了上六迷而不复、终致灾凶以外，其余四阴，都在不同程度地向阳刚回复。其中六二比于初阳而"休复"，有"下仁"的佳誉；六四应于初阳而"独复"，获"从道"的美称。六三、六五，虽然与初阳无比无应，但六三终于忍受痛苦而"频复"，六五则秉性忠厚而"敦复"，都回复到归向阳刚的正道上来，得以"无咎""无悔"。总之，正气回复的关键时刻，正是人生之旅的紧要关头，何去何从，何归何依，需要做出明智的抉择。复卦六爻，展示了六种行为品格的不同类型，其中的得失长短，值得仔细推敲。这无疑地有助于我们在人生大谋略问题上做出正确抉择。

25. 无妄卦——论行为无妄

☳☰ 震下乾上

无妄：元亨，利贞。其匪正有眚，不利有攸往。

【译文】 无妄卦象征不妄为：至为亨通，利于坚守正道。如果不守正道就是祸患，不利于有所前往。（匪：非。眚：音 shěng，祸患。）

【提示】 守正才能无妄。

主：回复于正道，当然就不会妄为了，所以复卦后面是无妄卦。《序卦传》说："复则不妄矣，故受之以无妄。""无妄"就是不轻举妄动、不胡作非为。无妄卦上为乾、为天，下为震、为动，含有"因天而动"的意思。因天而动，即遵循自然规律的正道而动，当然就不会妄为。所以卦辞评断"无妄"为"元亨"，即至为亨通；附加条件是"利贞"，要坚守正道才会有利。反之，如果不守正道就不利，反而有祸，这就是卦辞所说的"其匪正有眚，不利有攸往"，这是从反面设诫。

客：我们只要反省一个自己的日常行为，违背正道而"妄为"的成分太多了，有时简直是浑浑噩噩地打发日子。做到"守正"和"无妄"，又谈何容易！

《彖》曰：无妄，刚自外来而为主于内。动而健，刚中而应。

【译文】《彖传》说：无妄，阳刚从外卦来，成为内卦的主宰。运动不息而又刚劲强健，阳刚居中而又应合于下。

【提示】 以卦象解释卦名和卦义。

客：这段话比较费解。

主：无妄卦的内卦（下体）为震（☳），它是由外卦（上体）乾（☰）的一刚爻来与坤（☷）的初爻相交而形成，所以称震的初爻是"刚自外来"；又因为震的初爻处于内卦，按《易》例以少统多的原则，凡二柔一刚均以一刚为主，所以外来的这一刚作为震之初爻，又是"为主于内"。这就叫作"刚自外来而为主于内"。在刚爻未来之前，坤属阴柔，阴柔为虚。在"刚自外来而为主于内"之后，坤（☷）变为震（☳），震属阳刚，阳刚为实。阴虚转为阳实，这意味着真实取代了虚妄，所以称为"无妄"。这是以卦象的形成来解释卦名。

客："动而健，刚中而应"，大概是以卦象来解释卦义吧？

主：是的。无妄卦形成后，呈下震上乾之象。震为动，乾为健，包含着"动而健"之义。运动不息而又刚劲强健，这是以上下二体的象征意义来说明天道运动的永恒性。再看上下二体的中爻，九五的阳刚居中与六二的阴柔居中，上下相应，阴阳相合，万物由此而生生不息。"刚中而应"就是指此而言，这又是以二、五两爻的象征意义来说明天道运动的规律性。这些都是真实无妄的大自然的法则。

客：这样看来，"无妄"首先要求遵守天道的规律、大自然的法则？

主：这正是"不妄为"的根本含义。

大亨以正，天之命也，其匪正有眚，不利有攸往。无妄之往，何之矣？天命不佑，行矣哉？

【译文】 由于守正而大为亨通，这是天之道啊。如果不守正道，就有祸患，不利于有所前往。处在无妄之时却要妄行，哪里有路可走呢？天道不保佑，能行得通吗？

【提示】 解释卦辞。

客：只有守正才能实现无妄，才能大为亨通，这是天道的体现。如果不守正道，就必然是妄为，就无路可走，因为那样做是违背天道的。

主：这里反复强调的"天命"（天道），实际上就是客观的自然规律。只有顺应客观规律行事，才是"守正"，才能"无妄"。

《象》曰：天下雷行物与，无妄。先王以茂，对时育万物。

【译文】 《象传》说：雷声传行于天下，万物响应，象征不妄为。先代君王因此勉励自己，顺应天时，养育万物。（与：响应。茂：勉励。对：配合，顺应，适应。时：时机。）

【提示】 顺应天时则无妄。

客：无妄卦上为乾、为天，下为震、为雷，正是"天下雷行"之象。这有什么象征意义呢？

主：冬季处于潜藏冬眠状态的万物，到春季都因雷震而苏醒，应声而惊起，所以春天有"惊蛰"的节气。由此可见天道的规律毫无差错，所以象征"无妄"。统治者应该体会无妄卦象的精义，把它用到国家治理上去，从而勉励自己，一切举措都要像万物闻雷而奋起那样地顺天行事，绝不违背客观规律。这样才能做到"无妄"，才能利国养民。

☶. 初九，无妄，往吉。

【译文】 初九，不妄为，前往是吉祥的。

《象》曰：无妄之往，得志也。

【译文】 《象传》说：不妄为而前往，一定能满足自己的意愿。

【提示】 起步无妄，前途吉祥。

客：初九为什么能够实现"无妄"？

主：初九以刚爻居阳位，纯阳不杂，实而不妄，在素质上有利于实现"无妄"。这样，它就没有妄想妄行，一切按照天道规律行事，当然就无往而不吉，能够得遂进取的心愿。初九又象征事情开始的第一步，起步不妄，就有了一个好的开端，就预示着吉祥的前途。

☶. 六二，不耕获，不菑畬，则利有攸往？

【译文】 六二，不耕种就想收获，不开荒就想种熟地，难道这样做会有利吗？（菑：音 zī，初开垦的瘠田；垦荒。畬：音 yù，耕种多年的熟田。则：岂。）

《象》曰：不耕获，未富也。

【译文】 《象传》说：不耕种就想收获，说明六二阴虚而不实。

【提示】 寄希望于虚妄，无利可言。

客：企图不耕而获，这岂不是虚妄吗？镜花水月，必然落空，无利可言。这道理并不难懂，但是这种违背常识的虚妄企求在社会生活中却并不少见。六二的虚妄是怎么造成的呢？

主：六二无求实之心，无视于实事求是的行为原则。六二以阴爻居阴位，阴虚不实，因而产生虚妄之求。所以《象传》说它企图不耕而获的原因是"未富也"。在《易经》中，以阳为富、为实，以阴为不富、不实。不富、不实即为虚妄。

䷘· 六三，无妄之灾。或系之牛，行人之得，邑人之灾。

【译文】 六三，不妄为也有灾祸。有人拴系着一头牛，被过路人顺手牵走了，当地居民却遭了殃。（邑：众人聚居的村镇。）

《象》曰：行人得牛，邑人灾也。

【译文】 《象传》说：过路人牵去了牛，这就使得当地居民遭了殃。

【提示】 虽不妄为，也可能因偶然因素而遭灾。

客：六三爻辞好像说了生活中的一个小故事：邻居把牛拴在路边，被过路人牵走了，我却被诬告成偷牛的嫌疑犯。人在家中坐，祸从天上来。这真是"无妄之灾"，无缘无故而受灾。这看来是偶然事故造成的，该倒霉的人即使不妄为也无法逃灾。

主：前人对本爻辞往往也是这样理解，如关朗在《关氏易传》中说："运数适然，非己妄故，乃无妄之灾。""运数"就是命运、气数。倒霉的事正好让它碰上了，该他倒霉，这是"运数"所注定的。这种说法虽然看到了在偶然性中隐藏的必然性，但是把那种以偶然性表现出来的必然性归结为神秘不可知的"运数"，当然是不科学的。

客：那么应该怎样理解呢？

主：在这里，偶然并非完全偶然，无妄也并非完全无妄。让我们分析一下六三这一爻。首先，六三处于上下体交接处的是非危惧之地，这是很容易惹麻烦的地方，所以他被无端地怀疑株连而致祸。六三本人虽然"无妄"，但他处于虚妄的人和事之中，邻居的粗心大意和妄告无辜，路人的顺手牵"牛"，这都是"妄"。与他人之"妄"相牵连，本人就难以完全"无妄"。我们再看六三的主观因素，他以阴居阳而不正，处于下卦之终而不中。既然本人原来行事就是不正不中，又怎能避免在时间和地点上偶然交叉的意外事件中涉嫌呢？如果六三之为人一向道德高尚，难道会突然被怀疑为偷牛贼吗？既然主观上本来就存在着"妄"，又遇上了客观之"妄"，这样又怎能做到真正的"无妄"呢？

客：是啊。只有行正才不怕影子歪。

☲☰ 九四，可贞，无咎。

【译文】 九四，能够坚守正道，没有过错。

《象》曰：可贞无咎，固有之也。

【译文】 《象传》说：能够守正就没有过错，这是九四本身固有的品格所决定的。

【提示】 守正而不妄为，可以免过。

主：九四爻下无所应，又处于"近君"的危地，本来是很容易动辄得咎的。但是它以阳爻居阴位，这象征着刚而能柔的品格，有助于它正确地应付复杂的环境，坚守正道而不妄为，终于得以免过。

客：六三虽然"无妄"竟也遭灾，九四坚守正道仅能免过。这样看来，三、四这两个爻位的确是危惧之地。

主：处在这种情况下，在主观上自求无妄就够了，祸福只有听其自然。历史上有一种"孤危之臣"，就是这类人物。

☲☰ 九五，无妄之疾，勿药有喜。

【译文】 九五，不妄为却得了病，不用服药就会有自愈之喜。

《象》曰：无妄之药，不可试也。

【译文】 《象传》说：不妄为而患病所用的药，是不可以试服的。

【提示】 无妄而有疾，不必服药攻治。

客：九五以阳刚居中得正，处于尊位，这一爻从各方面看都是最优越的，无可指责，当然是"无妄"的，怎么会出了毛病呢？

主：九五本身确实是无懈可击，并无致疾之由；现在出了毛病，原因一定来自外部。从爻象上看，九五与六二相应，而六二有"不耕而获"的虚妄之求，九五的毛病可能是受六二的牵连所造成。

客：既然有疾，又无须用药，这究竟是怎么一回事呢？

主：既然无妄，就没有妄想、妄行需要纠正，就意味着思想行为是合乎正道的；如果用药攻治，岂不是否定和改变自己的正确行为吗？所以，无端地得了无妄之疾，应该坚持守正安常，泰然处之，疾病会不治自除。这是以"勿药"为药，以不治为治。换句话说，只要自己的思想行为是正确的，就不应改变初衷，一切外来的诽谤和非议都会不攻自破。渡过了难关，就会领略到最后胜利的喜悦。这就是"勿药有喜"。

客：中医讲究辨证施治，看来也是肇始于《周易》。

主：是的。《易经》里蕴含有许多科学技术方面的知识，因为我们主要讨论其人生哲理，所以没有刻意挖掘其科技方面奥秘。

䷘ 上九，无妄，行有眚，无攸利。

【译文】 上九，不妄为，但行动会有祸患，无所利益。

《象》曰：无妄之行，穷之灾也。

【译文】《象传》说：不妄为的行动，处于穷尽之时也会遭到灾祸。

【提示】时穷难行，行则遭灾。

主："无妄之行"本来当然是好的，但行动得不是时候仍不好，仍会遇祸。上九处于全卦之终，这是终极之地、穷尽之时，已经无处可行。这时就宜止不宜行，宜静不宜动。上九以阳爻居阴位，刚躁易动，在时穷难行、动则遭灾之时，仍然偏要前行，这样无妄就变成有妄了，因此"有眚"而"无攸利"。

客：看来，任何事物发展到穷尽之时都不好，即使是"无妄之行"，也会遭遇"穷之灾也"。物极必反，无妄也将转为有妄，好事也将转为坏事。这正如乾卦上九爻"亢龙有悔，穷之灾也"一样。

主：真的，"好事"提倡到了极点，就会变质，产生副作用，变成"坏事"了。例如，过度地宣扬"好人好事"，就会出现弄虚作假、沽名钓誉的"假典型"。所以《老子》中说："智慧出，有大伪。"这样，"无妄"就转化为"有妄"了。

客：从本卦六爻的情况看，"无妄"这一命题并不简单。

主：六爻虽然大都呈"无妄"之象，但具体情况和吉凶利咎却很不相同：初九起步无妄而获吉，六二希求虚妄而无利，六三虽不妄为而遭灾，九四守正不妄而免过，九五无妄有疾而自愈，上九时穷无妄而遇祸。六爻所提供的行为类型虽然表现出复杂的变化，但其包容的基本精神是一致的。就是说，欲达到行为无妄，要遵循两大原则：一是"守正"。也就是卦辞所强调的"利贞""匪正有眚"。任它情况千变万化，坚守正道不变，这样就能"以不变应万变"。正如朱熹所说："《无卦》一卦，虽云祸福之来也无常，然自家所守者，不可不利于正。"二是"审时"。要审察时机和形势，以决定进退行止。最要紧的是主观要符合客观，客观情

"六十四卦"中的人生哲理与谋略

况变了，主观对策要相应而变。这样，才能在事物的动态变化中不断地作灵活的自我调整，才能确保行为的"无妄"。

26. 大畜卦——论德智蓄养

䷙ 乾下艮上

大畜：利贞。不家食吉。利涉大川。

【译文】 大畜卦象征巨大的蓄聚：利于坚守正道。不在家中自食，吉祥。利于涉越大河。

【提示】 指出德智蓄养的原则和意义。

主：行为无妄当然就会大有收获，以至大有蓄聚，所以无妄卦后面是大畜卦。两者卦象互为颠倒（䷘、䷙），构成一组。

客：大畜卦与前面的小畜卦（第9卦）有什么联系吗？

主：没有什么必然的联系。只是两卦的"畜"（蓄）字都含有蓄止、蓄聚、蓄养的意思。止则聚，聚则蓄，蓄则养。小畜卦谈的是作为从属因素的"阴"对于作为主导因素的"阳"所起的微小的蓄聚作用，故称之为"小畜"；大畜卦谈的则是道德和智慧的蓄聚、培养，这可以说是人生最大的蓄聚，所以称之为"大畜"。德智的蓄养只有"守正"才会带来利益，这就是"利贞"的原则。"正"的概念，据我理解，既包含自然原理的"真"，又包含社会伦理的"善"。"真"与"善"方为"正"，"伪"与"恶"则为"邪"。这样，以正道蓄聚德智，这才是最大的财富，是物质、金钱所无法比拟的"大畜"。

客：卦爻辞中往往有一些奇奇怪怪的话，像这里出现的"不家食吉"，就叫人莫名其妙。为什么不在家里吃饭就吉祥呢？

主：凡是道德、智慧所蓄极大的贤人，不能让他们在家中困守，自己谋食，英雄无用武之地；国家、社会应该把他们蓄养起来，让他们食天子、诸侯之禄。对于国家、社会来说，这也是一种"大畜"。他们能够发挥才智，能涉险历难，大有作为，这当然是国家、社会之吉。所以卦辞说："不家食吉，利涉大川。"由此可见，"大畜"不仅是指个人的德智蓄养，也指国家的人才蓄养。正如《彖传》在解释卦辞时所说："不家食吉，养贤也。"

《彖》曰：大畜，刚健笃实，辉光日新。

【译文】 《彖传》说：大畜，刚健而充实，乃至光辉焕发，日日呈现新的气象。（笃：音 dǔ，厚。）

【提示】 以卦象解释卦名。

客：为什么乾下艮上的卦象称为"大畜"呢？

主：因为乾的性质刚健，象征奋发修养，自强不息；艮的性质蓄止，蓄止则能充实，象征德智蓄养不断地蓄聚充实。德智蓄于中，光辉必然发于外，以至风度、气质，日日呈现新的气象。这就是道德、智慧大为蓄聚的"大畜"的含义。

其德刚上而尚贤，能止健，大正也。不家食吉，养贤也。利涉大川，应乎天也。

【译文】 本卦所体现的道德是，阳刚居上，贤人受到崇尚，同时能够蓄止刚健者，这是宏大的正道。不在家中自食，吉祥，说明要蓄养贤人。利于涉越大河，说明行为合于天道。

【提示】 解释卦辞。

客：本段开头几句看来是对"利贞"的解释，说明什么是"大畜"的正道，文字比较难懂。后面对"不家食吉"和"利涉大川"的解释，比较浅显明白。

主：开头几句文字，是从剖析卦象入手的。"刚上而尚贤"，是指上九阳刚居于六五君位之上，象征贤人受到明君的崇尚，君主礼下于贤人。这是"尚贤"之义。"能止健"，是指本卦上体为艮、为止，下体为乾、为健；乾的性质刚健有为，艮在上制止它急于用世。这象征有能力的人急于进取，受到蓄止和限制，使他的道德、智慧得到蓄养之后再充分发挥作用。这是"养贤"之义。蓄养刚健者的贤德，这才是"养贤"的真谛，而不仅仅是指社会在物质上的供养。既能尚贤，又能养贤，这是合乎"大畜"之正道的，所以《彖传》说："大正也。"这就从剖析卦象入手解释了卦辞"利贞"二字，同时阐明了什么是"大畜"的正道，进一步发挥了"大畜"的卦旨。

客：我觉得《彖传》中"止健"二字的含义十分深刻。

主：《彖传》通过分析卦象，明确地提出"止健"二字，极为重要。的确，《彖传》是打开卦理奥秘的钥匙，所以《系辞传》中说："知者观其《彖》辞，则思过半矣。"对刚健有为者，要抑止他的急于进取用世，才能积蓄他的德智，所以需要"止健"。这思想是深刻的，是本卦的要旨。全卦六爻都蕴含着这一基本精神。

客：是谁在抑止刚健者的急进呢？

主：是急进的刚健者必然遇到的困难和挫折抑止了他。这种抑止既是不可避免的，对于进取者德智的蓄养和成熟又是十分必要的。逆境能玉成于人，就是此意。刚健者初出茅庐，缺少历练，蓄养不厚，就急于进取，欲成大事。诚如庄子所说："水之积也不厚，则负大舟也无力。"难免在复杂的现实生活中碰钉子，遭挫折，而担当不起大事业。然而这种挫折正是必经的历程、必要的历练。宋人辅广说："人不经忧患、穷困、顿挫、折屈，则心不平，气不易，察理不尽，处事多率，故人须从这里过。"这就是说，这种磨练，促使了进取者德智的蓄养，有助于他由蓄止而达到蓄聚的"大畜"。这就是孟子所说的："天将降大任于斯人也，必先苦其心志，劳其筋骨，饿其体肤，空乏其身，行拂乱其所为，所以动心忍性，增益其所不能。"可见这是客观的自然规律的体现，是"天道"使之然，也是德智蓄养的必修课程。

《象》曰：天在山中，大畜。君子以多识前言往行，以畜其德。

【译文】《象传》说：天包含在山中，象征巨大的蓄聚。君子因此多多记取前贤往哲的嘉言善行，用来蓄养品德。（识：音zhì，记在心中。）

【提示】最大的蓄聚是德智的蓄聚。

客：大畜卦上为艮、为山，下为乾、为天，正是"天在山中"之象。山能包含至大无比的天，这真是"大畜"了。不过，山能容天，未免太荒唐了。

主：这只是一种虚构的喻象罢了，正如朱熹所说："不必实有其事，但以其象言之耳。"再说，高山之中的空旷洞窟，不是也有"洞天"之称吗？大畜卦取此为象，不过是借以喻示人心虽小，却可以蓄聚无限的历史经验，从而蓄养自己的品德和智慧。方寸之间，蕴蓄无穷，佛经亦有"纳须弥（大山名）于芥子"之喻。以"天在山下"为象喻，很有令人玩索的意味。所以孟子感叹地表述自己的体会说："万物皆备于我矣！"这才是了不起的"大畜"啊！

䷙. 初九，有厉，利已。

【译文】初九，有危险，利于停止前进。（已：停止。）

《象》曰：有厉则已，不犯灾也。

【译文】《象传》说：有危险就暂停不进，是说不可冒着灾祸向前。

【提示】初九遇险被蓄止。

主：初九是刚健之才，然而初出茅庐，阳德卑微，不待德智有所蓄积就急于进取，而被位置相应、性质相反之柔爻六四所蓄止。"有厉"是警告它贸然前进有危险，"利已"是说止而蓄德为有利。

客：六四蓄止初九，使它蓄养德智之后再作进取，这就是"止健"的作用吗？

主：是的。如果初九不可进而强进，必然因蓄养不厚、德智不足，无力冒险犯难而招致灾祸。

䷙. 九二，舆说輹。

【译文】 九二，大车丢脱轮輹不能行走。（说：即"脱"。）

《象》曰：舆说輹，中无尤也。

【译文】 《象传》说：大车丢脱轮輹不能行走，说明九二守中道，没有冒进的过失。（尤：过失。）

【提示】 九二审势而自止。

客：轮輹是什么东西？

主：轮輹（音 fù），是车轴中心的方木，车身与车轮由它连接而不脱离。车子脱离了轮輹，就不能行走了。所以，"舆说（脱）輹"就意味着车子停下不走了。

客：九二为什么也停下不走呢？

主：九二也是刚健进取之才，像车子一样，本来是要向前运转行走的。但是它居于下体的中位，能行"无过无不及"的中道。所以当"大畜"之时，它被位置相应而性质相反的柔爻六五所蓄止，就能够审度其势，可行则行，应止则止，终于停止前进，就像车子自行脱下轮輹一样。止而不进，蓄养其德，当然不会有过失。

䷙. 九三，良马逐，利艰贞，曰闲舆卫，利有攸往。

【译文】 九三，良马奔驰，利于在艰难中坚持正道，熟练车马防卫的技能，这样就利于有所前往。（曰：语气词。闲：即"娴"，熟练。）

《象》曰：利有攸往，上合志也。

【译文】《象传》说：利于有所前往，因为九三与上九意志相合。

【提示】 九三蓄养已成熟。

客：九三爻"良马逐""有攸往"，并没有"蓄止"的意思，难道卦旨发生变化了吗？

主：止而蓄德的目的，本来就是为了"利涉大川"，为了更好地进取。大畜卦发展到了九三这一爻，已经经历了初九、九二的磨练阶段，道德、智慧已经有了相当的蓄养，像一匹经过训练的"良马"，可以向前奔驰了。

客：就是说，初九、九二是处于遇险而止、蓄养德智的阶段，九三则已经到了蓄养已厚、奋起进取的时候了？

主：对了。九三的德智蓄养已经臻于成熟，可以说是"大畜"已成了。请看，它不仅向前驰逐，还严守"利艰贞"（利于在艰难中坚持正道）的原则，并且能够"闲舆卫"（熟练车马防卫的技能）。这时九三也就不会再受到挫折的蓄止。反映到爻象上，与之相应的上九，已经不是性质相反、起蓄止作用的柔爻，而是性质相同，起促进作用的刚爻了。

客：既然九三与上九都属阳刚，都有力求进取的本性，这就志同道合了。所以《象传》说："利有攸往，上合志也。"

主：以上谈的是大畜下卦乾体的三爻。上卦与下卦相对应，六四、六五两爻处于对阳刚蓄止的阶段，上九爻则处于蓄道已成的阶段。上、下卦的角度不同，下卦是说"乾"的被止、被蓄的过程，上卦是说"艮"的止之、蓄之的作用。

"六十四卦"中的人生哲理与谋略

䷙ 六四，童牛之牿，元吉。

【译文】 六四，戴在小牛犊角上的木枷，大吉。（牿：音 gù，木枷，戴在牛角上，使牛不能用角顶人。）

《象》曰：六四元吉，有喜也。

【译文】《象传》说：六四大吉，值得欣喜。

【提示】 六四以防护法蓄止。

客：按照前面的说法，六四与初九刚柔相应，应以"止健"的精神对初九阳刚加以蓄止。给牛角戴上木枷，大概就是对阳刚加以蓄止的一种比喻吧？

主：你说对了。小牛刚长出角，喜欢用角到处乱顶。既有可能伤人，又会把自己刚生出的嫩角顶伤，所以要戴上木枷防护。本爻正借驯牛之事比拟六四对初九的蓄止。初九的刚性初生，正像喜欢以角顶人的小牛。六四就是木枷，对阳刚起着制约、蓄止的作用。

客：这个驯牛的方法也很巧妙，既防止小牛顶人闯祸，又保护了新生的牛角不致受伤，同时驯服了牛的野性。

主：这个比喻启示我们，既要以"止健"的精神蓄止刚健者过早的、过度的冲动，又要保护刚健的气质，以利于时机和条件成熟以后的进取。这就两全其美了，所以大吉，值得欣喜。

䷙ 六五，豮豕之牙，吉。

【译文】 六五，阉割过的公猪的牙齿，吉祥。（豮：音 fén，阉割。割去公畜的生殖腺，以驯化其刚烈之性。豕：音 shǐ，猪。）

《象》曰：六五之吉，有庆也。

【译文】《象传》说：六五吉祥，值得庆贺。

【提示】 六五以治本法蓄止。

主："阉割"也是古代畜牧业的一种驯养术，其法沿袭至今。现在看来也仍然有其科学道理。猪性刚躁，常以利齿伤人，阉割后则牙齿犹存而凶性已除。初九的刚性初生，像以角触人的小牛；而九二的刚暴之性已长成，就像以牙伤人的公猪了。对治之法，只治猪的牙就不行了，需要治本，以阉割法制约公猪过刚的烈性。六五柔中而居尊，能以柔止刚，有效地蓄止了九二，因此吉祥可庆。

客：保存牙齿，去掉凶性，既能觅食，又不伤人，当然是吉祥可庆的事。

☶ 上九，何天之衢，亨。

【译文】 上九，何等畅达的青天大路。亨通。（何：感叹词。衢：音 qú，四面畅通的大路。）

《象》曰：何天之衢，道大行也。

【译文】 《象传》说：何等畅达的青天大路，说明蓄养之道大为通行。

【提示】 上九蓄道得以成功。

客：上九虽然与九三位置相对，但两者都是刚爻，起不到蓄止的作用了吧？

主：九三的德智蓄养已经成熟，也用不着继续蓄止了。在本卦中，对乾体的三个刚爻的蓄止、蓄养，都用古代的畜牧驯养术打比方。初九是顶人的小牛，需要加以防护；九二是咬人的公猪，需要去其野性；九三则是经过驯养的良马，可以任其奔驰了。所以这时上九已经不需要对九三再加以蓄止，而是放开通天大路，任凭九三这匹"良马"奔驰了。大畜之道，至此得以充分体现。

客：请你把大畜卦的要旨再指点一下。

主：大畜卦以德智蓄养为主要命题，以"止健"为实现德智蓄养的基本手段，认为现实生活中的困难和挫折对性格刚健、急于进取者起有蓄止其轻率冒进、蓄养其道德智慧的作用。把逆境视为有益于德智蓄养的必要的人生磨练，这种思想是很有积极意义的。有道是："宝剑锋从磨砺出，梅花香自苦寒来。"全卦六爻，从上、下卦两个角度，又各分为两个阶段，展现了蓄止和蓄养的整个过程。上卦表述"艮"对阳刚的"蓄止"和"蓄养"的作用，下卦表述"乾"的阳刚"被蓄止"和"被蓄养"的情况。第一阶段，对"艮"体的下、中爻（六四、六五）来说是对阳刚的蓄止，对"乾"体的下、中爻（初九、九二）来说则是阳刚被蓄止；第二阶段，对"艮"体上爻（上九）来说标志着蓄养之道已经成功，对"乾"体上爻（九三）来说则是意味着德智蓄养已经成熟。

27. 颐卦——论养生之道

䷚ 震下艮上

颐：贞吉。观颐，自求口实。

【译文】 颐卦象征颐养：坚持正道可获吉祥。观看嘴巴，就知道人要自求口中食物。（颐：音 yí，面颊，腮，其中为口腔。）

【提示】 指出养生的原则。

主："颐"就是嘴巴，嘴巴是吃东西的，吃食物则是为了摄取营养、保养生命，这就叫颐养。东方文化很重视生命的颐养，称之为"养生之道"，对这门学问有精深的研究，各种学派林立。颐卦专论生命的颐养。卦象是上艮下震，上下两个阳爻像上下腭，中间四个阴爻像两排牙齿。上艮为止，象征上腭静止不动；下震为动，象征下巴咀嚼食物。观看这一卦象，就知道人要自求口中食物，以利于养生，这就是卦辞所说的"观颐自求口实"。从这最原始的本能需求出发，可以推衍出颐养生命的许多道理，总的原则是"贞吉"，守正则吉。顺应生命成长的规律就是守持正道，如此则利于养生。

客：颐卦接在大畜卦后面，两者有内在联系吗？

主：《序卦传》说："物畜然后可养，故受之颐。"事物蓄聚以后需要加以保养。大畜卦讲德智的蓄聚，而德智聚集于身以后要继续给以滋养，使之得到扩充和发展。颐卦论生命的颐养，偏重于精神养生，认为养德性比养口体更要紧，这正好是大畜卦旨意的延伸。

《彖》曰：颐，贞吉，养正则吉也。观颐，观其所养也。自求口实，观其自养也。天地养万物，圣人养贤以及万民，颐之时大矣哉！

【译文】《彖传》说：颐养，坚持正道可获吉祥，说明用正道养生才能导致吉祥。观看嘴巴，是观察所养的什么；观看自求口中食物，是观察怎样自我养育。天地养育万物，圣人养育贤者并且普及于万民，及时的颐养是很伟大的啊！

【提示】 解释卦辞。

客：这段《彖传》里面的"观颐"以下几句话，真是不解释倒还明白，越解释越糊涂了。

主：看人吃食是最简单的事，但是善于观察的人可以从中得到象征性的启示。口中吃食者，所养的是口腹；口中节饮食、慎言语者，所养的是德行。这是"观颐"的启示。凡廉洁寡欲、不贪饮食者，皆得养生之正道；凡贪食无厌、欲壑难填者，尽入戕生之邪途。这是观"自求口实"的启示。《彖传》又推而广之，不仅养身养德是颐养，而且天地养育万物、君主养贤人养万民都在颐养之道范围内，都可以用本卦的哲理去推论。

　　　　　　　　　"六十四卦"中的人生哲理与谋略

《象》曰：山下有雷，颐。君子以慎言语，节饮食。

【译文】《象传》说：山下有雷声，象征颐养。君子因此谨慎言语，节制饮食。

【提示】 养生要兼顾养德和养身。

客：颐卦上为艮、为山，下为震、为雷，是"山下有雷"之象。但很难看出这是"颐养"的象征。

主：雷动于下，山止于上，这一动一止，正可假借为口腔咀嚼之象，故称为"颐"，象征颐养。人的口，出者为言语，入者为饮食。所谓"祸从口出，病从口入"，如不谨慎节制，就会危害养生。震之动象征言语、饮食，艮之止象征慎之、节之。慎言可养德行，节食可养身体，养生的功夫正要在口的一出一入之间留意。当然是养德性为重，养口腹为轻；精神养生为重，物质养生为轻。

客：这话很有道理。所以《礼记·大学》中说："富润屋，德润身，心广体胖。"

主：良好的心理情绪和精神状态对于身体健康的影响极大。所以，养生不仅要适当地摄取物质营养以颐养口腹，更要不断地摄取精神营养以颐养德行。从颐卦六爻看，分为两种类型。下三爻为震、为动，象征下颚咀嚼食物，所求在物，贪于口腹之欲，只养体而不养德，结果是戕生而多凶；上三爻为艮、为止，象征上腭止而不动，节制饮食，所求在德，清心寡欲，以德自养并养人，身心皆安，这才是养生的吉祥正道。

☲ 初九，舍尔灵龟，观我朵颐，凶。

【译文】 初九，舍弃你灵龟般的智慧，来看我鼓满两腮大吃东西，有凶险。（朵颐：鼓着腮帮子咀嚼食物。）

《象》曰：观我朵颐，亦不足贵也。

【译文】《象传》说：观看别人大吃东西，说明初九的所求不值得看重。

【提示】 初九舍弃养生正道，贪于口腹之求。

主：灵龟食欲不强，能够吐纳气息而致长寿。初九以刚居阳位而得正，本来是有养生正道的，完全可以像灵龟那样以内质自养而不求养于外食。然而由于它象征下腭主于动，易起口腹贪欲之心，又与六四相应，犹如以阳刚之实求养于阴虚。所以爻辞借用六四的口吻责备说：你本来是不求外食、以气自养的灵龟，怎么放弃了养生正道，竟然贪婪嘴馋起来，看着我大快朵颐而淌口水呢？贪于口腹之欲，对养生来说必然是凶险的。

客：吃喝之风，有损于德性，有害于健康，百无一利，是养生之大敌。

☲. 六二，颠颐，拂经于丘颐，征凶。

【译文】 六二，颠倒向下求养，又违背了常理，向上求养，前往征求有凶险。（颠：颠倒。拂经：违背经常的道理。丘：指位置最高的上九。）

《象》曰：六二征凶，行失类也。

【译文】 《象传》说：六二征求有凶险，说明它们的行为会脱离同类。

【提示】 六二不以中正自养，而求实于人。

主：六二以柔居阳位，得正得中，本来应该遵循养生正道，以德自养。但它处在象征下颚的震体，贪于食欲，颠倒向下求养于比邻的初九，还不满足，又违背常理，越过六五向上九求食。试想，上九与六二并无比、应关系，二者身份高下又如此悬殊，腆颜求养，能有什么好结果吗？再说，脱离了阴爻同类，厚颜求食，既无补于身体，又有损于品德。

客：人到无求品自高。因口腹之累而不顾自尊，以至自轻自贱，这样的人根本就谈不上坦荡自然的胸怀，确实不利于养生。

☰· 六三，拂颐，贞凶。十年勿用，无攸利。

【译文】 六三，违背颐养的常理，要坚持正道以防凶险。将有十年之久不能有所作为，无利益可言。

《象》曰：十年勿用，道大悖也。

【译文】《象传》说：十年之久无所作为，因为六三与颐养正道大相违背。（悖：音 bèi，违背。）

【提示】 六三不中不正，贪求无厌。

客：六三与上九阴阳相应而互补，取阳实以养阴虚，应该是可以的，怎么也违背颐养的常理呢？

主：因为六三是阴居阳位，违中失正，同时又处于下卦动体之极，乃是邪辟浮躁之徒，贪食无厌之辈，为了求养于人，必然无所不至。由于拂逆常理，媚上贪求，最终会被断绝食物来源，不仅无法满足口腹之欲，甚至造成道德沦丧。这样的人，长期不能振作，身心交病，无所作为，极为有害于养生，所以爻辞告诫他要守正防凶。

客：本爻的告诫，对于招摇于吃喝场中的"食客"们倒是一贴苦口良药。

☰· 六四，颠颐，吉。虎视眈眈，其欲逐逐，无咎。

【译文】 六四，颠倒向下求养，吉祥。像老虎一样眈眈注视，欲望很迫切，没有过错。（眈：音 dān；眈眈：专一注视的样子。逐逐：急迫的样子。）

《象》曰：颠颐之吉，上施光也。

【译文】《象传》说：颠倒向下求养而得到吉祥，说明六四居上而能放出美德的光辉。

【提示】 六四向下求贤问道，以德自养。

客：六二"颠颐"为凶，六四"颠颐"为吉，这是什么原因呢？

主：六二、六四"颠颐"，都是颠倒向下求养，所不同的是六二居于下卦震体，而六四居于上卦艮体。震为动，是贪食之象，只养体而不养德，颓颜求食于人，所以戒生而多凶。而艮为止，能清心寡欲，节制饮食，所求在道，以德自养，身心皆安，所以得养生之正道而吉祥。在震体的下三爻与在艮体的上三爻都有此差异。

客：那么，爻辞所描写的"虎视眈眈，其欲逐逐"都是六四迫切求道的表现了？

主：是的。贪于物质欲望，心越贪则越加凶险；而从事精神追求，越迫切却越为吉祥。六四是阴虚之体，下与初九阳实相应。阴处阴位，自感不足，主动地向下求贤自辅，问道于初九，以自养其德，其吉固宜。不耻下问、乐于向善，正是美德的表现，所以《象传》说"上施光也"。

☶ 六五，拂经，居贞吉，不可涉大川。

【译文】 六五，违背常理，安居守正可获吉祥，不可涉越大河。

《象》曰：居贞之吉，顺以从上也。

【译文】 《象传》说：安居守正可获吉祥，说明六五应该顺从上九。

【提示】 六五向上求贤养德，守正安居。

客：六二"拂经"、六三"拂颐"皆凶，六五"拂经"却吉。大概也是因为六二、六三处于下卦震体，贪食无厌，而六五处于上卦艮体，止而不动的缘故吧？

主：是的。震体三爻皆凶，艮体三爻皆吉。六五本来是违逆颐养的常理的，它虽居于至尊的君位，却是阴虚无实之质，不仅不能养天下，甚至连自己也要求养于上九阳实。这就是六五违逆于常理的地方，所以称为"拂经"。不过，六五有柔顺之性，又居于上卦艮体之中央，能够安居而守中，以阴承阳，顺从于邻近的上九阳刚。这就象征着谦虚的君主礼求于贤人，问道于能臣，借他人的智慧以自养其德。这便是处于六五的处境中自我颐养的正道，所以《象传》说："居贞之吉，顺以从上也。"

客：六五只能安居，不可有所作为吗？

主：不可以。六五以阴虚之质，只宜静养，以利于生命力的逐渐生长和积累，切不可轻举妄动，冒险犯难，随便损耗虚弱的元气。所以爻辞告诫说："不可涉大川。"只有当元气积蓄充足之日，阴虚转化为阳实之时，养己已足，才能兼养天下。

▤ **上九，由颐，厉吉，利涉大川。**

【译文】 上九，由它获得颐养，谨慎防危可获吉祥，利于涉越大河。（厉：危险。）

《象》曰：由颐厉吉，大有庆也。

【译文】 《象传》说：由它获得颐养，并能谨慎防危而得到吉祥，这是大有福庆之事。

【提示】 上九以德自养，并且兼养天下。

客：颐卦发展到了上九这一爻，已经可以兼养天下了吗？

主：是的。"由颐"就是天下由之以养。上九处于颐卦之极，这时元气已经得到了充分的积蓄，阴虚已经转为阳实，不仅因刚实能够自养，同时又能养四个阴虚，既养己又养人，既养体又养德，最得颐养之正道，是颐道大成的象征。当此之时，排难涉险必利。不过即使在此时，也要防危虑险，心存戒慎，以免功亏一篑。不知防危，是为养生家所忌。阴虚勿损，阳实防危，这些养生原则都为后来的内丹养生家所继承发展。

客：我发现，颐卦六爻，上下两个阳爻皆可自养或养人，中间四个阴虚皆需求养于人。

主：正是如此。阳实者自养并养人，阴虚者则养于人。这是一种情况。本卦中还存在着另一种情况，处于震体的下三爻皆只养体不养德，不得养生之正道，多凶；处于艮体的上三爻以养德为主导，身心兼养，得养生之正道，皆吉。颐卦六爻中存在着这两种规律的交叉，表现出自养、养人及养于人，养德与养体的复杂现象。拿上下两个阳爻来说，初九虽然阳实足以自养，却因处于下体之下，境界低卑，贪于口腹之求，以致舍己之"灵龟"、观人之"朵颐"；而上九则不仅阳刚充沛，更兼境界高超，所以能以德自养并且教养天下，以至大有"由颐"之庆。再看中间的四个阴爻，虽然皆因阴虚之质而求养于人，境界又大有不同。处于下体的六二、六三的"颠颐""拂颐"，皆是以贪损德，颠颜求食，身心交病，害于养生；六四、六五的"拂颐""拂经"则是求贤问道，自养其德，身心两益，利于养生。

客：总的说来，颐卦提出的养生原则是什么呢？

主：我认为可以用八个字来概括：以德为本，身心兼养。在这里，精神因素起有主导作用，心理卫生制约着生理卫生，心泰则身安。这也正是东方古典养生学的精髓所在，必然会引导我们进入身心安泰的新境界。印度瑜伽术的良性心理诱导法、中国内丹术的性命双修法以及佛家的形形色色的禅定法，无不与此密切相关，无不由此起步入门。

28. 大过卦——论以柔济刚

䷛ 巽下兑上

大过：栋桡，利有攸往，亨。

【译文】 大过卦象征大为过分：栋梁弯曲，利于有所前往，亨通。（桡：音 náo，木材弯曲。）

【提示】 指出阳刚过度，需要调整。

主："颐"为养，万事万物都养而后成，有所作为，利涉大川，这时往往会产生举动过分的问题。所以接在颐卦之后的就是大过卦，这两卦构成一对。颐卦的卦形（䷚）有些特殊，颠倒过来卦象不变，所以与他构成一组的大过卦就改用另一种变卦法，即六爻的阴阳相反，组成新的卦形（䷛）。这种特殊情况，在六十四卦中共有四组："乾"与"坤"，"颐"与"大过"，"坎"与"离"（䷜、䷝），"中孚"与"小过"（䷼、䷽）。

客：请谈谈大过卦的基本含义。

主："大过"，从字面上理解，是"大为过度"的意思。卦辞中以栋梁弯曲作为比喻。四阳在中间，两阴在头尾，中间过强，两头太弱，然而栋梁是着力于两头的，柔弱的两头不胜重压，以致栋梁弯曲，呈现危象。房子要倒塌了。这时必须有所前往，也就是有所作为，采取措施，调整阴阳强弱，才能转危为安。这就是"栋桡，利有攸往"的含义。

客：阳刚过度了，大大地超过了阴柔，因此需要调整，这就是本卦的基本卦旨吗？

主：大致上可以这样说。"大过"的"过"，就是"过犹不及"的"过"。凡事都要适度，不及或者过头都不好，都要纠正。这个"适度"的"度"就是"中"。要使事物处于恰到好处的

"适中"状态，使得阴阳强弱的力量对比处于相对平衡的中界线上，保持中和的协调关系，这样就排除了危象，恢复了平安和亨通。

《彖》曰：大过，大者过也。栋桡，本末弱也。刚过而中，巽而说行，利有攸往，乃亨。大过之时大矣哉！

【译文】《彖传》说：大过，是指刚大者超过了限度。栋梁弯曲，说明头尾两端柔弱。阳刚过分时，要以中道来调节，逊让、和悦地实行整治，这样就利于有所前往，会得到亨通。把握大过的时机十分重要啊！（本末：指木材的首尾两端。）

【提示】解释卦名卦辞。

客：《彖传》中"刚过而中，巽而说行"两句，看来是说明怎样做才"利有攸往"。

主：是的。从卦象的象征含义看，中四爻虽然表现阳刚过度之象，但九二、九五两爻居于上、下二体之中，启示我们要以中道行事，把阳亢阴衰调整到相对平衡的"适中"状态。这就是"刚过而中"的原则。再从本卦上下二体看，下为巽、为逊，上为兑、为悦，这又启示我们，在阳刚过度的"大过"之时，要逊让、和悦地实地整治，以避免危机。这是"巽而说（悦）行"的原则。

客：从"大过"的卦象看，确实太过分了，一副咄咄逼人的架势。阴爻几乎被排挤得没有立足之地。《彖传》指出"中""巽""悦"是治"大过"的原则，十分正确。

主：在现实人生中，"大过"的现象并不罕见。当权者过于刚强，下级往往会无法忍受，如屋上的栋梁、不胜其重压，就有弯曲断裂之虞。个性刚强而修养不深者，即表现为刚有余而柔不足，缺少弹性和韧力，易于摧折，难以持久。这样类型的人格，往往

"六十四卦"中的人生哲理与谋略

流于急功好利、刚愎自用；遇到阻碍，则变本加厉，一意孤行。为害之烈，并不亚于碌碌小人。在"大过"现象发生时，要特别引起重视，所以《象传》以饱经世故的睿智向人们呼吁："大过之时大矣哉！"

《象》曰：泽灭木，大过。君子以独立不惧，遁世无闷。

【译文】《象传》说：湖水淹没了树木，象征大为过分。君子因此独立而不畏惧，避世而不苦闷。

【提示】以大过人之举，处"大过"之时。

客：大过卦上为兑、为泽，下为巽、为木，是泽灭木之象。水本来应该滋润树木，现在竟然把树木给淹没了，这当然是大大地超过了限度，所以是"大过"的象征。

主：君子观"大过"之象，应该得到启示，在"大过"的非常时期，要有大过人之举，立大过人之行。君子大过人之处，就在他能进能退，进则力挽狂澜，无所畏惧，退则避世隐居，无怨无尤。君子正是在"大过"的灾祸中磨练出大过人的德才，这是《象传》中蕴含的人生真谛。

☰ 初六，藉用白茅，无咎。

【译文】初六，用白茅草衬垫祭品，没有过错。（藉：衬垫。）

《象》曰：藉用白茅，柔在下也。

【译文】《象传》说：用白茅草衬垫祭品，说明初六在阳刚之下，要柔顺敬慎。

【提示】初六过于柔弱，需要济之以刚。

客："藉用白茅"是怎么一回事？

主：古代祭祀敬神，十分虔诚庄重，祭品不能直接放在地上，要用白茅草垫上，以示洁净。

客：这里谈祭祀之事也是一种比喻吧？

主：柔软的茅草垫在祭品下面，这是"柔在下也"。这就喻示我们，在阳刚过盛的"大过"之时，初六以一阴处于极下，是柔弱卑小的，要敬慎柔顺地上承阳刚，就像以白茅垫衬承物奉上那样。这样初六的阴柔才能得到九二阳刚的调济，才能在相比的初六、九二之间促成阴阳互济。

☰ 九二，枯杨生稊，老夫得其女妻。无不利。

【译文】 九二，枯杨树生出嫩芽新枝，老男人得到处女幼妻，无所不利。（稊：音 tí，新生的枝芽。）

《象》曰：老夫女妻，过以相与也。

【译文】 《象传》说：老男人娶了幼妻，说明阳刚过度，但能和阴柔相配。（相与：相配。）

【提示】 九二阳刚过分，需要以柔济之。

客：枯树生嫩枝，老头子娶少年妻。这倒很像是民谣里的话。

主：卦辞中确实有不少内容采自民谣。本爻的两句民谣恰好形象地说明了初六、九二两爻的特征和关系。当"大过"之时，阳刚发展过度，所以用枯杨、老夫比喻九二；阴柔过于幼弱，所以用嫩枝、幼妻比喻初六。两爻比邻，正好取柔济刚，以阴柔抑制过度的阳刚，这当然是无所不利的。这种阴阳调济的情况，爻辞比喻为"枯杨生稊，老夫得其女妻"。"老夫少妻"确实是不同平常的过人之举，但是，当此"大过"之时，非此过人之举不足以纠正阳刚的过度偏胜。

☰ 九三，栋桡，凶。

【译文】 九三，栋梁弯曲，有凶险。

《象》曰：栋桡之凶，不可以有辅也。

【译文】《象传》说：栋梁弯曲有凶险，因为无法辅助补救。

【提示】九三过刚而折，无法辅助。

客：大过卦之四阳都是阳刚过度，为什么只有九三像栋梁弯曲一样呈现凶象呢？

主：因为九三不像九二那样，可以得到与之相比的初六阴柔的辅助，而抵消掉过度的阳刚，使阴阳归于平衡。所以《象传》说九三"不可以有辅也"。九三虽然与上六阴阳相应，但它以阳刚之质居于阳刚之位，居刚用刚，过刚而不中，对阴柔是加以排斥的，这样就失去了阴柔的辅助，而有摧折之危。不像九二，虽是阳刚之质，却处于阴柔之位，又居于下卦之中位，对于初六阴柔的辅助具有和亲倾向。由此可知，在阳刚过盛的"大过"危机中，能否接受阴柔的反向作用，能否取柔济刚，是能否转危为安的关键。在生活实境中，阳刚气质的人富于进取精神和决断能力，但阳刚过甚就会流于急功好利和刚愎自用，优势转而成为弊病。阴柔气质的人较为宽容退让和优柔寡断，但是正好可以弥补阳刚者之不足。

客：卦辞中称"栋桡"为"亨"，而本爻称"栋桡"为"凶"，这是什么缘故？

主：卦辞称"栋桡"为"亨"是有条件的，"利有攸往"则"亨"。就是说，当阳刚过甚以至"栋桡"之时，要有所作为，取柔济刚，调整阴阳，如此则"亨"。而九三不能以阴柔为辅，无法转危为安，当然是"凶"的。

☰ 九四，栋隆，吉。有它，吝。

【译文】九四，栋梁隆起，吉祥。如果发生其他变故，还是会出毛病。（吝：毛病，憾事。）

《象》曰：栋隆之吉，不桡乎下也。

【译文】　《象传》说：栋梁隆起，吉祥，因为不再向下弯曲了。

【提示】　九四阳刚过度，以阴柔纠正。

客：大过卦阳刚过度，造成栋梁弯曲。九四仍是阳爻，栋梁竟不向下弯曲，反而向上隆起了，这又是怎么一回事呢？

主：这不难理解。请看九四爻，它以刚质居于柔位（第四位是偶数，属阴柔之位），性刚而能用柔，这已经部分地抵消了阳刚过度之质。同时它又居于上卦的下位，并且与初六阴阳相应，这就更容易得到阴柔的辅助，实现刚柔相济。于是，九四阳刚的过度，在初六阴柔的反向力量的作用下，就得到了纠正，因阳刚过甚向下弯曲的栋梁就向上隆起而平复了。注意，这里的"栋隆"是指栋梁在向下弯曲的情况下，由于适度地向上隆起，因而恢复了水平状态。并不是说原来向下弯，现在又反过来向上弯了。所以《象传》特别指出，说栋梁隆起是吉祥的，就在于它不再向下弯了，平直了。加上这句说明，正是为了避免对"栋隆"二字产生误解。

客：这就是说，九四由原来的阳刚过度，经过纠正，恢复了阴阳平衡的"中"的状态，所以吉祥。

主：如果又有其他变故，那又会打破平衡，那就是又出毛病了。所以爻辞补充说："有它，吝。"意思是强调指出，只有恢复处中适度的状态才是吉祥的，"有它"则"吝"。

　　≡≡　九五，枯杨生华，老妇得其士夫。无咎无誉。

【译文】　九五，枯杨树开花，老妇人得到年轻丈夫。没有过错，也不值得称誉。（华：花。士夫：未婚男子。）

《象》曰：枯杨生华，何可久也？老妇士夫，亦可丑也。

【译文】《象传》说：枯杨树开花，怎么能长久呢？老妇人嫁了年轻丈夫，也算是可羞丑的事了。

【提示】 九五过盛之阳，很难以衰极之阴调济。

客：爻辞中所说的枯树新花、老妇少夫，看来是指九五与上六的阴阳匹配了。

主：是的。这与九二爻辞所说的枯树新枝、老夫少妻相映成趣，既有类似之处，又有不同。九五的过盛之阳，亲比上六衰极之阴，虽然阴阳和合，勉强调济，目的也是取阴济阳，以阴柔抑制过盛的阳刚，纠正"大过"的弊病，当然是"无咎"的；但是，以极衰之阴调济极盛之阳，必然收效甚微，而上六又乘凌于九五之上，是以阴乘阳，调济作用也很有限，所以"无誉"可言。阳刚过盛的九五如同小伙子，残存衰竭的上六如同老太婆。小伙子找不到配偶，无可奈何地与仅有的老太婆结婚，虽然是在"大过"的特殊情况下的应急举措，也算是过人之举；但是这种婚配正像枯树开花，毕竟只能新鲜一时，长久不了，而且只能是有花无果，因为老太婆已经失去生育能力，即使得到少夫依然不能生育。所以《象传》说这种婚配"亦可丑也"，根本谈不上是美满的结合，仅仅是形式上的凑合而已。这就意味着，如果阴柔已经处于过度衰竭而失去生机的阶段，表现出毫无作为的消极因素，它就不能发挥抑制阳刚过度、实现刚柔相济的调节作用。因为在刚柔相济的理想状态下，刚与柔两者毕竟都是有所作为的手段，使得人生行为趋于科学化。这与失去生机、无所作为是大异其趣的。

☰ 上六，过涉灭顶，凶，无咎。

【译文】 上六，涉水而淹没头顶，有凶险，但没有过错。

《象》曰：过涉之凶，不可咎也。

【译文】《象传》说：涉水而有凶险，不可以视为过错。

【提示】 上六孤阴残存，势必被阳刚排斥。

主：上六处在阳刚过盛的大过卦之终，孤阴残存。下面的四阳刚健强盛，上六自然无法与之匹敌，随时都可能被阳刚排斥掉，正如涉水过河随时皆有灭顶之灾。《大象传》中所说的"泽灭木"的大过之象在这里表现出来了。

客：既然遭遇灭顶之灾，为什么又说"不可咎也"？这不是明显的矛盾吗？

主：既言"凶"，又言"无咎"，看来是语无伦次，不可究诘，其实读《易》时，在这些地方要用心地推敲参悟。我认为，"凶"是指客观境遇的恶劣凶险，"咎"则是指主观作为的失误过错。上六以残存之孤阴，在客观形势上已经没有可能与过盛之阳刚相抗衡。上六处于这样的卦时卦位，已经无法免祸。这不是上六主观努力不够或决策失误所造成，而是客观形势使之然，这时只有自损其身。所以虽遇凶亡身而无咎，不能归咎于它。事情失败了，如果是由客观形势所造成，谓之"凶"；如果是由主观失误所造成，则谓之"咎"。上六的覆灭，是遇"凶"，它本身"无咎"。《象传》强调指出："不可咎也。"这就有不以成败论英雄的意味。

客：这就是说，大过卦发展到最后阶段，危机已经到了无法挽救的地步。上六孤阴，更无回天之力，当然也就不必指责它。

主：从全卦的六爻看，展示了"大过"之时阳刚过度、阴阳失调的种种危象，从中探求调济阴阳之法，转危为安之术，走向亨通之路。总的原则是：处于上下两阴的境地时，要取刚济柔；处于中间四阳的境地时，要取柔济刚，这样才能救活阳刚偏胜的"大过"之弊，回到阴阳协调、刚柔适度的相对平衡状态。

客：从六爻的具体情况看，吉、凶、利、咎的表现相当复杂。

主：全卦六爻，分为三组。初六、九二阴阳相比，善于互相调济刚柔，所以初六"无咎"，九二"无不利"；九五、上六虽然也相比，但是阴弱阳强，悬殊太甚，上六居九五之上，又是以阴乘阳，不利于调济刚柔，所以九五"无咎无誉"，上六"凶，无咎"；九三、九四两个阳爻，分别与上、下两阴相应，但九三性刚用刚，居位不中，以致排斥阴柔而致"凶"，九四则性刚用柔，居于中位，能够以柔济刚而获"吉"。可见大过卦的基本精神是反对阳刚过度，主张以阴柔济之，接受阴柔的反向作用，以纠正偏差，拯治弊病，达到阴阳平衡的最佳态势。这里面蕴含着丰富的人生哲理，帮助我们掌握处中适度的处事艺术，获得理想的行为效果。

29. 坎卦——论排难脱险

䷜ 坎下坎上

习坎：有孚，维心亨，行有尚。

【译文】 坎卦象征重重险陷：要心怀诚信，只有内心亨通，行为才值得崇尚。（习：重叠。孚：诚信。维：只有。）

【提示】 提出排难出险的原则。

主："坎"与"大过"含义相反，这是二者的内在联系。"大过"是阳之过，阳刚过度而排斥阴柔；"坎"则是阳之陷，一阳陷入上下二阴之中。就是说，事物发展到极限就要向其反面转化。所以《序卦传》说："物不可以终过，故受之以坎。""坎"象征意义是"水"。水总是在低洼处，所以"坎"又有"坑陷"之义，又有"险境"等引申意义。坎卦就专门讨论如何排难脱险。坎卦由两次重叠而成，也就是坎上加坎，险上加险，所以叫"习坎"，意思正是"重重险陷"。

客：这也象征人生旅途上随时随地都有险阻。记得南宋诗人杨万里有一首小诗，道出人生历程的艰难："莫言下岭便无难，赚得行人错喜欢。正入万山圈子里，一山放过一山拦！"那么，究竟应该怎样面对人生险境呢？

主：坎卦卦辞提出的排难出险的原则，是值得思索玩味的。它并不着眼于客观艰险状况的考察，而是返向内心世界，重视内在心境的调整、精神状态的优化，这种思维方式是很奇特的。

客："泰山崩于前而色不变"，能有此等气魄，其精神境界必定不凡，也一定具有排难出险的人格力量。

主：卦辞提示我们，遇险之时，重要的是要有能够出险的诚信之心，完全相信自己必然能战胜艰险；这种诚信之心，可以产生巨大的精神力量。尽管身在险中，内心却处于一往无前、亨通无阻的状态，已经超越了艰险。这样，才能临危不乱，履险如夷，视险如无，仍然保持从容不迫的安详心态，排难出险的固有智慧才能自动地呈现，你的所作所为才能契合于自然之道（客观规律），才不是盲目妄为，这样的行为才值得崇尚。这就是卦辞所说的："习坎：有孚，维心亨，行有尚。"

客：这里把精神意识的能动作用提得很高。

主：比方说，乒乓球世界冠军的争夺战，艰险紧张之极，据说在关键时刻，能否斩将夺关，决定因素并不在球艺的高下，而在于心理素质的高下，看你能否保持"有孚""心亨"的良性心态，能否履险如夷。当然，这里也并不否认生活阅历和社会实践的磨练具有不可替代的作用，所以"习坎"二字又有另一解——"习于艰险"。只有习于艰险，屡历险境，屡经磨难，才能不断增强对复杂艰险的辨别能力和适应能力，不断地取得经验智慧，才能有勇有谋地识险越险，才能入于险而出乎险。

《象》曰：习坎，重险也。水流而不盈，行险而不失其信。维心亨，乃以刚中也。行有尚，往有功也。

【译文】 习坎，意思是重重险陷。水的本性是流而不止的，

"六十四卦"中的人生哲理与谋略

即使遇到险阻也能不断流行，从不失去信心。内心亨通，是由于性格刚健，能行中道。行为值得崇尚，因为这样做能够获得成功。

【提示】 解释卦名和卦辞。

主："坎"为水、为险，所以《彖传》就以水流行险的道理来解说卦辞。水只有满盈了才不流，所以"流而不盈"就是说它"流而不止"。即使遇到千山万壑之险，也阻挡不住滔滔流水，它总是迂回曲折地向前流去。正如宋词中所说："青山遮不住，毕竟东流去！"终将历尽山川峡谷之险，最后归于大海。所以，我们观水可以得到启悟，应该像流水一样善于排难出险，像流水一样永远奔腾，永远亨通，从不为险阻所止，也从不失去流向大海的信念。这就是水的"有孚"，这就是"水流而不盈，行险而不失其信"。

客：这番观水的哲理说得好啊！"仁者乐山，智者乐水"，果然有道理。

主：水虽然暂时受阻，但是蓄聚着向前奔流的势能，有一种内在的力，终将冲决险阻。陈毅的诗写得好："三峡束长江，欲令江流改；谁知破夔门，东流成大海！"由此我们可以领悟到，形体虽然处于艰险之中，而内心却应是亨通畅达的。能如此，就一定能够破除险阻，实现亨通，这就是"心亨"的精义。《彖传》又从坎卦九二、九五皆为阳刚之爻同时分别处于上、下二体之中，也就是"刚中"的爻象，加以推论，认为实现"心亨"一是要秉性刚健，勇于进取，二是要能行中道，善于进取。

天险不可升也，地险山川丘陵也，王公设险以守其国。险之时用大矣哉！

【译文】 天险无法攀登，地险有山河丘陵，王公们则设置险关守卫国境。在遇险之时运用上述原则，很重要啊！

【提示】 指出善于排除艰险的意义重大。

主：《象传》是解释卦辞之余，特别列举出天险、地险、人为之险的普遍存在，借以强调人生处处有险境。因此，如何运用本卦的原理，超越艰险，化险为夷，这无疑是人生的重大课题。

客：诚如宋词中所感叹："江头未是风波恶，另有人间行路难。"我们不能期待着洒满鲜花的平坦大道，要准备走荆棘塞途的崎岖小路。马克思语云："只有在崎岖小路上不畏攀登的人，才能达到光辉的顶点。"毛泽东诗云："无限风光在险峰。"这些名言隽语均可互相印证，触类旁通。本卦所提供的哲理，一定会有益于艰辛的人生跋涉。

《象》曰：水洊至，习坎。君子以常德行，习教事。

【译文】 《象传》说：水流相继而至，象征重重险陷。君子因此经常讲究道德行为，勤于学习政教事务。 （洊：音 jiàn，再次。）

【提示】 注重德才修养，利于排除艰难。

主：坎卦两坎相重，象征前水至后水又至，因而造成重重险陷。君子观此险象，应该知道做事业必然会遇到重重艰险，因而及早准备，提高自己的道德修养和事务能力。非如此就难以走出一个又一个低谷。

客：在渡过凶险的荒漠之前，最重要的是做好精神上和能力上的充分准备。

☵. 初六，习坎，入于坎窞，凶。

【译文】 初六，重重险陷，落入陷穴深处，有凶险。（窞：音 dàn，坎穴中的洼陷处。）

《象》曰：习坎入坎，失道凶也。

【译文】《象传》说：落入重重险陷的深处，说明初六违失正道而遭遇凶险。

【提示】 阴柔失正，外无应援，无法出险。

主：初六阴柔失正，处于重坎之下。这意味着陷入险境很深，不仅自身柔弱无力出险，而且居位不正，违失履险之道；更加上与它位置相对的六四也是阴爻，无阴阳相应关系，其上没有应援。这情况确实不妙，不仅难以出险，很可能越陷越深。

客：既不能自救，又外无援助，主观因素和客观条件都很不利，预后必然凶险。

☵. 九二，坎有险，求小得。

【译文】 九二，在陷穴中遇险，可以先谋求小的收益。（得：得到的效益。）

《象》曰：求小得，未出中也。

【译文】《象传》说：先谋求小的收益，说明九二暂时还不能脱出险中。

【提示】 先求小得，可以逐步出险。

客：九二陷入二阴之中而遇险，大概与它以阳爻居阴位失正有关吧？

主：是的，九二是因为失正而遇险。不过它毕竟是阳刚之爻，能够奋发有为，又居于中位，能行中道。既在险中，只能做力所能及的事，先求小有所得，逐步探求出险致胜的途径。历史上的汉高祖刘邦就深知此理，他屡处险境，屡次脱险，积小胜成大胜，终于在楚汉相争中取得最后胜利。

客：项羽自立为西楚霸王时，把刘邦封在汉中、巴蜀的荒凉险阻地带，堵塞他返回关中的道路。刘邦被置于封闭的险境，却能安然处之，积蓄力量，立定脚跟，徐图进取。

主：先安于小有所得，伺机发展，这就是求小得大的谨慎行险之道。

☵ 六三，来之坎坎，险且枕；入于坎窞，勿用。

【译文】 六三，来去都处在险陷之中，遇险姑且伏枕以待；已经落入陷穴深处，不可轻举妄动。（之：去。枕：暂息而未安。）

《象》曰：来之坎坎，终无功也。

【译文】 《象传》说：来去都处在险陷之中，说明任何行动终究都难以成功。

【提示】 处于重险之中，要安居待时。

主："来之坎坎"，形容处于重险之间，出去是险，回来也是险，跋前踬后，进退失据，怎么也脱离不了险境。处于这种情况，不管有多少艰险，都应该安心忍耐，姑且伏枕以待，等候转机到来，不要勉强地有所作为。这就是"险且枕"的含义。如果孟浪行事，势必越陷越深，陷入险中之险；这时更不能轻举妄动，否则情况更糟。这就是"入于坎窞，勿用"的含义。

客：六三怎么会落入如此险恶的境地中呢？

主：六三有很多弱点和不利因素，它本身的性质阴柔软弱，既不当位，又不居中，处在下体之上，正是下坎之险未终，上坎之险将至之时，前后皆险，进退两难。既然一时无法脱险，不如聊为停息，以谋良策，以待良机。如果侥幸行险，不仅徒劳无功，甚至有入窞之患，不可不慎！

☵ 六四，樽酒，簋贰，用缶，纳约自牖，终无咎。

【译文】 六四，一樽酒，两碗饭，只使用陶器，把简约的祭器从窗户送进室内，终究没有过错。（簋：音 guǐ，盛饭器皿。缶：音 fǒu，瓦器。纳：送进。约：俭约之物。牖：音 yǒu，窗户。）

"六十四卦"中的人生哲理与谋略

《象》曰：樽酒簋贰，刚柔际也。

【译文】《象传》说：一樽酒，两碗饭，这是用于刚柔交接的礼品。（际：交际，交接。）

【提示】以至诚之心求援于阳刚，有利于排难脱险。

客：六四的爻辞，看上去像是讲一篇小故事。

主：这是讲女子敬神之事，用瓦器装酒盛饭，这是最简朴的祭品，从窗户送进去，献给神灵。据宋人项安世的《周易玩辞》说，女子行祭神之礼不许走正门，只能走窗户。

客：这有什么象征意义呢？

主：我们可以从《象传》的解说中得到启发。《象传》指出这与"刚柔际"（阴柔与阳刚的交际）有关系。由此推演，这涉及六四与九五阴阳互比的关系。六四以柔爻居于阴位，是六爻之中最柔弱者，有如女子。以柔弱的资质，处于险陷之时，所幸的是它与九五阴阳相比，以柔承刚，好像是以妇人敬神之礼将朴素无华的祭品献给九五，以结成阴阳的和合，求得刚健者的保护。礼品虽然简约，却表达了至诚，所以终究是无咎的。

客：六三、六四两爻都处于两坎之间的重险之地，六三因为失位无应而"无功"，六四由于得正承阳而"无咎"，形成了鲜明对比。

主：对于落难遇险的人来说，争取外援无疑是很必要的。

☵ 九五，坎不盈，祗既平，无咎。

【译文】九五，险陷尚未填满，敬守其志就可以平险，没有过错。（祗：音 zhǐ，恭敬。）

《象》曰：坎不盈，中未大也。

【译文】《象传》说：险陷尚未填满，说明持中守正之道尚未发扬光大。

【提示】 持中守正，可以平险。

客：九五阳刚，居中得正，又居于尊位，大概很有能力排难脱险吧？

主：九五确实是履险有方之象。其上仅剩下最后一个阴爻，可以说是难险将尽，但这也说明陷坑毕竟还没有完全填满，所以爻辞说"坎不盈"。《象传》进一步解释说，这是由于九五"中未大也"，持中守正之道还不够广大，还有待于进一步发扬光大。这意味着只要九五敬守其志，坚持以不偏不邪的中正原则行事，就能够踏平险陷，走上坦途，预后会是很好的。这就是爻辞"祗既平，无咎"的含义。

☵ 上六，系用徽纆，置于丛棘，三岁不得，凶。

【译文】 上六，被绳索捆绑，放在荆棘丛中，三年不能解脱，有凶险。（徽纆：绳索。纆：音 mò。）

《象》曰：上六失道，凶三岁也。

【译文】 《象传》说：上六违失正道，会有三年凶险。

【提示】 以阴柔之质处极险之地，无法出险。

客：上六竟被囚禁三年之久，不能脱险，看来这是最凶险的一爻了。

主：上六是本卦最后一爻，以阴柔之质，处在坎险之极，所陷极深，而无力自拔，当然是极为凶险的。其原因在于上六的时位不利，失去了《象传》所说的"心亨乃以刚中"的济险之道。

客：坎卦六爻中，看来只有两个刚中之爻能够出险，四个柔爻都无力脱出险境。

主：九二、九五两个阳爻，刚健居中，符合《象传》所指出的"刚中"的条件，但也并没有完全脱险。九二先求小得，逐步探索出险之途；九五持中守正，可望填平险陷。至于四个柔爻，上、下两阴都违失济险之正道而致"凶"，初六深落陷穴，上六被细绑囚禁；六三、六四两爻都处于上下两坎之间、重险之中，六三只能安居待时而不可妄动，仅六四承阳求助而得以"无咎"。全卦六爻中，不见一个"吉"字，由此可见处险之艰、出险之难了。

客：人生的道路上总是有填不完的坑坑坎坎。本卦从正反两方面提出了不少处险行险的原则，可以作为我们排难出险的指针。

主：这些都是前人从跌跌绊绊的人生实践中提炼出来的经验结晶。当我们亲临险境的时候，对此加以玩味、思索，一定会有更多的会心之处，而感到"别是一番滋味在心头"。

30. 离卦——论依附行为

☲ 离下离上

离：利贞，亨。畜牝牛吉。

【译文】 离卦象征依附：利于坚持正道，亨通。畜养母牛，吉祥。（牝［音 pìn］牛：母牛。）

【提示】 指出依附行为的原则。

主：《左传》里有一句话说："皮之不存，毛将安附？"毛总是要附着在皮上，人在社会中也往往是有所依附的，离卦专论这方面的人生哲理。"离"含有附丽、附着、依附的意思。坎（☵）、离（☲）两卦阴阳相反，构成一组。坎为水，离为火。水总是流聚在陷穴中，所以"坎"又有险陷之义；火总是依附在燃烧物上，所以"离"又有依附之义。遭遇险陷时，要有所依附，才能获援脱险，所以在坎卦之后就该是离卦了。

客：离卦论"依附"，与前面的比卦（第八卦）论"亲附"，有什么不同呢？

主："比"是紧靠、并列的意思，强调的是一方亲近地辅助另一方，侧重于主宾之间的亲辅关系；"离"是附丽、附着的意思，强调一方密切地依附于另一方，侧重于主从之间的依附关系。

客：现代人应该有独立人格，难道应该提倡依附人格吗？

主：社会中的人是需要互助依存的。必要的依附行为，并不等于是依附人格的表现，也并不妨碍独立人格的发展成长。应该把"依附"看作是一种人生手段，而不是人生目的。所以，卦辞中首先提出的依附原则是"利贞，亨"。依附要有正确的目的和适宜的策略，要有种种讲究，才会有利，才会亨通。如不守正道，则很可能造成偏差和弊病，甚至真的导致独立人格的丧失，那就谈不上"利"和"亨"了。

客：卦辞说"畜牝牛吉"，岂不是说要像母牛一样温顺吗？

主：母牛既温顺又能任重。一般人往往爱耍小聪明，投机取巧，不能取信于人。要有温顺而又任劳任怨的大聪明，才能被人倚重。这种素质需要加以培养，这就是"畜牝牛吉"的含义。"畜"就是"养"。

客：处于从属地位为人提供服务，确实需要培养温顺而又任劳的"牝牛"品质。

主：总之，"依附"是正常现象，是旨在有利于生存发展的行为。我们虽然反对在人身和人格上的依附，但是并不一概否定依附行为。离卦正是对这种人生行为的研究。

《象》曰：离，丽也。日月丽乎天，百谷草木丽乎土。重明以丽乎正，乃化成天下。

【译文】《象传》说："离"是依附的意思。太阳月亮依附在天上，百谷草木依附在地上。英明君主依附于正道，才能教化天下。（丽：附着，依附。重明：重重光明，明而又明。）

【提示】解释卦名。

　　　　　"六十四卦"中的人生哲理与谋略

主：本段不仅解释了卦名，同时用例证说明"依附"这一命题的意义。"离"象征光明，离卦为两离相重，所以是明而又明，称为"重明"。

客：道理是明白的。事物不能孤立存在，常常依附他物而发挥作用。人也不能遗世独立，也处于互相依存的关系中。

柔丽乎中正，故亨。是以畜牝牛吉也。

【译文】 柔顺而又依附于中正之道，因此亨通。所以，畜养母牛可获吉祥。

【提示】 解释卦辞。

主：这里特指离卦最吉祥的一爻六二而言。六二以柔爻居中得正，象征着在依附之时应有的品格：柔顺、持中、守正。有此三者，当然事事亨通吉祥。

客：母牛温顺而淳厚，不像公牛倔犟，发起牛脾气来就不顾一切，说母牛具备中正之德也是可以的。

主：依附于他人，依附于别物，都不如顺从地依附于中正之道。所以卦辞中"柔丽乎中正"这句话，实在有更深一层的哲理意义。

《象》曰：明两作，离。大人以继明照于四方。

【译文】 《象传》说：光明两次升起，象征依附。伟大人物因此要用连续不断的光明照临四方。（作：兴起。）

【提示】 依附天道，光明无量。

客：离卦为两离（象征光明）相叠，所以称为"明两作"。"明两作"大概是日月相继升起之象吧？

主：可以这样理解。正如《象传》所说："日月丽乎天。"日月相继升起，依附于天空，这真是伟大壮观的依附景象。大人物观此天象，有所启悟，自然地联想到应有日月经天的气魄，依附于天道而行，以明而又明之德施惠于天下。

☲. 初九，履错然，敬之，无咎。

【译文】 初六，步子错乱，保持恭敬谨慎，就没有过错。
（履：步履；行为。错然：杂乱无章。）

《象》曰：履错之敬，以辟咎也。

【译文】 《象传》说：步子错乱时保持恭敬谨慎，是为了以
此避免过错。（辟：避。）

【提示】 在依附之初，要敬慎行事。

客：初九刚上场就乱了步伐，是怎么搞的？

主：初九处"离"之始，以刚居刚，这意味着处于刚刚依附
于人之时，就躁动冒进。这时还没有得到对方的信任，也不知应
该如何做事，行为举止必然有不得当处，难免乱了章法，这就是
"履错"之象。依附之事贵柔，初九以阳刚的姿态出场，这就错
了。幸亏初九居下，有谦虚恭敬的优点，这才没有继续闯祸，挽
回了不良影响，避免了过错。本文就这样从正反两方面着眼，指
出依附之初易犯的错误和补救的方法。

☲. 六二，黄离，元吉。

【译文】 六二，黄色附着于物，大吉。

《象》曰：黄离元吉，得中道也。

【译文】 《象传》说：黄色附着于物为大吉，说明六二有得
于中道。

【提示】 以中道依附，最为吉祥。

客：记得坤卦六五爻辞也有"黄裳元吉"的话，看来黄色总
是大吉大利的。

主：黄在五色里为中之色，象征中道。"黄离"这里指六二爻，它以柔爻居阴位得正，又居于下体之中。处"离"之时，它能以柔顺中正之道依附于人，当然是至为吉祥的。《象传》所说"柔丽乎中正，故亨"，就是指此爻而言。当依附之时，初九过刚当然不可取，六二能柔并不难做到，难在一面柔顺依人，一面又不失其中正。"黄离"的可贵在于此。

客：这大概就是"外圆内方"的人格类型吧？

主：外圆内方，确实是在依附于人的同时，保持自己独立人格的微妙的处世艺术，明智与正直兼而有之，这很难做到。对利和义的追求，二者很难平衡。要防止陷入两重人格的误区。

☲· 九三，日昃之离，不鼓缶而歌，则大耋之嗟，凶。

【译文】 九三，太阳西斜，仍然依附在天空，这时如不敲着瓦器唱歌，就会因为老朽而叹息，凶险。（昃：音 zè，太阳偏西。耋：音 dié，年八十为耋。）

《象》曰：日昃之离，何可久也。

【译文】 《象传》说：太阳西斜仍然依附在天上，怎么能保持长久呢？

【提示】 依附不得其时，必有凶险。

客：太阳已经西斜了，仍然恋恋不舍地依附在天上。"夕阳无限好，只是近黄昏。"这是人生暮景的写照吧？

主：天将向晚，生命垂暮，这是九三爻的象征图景。九三处于下离之终，光明已接近终点。日薄西山，精力俱衰，这时如不及时退休，颐养天年，等到年岁更加老迈时就该叹息后悔了。

客：唱歌行乐，以娱晚年，这是老人的最佳选择。如果仍然恋栈不舍，难免被视为老朽昏庸，到那时含羞带愧，叹老嗟卑，焉能不凶！

主：西沉的太阳总是要落山的，挥戈退日毕竟是神话。九三已到了下体之终，却是以刚居刚，过而不中，以致不当依附而依附，不应进取而进取，本应以达生为乐，反兴垂老之叹，自取其辱是必然的。古语云："多寿则辱。"应是指此而言吧？

䷝ 九四，突如其来如，焚如，死如，弃如。

【译文】 九四，突然而来，如同火焰熊熊，会有生命危险，会被抛弃。（如：语助词。）

《象》曰：突如其来如，无所容也。

【译文】《象传》说：突然而来，说明六四将无处容身。

【提示】 依附者以强宾逼主，必有凶险。

客：这一爻的爻辞文字很奇特，似乎九四遇到了很凶险的事。

主：九四处于上下两离之间的"多惧之地"，急欲向上逼近六五。但是九四以阳爻居阴位，失正而又不中，不能以中正之道行事，突然来"依附"居君位的六五，以阳刚进逼阴柔，如火焰之燎人，有强宾逼主之势。名为"依附"，实为逼迫，这必然会引起六五的戒备。六五处于尊位，在上面以柔乘刚，这显然是拒绝、抵制九四的态势。九四下无正应，上无正承，虽然咄咄逼人，毕竟失道寡助，贸然履险，凶多吉少，弄不好要丧失性命，或者被充军流放，弃于荒野。总之，这样"突如其来如"的"依附"是不会被人容纳的，所以《象传》说九四"无所容也"。

客：九四从"突如其来如，焚如"，到"死如，弃如"，可以说是暴兴暴灭。真像老子所说："飘风不终朝，骤雨不终日。"

主：违反了卦辞"畜牝牛吉"所喻示的柔顺任劳的依附原则，当然就无"吉"可言了。我们看《三国演义》中的刘备，当他势单力薄之时，曾经多次依附于人，依曹操，依袁绍，依刘表，处处谦顺任劳，韬晦自抑，深得"畜牝牛吉"的真谛。在辗转寄人

"六十四卦"中的人生哲理与谋略

篱下的过程中，不仅保存了自己，还逐渐地积蓄了力量。即使在实力强大、进占益州之时，他对刘璋也是采取柔顺依附的形式，等待时机，缓图进取，并不操之过急，更不采取"突如其来如"的强宾夺主的形式，以利于收揽人心，建立政治威望。刘备的成功，确实有值得深思之处。

客：吕布的做法正好与刘备相反。吕布先后依附过丁原、董卓、袁术、刘备等人，处处以强宾夺主，咄咄逼人。最后被曹操所擒，又欲归依于曹，曹不受，终于被杀。"突如其来如，焚如"的吕布，落得了"死如，弃如"的结局。

☰ 六五，出涕沱若，戚嗟若，吉。

【译文】 六五，泪如雨下，悲伤叹息，吉祥。（沱若：下大雨的样子。若：语助词。）

《象》曰：六五之吉，离王公也。

【译文】 《象传》说：六五的吉祥，因为它依附于王公的尊位。

【提示】 依附于尊位而知忧惧，可以避凶得吉。

客：六五泪流滂沱，悲戚嗟叹，大概是因为受了九四的逼迫吧？怎么反而获"吉"呢？

主：是否得中是判断吉凶的一个重要因素，是否得位是判断吉凶的又一个重要因素。六二阴居阴位，既得中又得位，所以获得"元吉"。六五以阴居阳不得位，内柔弱而外躁动，所以有危象，以至流泪嗟叹。幸亏它在尊位而得中，居危而知惧，所以能够在强宾压主之时避凶得吉，当然及不上六二的"黄离元吉"。

☰ 上九，王用出征，有嘉折首，获匪其丑，无咎。

【译文】 上九，君王任用他出征，嘉奖他斩杀首恶分子，俘获没有依附的人，没有过错。（匪：非。丑：即俦，同类。）

《象》曰：王用出征，以正邦也。

【译文】《象传》说：君王任用他出征，是为了整顿邦国。

【提示】最后仍不依附者，则加以讨伐。

客：离卦专论依附，这里怎么突然又冒出杀气，大谈征伐之事呢？

主：离卦发展到最后一爻，离之道大成，众人皆来依附；这时仍有少数顽固分子，就要加以讨伐问罪了。但是居君位的六五柔弱，无力征讨。六五承上九，以阴承阳，是君王崇尚贤人之象。于是具有柔中之德的六五，任用具有刚健之才的上九为将，去征伐尚未依附的异己力量，动起干戈兵革来了。

客：征伐的结果如何？似乎大获全胜了。

主：六五作为君王以柔中之德指导战争，上九作为将领则以刚健之才带兵打仗。君王有令，要诛杀首恶分子，其余没有归附的民众俘虏过来就行了。武力征伐和分化争取相结合，使得非其俦类者归化依附于己。

客：征伐是为了"正邦"，说到底还是实现百姓依附的一种手段。

主：所以"王用出征"时，明确指出："有嘉折首，获匪其丑"，如此则"无咎"。否则就是穷兵黩武，滥杀无辜，就会"有咎"了，达不到取得对方依附的目的。即使征伐胜利，臣民归附，也仅仅"无咎"而已。用这种办法使人归附是无吉可言的。

客：正如李白诗中所说："乃知兵者是凶器，圣人不得已而用之。"（《战城南》）不过，从上九爻看，离卦所说的依附，不仅仅是依附于人，也包括使得别人依附于己。

主：以前者为主，附带论及后者。本卦主要论题是怎样应用

"六十四卦"中的人生哲理与谋略

依附行为这一人生手段，总的原则是"利贞"，是"畜牝牛吉"，要行中正之道，要温顺而任劳，来不得强硬和偏激。同时要相机行事，灵活运用。从离卦六爻看，六二实行中道，六五位尊知惧，都由于阴柔而居中，故获吉；而九三日暮失时，九四强宾逼主，都由于阳刚而不中不正，故遇凶；至于初九、上九两爻，阳刚不中，本来是有咎的，但初九处下而敬慎，上九与柔中的六五亲比，都得以免咎。总之，离卦论依附，当然崇尚"柔中"，这与坎卦论行险、崇尚"刚中"恰好相反。

客：《易经》的前三十卦为上经，到此告一段落了吧？

主：上经三十卦，始于乾、坤，这是众卦之首的"祖卦"；终于坎、离，这是乾、坤的体用。坎卦，一刚陷入二柔之中，象征艰险；以二柔为体，一刚为用，刚动而出险。离卦，一柔附着于二刚之内，象征依附；以二刚为体，一柔为用，柔顺则吉祥。上经三十卦到此结束。

客：上经三十卦林林总总，森罗万象，其基本精神是什么呢？

主：始于乾坤、终于坎离的上经三十卦，展现了天、地、人三元宇宙秩序和宇宙间万事万物生长不已、变化发展的自然规律。可以说，上经三十卦主要是通过对"天道"的描述，揭示其中所蕴含的丰富深邃的人生哲理。

下　经

31. 咸卦——论感情交流

☷ 艮下兑上

咸：亨，利贞。取女吉。

【译文】 咸卦象征感应：亨通，利于坚持正道。娶妻吉祥。（取：娶。）

【提示】 指出以正道相感的基本原则。

主：我们的《易经》历程已经走下来一半，上经三十卦已经讨论过了。你还有兴趣把路走到底，继续探讨下经三十四卦吗？

客：我不改初衷。通过你的解说，我对《易经》特殊的思维方法和表述模式已经逐渐熟悉，略知门径。现在当然是欲罢不能，非学完这部号称神秘难解的奇书不可。下经首卦咸卦也是接着前一卦说下来的吗？

主：不。咸卦是一个新的开始。当然，整个六十四卦是一个完整的整体，起于万物的开端乾、坤两卦，终于万物的结局既济、未济两卦。其中上经三十卦是一个段落，起于乾、坤终于坎、离；下经三十四卦又是一个段落，起于咸、恒终于既济、未济。乾、坤为天地之始，用《序卦传》的话说，是"有天地然后有万物"；

天地之始，始于阴阳二气。咸、恒为人伦之始，用《序卦传》的话说，是"有万物然后有男女，有男女然后有夫妇"，"然后礼义有所措"；人伦之始，始于夫妻。这样，下经三十四卦就从男女夫妇开始，围绕着家庭伦理、人际关系、社会道理等论题，从"人道"的角度直接探讨人生哲理和立身处世的行为规范，而与上经三十卦从"天道"的角度论述形成了对应关系。

客：咸、恒二卦便指男女和夫妻关系而言吗？

主：是的。我们先看咸卦。咸卦艮下兑上，艮为少男（唯一的阳爻是第三爻），兑为少女（唯一的阴爻是第三爻），象征男女相互感应，少男少女相感尤深。再说，艮为笃实，兑为喜悦，象征少男以笃实的态度相求，少女以喜悦的态度相应，交相感应，爱情专一。

客：如此说来，咸卦专谈男女间的感情交流。

主：不只是男女之间可以相互感应，推而广之，各种社会人群之间都有是否相感的问题。感情沟通了，双方的关系才能和顺，所以，感应可致亨通，但是利在守正。双方交好如果不走在正道上，只能算是酒肉朋友、淫盗伙伴，当然谈不上亨通。男女以正道相感，结为婚姻必然吉祥如意。故卦辞说："咸：亨，利贞；取女吉。"

《彖》曰：咸，感也。柔上而刚下，二气感应以相与。止而说，男下女，是以亨利贞，取女吉也。

【译文】《彖传》说："咸"是感应的意思。阴柔在上，阳刚在下，阴阳二气互相感应，互相亲近。笃实而喜悦，男子谦下地向女子求婚，所以亨通，利于坚持正道，娶妻吉祥。（与：亲近。）

【提示】解释卦名和卦辞。

客：这段话的大意可以看懂。咸卦由上兑下艮组成，兑为少女，又是阴柔、喜悦之义，艮为少男，又有阳刚、笃实之义。男子谦下而又真诚地向女子求婚，引起女子的喜悦，这就是阴阳二气互相感应而互相亲近的体现，这就是阴阳交感的正道。不过，古代社会男尊女卑，咸卦竟然提倡"男下女"，倒是值得注意的。

主：古代社会虽然重男轻女，但是在夫妻感情上还是知道尊重女性的必要的，因为只有这样才会有交相感应的融洽的夫妻关系，才会有"亨""利""吉"的家庭生活。所以古代的婚姻礼仪，有纳彩、问名、纳吉、请期、亲迎等礼节，都是男先下于女，然后女应于男。

天地感而万物化生，圣人感人心而天下和平。观其所感，则天地万物之情可见矣。

【译文】 天地之气相感而万物化育生长，圣人感化人心而天下太平。观察这些互相感应的现象，天地万物的情形就可以明白了。

【提示】 发挥卦旨。

客：《彖传》不仅解释卦辞，还往往把卦旨推广开来讲，推广到自然界和人类社会。

主：《彖传》讲自然天道，是为了增强哲理性；它更重视把卦理推衍到人类社会，更重视从中得出治理国家的法则。男女相感而成婚姻，天地之气相感而兴云致雨，杰出的领袖人物应该从中悟出治国的道理，也要致力于感化民众，才能做到上下协调，天下归心。

《象》曰：山上有泽，咸。君子以虚受人。

【译文】 《象传》说：山上有湖泽，象征感应。君子因此虚心接受别人的意见。

【提示】 虚心容人，才能实现感情交流。

"六十四卦"中的人生哲理与谋略

客：以浙江的雁荡山来说，主峰上有湖，芦苇丛生，结草成荡，秋雁常来栖宿，这真是"山上有泽"了。不过"山上有泽"的奇观似乎与"感应"的卦旨了不相干。

主：湖泽高踞于山巅，泽水必然浸润下面的山体，而山下的水气又上升归于湖泽，这就是《说卦传》中所讲的"山泽通气"。山泽互相感应，所以用来作为咸卦的象征。

客：咸卦下为艮、为山，上为兑、为泽，果然是"山上有泽"之象。怎么又联想到"君子以虚受人"呢？

主：山能容泽，泽能纳气，由此造成山泽通气、交相感应。君子观此景象，受到启示，想到要虚心地容纳不同意见的人，才能实现感情交流，沟通上下。

䷞ 初六，咸其拇。

【译文】 初六，感应在脚拇指上。（拇：指脚拇指。）

《象》曰：咸其拇，志在外也。

【译文】 《象传》说：感应在脚拇指上，这时初六已经有意向外追求了。

【提示】 相感之始，凶吉未卜。

主：咸卦通篇喻示男女的感情交流。六爻用人体的各部分作比方，表述感情交流的各种情况和得失长短。初六是咸卦最下一爻，所以取象于脚拇指。相感之始，所感尚浅。正像人举步抬足，脚拇指首先伸出。初六与九四相应，相应则感，这是男女两相感应的开始，如同抬足的第一步，脚拇指有所感触罢了。

客：哦，虽然是最初的情感碰撞，但初六毕竟已经怦然心动，毕竟有感于心了。

主：所以这时初六已经萌生"志在外"之心了。因为九四在外卦，初六心向往之，有感于九四，想与之亲近，不能在深闺独处了，正是"满园春色关不住，一枝红杏出墙来"。在这春情萌发的将动之始，因为善恶未现，吉凶未卜，所以爻辞也不言凶吉，但是隐然含有慎重初始、避凶趋吉的告诫。

☷ **六二，咸其腓，凶，居吉。**

【译文】 六二，感应到了小腿肚，有凶险，安居不动则吉祥。（腓：音 fēi，小腿肚。）

《象》曰：虽凶居吉，顺不害也。

【译文】 《象传》说：虽然凶险，但是安居不动可获吉祥，说明六二顺从于九五没有害处。

【提示】 不宜操之过急，应该安居待时。

客：初六位置最下，所以拿脚拇指为象；六二位居下体之中，就该以腓（小腿肚）为象了。

主："腓"是躁动的象征，因为走路时总是腿肚子的肌肉先动。六二处于下体，与上肢的九五相应，隐喻在男女感应之时，女子有急躁冒进之象。如果真的如此急于求成，未免有失女子的稳重端庄，预后必然不妙。不过六二毕竟具备柔顺中正之德，如能安居不动，等待九五来求，会得到吉祥的。安居不动，其实是以逸待劳，以守为攻。这是女子在男女关系中的策略，也是传统礼教中的一种行为规范。爻辞指出"居吉"，《象传》指出"顺不害"，这是耐人寻味的。如果两心相应，最好稍待以时，男子一定会紧追不舍的，此时再顺从就好了。

☶ **九三，咸其股，执其随，往吝。**

【译文】 九三，感应到了大腿，执意于跟随别人，如此前往会受到羞辱。（股：大腿。执：执著，执意。吝：可羞。）

"六十四卦"中的人生哲理与谋略

《象》曰：咸其股，亦不处也。志在随人，所执下也。

【译文】《象传》说：感应到了大腿，说明也不会安居独处了。志在随从别人，说明执意是卑下的。（处：安居不动。）

【提示】不宜随人盲动，应该持有主见。

主：大腿自己不能走路，总是跟随着小腿和脚活动，这就叫"执其随"。九三处在下体之上，正是"股"的位置；又是刚爻居阳位，性躁好动，看到初六、六二两爻有感而动，也要随之而动，不能安居独处了，前往与相应的上六亲近。这样，九三追求上六只是随从别人而行动，并无真情可言，上六当然不会以真情报之，仅用言语敷衍，使九三受到了羞辱。这就是爻辞所说的"往吝"。（关于上六爻我们下面再讨论。）

客：九三是阳刚之才，行为却不能自主，一味随从于人，难怪上六看它不起。

主：所以《象传》中批评说："志在随人，所执下也。"随人盲动，毫无主见，执意甚为卑下。

☷ 九四，贞吉，悔亡。憧憧往来，朋从尔思。

【译文】九四，坚持正道则吉祥，悔恨会消亡。心神不定，频频往来，朋友会顺从你的心愿。（憧憧：心神不定的样子。憧，音 chōng。）

《象》曰：贞吉悔亡，未感害也。憧憧往来，未光大也。

【译文】《象传》说：守正则吉祥，悔恨会消亡，说明九四未曾因为感应不正而遭害。心神不定地频频往来，说明感应之道还没有发扬光大。

【提示】以正道相感则应无悔。

客：九四爻也是以身体的某一部分作为喻象吗？爻辞里并没有指明。

主：九四在九三"股"（大腿）之上，到了身体的上半部。从爻辞"憧憧"然的描写推测是以"心"为喻象。所以这里是把九四隐喻为"心"的。心灵的感应，以正为吉。心正则感应也正，就不会有悔恨之事了。

客：但是九四以阳爻处于阴位，居位并不正啊，怎么会"贞吉悔亡"呢？

主：九四以阳居阴，本来是不正的，不正则理当有悔。爻辞"贞吉悔亡"是说，如果九四能够守正而行，是可以得吉而无悔的。吉与不吉，悔与无悔，全要看六四是否能守正。

客：地位不正的人，也可以守正而行吗？

主：可以。比方说，古代的艺妓，地位不正，但是她们中也有爱情坚贞、守正而行的人，照样留下千秋佳话。从本爻看，九四虽然地位不正，却内刚而外柔，以刚健之质，行温柔之举，向与之相应的初六表达衷情，甚至神魂牵绕，往来不绝，以真挚执著的爱情去感动对方，真可以说是"衣带渐宽终不悔，为伊消得人憔悴"了。

客：初六终于被感化而响应，顺从了九四，两人像朋友一样情意通感，倾心相从，这就是爻辞所说的"憧憧往来，朋从尔思"。

主：虽然地位不正而能守正，虽然有悔而悔亡，所以《象传》说："未感害也。"

客：《象传》为什么又说："憧憧往来，未光大也"？

主：因为这里说的毕竟只是男女间神牵魂绕的私情感应，还谈不上完全扩充发展了感应之道。

䷞ 九五，咸其脢，无悔。

【译文】 九五，感应到了脊背，没有悔恨。（脢：音 méi，脊背肉。）

《象》曰：咸其脢，志末也。

【译文】《象传》说：感应到了脊背，说明九五的志向肤浅。（末：浅末。）

【提示】感应迟钝者无大志。

客：脊背肉（脢）不能活动，是人体反应最迟钝的部位，能有什么感应呢？

主：九五以阳刚居尊位，态度高傲，对六二的主动追求反应冷漠，所以用最不敏感的脊背肉作为喻象。对于感情交流反应迟钝，漠然置之，虽然没有凶险，但也说不上吉祥。仅仅可以"无悔"而已，不会闯祸罢了。居尊者，应该有"圣人感人心而天下和平"的大志才是。这样看来，本卦九五的志向无疑是浅而且小的，所以《象传》评判为"志末"。

☱ 上六，咸其辅颊舌。

【译文】上六，感应到了口舌上。（辅颊：面颊。辅：通"酺"，腮，面颊。）

《象》曰：咸其辅颊舌，滕口说也。

【译文】《象传》说：感应到了口舌上，说明上六不过是夸夸其谈罢了。（滕：即"腾"，喧腾。）

【提示】仅以言辞感人无益。

主：上六以柔质居柔位，又居于感卦之末，同时也是感卦上体兑之末。咸为感应，兑为和悦，故有巧言令色之象。爻辞里连用"辅颊舌"三字，强调上六惯于摇唇鼓舌，腾扬空言，企图以花言巧语取悦于人，感动与之相应的九三。以言感人，未为全非，毕竟不如九四的以心感人，能够收到"朋从尔思"的效果。《象传》加以"滕口说"的评论，明显地带有贬义。

客：甜言蜜语，未足为凭，因而感人也浅。要防备口是心非、甚至口蜜腹剑的人。

主：从感卦六爻看，都以人体感应设喻，展示感情交流的不同情况和长短得失。含义最好的一爻，正是以心灵感应为隐喻的九四爻。其他各爻，初六感于足指，吉凶未定；六二感于腿肚，躁动则凶；九三感于大腿，盲从则吝；九五感于脊背，冷漠迟钝；上六感于口舌，徒托空言。只有九四感于心灵，守正获吉。可见，无论男女相感，还是其他人际感情，都要相感以心，相感以正。

客：只有真情才能发挥感应作用，具有感应魔力。

主：怎样才是真情呢？《庄子·渔父》篇里有一段话说得好："真者，精诚之至也。不精不诚，不能动人。故强哭者虽悲不哀，强怒者虽严不威，强亲者虽笑不和。真悲无声而哀，真怒未发而威，真亲未笑而和。"

客：这段话果然精辟，真该字字加圈。

32. 恒卦——论人贵有恒

☳☴ 巽下震上

恒：亨，无咎，利贞，利有攸往。

【译文】 恒卦象征恒久：亨通，无害，利于坚持正道，利于有所往。

【提示】 分析持之以恒的益处和恒的含义。

主：咸卦从男女关系谈起，强调感情交流；恒卦则以夫妇为象，强调夫妇之道贵在恒久。

客：恒卦的卦形与咸卦的卦形互为颠倒（☳☴、☱☶），正好构成一组。

主：咸卦艮下兑上，少男在少女之下，象征男女交感。恒卦卦形颠倒后，成巽下震上之形，少男少女已变成长男长女（巽的象义为长女，唯一的阴爻是第一爻；震的象义为长男，唯一的阳爻是第一爻），而且位置是长男在长女之上，已经越过了恋爱交感的时期，正式结为夫妻了。

客：男在女之上，这是否体现了古代男尊女卑的思想？

主：对。古代的夫妇之道，男尊女卑，男主外而女主内，所以代表长男的震（☳）在上，在外；代表长女的巽（☴）在下，在内。这就是巽下震上的恒卦取象为夫妇的卦理。

客：夫妇之道与"恒"之间有什么内在联系吗？

主：自周代一改"殷道亲亲"而为"周道尊尊"之后，古人的思想意识上就认为，男在上在外，女在下在内，和由此衍生出的男尊女卑、夫尊妻卑、父尊子卑、君尊臣卑等观念是天经地义、恒常不变的；而且这种关系一经确立，就应当保持其稳定性，以恒久为贵。《序卦传》说："夫妇之道，不可以不久也，故受之以恒。恒者，久也。"这就是恒卦取象于夫妻关系的内在含义。

客：恒卦卦辞对于恒久之道是大加褒美的。

主：对。恒卦的卦辞不仅指出了坚持恒久之道的益处，而且指出了"恒"的两重含义：不易之恒与不已之恒。"利贞"指的是不易之恒，守持正道不可一刻动摇；"利有攸往"指的是不已之恒，施行正道必须坚持不懈，进取不息。这两个方面构成了一个统一完整的"恒"。下面我们来看《彖传》的分析。

《彖》曰：恒，久也。刚上而柔下。雷风相与，巽而动，刚柔皆应，恒。

【译文】《彖传》说：恒，意思是恒久。阳刚在上，阴柔在下。雷与风相助，逊顺而后动，阳刚阴柔皆相应，这些都反映了恒久之意。（与：助。巽：通"逊"。）

【提示】依卦体、卦象、卦义、爻象分别解释卦名。

客：《彖传》这段话很难懂，不过你的提示给理解这段话提供了一把钥匙。根据提示我先来试着分析一下。恒卦的意思是恒久。从卦体来看，上体震卦为阳，为刚；下体巽卦为阴，为柔。阳刚在上，阴柔在下，故曰"刚上而柔下"，此为恒常不变之事，故有恒久之意。"雷风相与"则是从卦象方面来解说。上体的震喻象为雷，下体的巽喻象为风，雷与风相激相助，这也是一种常道，常道就有恒久的意义。"巽而动"则是从上下卦体的卦义来谈的。下体巽，其义为逊顺，上体震则为动，逊顺而后能动，也是恒常不变之理。"刚柔皆应"是就六爻而言的。初爻与四爻，二爻与五爻，三爻与上爻均为阴阳相应，没有孤立不应者，故可长久。

主：分析得很准确，下面接着看《象传》。

恒，亨，无咎，利贞，久于其道也。天地之道恒久而不已也，利有攸往，终则有始也。

【译文】 恒久，可以亨通、无害，利于坚持正道，说明要永久保持美好的道德。天地的运行规律是恒久而不停止的；利于有所前往，说明事物的发展终而复始。

【提示】 解释卦辞。

客：这段话好理解，主要是对卦辞"恒：亨，无咎，利贞，利有攸往"的解释。但其中的真义，还望指点。

主：一是恒于正道，一是恒于动而非静，前者是就人事而言，后者具有哲学意义。恒久就可以亨通、无害。但进一步说，还要看在哪个方面恒久。如果是干坏事，那么越久危害越大，哪里会有亨通？久于正道，坚持而不舍，才会亨通、无害。所以《象传》特别强调卦辞的"利贞"，劝人们要永久保持美好的道德。美好的道德是"利"之所在，是"恒"之根本。对于卦辞"利用攸往"，《象传》主要发掘其哲学意义。"恒"不是静止的，而是变动不居的。天地的运行规律似是恒久不变的，但它又是永无止息的，所以它是动的，而非静的。推而广之，万事万物的发展都是一个终而复始的过程。一件事情的完结也是另一件事情的开始，事物发展到极限则要求变，变则通，通则久。因此"恒"的发展变化是绝对的，静止不变只是相对的。

客：经你这么一阐发，我恍然大悟。其实你在讲卦辞"利贞，利有攸往"时已经讲到了"恒"的两种含义：不易之恒与不已之恒。不易之恒的前提就是守于正道，然后才是不动摇；不已之恒的哲学基础就是恒的动态观，动是绝对的，不动是相对的，所以在坚持不懈地施行正道的同时，还要进取不息，探索不止。

主：看《象传》的最后几句话。

日月得天而能久照，四时变化而能久成，圣人久于其道而天下化成。观其所恒，而天地万物之情可见矣。

【译文】 日月依靠天这个载体而能永放光芒，四季终而复始变化不已才能永久生成万物，圣人持之以恒地保持美好的道德就能用教化来成就天下人。观恒卦所揭示的恒久之道，天地万物的一切事情均可明白了。

【提示】 申述卦旨。

主：《象传》最后由日月、四时等自然界的恒久之道讲到人类社会的恒久之道，并对恒卦做一总结。

客：日月照耀大地是永恒的，但《象传》强调日月"得天"即依靠天顺行天道（宇宙规律）才能永照，这是否也是继续阐明恒久之道的相对性，同时也说明久于正道的重要性？

主：说得对。

客："四时变化而久成"更是明确说出了"变化"的绝对性，同时也说明恒而能变的重要性，只有终而复始变化不已才能永久生成万物。圣人既深知恒久之道的辩证法，又能持之以恒地坚守正道而不断进取，自然能推而行之以教化万民、成就天下。而学《易》之人通过日月、四时、圣人守恒之例，自然可以深明恒卦大义。

主：看来你已融会贯通了。

《象》曰：雷风，恒。君子以立不易方。

【译文】《象传》说：雷震风发，象征"恒久"。君子观此象而树立正确的思想，持之以恒，不改其道。（方：道，此处指正确的思想。）

【提示】 指出君子应持之以恒。

主：如果说《彖传》是一篇有关恒久之道的哲学论文，那么《象传》就是一则有关持之以恒的人生格言。

客：《象传》还是从卦象谈起。

主：对。恒卦上体为震、为雷，下体为巽、为风，雷在上，风在下，这是天地间一种恒久的现象；而且风雷激荡，有雷必有风，这也是一种恒久的现象。所以尽管雷震四方，风行八面，雷与风都有着万般变化，但它们又有相对不变的守恒性。君子从中看出，世间万物虽然酬酢多变，如雷迅风骤，但为人立身则要持之以恒，坚守正道，不能改易。

客："立不易方"的确值得玩味。人生一世要有远大目标，要干一番事业；但千里之行始于足下，只有从小事做起，持之以恒，才能有所成就。

主：《荀子·劝学篇》中说："锲而舍之，朽木不折；锲而不舍，金石可镂。"可谓得其三昧。

☳ 初六，浚恒，贞凶，无攸利。

【译文】 初六，深求恒久之道，固守此道必凶，没有利。

（浚：音 jùn，深。贞：贞固。）

《象》曰：浚恒之凶，始求深也。

【译文】《象传》说：深求恒久之道的凶险，是由于初六刚开始就遽求深入。

【提示】指出求恒久之道须日以浸深，戒遽求深入。

客：恒卦以夫妇取象来论恒久之道，那么六爻的爻辞与夫妇的恒久之道有无关系呢？从初六的爻辞来看似乎没有谈到夫妇之道，甚至说求恒久之道会有凶险，这是怎么回事？

主：元代吴澄《易纂言》说："恒者，夫妇居室之常也。内卦巽女为妇，外卦震男为夫。故爻辞内三爻言妇道，外三爻言夫道。"六爻实际上是专从夫妇关系的各个层面来讲恒久之道，并以此推及人事的。初六的爻辞当然也是谈夫妇之道的，不过这是一对年轻夫妇，也就是刚刚结婚吧。

客：我有些明白了。初爻为夫妇恒久之道的开始。长男与长女刚结婚，长女就要求长男像相处多年的夫妻一样对她感情很深，所以爻辞说"浚深"。恐怕双方并不是自由恋爱，相知不深而又相求太急，欲速则不达，所以反而不能得恒久之道。如果长女固守此道不变，以为这就是夫妇恒久之道，必然会招致凶险，没有任何好处。故《小象传》说，深求恒久之道之所以凶险，在于刚开始就遽求深入。

主：你的理解完全正确。从爻象来看，初六居恒之始，又是巽体的主爻，但以柔居刚不当位，质柔而志刚则性躁，于事总想一步到位。固守这条道走下去，自然是只有凶险，没有好处。《序卦传》说："恒者，久也。"恒之道贵久，久就是逐渐积累。做什么事都有个日积月累的积渐过程，不唯是夫妇之间的恒久之道。宋代胡瑗深谙此理，他在《周易口义》中的一段阐释对理解初六的爻旨很有助益，特移录在此以供参考："是故为学既久，则道业可成，圣贤可到；为治既久，则教化可行，尧舜可至；为朋既久，则契合愈深；为君臣既久，则谏从言听而膏泽于下民：若是之类，莫不由积日累久而后至，固非骤而及也。今此初六居下卦之初，为事之始，责其长久之道，永远之效，是犹为学之始，欲亟至于周、孔；为治之始，欲化及于尧舜；为朋友之始，欲契合之深；为君之始，欲道之大行：是不能积久其事，而求常道之深。"

客：很有启发。请你接着讲九二。

☳. 九二，悔亡。

【译文】 九二，悔恨消失。（亡：无。）

《象》曰：九二悔亡，能久中也。

【译文】 《象传》说：九二悔恨消失，是由于能恒久守中不偏。

【提示】 恒久之道，在于守中。

主：从爻象看，九二以阳居阴位，不得正，本应有悔，但九二以刚居中（居下卦之中位），又与六五正应，是动静皆得中。而恒卦尤其贵中，因为能够恒久于中，正也就包含在内了。因此九二以恒久守中而消悔，故爻辞曰"悔亡"。《象传》进一步解释"悔亡"的原因是"能久中也"。

客：以此来看九二夫妻之间的恒久之道，就很清楚了。按照一般的秩序，男子用刚不用柔，女子用柔不用刚。现在九二以刚居阴位，是女子以刚行妇道，有失正之"悔"，好在九二居中，又应六五之中，能够用中和之道对自己的行为加以节制，才得以"无悔"。

主：对。《周易》非常重视"中"的思想。《中庸》说："中者，天下之大本也。"与《周易》是一脉相承的。

☳ 九三，不恒其德，或承之羞；贞吝。

【译文】 九三，不恒久保持自己的德行，时或有人施加羞辱；若与之将关系贞固下去必有悔吝。

《象》曰：不恒其德，无所容也。

【译文】 《象传》说：不能恒久保持自己的德行，说明九三将无处容身。

【提示】 从反面说明人贵有恒。

主：九三以刚爻居阳位，得正，然而由于九三处于下体之上，越过了中位，不能守中持恒；且应于上六，躁动不安，有守德不恒之象。

客：难怪有人施加羞辱。以夫妻关系而论，如果女子质刚而又用刚，且朝三暮四、反复无常，当然会受到社会与家庭的指责，招来羞辱。若与这样的女子继续保持夫妻关系，必然会发生不幸。

主：九三爻辞就是这个意思。对于朝三暮四的人，别人因不信任而猜疑，因不欢迎而排斥，自己也感到无所逃于天地之间，所以《象传》说这种人将"无所容也"，即无处容身。

客：看来，这里的"不恒其德"之人，也就是《诗经》里鞭挞的"二三其德"之人。

主：性质是一样的。不过在《诗经》中，无论是《卫风·氓》中的"二三其德"之士，还是《小雅·白华》中的"二三其德"之子，批判的都是男士。《诗经》由于成于众手，有些诗篇来自社会下层，反映了下层人民要求社会平等的呼声。而《周易》在这里显然是提倡男权、妇德的思想，这是周代以来的旧社会的正统思想，站在今天的时代高度，是应该加以批判的。《周易》的取象，不仅是这一爻、这一卦，有许多在今天看来是不健康的，它不可能超越时代。但我们在开篇已经谈到，我们学习《周易》主要是以积极的态度从中探索其人生哲理和处事智慧，而不是以消极的态度全盘接受。

客：你说得有道理。我读《周易》经常觉得有些卦辞或爻辞的思想、立场有问题——恐怕下面也还会遇到，现在明白了。对《周易》的精华和糟粕要分析，我们主要是发掘其有价值的东西。

主：对。即以九三爻辞来说，对我们做人就很有警戒作用，是从反面说明了人贵有恒的重要性。如果为人处事两面三刀、出尔反尔，必然要被朋友、同事所不齿，最后闹得个身败名裂、无处容身。

☳ 九四，田无禽。

【译文】 九四，打猎没有获得禽兽。（田：通"畋"，打猎。禽：古代为飞禽与走兽的统称。）

《象》曰：久非其位，安得禽也。

【译文】 《象传》说：长久地在不适宜打猎的环境中打猎，怎么能获得禽兽呢？（安：设问之辞，如何，怎么。）

【提示】 久非其位，劳而无功。

主：九四已离下体而入上体，上震为长男。上体三爻是从"夫"这一方谈夫妇恒久之道的。

客：古代以烹饪、女红为妇之职，田猎征战为夫之事，这里的打猎正是男子之事。不过看来他很不走运，什么猎物也没有捕到，这是怎么回事？

主：九四以阳居阴位，既不得正又不得中，因此纵然恒久，也不会有成就。正如打猎的人跑到鸟兽稀少或根本没有鸟兽的地方，待得再久，也不可能有所收获。

客：九四一无所获，说明他不能尽夫职以养其妇，如此则夫妇间的恒久之道就难以为继了。

☰ 六五，恒其德，贞；妇人吉，夫子凶。

【译文】 六五，恒久保持柔美的品德，守持正固；妇人可获吉祥，男子必有凶险。

《象》曰：妇人贞吉，从一而终也。夫子制义，从妇凶也。

【译文】 《象传》说：妇人守持正固可获吉祥，是因为妇人要跟从一个丈夫一直到死；男人则必须因事制宜，若顺服妇人必有凶险。（义：宜，适宜。）

【提示】 指出守恒之道应因事制宜。

主：六五居上体的中位，恒卦贵中，得中位即得恒久之道，也就有恒久之德，故爻辞说"六五，恒其德"。但六五以阴居阳、以柔居刚，所以这个德是柔顺之德，而且六五下应九二刚中，呈妇人恒久其德、守贞从夫之象，故将此种柔美的品德守持正固下去，对妇人来说是吉祥的。男子行夫妇恒久之道用刚不用柔，因此这种柔顺之德不适合男子，男子若守持此德必有凶险。《象传》对此做了进一步的解释。为什么妇人守持此德则吉呢？因为妇人在操守上应从一夫而终其身，正是符合柔顺之德，故"妇人贞吉"。夫子应以阳刚去决断、制裁事理，不应长久地去行柔顺之德，甚至听从妇人摆布，否则必然会坏事而致凶，故"夫子制义，从妇凶也"。

客：六五爻辞与《象》辞的蕴义有合于"妇从夫"的礼教，特别是"从一而终"成了后世压在妇女头上的一座大山。不过去其喻象，单就其哲理而言，六五的爻辞是要告诉人们恒是动态的、变化的。同样"恒其德"，妇人则吉，夫子则凶，这就启示我们用发展的眼光来看待恒，要因事制宜。

☷ 上六，振恒，凶。

【译文】 上六，躁动不安于恒久之道，有凶险。

《象》曰：振恒在上，大无功也。

【译文】 《象传》说：躁动不安于恒久之道而又高居在上，说明上六处事完全无功。

【提示】 指出躁动不安，将一事无成。

客：六五的"夫子"不知恒的动性，静止地去看待恒，结局是凶；上六又走到另一个极端，以动为恒，长久地躁动不安，结局当然也是凶。

主：上六处在恒卦之极，居上位，象征一家之长，可是他长久地躁动不安，甚至以动为恒，夫妇间的恒久之道当然要被他败坏了。《象传》以"大无功"解释爻辞"凶"字，意为完全失败，无回旋余地。

客：我还有一个问题。为什么恒卦的卦辞很好，但爻辞却很不好？六爻之中，除居中位的九二与六五之外，均是凶、吝之类，九二也不过是"悔亡"，六五则是半吉半凶。

主：恒卦所阐发的恒久之道，是《周易》哲学思想体系中极其高深的理论，但落实到人事上，全卦的大义就是"人贵有恒"。只要真正懂得恒久之道的精髓，即持中守正的不易之恒与终而复始的不已之恒，并在立身处世时真正地持之以"恒"，那就会亨通，无害，利于守正，利有所往。所以卦辞对恒久之道极尽赞美之能事，称"恒，亨，无咎，利贞，利有攸往"。但是恒久之道毕竟是极其高深的理论，非一般人所能掌握和运用，因此恒卦六爻无一爻全吉。初六遽求深入恒久之道，欲速则不达，凶；九三不能持之以恒，吝；九四虽然能持之以恒，但恒而不得位，恒而不知守正，故劳而无功；上六则片面理解恒的变动的一面，长久地躁动不安，甚至以动代恒，亦凶。九二知恒守刚中，但由于位不得正，也不能做到尽善尽美，只是悔亡而已；六五恒守柔德，但不知变化而能久成，不懂因事制宜，只得吉凶参半。由此看来，人贵有恒，而持恒实为不易，故六爻无善辞。

客：明白了。卦辞从正面立论，说明只要真正懂得并做到持之以恒，则必然亨通无害，所以卦辞非常吉祥。爻辞从反面立论，分别以夫妇之道为喻象，从不同的侧面指出不能持恒的各种情况及后果，所以各爻兆辞均不吉利，这实际上是从反面警醒世人，道出持之以恒的重要。因此卦辞与爻辞只是从不同角度辩证地、全面地阐述"人贵有恒"这一命题，其精神实质是一致的。

33. 遁卦——论以退为进

䷠ 艮下乾上

遁：亨，小利，贞。

【译文】 遁卦象征退避：亨通，有小利，持守正道。

【提示】 指示退避的意义和做法。

主：遁卦讲的是退避之道。指出该退则退，就会亨通，小有利；但身退道不能退，隐退之时也要持守正道。

客："自信人生二百年，会当击水三千里。"人生在世要奋发进取，才能有所作为。退避遁世，以与世无争而求亨通，还自欺为有小利、持守正道，这是不求进取、追求出世的消极思想。

主：此言差矣。遁卦所讲的退避，并不是宣扬无原则的消极的"遁世"，而是说在出现阻碍事物发展的不利因素且势力强大一时难以克服之时，必须暂行退避，以等待时机，振兴复盛。《三国演义》第八十二回"孙权降魏受九锡"，就是一个典型的例子。孙权在擒杀刘备的结义兄弟关羽、夺取朝思暮想的荆州之后，把关羽的首级送给曹操，既想讨好曹操，又想移祸于曹操，不料被曹操识破，于是孙权就面临着可能受魏蜀夹击的危险处境。在这种不利形势下，孙权没有蛮干硬打，而是采取了退让的政策。他首先派诸葛瑾使蜀，向刘备做了最大限度的让步："愿送归夫人，缚还降将，并将荆州仍旧交还，永结盟好，共灭曹丕，以正篡逆之罪。"当孙权这些让步条件仍未得到刘备的谅解而遭到拒绝后，他又立即对曹丕"写表称臣"，以求得到曹丕的支持。而当曹丕接受其称臣，降诏命太常卿邢贞赍册封孙权为吴王加九锡之时，东吴文武多有不服，顾雍谏道："主公宜自称上将军、九州伯之位，不当受魏帝封爵。"徐盛甚至放声哭谏。然而孙权却委曲求全道："当日沛公受项羽之封，盖因时也；何故却之？"可见孙权这样做是受当时形势所迫，目的是最大限度地化不利因素为有利因素。

客：经你这么一说，我完全明白了。适时而遁，以退为进，这是成大事者的韬晦之计。俗话说"退一步海阔天空"，大概就是"遁，亨"的意思吧。而且"遁"之后虽然一时干不了大事，但不等于无所作为，还是有小利可为的。如你所举的孙权降魏的例子，虽然限于条件，当时孙权已无法伐魏征蜀，建树大功了，但他后退一步，从而幸免于魏、蜀两国的夹击，在危难形势下保存了自己，为东山再起奠定了基础，这可算是"小利"；而且他的策略未失其正，也可以说是"贞"了吧。

主：极是。你等于把卦辞解释了一遍。不知能否再从卦体上谈谈遁卦与退避的关系。

客：从卦体上看，是否可以这样解释：此卦下体为艮（☶），上体为乾（☰），艮为山、为止，乾为天、为健；健有上进的性质，而止为不进之象；一个要上进，一个是止而不进，两者相遁，故此卦名为遁卦。

主：对。若从卦形上看，此卦二阴自下而上，是阴渐长而阳渐消的时候。阴喻小人，阳喻君子。小人渐盛，正当其用；君子日消，当退而避之。这也是卦名为遁的根据。卦辞就是解释这其中的道理的。

《象》曰：遁，亨，遁而亨也；刚当位而应，与时行也。小利，贞，浸而长也。遁之时义大矣哉！

【译文】《象传》说：退避，亨通，说明必须先作退避然后可致亨通；阳者居刚位而能与下者相应合，这是随顺时势而行退避之道。有小利，持守正道，这是由于阴气浸润而渐渐生长（不利于大有作为）。退避而顺应时势，其意义多么宏大啊！（长：音zhǎng，生长。）

【提示】解释卦辞。

客：《象传》前半部分是解释卦辞"遁，亨"的，后半部分是解释卦辞"小利，贞"的。

主：对。卦辞说"遁，亨"，《象传》加一个"而"字来解释，变成"遁而亨"，意思是指明时间关系，退避之后才会亨通。

客：《周易》每一卦都蕴含着深邃的哲理和卓异的智慧，看来退避也是某种形势下的一出高招。不过一退避就会亨通，这种说法是否有些简单化？

主：关键是要理解其精髓要义。粗粗一看，"遁"就是退避，但仔细把玩就琢磨出道道来了。退避有两种，一种是身退，一种是心退。有些场合要身退才能亨通，比如在战场上，敌人势力强大，我方处于劣势，这时就要身退才能保全自己，以图东山再起，重振雄风。此所谓战略转移或战术撤退。而在有些场合不便身退或无法身退，则要施行心退方可亨通。如在办公室或自己的工作圈子、生活圈子里，邪气上升，小人当道，而由于种种原因你自己无法调出或无法将小人调出，此时即可施行心退，既不与其正面交锋，也不与其同流合污，这样既保留了自己的生存之地，又保持了自己的独立人格，静待时变，以图良策。此亦是退避而致亨。

客：真了不起，《周易》的"遁"还有这么高妙的处世智慧。

不过下面一句"刚当位而应，与时行也"，不大好理解。

主：这句话是从卦形来解释卦辞"遁，亨"的。

客：从卦形来看，九五以刚爻居阳位，是"刚当位"，"应"应该指下应六二，六二以柔爻居阴位，与九五相应。

主：对。九五为阳爻为刚，刚为君子，而居外卦（上乾为上体，上体也叫外卦）之中位，此位又是阳位（第五爻为阳位），阳爻居阳位为当位，这就象征着君子处于朝廷之外而得其适当之地位，意即退避为宜；六二为阴爻为柔，柔喻小人，而居内卦（下艮为下体，下体也叫内卦）之中位，此位又为阴位（第二爻为阴位），因此六二以柔应九二之刚，这就象征着小人盘踞朝廷之内而赞同君子处于朝外，或曰逼迫君子退隐。在此小人势长之时，君子必须毅然退避，才能保身全道，以致亨通，所以要顺随时势而行退避之术，这就是"刚当位而应，与时行也"的含义。

客："浸而长也"显然说的是"柔""浸而长"了。

主：对。"浸而长"是解释卦辞"小利，贞"的。由于柔浸而长，即初六与六二两阴柔慢慢地成长，说明小人渐盛，君子当此退避之时不宜大有作为，但阴柔虽长毕竟尚未达到其盛的程度，所以君子还可以尽量做自己所能做的事，持守自己的正道。所以《象传》最后说"遁之时义大矣哉"。顺随时势而"遁"，保存自己，而又尽力而为，持守正道，其义焉得不大？

《象》曰：天下有山，遁。君子以远小人，不恶而严。

【译文】《象传》说：天下有山，象征退辟。君子因此远避小人，不表现出（对小人的）憎恶而又保持（自己的）尊严。（恶：音 wù，憎恶。）

【提示】指出如何远避小人。

主："天下有山"还是从卦象谈起，上卦乾为天，下卦艮为

　　　　　　　　　　　　　　"六十四卦"中的人生哲理与谋略

山，故曰"天下有山"。山以其高而进逼于天，然而天高远缥缈，有退避之象且凌然不可侵犯，所以"天下有山"象征"遁"。君子观此象，受到启发，知道了应该如何远离小人。

客：按《象传》的说法，"远小人"要采用"不恶而严"之术，为什么对小人不能露出憎恶的态度呢？

主：孔子说："人而不仁，疾之已甚，乱也。"（《论语·泰伯》）意思是说，人如果本性不仁，不可与之亲近亵渎，而应以礼待之（让他感到有等级距离）；但也不可深疾之，如果疾恶太甚，也会发生乱子。

客："远小人"要如天之远山，始终不与其接近。但这种疏远应该是内怀厌恶之心而不表露于外，如果让他知道你憎恶他，他必然要加害于你，与你纠缠不清，你想远小人也远不成了，所以要"不恶"。

主：是这样的，但在原则问题上绝对不能向小人让步，要与之严格划清界限，让小人知道你对他是敬而远之，但又是凛然不可侵犯，外顺而内正，保持自己的尊严。

客："不恶而严"的确是对待小人的一个高招。人的一生难免要遇到各种小人，当你处在不得不退避时，即可采用"不恶而严"的招数来对付他。

主："远小人"也有一个身远与心远的问题。孔子曾慨叹道："道不行，乘桴浮于海。"（《论语·公冶长》）此为身远。《象传》所说的"远小人"不是实际距离远，而是心远。

☲ 初六，遁尾，厉；勿用有攸往。

【译文】初六，退避不及，落在末尾，处境危险，不宜有所前往。

《象》曰：遁尾之厉，不往何灾也？

【译文】《象传》说：退避不及，落在末尾，处境危险；但此时若哪儿都不去，又有什么灾祸呢？

【提示】 指出当退不退必有危险，但如无所往，可免灾。

主：在研讨爻辞之前，有一点先要明确。卦象主全卦大义，从全卦来看，初六与六二两阴爻为小人，柔浸而长，说明小人渐盛，故君子要顺时而遁；而就卦中的六爻来说，则六爻都代表君子，代表君子在有关退避的六种不同情况下的处境。故遁卦的卦象与爻象当区别看待，两者有异。

客：那么根据什么说初六落在后面，做了尾巴呢？这爻辞又是什么意思？

主：在一般的卦中，是以初爻为始的，"遁"卦的退避是往回退，故初爻在后面，当然就是落在末尾了。该爻辞是说在小人渐盛、时势决定君子该退避之时，初六以阴柔居下，优柔寡断，丧失遁退的最佳时机，落在末尾，处境当然危险；此时若不知轻重四处出击，危厉就更加严重，故爻辞说"遁尾，厉"，并戒之以"勿用有攸往"，即不要有所前往。《象传》进一步解释爻辞，为什么"勿用有攸往"呢？"不往何灾也"。哪儿都不去，不往而晦藏，还有什么灾祸呢？

☶☰ **六二，执之用黄牛之革，莫之胜说。**

【译文】 六二，用黄牛皮制的带子来绑缚，没有谁能把它们拉开。（执：束缚，捆绑。说：通"脱"。）

《象》曰：执用黄牛，固志也。

【译文】《象传》说：用牛皮制的带子来绑缚，说明六二有固守不退的意志。

【提示】 六二为牛革所执，不愿退遁。

客：六二的爻辞很怪，没有谈到"遁"的事情，却莫名其妙地出现了什么黄牛之革。

主：六二的爻辞是比喻的说法。六二以柔居阴，得位处中，以中正上应九五之尊；九五以刚居阳，也是得位处中，以其中正亲合于六二。所以虽然从卦形上看小人渐盛，君子当遁，但从爻象来看，六二上应贵主，志在辅时，与九五的关系合和亲密，其牢固的程度就像用黄牛皮制的带子来绑缚，没有谁能把它们拉开。《象传》对爻辞又作了解释，"执用黄牛"（即爻辞为"执之用黄牛之革"的省语）的比喻，说明六二不退避的意志很坚定，即所谓"固志也"。

客：看来六二不是一个威武不屈的英雄，就是一个不识时势的愚忠的典型。

主：从遁卦的卦旨来看，似应为后者。

客：商纣王的太师箕子就是这样的人。当殷商处于衰败之时，他不肯隐退避祸，而去劝谏纣王，反被纣王囚禁，后来还是周武王灭商之后才将其释放。

主：说的是。箕子自己就说过："我不顾行遁。"（《尚书·微子》）所以前人也有以箕子之事来解此爻的。如唐代李鼎祚撰的《周易集解》引侯果曰：六二"上应贵主，志在辅时，不随物遁，独守中直，坚如革束，执此之志，莫之胜说。殷之父师当此爻矣。"

☰☳ 九三，系遁，有疾厉，畜臣妾，吉。

【译文】 九三，退避时心怀系念，将有疾患、危险。如果用畜养臣仆侍妾的办法（对待小人），可获吉祥。

《象》曰：系遁之厉，有疾惫也；畜臣妾吉，不可大事也。

【译文】 《象传》说：退避时心怀系念以至有危险，说明九三将被祸患搞得疲惫不堪；用畜养臣仆侍妾的办法来对付小人，说明九三此时不可能做成大事。

【提示】 指出心怀系念、不能退避的害处和补救的办法。

客：九三看来患了与九二同样的毛病，当遁之时，心有所系，以至不能超然远遁，自然会产生危险。不过有一点我不明白，九三与上九都是阳爻，并不像六二与九五一样相应，那么九三恋的是谁呢？

主：九三之恋不是由于"应"，而是由于"比"的缘故。

客：我明白了。九三处下卦之终，无应而亲比于六二，当遁之时却心系六二，故未能遁退，这自然会产生疾患、危险。那么爻辞为什么又说"畜臣妾，吉"呢？

主：臣妾就是小人与女子，旧观念认为唯女子与小人为难养也，与之太接近则不知逊避，即俗话所说的"上头上脸"；与之疏远则怨恨不已，因此畜养臣仆侍妾只有不恶而严。九三与六二是昵比不是正应，这就好比君子与小人的关系。在此当遁而由于心怀系恋未能遁的情况下，九三本会有危险的，但如能用畜臣妾的办法来对待小人，作为补救的手段，可得吉。

客：我觉得透过九三的取象，实际上九三的爻辞是告诉我们在当退避而未能退避的场合，要施行心遁、心远，以实现"小利贞"。

主：是的，但在这种情况下，君子为了对付小人被搞得疲惫不堪，虽然采用"畜臣妾"之法来对待小人得吉，亦不可能有大的作为了。这就是《象传》所要说明的。

☰ 九四，好遁，君子吉，小人否。

【译文】 九四，心有系念仍能遁退，君子可获吉祥，小人做不到。

《象》曰：君子好遁，小人否也。

【译文】《象传》说：君子虽然心怀系念，仍能断然退避，小人做不到。

【提示】赞扬君子虽然心有所系，仍能断然退避。

主：九四下应初六，与初六的关系很好，但九四是刚健的君子，当遁之时毅然割爱，毫不犹豫地退避而去，故吉。小人遇到此种情况肯定是牵恋不舍，当然也就做不到毅然退避之举。

客：九四真了不起，初六与之正应，关系如此密切，但他能于祸患未起之始，断其所恋，从容无怨地退避，非君子岂能唯之。在我们日常生活中，有时明知此时此处对己不利，应该遁退，另图发展，但因贪恋蝇头小利，如已到手的职位、住房等，而失去遁退的机会，葬送了另谋出路的大好前程，真应该向九四好好学习。

主：九四是真君子，与六二相比他识时务、有远见，与九三相比他有毅力、善决断。

☰☶ 九五，嘉遁，贞吉。

【译文】九五，嘉美而及时的退避，守正而行，可获吉祥。

《象》曰：嘉遁贞吉，以正志也。

【译文】《象传》说：嘉美而及时的退避，守正而行，可获吉祥，是因为九五有正确的志向。

【提示】赞美九五处事得体，及时退避。

客：九五爻与九四爻有相似的地方，我先来试着分析一下。九五的位置非常好，阳刚居中得正，且下应六二柔中。这说明九五高居尊位，且有六二相帮，看来不遁也可，但九五识微虑远，正如《象传》所言"刚当位而应，与时行也"，及时顺随时势而退避，故爻辞赞之曰"嘉遁"。由此看来，九五以中正自处，处理遁退问题恰当得体，故守持正固可获吉祥。所以九五爻的兆辞是

"贞吉"。

主：大致是这个意思。请你再分析一下《小象传》。

客：九五的《象传》是说明九五为什么能够"嘉遁贞吉"的。思想正，行动才能正。这与六二正相反。六二也是得位处中，且与九五上应，应该说其处境与九五有相似之处，但六二认识糊涂，固守其不退之志。一个"正志也"，一个"固志也"，即见其高下之分。

主：分析得不错。九五与九四也有区别，他们都是毅然选择退避的君子，但九四本身不居显要的地位，而九五高居尊位，却能不恋尊位，及时退避，令人钦佩。

上九，肥遁，无不利。

【译文】上九，高飞远退，无所不利。（肥：通"萤"，即"飞"。）

《象》曰：肥遁无不利，无所疑也。

【译文】《象传》说：高飞远退，无所不利，说明上九没有任何疑虑、挂碍。

【提示】指出高飞远去是退避的最佳境界。

主：上九居乾健之极，下无应，上无阻，当此退遁之时势，毅然退避，故无所不利。

客：唐僧玄览诗云："大海从鱼跃，长空任鸟飞。"离开小人罗织的网罟之害，在新的天地里再展宏图，这可不是一般的退避，而是"胜利大逃亡"。

主：上九的确是遁退的最佳境界了，他之所以能做到"肥遁，无不利"，正如《象传》所说是"无所疑也"，即没有任何疑虑、牵挂。其他五爻主客观的条件就没有上九这么好了。

客：对。遁卦六爻四阳二阴，阳渐退，阴渐长，是小人方盛、君子退避的时势。君子处在这种情况下，遁而亨，没有大的作为，但可小利贞。这就是遁卦的卦形给六爻提供的时代背景。但初六没有思想准备，遁之不及，落于末尾；六二认识糊涂，固志不退；九三心有所系，势不能退；九四是真君子，斩断俗念，毅然遁退；九五不恋尊位，急流勇退；上九则无疑无碍，高飞远退。总起来看，同样有各种环境条件的限制，但下三爻比较被动，主观努力不够；上三爻则比较主动，充分发挥了主观能动性。如果联系上下卦体来看，下体艮为止，上体乾为健，则上下三爻外在的表现与内在的卦体有密切关系。不知道我的这个认识是否正确。

主：你的这个认识算是对遁卦的总结，完全正确。有几点还须再强调一下。首先，遁卦所说的退避不是消极的无原则的脱离尘世，而是在不利因素势力强大、一时无法克服之时的战略撤退；其次，退不是目的，只是以待时变、另图发展的手段；再次，退避之时，举止不可失其正道，还要尽可能地多做工作；最后，彻底的退避是心身俱退，但当由于某种原因而未能退避之时，要施行心退，讲究斗争策略，即"远小人"，要"不恶而严"。

客：根据你的提示，我觉得遁卦虽然讲的是退避，但它的战斗性还是很强的，其核心要义可以用"以退为进"这个成语来概括。

主：概括得非常准确。遁卦给我们指明了避开恶劣环境、避免小人纠缠、走向事业成功的坦途。

34. 大壮卦——论慎用强壮

☰ 乾下震上

大壮：利贞。

【译文】大壮卦象征大而强盛：利于守持正固。

【提示】 指出了壮大强盛之时的行为准则。

客：大壮卦与遁卦也是一组吗？

主：是的。从卦形上来看，把遁卦（☰）旋转一百八十度就是大壮卦。《序卦传》上说："遁者退也。物不可以终遁，故受之以大壮。"任何事物的发展都是衰极必盛，遁极必壮，这是《周易》中处处体现出来的中国古代辩证法思想。因为退正是进的开始，飞遁之后就会迎来一个蓬勃发展的新局面，所以遁卦之后是大壮卦。

客：那么卦体与大壮卦名有无关系呢？

主：当然有关系。宇宙之物阳刚为大，阴柔为小，此卦刚爻呈上升之势，超过一半，故曰"大壮"。从卦象上也可以看出大壮之意。大壮卦下体为乾，乾为天；上体为震，震为雷。雷在天上滚动，有威震四方之象，也是强壮盛大之意。

客：卦辞"大壮，利贞"这两者之间有什么关系呢？

主：问得好。所谓"贞"就是"正"，"大壮，利贞"，就是说在大而强盛之时，君子做事要循正理，行正道。大壮之利就在于正，不正则恃强凌弱，任其发展，会走到事物的反面，即不贞则必暴，暴必折，所以大壮贵正。《杂卦传》说"大壮则止"也即此意，大壮即阳刚盛长，阳刚盛长是阳刚当止则止的时候，千万不可滥用其壮。当然要想做到"大壮则止"实非易事，关键是思想上要"正"，才能在行动中做到当止则止。下面我们来看《象传》说了些什么。

《象》曰：大壮，大者壮也；刚以动，故壮。

【译文】《象传》说：大壮，指刚大者强盛；刚健而又奋动，所以强壮。

【提示】 以卦形、卦象释卦名。

　　　　　　　"六十四卦"中的人生哲理与谋略

主:"大壮,大者壮也",这句话是用卦形来诠释"大壮"的。天地之间只有阳刚可壮、大者可壮,而阴柔不可壮、小者不可壮。此卦阳刚达四,过中了,故既称"大"又称"壮"。

客:这是不是说阳刚或大者任何时候都能壮呢?

主:并非如此。此卦乾在下震在上,乾为刚,震为动,刚体处于运动的状态,即《象传》所说的"刚以动",只有在此种情况下才可称为"壮"。

大壮利贞,大者正也。正大而天地之情可见矣。

【译文】 大而强盛,利于守持正固,说明强盛之时刚大者要持守正道。使刚大者持守正道,以此来观察天地之间的各类事物,就可以看出万事万物的常情。(正大:正其大者,使大者正。)

【提示】 解释卦辞"大壮:利贞"。

客:"大者正也"是解释"大壮利贞"的,你对卦辞的解释我已经听明白了。但"正大而天地之情可见矣"又是什么意思?

主:正大,即正其大者,使大者正,如天道正、君道正、父道正、师道正等,都是大者正的例子。大者正则小者无不正。天道正则万物正,君道正则臣民正,父道正则家人正,师道正则学生正。故做好各种事情,都在于正其大者,由此可见"正大"乃天地之常情、常规,不可违背。

客:老兄这样一解释就很清楚了,请接着讲《象传》。

《象》曰:雷在天上,大壮,君子以非礼弗履。

【译文】 震雷响彻云天,象征大而强盛,君子因此不去做不合乎礼的事情。(履:践行。)

【提示】 指出君子欲保持强盛之势,须循礼而动。

客:大壮卦上体震为雷,下体乾为天,震在乾之上,有雷在天上之象。故《象传》的"雷在天上,大壮",也是从卦象上说明大壮的，它与《象传》中的"刚以动，故壮"相呼应。这个比较好懂，但君子看到雷在天上之象而知非礼弗履，这该怎样理解其中的内在深义呢？

主：雷自震于天，而形成了大壮之势，君子要保持自己的强盛也要靠自己。因此朱熹的《周易本义》在《象传》下只注了四个字："自胜者强。"这四个字含义深刻。只有能够战胜自己的人才能强盛壮大。战胜自己，实际上就是要使自己的言行合于礼，非礼勿动，非礼弗行。这样就可以使自己永远走在正道上，而保持"强壮"。也就是孔子所说的"克己复礼为仁"。

客：如果把礼的内容由旧礼教换为现代社会的新道德，那么"非礼弗履"在今天仍有借鉴意义。

☳. 初九，壮于趾，征凶有孚。

【译文】 初九，足趾强盛，若急于前进则凶险无疑。（孚：信，的确无疑。）

《象》曰：壮于趾，其孚穷也。

【译文】《象传》说：足趾强盛（而急于前进），说明初九的确要走向困顿。（穷：穷困，困顿。）

【提示】 强盛之时不可躁动。

客：趾是走路的工具，壮于趾是否就是急于前进的意思？

主：一点也不错。从爻象上看，初九处于大壮卦之下，对前途充满信心，急于上进。"壮于趾"也即用壮于初。但初九以刚爻居阳位，阳上加阳，躁动过急，很可能未及考虑到循正理，走正道，也就是未能做到前面《大象传》中所说的"非礼弗履"，若大壮而不正，无异于暴君与强梁，故前进必有凶险，也就是爻辞所说的"征凶"而"有孚"（有孚：的确如此）。

客：想当年隋炀帝杨广初即皇位，承父功业，何等威风！可惜后来劳民伤财，不走正道，导致怨声遍野，迅即被推翻。隋朝灭亡当属必然。

主：是啊，所以《象传》说"壮于趾，其孚穷也"，过于刚而急于用壮躁动，其穷困而致凶是必信无疑的。

☳ 九二，贞吉。

【译文】 九二，守持正固可获吉祥。

《象》曰：九二，贞吉，以中也。

【译文】 《象传》说：九二，守持正固可获吉祥，是由于阳刚居于中位的缘故。

【提示】 当强盛之时须以柔相济。

客：九二与初九都是刚爻，但初九征凶，九二贞吉，其中的原因就在于它们位置不同吧？

主：是的。九二处于下卦中位，得中，故能刚中守谦；九二同时又是以刚居柔（第二位为柔位），失正，但因得柔相济，故能头脑清醒，所以九二遇事不盲目躁动，而能冷静处理，故能守持正固，获得吉祥。 《象传》明确指出"九二，贞吉"，是因为"中"。

☳ 九三，小人用壮，君子用罔。贞厉；羝羊触藩，羸其角。

【译文】 九三，小人妄用强盛，君子虽强不用。守持正固以防危险；若像刚狠强壮的公羊一样去触撞藩篱，羊角必被拘累缠绕。（羝：音 dī，公羊。羸：音 léi，消瘦困顿，这里指缠绕。）

《象》曰：小人用壮，君子用罔也。

【译文】 《象传》说：小人妄用强盛，君子虽强不用。

【提示】 分析在强盛之时君子与小人的不同表现。

客：九三处于下体乾卦之终，以刚爻居阳位，且与上六相应，正是高亢强盛之时，小人处于这种形势就会利用其壮以呈刚强，凌犯他人，逸出正道，而凶险必至；君子处于这种形势则不妄用强盛，而是依循正道而行。

主：正是这样。故根据九三的形势，爻辞提出了"贞厉"的忠告，即守持正固以防危险。而且还举了羝羊的例子来说明处九三之位不当冒进，很生动，也很形象。让我们接着往下看。

☳ 九四，贞吉，悔亡；藩决不羸，壮于大舆之輹。

【译文】 九四，守持正固，可获吉祥，悔恨消失；犹如藩篱被撞开了口子而羊角不被缠绕，比大车的轮輹还要强壮。（舆：音yú，车。輹：音fù，车箱下面钩住车轴的木头，坚固结实。）

《象》曰：藩决不羸，尚往也。

【译文】 《象传》说：藩篱被触撞开了而羊角不被缠绕，说明九四利于进取。

【提示】 指出强盛而持正则可以进取。

客：九四居上卦之下，不当位（刚爻以居阳位为当位，现居于阴位），且与下无应，按常理说失位无应应该有悔，但是九四不当位，非但没有给他带来悔恨，反而因祸得福，这是由于刚爻居阴位，刚得柔相济，正如九二刚爻居阴位，有行谦持正之象，故可获得吉祥而悔恨也随之消失了。是不是如此？

主：甚是。由于九四以壮盛刚阳之躯，又得柔相济，能够持正而行，故所行无阻，连藩篱都不再成为其前进的阻碍，所以爻辞说"藩决不羸"。

客：岂止是"藩决不羸"！甚至比大车的车輹还要强壮得多。这里以车輹作比隐喻九四，大概是喻示适宜有所前往。

主：对。九四正符合卦辞所说的"大壮，利贞"。所以《小象

"六十四卦"中的人生哲理与谋略

传》才说"尚往也"。

☳☰ 六五，丧羊于易，无悔。

【译文】 六五，在易国丢失了羊，但无悔恨。（易：国名。）

《象》曰：丧羊于易，位不当也。

【译文】 在易国丢失了羊，说明六五居位不当。

【提示】 指出柔以刚济亦可无悔。

主：六五的爻辞引用古代的一则故事来说明刚柔相济之理。殷之祖先王亥，曾客于易国，从事畜牧业，这期间丢失了羊，但没有产生什么后果，故爻辞说"无悔"。（后来王亥被易国之君绵臣所杀，又夺其牛，事见旅卦。此说采自顾颉刚《古史辨》第三册。）

客：由此可见，《象传》指出"丧羊于易"就是因为王亥客于易国，所处之地位与环境不适当，故失其羊的。但是我不明白，失其羊无悔，这与六五的爻象与爻位有什么关系吗？

主：有。六五是柔爻，居刚位（第五位为阳位），是不当位，故《小象传》说"位不当也"。不过由于此卦总的态势是强壮，故六五虽为柔质但居刚位，有刚相济，也可以渡过难关而无悔。

☳☰ 上六，羝羊触藩，不能退，不能遂，无攸往；艰则吉。

【译文】 上六，刚强狠壮的公羊触撞藩篱（角被缠绕），不能退却，不能前进，什么事也干不成；如能事先虑及其艰难情状而进行周密的思考，则可获吉。

《象》曰：不能退，不能遂，不详也；艰则吉，咎不长也。

【译文】《象传》说：不能退却，不能前进，说明上六处理问题不够深思熟虑；虑及艰难而后行事，可获吉祥，说明上六所遭咎害不会长久。（详：周详，此处指思考问题周密。）

【提示】 指出做事不可妄用强盛，而应周密考虑。

主：上六爻辞仍以羝羊为喻，能从爻象上谈谈你的看法吗？

客：上六处于震动之极（大壮卦上体为震），求进心切，故恃强盲动。但上六以柔爻居阴位，体质柔弱，不能像九四那样利于进取，因此妄用强盛则会得咎；同时上六处于大壮卦之终，也是进无可进，退无可退之时。所以喻之以羝羊之角挂在篱笆上，进退不得。

主：说得对。处于这种困境，当然"无攸利"，干什么都没有利，什么也都干不成。不过爻辞又说"艰则吉"，意思是如果能事先充分考虑到其艰难情形，不是恃强盲动，三思而后行，就可获得吉祥。

客："艰则吉"是否可以理解为由于其质柔不刚，能谦而退之，艰贞自守，故可获吉？

主：此亦为一说。朱熹《周易本义》就说此爻："然犹幸其不刚，故能艰以处，则尚可得吉也。"

客：学习大壮卦，我觉得它与《周易》其他各卦有很大的不同。一般而言，在《周易》中当位（即刚爻居刚位，或柔爻居柔位）好，但在大壮卦中，则基本上相反，初九当位为"凶"，九三当位为"厉"，上六当位为"无所利"，反而九二不当位为"吉"，九四不当位为"吉，悔亡"，六五不当位为"无悔"，这是为什么呢？

主：这就是《周易》的辩证法。大壮卦象征大而强盛，在壮大强盛之际一定要守正，即卦辞所说的"利贞"。故强壮之时不怕不壮，而怕逞壮。妄用强壮，虽壮而离正，则成了强梁与暴君，因此为了持守正道、"利贞"，大壮卦就不能再像其他卦那样扬刚抑阴，而是要求刚而守谦，慎用强壮，更不可恃强凌弱，所以刚如能得柔之济，柔如能得刚之济，刚柔相济，则是解决强盛之时守正的一条重要途径。这对我们日常的工作与生活也很有指导意义。

35. 晋卦——论以德进升

☶☲ 坤下离上

晋：康侯用锡马蕃庶，昼日三接。

【译文】 晋卦象征晋升上进：尊贵的大臣承蒙天子赏赐众多的车马，一天之内荣获三次接见。（康：孔颖达《周易正义》释之为"美之名也"。侯：《正义》释为"上进之臣也"。锡：通"赐"。蕃庶：即众多。）

【提示】 以臣子受天子赏赐、宠信之象，喻示事物升进时的情状。

客：晋卦的卦辞很难懂，康侯好像是个什么诸侯的称谓。

主：按传统的观点，"康"是"美之名也"，"侯"在这里是"上进之臣"的统称。按顾颉刚的考证（参看《古史辨》），康侯的确是一个诸侯的称谓，他就是周武王之弟，名卦，初封于康，故称为康侯或康叔。此说引证信实，不失为一家之言。但我们的目的是探讨哲理，不是考据史实，由于不论是否采用康侯故事，都不影响对卦义的理解，故仍采用传统的说法。

客：那么卦辞与升进究竟有什么关系呢？

主：古代最大的升进，莫过于人臣有德有功受到天子之恩宠了。卦辞说康侯得到天子赏赐众多的车马，并受到天子以隆重之礼一日三次接见，表明康侯深受天子恩宠，因此其享、其利贞均不言可知。故该卦只说了"康侯用锡马蕃庶，昼日三接"，未及其余，但"晋"之义已昌明。《象传》对此有深刻的认识，让我们一起来看看《象传》是怎么说的。

《象》曰：晋，进也。明出地上，顺而丽乎大明，柔进而上行。是以康侯用锡马蕃庶，昼日三接也。

【译文】　《象传》说：晋，意思是升进。太阳从地面升起。顺德之臣上附于大明之君，以柔顺之道，积极进取而努力向上，因此（卦辞说）尊贵的大臣承蒙天子赏赐众多的车马，一天之内荣获三次接见。

【提示】　解释卦名、卦辞。

主："晋"的意思就是"进"。"明出地上"是据卦体而言的。晋卦下体为坤，上体为离，坤为地，离为日，故晋卦有太阳跃出大地而上升之象。此与"晋，进也"合释卦名。下面的话主要是以卦德解释卦辞。坤为地，其性质是顺，这里喻之为顺臣；离为火，为日，本身是大明（即太阳），这里喻之为明君，另外离又有附丽的性质。故说"顺而丽乎大明"，意即顺德之臣上附大明之君。

客："柔进而上行"也是从卦体来谈的吗？

主：不。"柔"指六五爻，六五以柔爻进居尊位（上体之中位），居尊位表明在自己的诸侯国内治民有方，民皆仰之；而有柔顺之德则说明他能上附天子，天子宠之。唐代孔颖达《周易正义》说："六五以柔而进，上行贵位，顺而著明，臣之美道也。"所以才能既得天子众多车马之赐，又获一日三见之荣。

客：难道晋卦也是尚柔不尚刚的吗？

主：正是。你有没有发觉这样的规律：《周易》凡壮盛或呈上升之势时，都力戒用刚。上升之时刚健有余，冷静不足，故须以柔相济。本卦爻辞也鲜明地体现出这一思想，初、二、三、五这四个柔爻均为吉或无悔，而四、上两刚爻则是厉、吝有加，这就

　　　　　　　　　　"六十四卦"中的人生哲理与谋略

是晋卦虽象征着升进，但却崇尚柔顺的缘故。

客：由此看来，纵使在升进之时，也要以"柔""顺"为要旨。所谓"柔能克刚"正是这个道理。

《象》曰：明出地上，晋。君子以自昭明德。

【译文】《象传》说：太阳从地面升起，象征"升进"。君子观此象应当自己展示自己光辉的美德。

【提示】指出君子应修身明德。

主：太阳从地平线上冉冉升起，越升越光明盛大，这是升进的正道。君子观此象，意识到要以修身为本，逐渐积累自身的优美品德，并在自己的进步过程中展示出来，就好像太阳升入天空向大地昭示自己的光明一样。

客：为什么"自昭明德"要以修身为本呢？

主："明德"不是生而有之的，这就有个自我修养的问题。至于如何修养，怎样才能"自昭明德"，《象传》并没有明言，但《象传》实际上已作了回答，这就是"顺而丽乎大明，柔进而上行"。关键就在于"顺""柔"，人在上升之时，往往得意忘形，逞刚斗胜，故须柔顺谦恭，加强自我修养，才能得明德。

☷ 初六，晋如摧如，贞吉；罔孚，裕无咎。

【译文】初六，升进而受到挫折，守持正固可获吉祥；不能得到他人的理解与信任，宽以待人则无咎害。（如：语助词。罔：无。孚：信任。）

《象》曰：晋如摧如，独行正也。裕无咎，未受命也。

【译文】《象传》说：升进受到挫折，说明初六要独自坚守，行于正道；宽以待人则无咎害，是因为尚未受到任命。

【提示】升进之初受到挫折，但要守持正固，宽以待人。

主：从爻象上来说，初六处在晋卦之始，是初进；由于上面有二、三两阴阻碍其升进之路，所以受到挫折。但是初六上应九四，如能守持正固，则得其应而获吉，故爻辞说"贞吉"。

客：《象传》说的"晋如摧如，独行正也"，也是这个意思？

主：对。《象传》引爻辞是省略的说法，完整地说应是"晋如摧如，贞吉；独行正也"。初六以柔顺之质行于升进之路，得进不喜，受挫不馁，而守持正固，故《象传》说初六独行正道，不改初衷，算得上是一位顺德之臣。

客："裕无咎"又该如何理解呢？

主：初六由于初进受挫，一时难以见信于人，即爻辞所说的"罔孚"，但是初六没有怨天尤人，而是宽以待人，严于律己，首先检查自己是否守持正固，因此既不汲汲于进，也不悻悻于不进，宽裕缓进若此，自然无咎了。

客：这样看来，《象传》的"裕无咎，未受命也"，也是省略了爻辞的说法，完整地说，应该是"罔孚，裕无咎，未受命也"。不过我还是不明白，为什么初六未能得到他人的理解和信任，而要宽以待人方能无咎呢？

主：《象传》的"未受命也"正是解释这个问题的。初六尚未受命做官，因为初六居于一卦之初，为"勿用"之位，如果担当了一定的官职，自然也就会有一定的权威性，说话也就有人相信了，所以初六"罔孚"，责任并不在于自己。但尽管如此，初六仍能贞固自守为臣的柔顺之道，可见其修养是很高的。

☷☲. 六二，晋如愁如，贞吉；受兹介福，于其王母。

【译文】 六二，升进之时心中忧愁，守持正固可获吉祥；承受大福，来自祖母。（介：大。王母：祖母。）

《象》曰：受兹介福，以中正也。

【译文】《象传》说：承受大福，是由于六二居中守正。

【提示】指出升进之途虽遇坎坷，但守持正固可化险为夷。

客：六二为什么要忧愁呢？

主：我想这要从爻象上来分析。晋卦下体的初、三两爻都有上体的刚爻与之相应，只有六二上无应援，虑及前进之途布满荆棘，不禁愁容满面。但六二以柔居中得正（处在第二爻位，属阴位），故能坚持中正柔顺，不急于进，因此可获吉祥。

客：不仅是可获吉祥，爻辞中还指出六二将承受大福，这又该如何解释呢？

主：大福是王母赐给的，王母就是祖母，阴之至尊者，这里喻指六五。六五居尊位，就臣道而言，就是臣之至尊者，也就是卦辞所说的康侯。

客：在此我有个疑问，六五与六二并不正应，六五为什么要帮他？

主：六二虽然在升进之途遇有坎坷，但他能以中正之道自守，时间久了，自然就会赢得人们的同情而伸出援助之手，让他"晋"升，使他享受大福，这位援之以手的救命恩人就是居尊位高而又善于用人的六五。因为六五与六二并非阴阳正应，而是以阴对阴，故称六五为"王母"。

客：你这一讲，我就明白了。六二的遭遇对我们很有启发，当前进的征途上遇到坎坷时，万不可破罐子破摔，自暴自弃，而应当守持正固，相信正义事业最终总会得到人们的援助的。

䷢ 六三，众允，悔亡。

【译文】六三，获得众人拥护，悔恨消失。

《象》曰：众允之志，上行也。

【译文】《象传》说：六三有欲得众人拥护的志向，能向上升进。

【提示】指出升进之时要取信于众才能成功。

客：六三的爻辞与从爻象上观察的结果看起来好像有矛盾。爻辞说"悔亡"，可是爻象却是阴居阳位，应该有悔。

主：矛盾是可以转化的。六三以阴爻居下卦之上（阳位），失正失中，本当有悔，但六三因与上九相应，有上行之志，而初六、六二这两爻与六三同类，均为阴爻，且都有上进之志，故赞成六三的志向；而六三既然得到众人的拥护，悔恨之事必然荡然无存。

客：看来要想干成一件事，必须先取信于众，让自己的志向成为大家的志向，才能同心协力，完成任务。

☲☷ 九四，晋如鼫鼠，贞厉。

【译文】九四，升进而遇到鼫鼠，守持正固以防危险。

《象》曰：鼫鼠贞厉，位不当也。

【译文】（升进）遇到鼫鼠，守持正固以防危险，说明九四居位不适当。

【提示】指出升进之时要守正，以防鼫鼠这样的小人阻挡上进之路。

主：鼫鼠实际上就是硕鼠，鼫、硕上古均为禅母铎韵，音同通用。硕鼠之性，贪而畏人，《诗经·魏风·硕鼠》中揭之甚详。在前进道路上遇到硕鼠，其危厉是可想而知的，故爻辞戒之曰："贞厉"即守持正固以防危险。

客：《象传》进一步指出这种危险的局面主要就是因九四不当位而造成的。

主：九四以阳刚居柔，失正，故曰"位不当也"。这就如同一只硕鼠贪据高位，又失柔顺之道，对下体三阴爻同心同德的升进

"六十四卦"中的人生哲理与谋略

心怀畏忌，必定会搬弄是非，造成阻挠升进之态势。所以必须守持正固，以免遭到不测。

☲☷ 六五，悔亡，失得勿恤，往吉，无不利。

【译文】 六五，悔恨消失，不要计较个人得失，继续前进必获吉祥，无所不利。（恤：忧虑，计较。）

《象》曰：失得勿恤，往有庆也。

【译文】 《象传》说：不要计较个人得失，说明六五只要大胆前行，必有福庆。

【提示】 指出在升进之道上不要患得患失，而要勇往直前。

主：六五以阴居阳，本来理当有"悔"，但是六五位高而得中（上体之中位），是晋卦之主，《象传》所说的康侯指的就是他。由于他能"顺而丽乎大明"，"柔进而上行"，上受"离明"之德，下受群阴拥戴，故才会"悔亡"。可见六五有失有得，如果患得患失、忧虑重重，则必然妨碍其升进之途，故爻辞戒之曰："失得勿恤"，即不要计较个人得失。六五以柔居尊位，毕竟是柔顺之才，刚强不足而柔顺有余，故爻辞又鼓励他"往吉，无不利"。六五若能用此道，必能所往皆吉而无所不利。

客：这也就是《象传》"失得勿恤，往有庆也"的意思吗？

主：是的。但要做到"失得勿恤"也不是件容易事。所以朱熹在《周易本义》中说："一切去其计功谋利之心，则往吉而无不利也，然亦必有其德，乃应其占。"无德之人永远也做不到"失得勿恤"的，这就提醒我们要修德，战国时的蔺相如，被封为上卿后，廉颇到处散布谣言，说他无"攻城野战之大功"，"徒以口舌为劳"，蔺相如听了，只是一味回避廉颇，做出退让，不计较个人的利益得失，以自己柔顺而又谦逊的美德赢得了更高的声誉。另外，爻辞与象辞这里还强调了一个问题，就是"往"，要有所往有所行才能"吉""庆""无不利"，光是说得好听，却不去建功立业，又何来"锡马蕃庶，昼日三接"？

䷢ 上九，晋其角，维用伐邑，厉吉，无咎；贞吝。

【译文】 上九，升进至极，仿佛达到兽角的尖端，只有征伐属邑，可以变危厉为吉祥，不致咎害；守持正固以防遗憾。

《象》曰：维用伐邑，道未光也。

【译文】 《象传》说：只有征伐属邑（方可变危厉为吉祥），说明上九升进之途仍未光大。

【提示】 指出刚进而至极，须自我克制。

客：此爻象为什么要以"角"作比？

主："角"是兽类之角，刚而居上，正如上九以刚爻居晋卦之极，故以"晋其角"为上九的喻象。但这一爻象很不好，晋卦虽是上进之卦，但用柔而不用刚。由于上九刚进至极，已无处可进，偏偏又要躁急而进，处于极度亢奋状态，这样下去当然有危险。此时唯有自我克制，将这种躁进之气力转移到征伐叛乱的属邑上，方可变危厉为吉。

客：看来征伐属邑只是一个比喻的说法，实质上是说上九刚进至极，危险很大，为避免做出糊涂事来，要自己控制自己，把注意力放到解决自身内部问题上来，只有这样做才能化"厉"为"吉"，才能"无咎"。不过既然为"吉""无咎"，为什么又告之以"贞吝"呢？

主：因为征伐叛乱的属邑，虽然正确，但叛乱本身是由于自己王侯之政道未能昌明而造成的，这毕竟是一件憾事；就自我克制而言，毕竟说明自己有问题才须克制，故此举虽吉、无咎，仍是令人遗憾之事，所以要守持正固，以防憾事再度发生。

客：怪不得《象传》说"维用伐邑，道未光也"，伐邑之举虽

　　　　　　　　"六十四卦"中的人生哲理与谋略

吉、无咎，但毕竟说明"伐邑"本身是由于"道未光也"造成的，如果升进之道一贯昌明，"顺而丽乎大明"，"柔进而上行"，也就用不着伐邑了。

主：理解得很准确。晋卦说的是升进之道，但强调的重点不在于进本身，而在于"德"，这个"德"就是以"柔顺"之道趋附光明。"明"是升进的基础（不效法太阳之升起，就没有晋卦），"明"也是升进的目的，只有顺从、附丽于明君，即《象传》所说的"顺而丽乎大明"，才能有康侯之升进；而从个人修养来说，"明"就是美好的品德，升进的过程就是自我修养的过程。《大象传》说"君子以自昭明德"，正是强调充实、丰富优美的品德。

客：看来升进之途关键在于两点：一是以柔顺而行，一是向光明而行。

主：对。如果离开这两条，盲目地升进，就会物极必反，由盛转衰，黑暗必将来临，这就是下一卦"明夷"的内容了。

36. 明夷卦——论用晦之道

䷣ 离下坤上

明夷：利艰贞。

【译文】 明夷卦象征光明息灭，黑暗来临，宜于艰守正道。

【提示】 指出在政治黑暗时代，君子应采取的对策。

客：明夷卦与晋卦的上下体正好颠倒（䷣、䷢），意思也完全相反。

主：对。明夷卦的卦义正如卦体所显示的，夷是伤的意思，光明受到伤害，就是指日落于地，光明熄灭，晋卦上为光明，象征明君在上，群贤并进；明夷卦日在地下，象征政治形势十分险恶，昏君在上，世道黑暗，光明正大之人必受伤害。

客：在这种形势下，对于光明正大的君子来说，宜于知艰难不轻易用事，而又不失贞正，守持正固。

主：对。这就是卦辞"利艰贞"意义所在。下面看《彖传》。

《彖》曰：明入地下，明夷。内文明而外柔顺，以蒙大难，文王以之。

【译文】《彖传》说：太阳落入地中，象征光明受到伤害；内含文明美德，外呈柔顺之象，以此蒙受大难而免于祸患，文王就是用这种方法度过危难的。

【提示】 以卦象和文王羑里蒙难之事释卦名。

主："明入地中，明夷"是用上下卦象释卦名。明指明夷卦的下体离，离为日为火，故曰"明"；地指上体坤，坤为地，上下卦体正表现了太阳落入地中之象，故以之象征光明受到伤害。

客："内文明而外柔顺"也是根据卦体而言的吗？

主：是的。"文明"指内卦离为明，"柔顺"指外卦坤为顺。一个人内有文明之德而外呈柔顺之象，蒙大难时就能免于祸患。《彖传》说"文王以之"，意思是说周文王就是以内文明而外柔顺度过危难的。

客："文王以之"就是指文王被拘于羑里之事吗？

主：是的。商纣王时代，姬昌（即周文王）领导的周族还是商王朝的一个方国。由于他勤于政事，创业有为，又礼贤下士、广罗人才，故周族的实力日益强大，许多小国纷纷归附。但姬昌为了最终实现"剪商"大业，仍对昏庸的商王称臣纳贡。商王封姬昌为"西伯"，并命姬昌与九侯、鄂侯一起为商朝的三公。九侯曾进献给纣王一个很贤惠能干的女子，因为这个女子不喜欢纣王奢侈淫乐的生活，纣王就把她杀死，还把九侯处以"醢"刑（剁成肉酱），鄂侯看不过去，替九侯辩护，又被纣王处以"脯"刑

"六十四卦"中的人生哲理与谋略

（杀戮后晒成肉干）。姬昌看到纣王如此残暴，暗中叹息了几声，被纣王的亲信崇侯虎告发，纣王又把姬昌抓来拘于羑里。姬昌为了实现灭商的大业，便让大臣把有莘氏的美女、骊戎的文马、有熊氏的九驷和其他一些珍宝，通过纣王的宠臣费仲献给纣王。纣王很高兴，就把姬昌放还周族。姬昌回到周地后，更加积极地从事灭纣的准备工作，最后终于由他的儿子姬发（周武王）完成了克商大业，建立了周朝。可见，文王在纣王暴虐的时代，内心怀有替天行道剪商兴周的大政方针，属内有文明之德；但外在的表现则是称臣，并送给纣王美女、好马等，属外能柔顺，故度过了羑里之难，最终实现了自己的志向。我们接着看《象传》的下文。

利艰贞，晦其明也。内难而能正其志，箕子以之。

【译文】 宜于艰守正道，说明要自我隐晦光明。身陷内难而仍能坚守自己正确的志向，箕子就是这样做的。

【提示】 释卦辞"利艰贞"，并以箕子佯狂之事为例。

主：《象传》在这里解释了为什么在明夷之时宜于艰守正道的道理。因为君子处于明夷这个黑暗的时代，形势险恶，世事艰难，要晦藏明智而不显露出来，显露必招祸。因此宜于知险，不轻举妄动，而守持正道。箕子就做到了这一点。

客：我记得在遯卦中你讲到箕子，说他执迷不悟，不愿遁避，这里怎么又说他"内难而能正其志"？

主：这是一个问题从两个角度来观察。从历史发展的角度来看，周王朝代表进步力量，在当时受到人民的拥戴，连商纣王的太师疵、少师彊都抱着商朝的祭器和乐器逃奔于周，箕子不愿顺应历史潮流去投奔周，反而向纣王进谏，希望挽回败局，故说箕子认识糊涂，当遁不遁。从箕子个人的角度看，箕子忠于自己的祖国，虽因进谏遭纣王囚禁，但仍端正其心志，既不与纣王同流合污，又存忠君报国之心，故装疯卖傻以守志，所以说"能正其志"；而箕子又是纣王的叔父，故箕子之难为"内难"。这就是《彖传》所说的"内难而能正其志，箕子以之"的含义。

客：箕子装疯佯狂也就是"晦其明"，不再过问政事，这才免遭像比干被纣王大卸八块、观赏其心那样的残害。

《象》曰：明入地中，明夷。君子以莅众用晦而明。

【译文】《象传》说：太阳落入地中，象征光明受到伤害。君子因此知道在治理众人时要以晦藏明智而显示其明智。

【提示】 指出君子以晦明施治、其明益显。

客：《象传》与《彖传》看问题的角度似有不同。

主：的确有所不同。此卦的《彖传》主要是解释卦辞的，揭示了在天下昏暗的特殊环境里，君子不得已而用晦守志的道理。《大象传》则从治理百姓的角度来看待"明入地中"，从中引申出晦明施治、其明益显的管理艺术来。太阳是最明亮的，但太阳也不能日夜永照，当它落入地中的时候，就把明亮晦藏起来不用，而用晦不等于无晦，实际上它还是明亮的，只是暂时隐于地中，因此它能够再次升起而继续光照大地。君子观此象则知道在治理众人时应当"用晦"，这样非但不会"晦"，反而更"明"。因为尽用其明则伤于太察，而无含弘之道，不极端地明察而用晦，就能容物和众，众人会有亲切安全之感。

客：我明白了。人人都有缺点，不可能十全十美。君子在领导众人时，若过于明察秋毫，手下的人就觉得不自在，觉得自己的缺点被看得一清二楚。若能适当地用晦，手下的人就觉得君子对他们很亲善，也不会因自己有些小缺点而局促不安。这样老百姓就会无忧无虑地工作和生活，对领导者也很信任，衷心拥戴。这就是晦明施治，其明益显吧。

"六十四卦"中的人生哲理与谋略

主：对。这是古代统治阶级总结出来的一条很重要的政治经验。

客：我觉得这个经验有一定的普遍性，在现代的管理工作中仍有借鉴意义。金无足赤，人无完人，领导者要看到这一点，故要适当地"用晦"，这样才能使部下心情舒畅地全身心地投入到工作中去，否则就会使部下心情紧张，工作但求无过，而不可能发挥主观能动性与创造性。

主：是呀。这就是人们常说的"水至清则无鱼，人至察则无徒"。

☷. 初九，明夷于飞，垂其翼。君子于行，三日不食。有攸往，主人有言。

【译文】　初九，在光明受到伤害之时向外飞，低垂着翅膀。君子急于远走离去，三天都没有吃上饭。所到之处，都受到当地主人的责怪。

《象》曰：君子于行，义不食也。

【译文】　《象传》说：君子急于远走离去（三天都没有吃上饭），说明初九以节义为重，不合于义的宁愿饿肚子。

【提示】　君子察于机微，在明夷之初就义无反顾地离去，自"晦其明"。

客：初九爻辞前四句像一首小诗，前两句用鸟飞垂翼为起兴，后两句为所言之词，述及"君子于行"的情况。

主：你的艺术感觉很好。这四句的确像一首诗，且偶句押韵，"翼""食"古音均为"职"部，是入声韵。所以章学诚在《文史通义·易教》中说过："《易》象虽包六艺，与《诗》之比兴，尤为表里。"

客：那么爻辞为什么要以鸟飞起兴呢？

主：鸟的生活规律与太阳之升降有密切关系。清晨，太阳刚跃上地平线，阳光尚未普照之时，鸟首先睡醒，叽叽喳喳地开始了一天的生活；傍晚，当太阳开始落山，尚未收尽其余晖之时，鸟类已开始归巢。因此可以说鸟类对于阳光是很敏感的。初九位于明夷之初，距离光明受到伤害还远着呢，但君子有见机之明，不等难作即自晦其明，急速离去。这与傍晚时归巢的鸟十分相似，它们并不是等到天黑之后才开始飞回鸟巢，同样也有见机之明，故以鸟起兴。再一点，"飞"的具体情况也与"君子于行"的情形类似。首先，一个"飞"字使人感到君子的离去行动迅速；其次"垂其翼"，也就是收敛其翅膀低飞，不敢展翅翱翔，使人感到君子为了自晦其明，尽量隐蔽不暴露自己的行迹。

客：这样一来，君子就太辛苦了，由于急于逃难，无暇顾及饮食，竟然三天没吃上饭。

主："三日"是虚指，意为多日。古时常以三表示多数，如《论语·公冶长》："季文子三思而后行。"清代汪中《述学·释三九》有详细论述，可参考。

客：那为什么"有攸往，主人有言"呢？

主：这里的"言"是责怪之言。由于初九以阳处明夷之初，距离受到伤害还远，祸端似乎并未发生，所以所到之处，主人们对初九的行动都很不理解，必有疑怪责让。

客：恐怕这也是"三日不食"的原因之一。

主：对。《象传》解释说："君子于行，义不食也。"就是说因主人无礼"有言"，有辱君子，君子以义为重，忍饥而不食。

☷☲ 六二，明夷。夷于左股，用拯马壮，吉。

【译文】六二，光明受到伤害。左边的大腿受伤，用壮马来拯救，可获吉祥。（用拯马壮：即用壮马拯救。）

《象》曰：六二之吉，顺以则也。

【译文】《象传》说：六二的吉祥，是由于他既柔顺又能坚守中正之则。

【提示】君子虽伤于小人，但若能外柔内刚，则可获吉。

主：六二以阴居阴，柔顺而中正，是一位君子，但当明夷之时，也难免不受小人伤害，看来伤势不算太重。这个伤是坏事，也是好事。

客：怎么是好事呢？

主：当明夷之时，昏君在上，左大腿受伤，不能行刚壮之事，正可以晦明智以守正，而不为暗主所疑，免遭更大的灾祸。然后再用壮马来拯救，另图良策，故可获吉。

客：这也就是《象传》所说的"六二之吉，顺以则也。"

主：对。"顺以则"是又柔顺又有原则，外在的表现是柔顺，内里存有原则。

☷☲ 九三，明夷于南狩，得其大首；不可疾，贞。

【译文】九三，光明受到伤害时在南方征伐，猎获元凶祸首；此时不可操之过急，应当守持正固。（狩：此处指征伐之类。疾：急速。）

《象》曰：南狩之志，乃大得也。

【译文】《象传》说：九三在南方征伐的志向，是多么大的志向啊。（大得：大得志。）

【提示】明夷之时也可以有作为，但不可操之过急。

客：九三看来是个刚烈性子，不愿长期忍受明夷、黑暗的桎梏，主动向南方出击，并猎获或者说诛灭了元凶祸首，除了一方之害。但爻辞又说"不可疾，贞"是怎么回事？

主：这还要联系到商末的历史来谈。商代末期，纣王昏庸，政治黑暗，这对周族来说如同处在明夷之时，而商在周之东部，周族"剪商"的准备工作还未做好，不敢贸然东进，但可向南部进军、征伐。从周原卜辞可知，他们曾向南"伐蜀"。九三爻辞可能记的就是这件事。"不可疾"，指的是虽然"南狩，得其大首"，但对整个社会除暗复明之事不宜急，因为准备工作尚未做好，故要守持正固，即"贞"。

客：看来《象传》也是此意。《象传》只说这个志向是"大得"，并未肯定他应该采取行动，意思正是说这个志向是正确的、远大的，但现时只能做一些"南狩"之类的工作，以积聚力量，尚不可全面实现自己的抱负。

☷☲ 六四，入于左腹，获明夷之心，于出门庭。

【译文】 六四，进入左方腹部地位，了解到光明受到伤害之时的内中情状，于是毅然跨出门庭远去。

《象》曰：入于左腹，获心意也。

【译文】 《象传》说：进入左腹部，是为了能够深刻了解光明受到伤害时的内情。

【提示】 一旦了解到黑暗的内幕后，应当机立断，出门远遁。

客："获明夷之心"的"心"是"内情"的意思吗？

主：对，"心"在身体内部，这里比喻为内情，"获明夷之心"就是获得明夷的内情。了解了黑暗内幕，知道形势不可逆转，故毅然"于出门庭"。

客：请问六四为什么偏偏入于左腹呢？

主：《象传》正是说明这个问题的。人心的位置在胸腔偏左侧，古时不辩，故称"左腹"。入于左腹，一方面说明陷入尚不深，可快快离去；一方面也是了解内情的需要。

客：明白了。商纣王时，他的许多近臣如同六四"获明夷之心，于出门庭"一样，了解到纣王暴虐、覆亡在即、不可逆转之后，纷纷出逃。有的逃于荒野，如纣王的兄弟微子；有的携祭器投奔周族，如太师疵、少师彊等。倒是箕子死活不走，但他心里明白，因此并不与纣王同流合污。

主：说得对。六四这一爻可以说讲的就是微子等人出逃之事，至于箕子之事在下一爻里谈到，我们看六五。

六五，箕子之明夷，利贞。

【译文】 箕子处于光明受到伤害之时，利于守持正固。

《象》曰：箕子之贞，明不可息也。

【译文】 《象传》说：箕子的守持正固，其意义在于光明是不会熄灭的。

【提示】 深陷黑暗、身罹内难也应守持正固。

客：六五的爻辞与《象传》所说的"利艰贞，晦其明也，内难而能正其志，箕子以之"是一回事吗？

主：大致可以这么说。六五爻以箕子之事为喻象，说明六五最靠近昏君，深陷黑暗之中，并身罹内乱，当此时，应守持正固，晦其明。晦其明不是没有明，而是用晦，以自守其志，否则极易被伤害。就像箕子在明夷之时的做法，佯狂为奴以免于害，而内心坚守正道不变。

客：《象传》进一步指出箕子晦藏其明德而不用，守持正固，其明并没有熄灭。

主：对。箕子的行动从一个侧面说明时世虽暗而道不可没，立身纯正则危不足忧。

上六，不明，晦。初登于天，后入于地。

【译文】 上六，不发出光明，一片昏暗。起初登临于天，最终坠入地下。

《象》曰：初登于天，照四国也。后入于地，失则也。

【译文】 起初登临于天，光照四方诸国；最终坠入地下，说明违背了君道。

【提示】 伤害光明之人必自伤。

客：上六爻辞不说"明夷"，而说"不明，晦"，这两者有什么区别吗？

主：前五爻均言"明夷"，明夷是光明受到伤害，所以前五爻是明而被夷；上六是不明而晦，自己本身就没有明德而晦暗，因此不像前边几爻是用晦，而是彻里彻外的晦。显然前面五爻之明就是被上六所夷的。

客：这么说来，上六是昏暗之君了？

主：六五以箕子作比，上六为商纣不言自明。

客：从爻象上能否说明上六为昏君呢？

主：当然可以。上六以阴居明夷之极，是昏暗不明之君高高在上，而明者尽被其所伤之象。

客："初登于天，后入于地"，是拿太阳登于天，后坠于地做比喻，说明纣王开始时即位为天子，后来失其位以亡国告终？

主：是的。据史书记载，纣这个人倒是很聪明，也很有才能，敏捷善辩，力大无比。可能初登天子之位也能居高而明，照及四方，故《象传》说"初登于天，照四国也"。可是当他将其才能用于压迫、剥削人民，用于荒淫奢侈地生活，他的才能就使他的暴君的角色发挥得更加淋漓尽致，失去了君道，终于导致彻底失败，故《象传》说"后入于地，失则也"。"失则"就是失道，失去了为君之道。

客：对六二爻，《象传》说"顺以则也"，上六则为"失则也"，一个是顺则，一个是失则，可见文王与纣王的一胜一败是历史之必然了。

主：明夷卦记载了商周之际政治斗争的风云变幻，也给后人留下了极为珍贵的政治斗争经验，特别是处在政治黑暗之时的斗争策略，你是否能总结一下？

客：好，不对的地方请纠正。明夷卦总的说来就是光明受到黑暗的伤害，这从卦象上可以看得很清楚，处在这种环境中，代表光明的君子应该怎样对付这种黑暗现实呢？总的原则就是卦辞所说"利艰贞"，强调在艰难中维护正道，在"自晦"中保存光明，以待时局的发展，转衰为盛，变黑暗为光明。具体的情形则各不相同，初九迅速出逃，以争取主动；六二则"用拯"，表面柔顺而内里坚持正道；九三则以攻为守，以积极救治的精神（南狩）处明夷之时；六四虽深陷黑暗，但由于了解黑暗内幕又能理智行事，故亦能脱险而"于出门庭"；六五箕子虽有愚忠之嫌，但毕竟也能晦而守明，忍辱而负重，至为感人。如此则上六这个伤害光明的昏君必然面临众叛亲离、身殒国亡的下场。

主：归纳得不错。根据卦爻辞及《彖传》《象传》，明夷卦所表示的政治思想还可以进一步概括为两点。一是作为一个君主，如果违反为君之道（失则），就会造成政治黑暗的局面，而最终受到伤害的必定是昏君自己；君子处在黑暗的时代，对待昏主应采取外晦内明的政策，以保全自己，持守正道，"明不可息"，同时也不放弃"用拯""南狩"之类不影响"自晦"的斗争，以此来等待和促使时局向好的方面转化。二是以此为借鉴，有明德的君主治理国家应自治用明，治民用晦，严于律己，宽以待人，而不是像纣王那样，自己荒淫无度，晦暗无涯，对别人吹毛求疵，滥施酷刑，这样才能宽容大度而容物合众，从而巩固自己的统治。

37. 家人卦——论理家之道

䷤ 离下巽上

家人：利女贞。

【译文】 家人卦象征家庭：利于女子守持正固。

【提示】 指出家庭中以女子居正为贵。

主：家人即一家之人，也就是所谓家庭。家庭是社会的细胞，家庭美满、幸福，社会才能稳定、发展，所以古人从来都是将齐家与治国平天下联系在一起的。

客：在家庭的诸多关系中，夫妇关系是根本，但卦辞只说"利女贞"，对女子提出了行为的要求，却未言及男子，这是为什么？

主：古人认为家内之事，女子是主要因素。家庭主妇正，则全家正；家庭主妇不正，则全家不正。故卦辞言利于女子守正。未言及男子，并不是男子在家中不居重要的地位，恰恰相反。"利女贞"正是以男子的口吻来说的，男子在家中不管怎么做总是正确的，关键是女子要能行妇道守持正固。"女贞"正是男子齐家的主要内容。所以卦辞言"利女贞"，正是男尊女卑的一种体现。

《象》曰：家人，女正位乎内，男正位乎外，男女正，天地之大义也。

【译文】 《象传》说：在家庭中，女子在家内居正当之位，男子在家外居正当之位。男女都居处正位，这是天地阴阳的大道理。

【提示】 以卦体及主爻释卦名。

客：卦辞只说"利女贞"，未说男子如何，《象传》可能怕读

　　　　　　　"六十四卦"中的人生哲理与谋略

者误解，特地对男、女双方都提出具体要求。

主：对。男子齐家的目的，是治国平天下，所以对男子的要求是在家外居正当之位，这首先是齐家的需要，同时也是治国平天下的需要，故《彖传》说"男正位乎外"。男子齐家的内容主要就是"利女贞"，即女子在家内居正当之位，故《彖传》说"女正位乎内"。联系卦体来看，《彖传》的"女"指六二，"男"指九五，这是家人卦的两个主爻。六二以阴居阴，又居中得正，属于内卦，所以叫"女正位乎内"；九五以阳居阳，又居中得正，属于外卦，所以叫"男正位乎外"。女主家内事且正，男主家外事亦正，家庭问题就解决了。

客：那么"男女正，天地之大义"是什么意思呢？与卦体有无关系？

主：仍与卦体有关系。按卦画，象征男子的九五爻在上体，处尊位，象征女子的六二爻在下体，处卑位，所以男与女的关系就是天与地的关系，阴与阳的关系，尊与卑的关系，男女各正其位，是符合天尊地卑的天地之大义的。故《彖传》说"男女正，天地之大义也"。

客：是不是还可以作这样的理解：女内男外各得其正，这就说明家道正，正家道即所谓的齐家，齐家才能治国，治国才能平天下，由此可见正家道是正天下之本，所以《彖传》说"男女正，天地之大义也"。

主：这样理解在思想上更深入了一步，《彖传》下文正是谈的这一点。

家人有严君焉，父母之谓也。父父，子子，兄兄，弟弟，夫夫，妇妇，而家道正。正家而天下定矣。

【译文】 家庭中有尊严的君长，指的是父母。父尽父之道，子尽子之道，兄尽兄之道，弟尽弟之道，夫尽夫之道，妇尽妇之道，这样家道就能端正，天下也能安定了。

【提示】 进一步阐发卦义，并推衍出正家与修身、平天下的逻辑关系。

客："家人有严君焉，父母之谓也"，这句话显得有些突兀，它的前后都是说如何"正家"的，这里突然说家庭中有严正的君长，指的就是父母，似游离于主旨之外。

主：这句话粗看的确有些突兀，但仔细琢磨，它与"正家"是有内在联系的。行家道必须有尊严的家长，这个尊严而正派的家长就是家中的父母，无严君则孝敬衰；这就如同国家有尊严的国君，无君长则法度废一样。

客：我还有一个地方不明白。《象传》开头讲"女正位乎内，男正位乎外"已对"正家"提出了要求，下文又提出"父父，子子，兄兄，弟弟，夫夫，妇妇"的要求，似有叠床架屋之嫌。

主：这实际上是从不同角度提出的。家庭关系是多方面的，从不同视点来看，有父子关系、兄弟关系、夫妇关系等，哪一个环节处理不好，都会影响"正家"的质量。所以《象传》才又提出处理各种具体关系的详细要求，这也是落实"女正位乎内，男正位乎外"总原则的具体措施。

客：明白了。这有似于现代的量化管理，把"正家"总的要求分解为分项指标，落实到每个家庭成员身上。

主：这个比喻很有点意思。另外，"父父，子子，兄兄，弟弟，夫夫，妇妇"，还说明了这样一个道理："家道正"，是从每一个家庭成员正其道开始的，也就是说家庭成员的修身与正家有密切关系，推而广之，修身是齐家、治国、平天下的基础。

客：看来，《象传》虽未明言"修身"，但已经将修身与齐家的关系摆到很重要的位置上来了。

主：对。而另一头，即齐家与治国平天下的关系，《象传》则是明确阐明了的："正家而天下定矣。"

客：古人把"正家"看成是修身与治国平天下之间的桥梁，真是用心良苦。一个家庭四分五裂，或整天吵闹不休，这就说明家庭成员修身这一项未达标；如果连家都治理不好，又何谈治国平天下呢？

主：所以《礼记·大学》有言："身修而后家齐，家齐而后国治，国治而后天下平。"

《象》曰：风自火出，家人。君以言有物而行有恒。

【译文】《象传》说：风从火的燃烧中生出，象征家庭。君子因此而注意说话有事实根据，做事有一定的规矩，善始善终。

【提示】 指出家庭关系到社会风化，而修身以言行为先。

客：《象传》主要是从上下卦体来谈的。家人卦下体为离（☲），上体为巽（☴），离为火，巽为风，风在火上，所以说"风自火出"。

主：不错。古代科学不发达，古人看到有火就生风，火越盛而风越猛，便认为风是由火的燃烧而产生的，故用以比附家人卦的卦象。

客：那么"风自火出"怎么能象征家庭呢？

主：一个家庭，特别是家人卦所言及的这种核心家庭，即一对夫妻带着孩子生活的家庭（《象传》只涉及父子、兄弟、夫妇这三对基本关系，既无爷孙辈，也无旁系亲属），一般是同室而居，同锅而食的。而用火做饭就生出风来，其标志就是烟囱冒烟。人们看到烟囱冒烟，就知道这是一个家庭，故言"风自火出，家人"。君子由此则不仅是看到一个家庭，而且由风之产生联想到社会风化自家而出的道理，更促使君子自觉地修身养性，因为家道的端正与否，修身是关键——

客：我插一句，由于修身主要表现在言、行两个方面，所以《象传》说："君子以言有物而行有恒。"是这样的吧？

主：对。言有物，就是说话有事实根据，诚实而不说假话；"行有恒"就是行为端正有始有终，不随心所欲，不半途而废。

客：我觉得这一思想在今天仍有借鉴意义。要做治国平天下这样的大事，先要从日常居家小事做起，从一言一行做起。

主：是啊，老子说过："千里之行，始于足下。"大的成功是由小的善行积累而成的，相反小节不修，言行不信，虽是小事也能酿成大的祸端。

☲☲. 初九，闲有家，悔亡。

【译文】 初九，防止邪恶于家庭初建之时，悔恨消失。（有：词头，无意。）

《象》曰：闲有家，志未变也。

【译文】 《象传》说：防止邪恶于家庭初建之时，是说在思想尚未产生变化的时候预先防范。（志：思想。）

【提示】 治家要在一开始就立规矩，防恶于未萌。

主："闲"的本义是栅栏，养牛马的圈，引申为防止，这里是防止邪恶的意思（后来才引申为安静、闲暇）。初九处"家人"之始，刚成立家庭。刚建立家庭就要防止邪恶，这是防恶于未萌。如果一开始就约束不严，放任自流，等到产生不良思想，败坏家风，再加以管教，恐怕将难以收拾，悔之晚矣。所以《象传》特别指出"闲有家"，要在"志未变"时。

客：不仅是治家，我看什么事都要在问题尚未发生之前就加以防范，使之根本不能向坏的方向转化，所谓"防患于未然"就合于初九的爻意。

主：是啊。古人十分懂得"慎厥终惟其始"（《尚书·仲虺之诰》）的道理。

☲☴. 六二，无攸遂，在中馈，贞吉。

【译文】 六二，不自作主张，安心在家中主管饮食事宜，守持正固可获吉祥。（遂：自专。中馈：这里指家中饮食之事。）

《象》曰：六二之吉，顺以巽也。

【译文】《象传》说：六二的吉祥，是由柔顺温逊得来的。

【提示】 指出女子主要任务是主管家中饮食之事。

主：六二以柔居阴，又处下卦之中，柔顺中正，上应九五阳刚，有妇人顺夫之象，故无所专，即什么事都听从丈夫的，不专横，不自作主张，不擅行其事，心中只想着自己的职责——全力以赴执掌家中饮食事宜，这样就可守持正固，获得吉祥。所以《象传》一开头就称赞六二："女正位乎内。"

客：《象传》说"六二之吉，顺以巽也"，也是从爻象来谈的吧？

主：对。六二以阴居阴，有柔顺中正之德，上应九五阳刚，而九五在上体巽卦中，故曰："顺以巽也"，即对九五柔顺而温逊。

客：我觉得此爻喻象为古代礼教所宣扬的"妇德"的典型。

主：是的，在今天看来，这是一种束缚、压迫女性的思想，必须加以批判。

☲☴. 九三，家人嗃嗃，悔厉，吉；妇子嘻嘻，终吝。

【译文】 九三，把家庭治理得很严酷，尽管有悔恨、危险，但可获吉祥；如果妻子儿女笑闹嘻嘻，终致憾惜。（嗃嗃：音 hèhè，严酷貌。）

《象》曰：家人嗃嗃，未失也；妇子嘻嘻，失家节也。

【译文】《象传》说：把家庭搞得很严酷，但未失治家之道；妻子儿女笑闹嘻嘻，则有失家中礼节。

【提示】指出治家宜严不宜宽。

客：九三治家很严，甚至严过头了，难免有伤感情，使家人感到十分严酷。治家当然以适中为宜，然而在不能适中的情况下，与其过宽不如过严。过严虽然会产生一些悔恨、危险之副作用，但由于未失治家之道，最终还是吉的。爻辞说"家人嗃嗃，悔厉，吉"，《象传》说此"未失也"就是这个意思。相反，如果过宽，妇人小孩都嬉皮笑脸的，无所畏惧，这就会导致废家规、乱伦礼，生邪恶，终究是吝，吝的结果自然是凶。故爻辞说"妇子嘻嘻，终吝"。而吝的原因，就是《象传》所说的"失家节也"，即家教失去节度，过于宽缓。

主：讲得很好，是这个意思。

客：但是我不明白，九三为什么这么严厉，他为什么不能做到适中呢？是不是有什么制约？

主：这主要是爻象决定的，九三以阳处刚，阳刚则能治家，但九三虽得正却不居中，处内卦离体之极，越过了中位不能用中，所以是个治家过于严厉的家长。再则，古人一贯的思想是中庸为上，但在不可得中的情况下，"行与其慢（怠慢），宁过乎恭；家与其渎，宁过乎严"，所以九三被塑造成一个严厉的家长的形象。

客：明白了。不过九三这一套可不适应现代家庭的民主管理的要求。请你接着讲六四。

六四，富家，大吉。

【译文】六四，增富其家，大为吉祥。

《象》曰：富家大吉，顺在位也。

"六十四卦"中的人生哲理与谋略

【译文】《象传》说：增富其家，大为吉祥，是由于六四柔顺而得位的缘故。

【提示】指出女子另一任务是殷富其家。

客："富家"怎么也成了女子的任务？

主：古代认为在一个家庭中，父是主教的，负责一定的礼仪表率；母是主食的，负责一家的饮食安排，勤俭则日富，奢侈则日贫，故"富家"是女子的一个职责。

客：这不正是《老子》的"教父食母"的观点吗？

主：是呀，在这一点上，《周易》与《老子》是相同的。

客：勤俭持家，不免聚敛，从而招至怨尤，六四为什么却能富家而得大吉？

主：六四处上卦之下，阴虚本不富，但六四以阴居柔得正，又在巽体，性顺，故能举止得体，使家人体谅其苦衷，而不致怨尤；再则六四下应初九，上承九五，大得阳刚之富贵，故既可"富家"，又得"大吉"。

客：看来正如《象传》所说的"顺在位也"是其"富家大吉"的原因。

主：对。

客：如此看来，六四与六二一样，也属于《象传》所说的"女正位乎内"？

主：是的。六二与六四两阴爻是代表家庭主妇的，其职责"主中馈""富家"，到此已经赅备了。而六四的"大吉"更是与卦辞"利女贞"相呼应的。

☲ **九五，王假有家，勿恤，吉。**

【译文】九五，君王用美德感格他的家庭成员，无须忧劳费力，即可获得吉祥。（假：通"格"，感格，感动。）

《象》曰：王假有家，交相爱也。

【译文】《象传》说：君王用美德感格其家庭成员，说明一家人交相亲爱和睦。

【提示】治家以模范行为感格家人为上。

客：九五以阳刚中正居尊位，为家人之主，但根据爻辞看，九五不是一般的家长，而是一个君王。

主：把九五假定为一个君王，可能是更有代表性，更有权威性吧。但不管是君王也好，普通百姓也好，都在"正家"，而"正家"的上策是"假有家"。

客："假"的意思不大好懂，为什么通"格"？是不是请你在文字上再疏通一下？

主：好的。假与格古通用，假上古为见母鱼部，格上古为见母铎部，两字声同，而韵部为阴阳对转，故可通假。格有感通（感格）、感动之义。如《尚书·说命下》："佑我烈祖，格于皇天。"

客：大致明白了，请你接着讲。

主："王假有家"，就是君王以感格家人来治家，凭什么感动其家人呢？当然是以自己的美德和模范行为来感动家人。家人受其感动，也都敦睦相处，竞相昭示自己的美德，那么无须忧劳费力就可得吉，故爻辞说"勿恤，吉"。《象传》则进一步指明由于"王假有家"，从而形成了"交相爱"的美好情景。

客：看来同样是治家，九五治家之术比九三要高明些。

主：是的。所以九三是"悔厉，吉"，九五是"勿恤，吉"。

☲ 上九，有孚威如，终吉。

【译文】上九，治家诚信而有威严，终获吉祥。（孚：诚信。如：语助词。）

"六十四卦"中的人生哲理与谋略

《象》曰：威如之吉，反身之谓也。

【译文】《象传》说：威严治家而获吉祥，是由于上九反身修己的缘故。

【提示】治家要有威信，而威信从反身修己中来。

主：上九以阳刚处家人卦之终，居一家人之上，作为这样一个家长，怎样才能维持家道长久不败呢？要言之，就是威、信二字，吉自威信来，心存诚信，一家人心悦诚服，才会有真正的威严，才能最终获得吉祥。威信又从哪儿来？《象传》告诉我们，家长的威信不是自己作威作福，强使家人信服，而是得之于反身修己，就是说靠自己的言行做出表率以使人敬畏。

客：这就是古人所说的"不怒而威"。

主：对。《象传》说："家有严君焉，父母之谓也。"与上九爻辞相合。父母作为一家之长具有最高权威，而他们的一言一行也是家人学习的榜样。现代心理学也认为儿童人格发展与双亲教养活动有密切关系。家长能从自身做起，家人都效法而行，家道自然就正了。

客：《象传》的这一观点，也就是中国教育思想史上的宝贵遗产——"身教重于言教"的思想。

主：是的，这实际上又归结为"修身"这个基本点，修身才能齐家，才能治国平天下。

客：纵观家人卦，虽然有不少糟粕，如宣扬"女正位乎内，男正位乎外"的男尊女卑的旧道德，和强调"父父，子子，兄兄，弟弟，夫夫，妇妇"等的旧伦理，但也有值得借鉴的地方，如防恶于未萌的思想，身教重于言教的思想，修身治国平天下的思想，都有一定的积极意义。

主：对。家人卦中包含有不少中国早期的教育理论与思想，其中的精华部分是值得深入挖掘的。

38. 睽卦——论化分为合

☲ 兑下离上

睽：小事吉。

【译文】 睽卦象征背离分散：小心行事，吉祥。（睽：音 kuí，隔离。）

【提示】 指出小心行事，可以化分为合。

主：睽卦象征背离分散，卦旨在于揭示如何化分为合，在这里可以觅得处理对立矛盾的良法。总的原则是：在解决背离对立的棘手矛盾时，须小心翼翼，谨慎行事，后果会是吉祥的。事情虽已处于离异状态，我们却要看到，其中必有可合之点、可同之处。

客："求同存异"的策略即由此而来。

主：这时须委曲周旋，因势利导，终究可以化解前嫌，把分离变为合作，化干戈为玉帛，重修秦晋之好。睽卦六爻虽然都处于睽分之中，但没有一爻是久分不合的，各爻都通过曲折之途走进分而再合之门。

《象》曰：睽，火动而上，泽动而下。二女同居，其志不同行。

【译文】 《象传》说：背离分散的情况，犹如火焰燃烧时火苗向上，湖泽流动时水分润下。又如两个女子同居一室，各自志向不同，走不到一起。

【提示】 解释卦名"睽"的意义。

客：睽卦由兑下离上组成，兑为泽，泽润向下；离为火，火焰向上。泽本已在下更向下流，火本已在上更向上腾，所以说这是二者相违相离之象。"二女同居"是什么意思？

主：我们前面说过，兑卦上爻为阴，称为少女；离卦中爻为阴，称为中女。合为一卦，犹如二女同居一室。然而这是长不了的，她们都志在各自成家，总是要嫁到不同的人家，总是要分离的。所以从卦象看，离散是势在必行的。再看《象传》的下文。

说而丽于明，柔进而上行，得中而应乎刚，是以小事吉。

【译文】 和悦地依附于光明，柔顺地前进向上，处事适中而又与阳刚相应，所以说小心行事是吉祥的。（说：即"悦"。丽：即附丽，依附。）

【提示】 解释卦辞"小事吉"。

主：睽卦虽然呈分离之象，但从卦理上分析，其中仍包含着重新会合的因素。本卦下兑上离，兑有喜悦之意，离为日，是光明的象征。这意味着，在下位者满怀喜悦地去依附在上位的光明之主（"说而丽于明"），这无疑是好的迹象。

客：还不知那个在上位的太阳的态度如何呢！一边热也无济于事啊。

主：在上位者的态度更是问题的关键。这主要从在上位的睽卦主爻六五（第五爻皆为主爻）来分析，六五具有"柔进""得中""应刚"三大特点（参见下文"六五"爻解说），符合小心行事的精神。上下和衷共济之时，便是对立的双方在祥和之气中重归统一之日。

客：既然如此，当初又何必闹对立呢！

主：你这想法，未免就不明事理了。没有对立，就没有天地间的万事万物啊。请看《象传》的最后几句议论，话说得何等精辟！

天地睽而其事同也，男女睽而其志通也，万物睽而其事类也。

睽之时用大矣哉!

【译文】 天地上下隔离,却在同做化育万物之事;男女阴阳差异,交感结合的心意却相通;万物各不相同,在天地间禀受阴阳之气的情况却相类似。在乖异睽违之时,如能因时而用,作用很了不起啊!

【提示】 指出"睽"的意义和价值。

客:我原来只看到睽违乖异不是件好事,却没有去思考"睽"的意义和作用。

主:"睽"的现象是客观存在的,也是必不可少的。天地对立,才能孕化万物;男女对立,才能蕃衍人类。万物差异,才合成这个和谐的宇宙和世界。有睽才有合,有对立面才有统一体,对立统一才能使万物生生不息。

《象》曰:上火下泽,睽。君子以同而异。

【译文】《象传》说:上为火下为泽,象征分散背离。君子因此求同而存异。

【提示】 指出如何处理"同"和"异"。

客:这就是说,明哲君子观察到泽与火虽然都能利人,却由于润下和炎上的不同性质而分散背离,因而领悟到应该求大同、存小异的道理。

主:没有异的同,是不可能的,也是不可取的。同正是以异为前提的。这就启示我们,在人际合作中,不仅要异中求同,和衷共济;还要同中求异,保持自己的主见。《论语》中说"和而不同",《中庸》中说"和而不流",都告诫我们:既要同大家和睦团结,又不要处处随人俯仰、人云亦云,失去自己的个性。

客:"以同而异"是否还可以这样领悟:既然大同之中必有小异,我们在服从多数的同时,也应该尊重少数。这也是一条处事原则吧？

主：说得好！《易》的哲理具有极大的包容性，很能启人慧思。能够熟读深思，举一反三，如此读《易》，才是活读，才是善读。我想起唐代有两位怪异的诗人：卢仝（同）、马异，二人为好友。卢仝在《与马异结交诗》中写道："昨日仝不同，异自异，是谓大同而小异。今日仝自同，异不异，是谓同不往而异不至。"此诗在当时令人惊骇不已，至今此诗仍被公认为奇谈怪论。请玩味一下这首诗，难道不是说明异同关系的哲理诗吗？

☲. 初九，悔亡。丧马勿逐，自复。见恶人，无咎。

【译文】 初九，悔恨可以消亡。马跑掉了，不必追逐，它自己会回来的。要接见与自己对立的恶人，这样做没有害处。

《象》曰：见恶人，以辟咎也。

【译文】 《象传》说：接见与自己对立的恶人，是为了避免激化矛盾的祸害。（辟：即避。）

【提示】 指出矛盾初起时的处理方法。

主：睽卦讲的是在人际关系中发生背离时的对策。初九是背离之始，矛盾刚刚发生。这时还有不少回旋的余地，只要处理得当，完全可以化解矛盾，改善关系，导致悔恨之事可以消亡。

客：从爻象看，第一爻该与第四爻相应，但在本卦中初九与九四都是阳爻，两刚相对，这该是产生矛盾的原因吧？

主：正是。我们从初九的角度观察，应该多在主观因素上作检查。初九以阳刚处于下位，是刚动于下之象，这样看来，矛盾的产生显然不能只怨对方。

客：隔阂既已造成，悔恨也无用，怎么才能化解怨气，变有悔为无悔呢？总该主动求得对方谅解吧？

主：在这里就可以见出《易经》中不同平常的智慧了。比方说，你的马跑掉了，你越追赶马越跑。索性不去追，它反而会自己跑回来。处在初九的地位，应该学习牧马人的这点小聪明，不必急于和好，要静心等待事态的发展变化。第一，矛盾之初，对方（九四）还在气头上，正在闹情绪，你这时去讨好，他也未必领情。第二，矛盾的造成，毕竟九四也有过错，你要给他时间自我反省，他总会想到自己也有理亏处。第三，这时矛盾还并不深，更非势不两立，双方仍存在互相依存的一面。只要你不继续激化冲突，矛盾是会逐渐淡化的。第四，由于初九处在下位，在化解矛盾的过程中更不必过于主动，否则会使人怀疑其动机是否真诚，认为你是出于某种目的去巴结讨好上级，人家反而会提防你，这又何苦来呢！

客：人际关系确实很微妙。如果对方主动发出友好的信号，又该如何对待？

主：此时当然要立即抓住时机，赶快移船就岸，化分为合。可不能像那匹难驯服的马，人家越追你越跑啊。即使是与你撕破脸的恶人要求见你，也要接见，万不可因为厌恶此人而拒之门外，以免激化矛盾，造成无穷后患。须知，越是恶人，越不可刺激他，让他吃闭门羹怎么成！这就是"见恶人无咎"的道理。

☲. 九二，遇主于巷，无咎。

【译文】 九二，通过弯曲的小巷与主人遇合，必然无害。

《象》曰：遇主于巷，未失道也。

【译文】 《象传》说：通过弯曲的小巷与主人遇合，并不违背正道。

【提示】 揭示如何通过委曲之道化分为合。

客：九二是阳爻，处于二这个阴位，阳居阴位，刚而能柔。九二又处于下卦之中位，能守中道。这些都是九二的优点。与九二对应的是六五，这两爻正好是一阴一阳相应，又都处于中位，这形势也是很有利的。六五处于上卦之中的尊位，当然是"主"，九二与六五相应，是"遇主"，必然"无咎"。令人不解的是，为何在小巷里"遇主"呢？

主：你分析了九二的有利因素，却没有看到这一爻的不利因素。九二以阳爻处居阴位，虽然有守谦顺时的优点，但这毕竟是"失位"（不当位），是不利的处境。加之与它相应的六五是阴居阳位，也不当位，有职无权。它们虽然组成相应关系，也只能是暗中相应，实际上处于背离分散的"睽"的状态。在这种情况之下，九二不可能升堂入室，在朝堂上公开地朝见天子，只有委曲求全，经历若干曲折，在小巷中私下与主人遇合。在古代史书《春秋》的术语中，礼仪齐备的会见叫作"会"，礼仪简省的会见只能叫作"遇"。

客：从《象传》的进一步解释看，只要为了正大光明的目的，而不是为了私利而走后门。这样，即使在小巷子里秘密相遇，也是不失正道的。

☲ 六三，见舆曳，其牛掣，其人天且劓。无初有终。

【译文】 见到车子向后拉，驾车的牛被牵制不能前进，使得赶车人跌得头破鼻歪，像一个受了刺额和割鼻之刑的罪犯。起初不利，后有善终。 （天：在犯人的额上刺字。劓：音 yì，割鼻之刑。）

《象》曰：见舆曳，位不当也。无初有终，遇刚也。

【译文】 见到车子向后拉，这是由于六三所处的位置不当。起初不利，后有善终，因为六三终将与相应的阳刚遇合。

【提示】 暂时的严重障碍不能阻挡最终的遇合。

主：六三与上九是阴阳相应的，但它却不能与上九遇合，由于它所处的位置不当，处于两刚之间，九二在后面拖住车子使之不能向前，九四则在前面控制住牛头使之走不动。在这种情况下，六三硬要前进，不免车毁人伤了。

客：看来只是碰破了头，跌破了鼻子。车子翻了，却没有毁坏，因为后面说"无初有终"嘛，最后还是把车子赶到目的地了吧？

主：你说得对。六三虽然处于阳刚之位，一意要强力前进，但终究是阴柔之质，力量薄弱，心有余而力不足，一时无法与九二、九四的阻力抗衡，不免于"其人天且劓"，焦头烂额，狼狈万分。在这艰难的时刻，最可贵的是坚持到底的精神。六三必须看到，自己到底与上九是正应（处于对应之位，又是阴阳相应），而九二、九四无正应关系，虽一时逞强，横加障碍，终究难以阻止六三与上九的遇合。六三要坚持下去，要看到必然遇合的趋势，洞悉这种乖离的局面终究是暂时的。睽到了极点，必然是合。六三终将与相应的阳刚（上九）遇合。

客：这对于我们在人生之旅中认明趋势，增强信心，冲破障碍，确实颇有启发。

䷥ 九四，睽孤，遇元夫，交孚，厉无咎。

【译文】 九四，在背离、孤独之时与元夫初九相遇，以诚信相交，虽有危险但无灾祸。（孚：诚实守信。厉：危险。）

《象》曰：交孚无咎，志行也。

【译文】 《象传》说：以诚相交，可免灾祸，说明摆脱孤独的愿望是可以实现的。（志：志向，愿望。）

【提示】 在孤立无援时应与处境相同者联合。

客：九四正好与六三相反，以一阳处于两阴之间，两阴又各有专主（六三与上九相应，六五与九二相应），这大概是九四备感孤立的原因吧?

　　主:是啊。再加上与九四对应的初九也是阳爻,其间并无阴阳相应关系,九四似乎陷入绝境了。

　　客:那么,爻辞中为何又说九四与元夫初九相遇相交呢?

　　主:据孔颖达在《周易正义》的"疏"中的解释,元夫就是本卦中的第一个阳爻初九,初九正处在与九四对应的位置。当此之时,初九和九四都孤独无应,处境危厉,两个孤刚终于在危境中相逢。二者皆是阳刚,其本性原是互不相容、互相排斥的;但由于二者处境相似,都需摆脱困境,于是九四毅然地与初九合作,真诚地与之交往,终于在危境中避免了灾祸。

　　客:三国时孙权、刘备合作,共御曹操,应该是两刚相遇,共度危难的例子。

　　主:这是一个很恰当的例子。曹操占据了北方,进逼江东,向孙权下战书。孙权在势不可当的曹军面前处境确实孤危,加上东吴内部投降派势力甚嚣尘上,孙权进退维谷,正如本卦中的九四。这时恰好遇到被曹操战败,处境同样孤危的"元夫"刘备。孙、刘这两个孤刚相遇了,虽然两雄不并立,都有争天下的雄心,此时却不能不精诚合作、共度危难,这无疑是最佳选择。

　　客:这样看来,九四与初九交往合作,是险恶环境所逼?

　　主:确实如此。但九四与初九也具有审时度势、善于权变的策略,否则这两刚是难以合作的。九四居于阴位,刚而能柔;初九处于下位,阳而能让。二者都具备刚柔相济的品格,故能诚信相交,同心合作,终于化危厉为无咎。这与孙权、刘备二人的个性品格也十分相似,孙刘联军终于打赢了赤壁之战。

　　䷥ 六五,悔亡。厥宗噬肤,往何咎?

　　【译文】六五,悔恨消除。同宗族的人期待遇合,这如同咬嫩肉一样容易，此时前往有何灾祸？（厥：其。宗：宗人，宗亲。）

《象》曰：厥宗噬肤，往有庆也。

【译文】《象传》曰：同宗族的人期待遇合，像咬嫩肉一样容易，说明此时前往会有喜庆之事。

【提示】利用积极因素，化凶为吉。

客：请你先讲讲"悔亡"二字。六五有何可悔之事，又是如何消除的？

主：六五以阴爻处于阳位，本来就不当位，又处于睽离之时，这些都是六五的不利因素，这样看来六五原来是应该有悔的。但是六五也有明显的优越之处，这就是联系到睽卦的《象传》中所说的："柔进而上行，得中而应于刚。"此处指出六五的三大特点：柔进、得中、应刚。就是说，六五为阴性，故处事柔顺；居于中位，故能掌握中道；与九二阴阳相应，可得刚中之臣相助。只要充分发挥积极因素的作用，一定能够排除逆境，化凶为吉，使睽离转化为和合，"悔亡"是必然的。

客："悔亡"二字原来还有这一番道理。"厥宗噬肤"这四个字更叫人莫名其妙。"厥宗"是"同宗族的人"，在卦象中何所指呢？这"厥宗"又为什么要咬皮肤呢？

主："肤"指柔嫩的肉。"噬肤"是《周易》时代惯用的比方，形容一件事很容易办到，像咬嫩肉一样容易。我们在噬嗑卦的爻辞已经见到过"噬肤灭鼻"的说法。这都是当时人的习惯用语，现代人看来会觉得很奇怪。说到"厥宗"，是指九二而言。九二与六五处在相对位置，正是同宗之亲，不但阴阳正应，而且同以中道相交。我们从九二的爻辞已经得知，九二委曲婉转地通过小巷以求与六五相遇，而六五则居尊而柔顺，下应九二，它们的遇合岂不像咬嫩肉一样容易，一咬就能合牙，合则不再睽离，这还有什么"悔"和"咎"可言！岂止无悔无咎，六五能屈尊前往迎合九二，必有喜庆之事，所以《象传》说"往有庆也"。

☲ 上九，睽孤。见豕负涂，载鬼一车，先张之弧，后说之弧。匪寇，婚媾。往遇雨则吉。

【译文】 上九，处在极端的违背分离状态，深感孤独。恍如看见一头猪，背上涂满污泥；又看见一辆车，满载着像鬼一样的人。起先张弓欲射，后来放下了弓箭。原来不是强盗打劫，而是迎亲队伍。应该前往，遇雨可获吉祥（涂：污泥。说：通"脱"。）

《象》曰：遇雨之吉，群疑亡也。

【译文】 《象传》说：遇雨可获吉祥，因为种种猜疑都消除了。

【提示】 在分离孤独中易生猜疑心理，要注意化解。

客：这一爻说得有趣，像一篇志怪故事。

主：《易经》中所述往往有奇异处，有些是象征意象，有的只是由于某种特定心态或潜意识而造成的幻象。这里的见猪、遇鬼云云，谈不上什么象征的微言大义，只是疑神见鬼而产生幻觉而已。上九位居睽卦之末，意味着睽违之极，与相应之爻六三分离至久，产生深深的孤独感，人在孤独的境地是容易生疑的。再分析上九的个性特征，它以阳刚之爻处于最上位，刚极则暴躁，不能冷静地思考问题；它所处的位置又是"离"的最上位（睽卦的上体为"离"），离为明，在离之上位意味着过分聪明，这样的人很容易神经过敏，妄生猜疑。以上九这样一种粗鲁暴躁而又神经过敏的性格类型，处于长期分离、自感孤独的境地中，难免要"疑心生暗鬼"了，甚至对自己的亲党六三妄滋疑端，产生许多误会，几乎闹出乱子。它先是把六三当成一头肮脏可厌的猪，后来又以为是一车恶鬼，竟想动武，要张弓把六三射杀。这都是由于疑忌丛生而导致心理变异，造成荒唐的幻觉。

客：其实六三与上九位置相对、阴阳相应，是亲密的正应关系啊。上九认友为敌，真是太鲁莽了，也太自作聪明了。

主：正在剑拔弩张之际，幸亏上九良知发现，定睛一看，方知来者并不是恶鬼一般的强盗，而是来迎接他的亲家，上九顿时惭愧地放下弓箭。

客：经过上九这一番折腾，对方还愿意与他结秦晋之好吗？

主：他们毕竟是阴阳正应的关系，此时上九应该主动迎上前去，赔罪认错，化解所有的猜疑和误会。这个奇怪的故事的主题是：因分离而生疑，因除疑而重合。

客：本爻提醒我们要清醒地分析情势，既不可轻信，也不可轻疑。那种"宁可我负天下人，不教天下人负我"的曹操哲学是万万使不得的。

主：睽卦六爻都讨论完了。睽卦旨在揭示如何化分为合的道理，总的原则是卦辞中所指出的"小事吉"，小心行事，可获吉祥。至于在各种情况下如何小心行事，却很有讲究，六条爻辞分别作了揭示，这里面有不少处理矛盾的方法。有趣的是，睽卦的内卦三爻所述的睽分状态，到外卦的相应三爻中都化分为合了。请看，初爻"丧马勿逐"，至四爻"遇元夫"，合了。二爻委曲以求遇，至五爻"厥宗噬肤"也合了。三爻"舆曳""牛掣"，至上爻"遇雨则吉"，又合了。所以我开头就说，没有一爻是久分不合的，各爻都通过曲折之途，走进了分而再合之门。

客：这里又用得着《三国演义》开卷的一句话："天下大势，分久必合，合久必分。"

主：这正是事物发展的一条客观规律。

　　　　　"六十四卦"中的人生哲理与谋略

39. 蹇卦——论匡济蹇难

䷦ 艮下坎上

蹇：利西南，不利东北；利见大人，贞吉。

【译文】 蹇卦象征险阻艰难：利于走向西南，不利于走向东北；利于出现大人，守持正固可获吉祥。（蹇：音 jiǎn，行动艰难，有险阻。）

【提示】 指出处在险阻艰难之时总的行动准则。

客：请先讲解一下蹇卦为什么象征险阻艰难。

主：这是由蹇卦卦体决定的。蹇卦上体为坎，坎为陷为险，下体为艮，艮为止；坎险在前，艮止在后，进退维谷，所以说蹇卦象征险阻艰难。

客：卦辞说"利西南，不利东北"，这有什么根据？

主：整个《易经》在谈到利于到哪个方向去的时候，都是说"利西南，不利东北"，无一例外。一般地说《易》者都是根据《说卦传》的解释。《说卦传》认为"坤"为西南之卦，"艮"为东北之卦，坤象地，艮象山，故"西南""东北"分别象征"平地"和"山地"。走平地容易，走山地艰险，所以不管哪一卦谈到"有攸德"都是"利西南，不利东北"。当然，在不同的卦中，具体意义会有一些细微的变化。但这种解释也不是没有毛病的，你能看出来吗？

客：说西南为平地、东北为山地，与中国实际地形不符。中国的地势是西部、南部多为山区或丘陵地带，东部、北部多为平原地带。既如此，那么究竟怎样解释才算合适呢？

主：我看这主要指的是政治地理，而不是自然地理。周初时，周民族地处黄河中上游，东部中原地区及黄河中下游地区是势力强大的商朝，而周的西南部是"戎"，地处偏僻，是很落后很弱小的一些民族。在"剪商"准备工作没有完成的周初，往东北与天下共主、势力强大的商朝对抗，当然不是利的；而往西南对付西戎，周族的力量是绰绰有余的。这在周初已成为周人的共识，所以《周易》多次提到"利西南，不利东北"的问题，明夷卦说"明夷于南狩，得其大首"也是出于同样的原因。

客：这种解释更有说服力。

主：但是我们的目的不是通过《周易》来研究历史，而是探讨它的哲理。《序卦传》的观点与《周易》的哲学体系是统一的，换言之，卦辞的历史性记载已转变为表示某种哲学思想的符号。正如十字路口的红绿灯，它的确是由红光或绿光构成的，但它已经变为表示可以通行或禁止通行的符号，《周易》的哲学体系正是这样一个符号体系。所以我们按照《序卦传》的观点来理解"利西南，不利东北"，并不影响对卦辞所包含的哲理的理解。

客：我明白了，说西南是平地也好，说西南是弱小戎族也好，甚或其他一些观点也好，总之"利西南，不利东北"就是要避险就夷。

主：是的。要顺处平易之地，切勿止于艰险之中，这就是处在险阻艰难之时总的行动准则。

客："利见大人"怎么讲？

主：国家处在蹇难之中，最利于出现贤能、有作为的"大人"奋起济难。

客："贞吉"就是说济难最重要的就是守持正道，才能得吉。

主：是这个意思。下面看《象传》。

《象》曰：蹇，难也，险在前也。见险而能止，知矣哉。

【译文】　《象传》说：蹇，就是艰难，因为险境就在前面。

看见险境而能停止不前，是很明智的啊！（知：智。）

【提示】 以上下卦象解释卦名与卦义。

客：这段《彖》辞好理解。蹇卦上体坎为险，所以《彖传》说"险在前也"。下体艮为止，故《彖传》说"见险而能止"。有险在前，如果冒险盲动，必然会受到伤害。但如果知险而能止，不去冒险，相时而动，则可以避免不必要的牺牲，这就是明智了。故《彖》辞赞曰："见险而能止，知矣哉。"

主：是这样的。看《彖传》的下文。

蹇，利西南，往得中也；不利东北，其道穷也。利见大人，往有功也；当位贞吉，以正邦也。蹇之时用大矣哉！

【译文】 艰难之时，利于走向西南，这样前往就能合宜适中；不利于走向东北，因为（往东北走）必将路困途穷。利于出现大人，说明前往济蹇必能建成大功；居位适当，守持正固，可获吉祥，说明最终可以摆脱蹇难使国家走上正路。处于蹇难之时（济蹇）的功用是多么大啊！

【提示】 解释卦辞。

客：我觉得这段《彖》辞前半部分好理解。《彖传》用"往得中"解释卦辞"利西南"，是说蹇难之时，去往平易之地适中、合宜，进退合宜，不盲动以犯难，有利于济蹇；用"其道穷"解释"不利东北"，是说处蹇难之时而向危险之地进发，等于蹇上加蹇，不易克济，当然是死路一条。《彖传》对卦辞"利见大人"的解释是"往有功也"，这也容易理解。非圣贤之人不能济天下之大难，所以当出现圣贤人物前往济蹇时，必能完成此伟大功业。不过下文"当位贞吉，以正邦也。蹇之时用大矣哉"就不大好理解了。

主：卦辞中的"大人"指九五，九五以刚爻居一卦的至尊之位而得位得中，刚爻强健，得中则不过于躁动而能审时度势，其往必能取得成功。"当位"则是指其他五爻，除初六外，二、三、四、六皆当正位（二、四、六爻以阴爻居阴位，三爻以阳爻居阳位），初爻虽以阴居阳，但阴而处最卑位，也算是得正位，再加上九五也是得位得中，所以说"当位"。既然有九五这样的贤者奋起济蹇，而各爻都能居位适当，守持正固，获得吉祥，国家也就自然能摆脱蹇难，走上正路，故言"以正邦也"。

客：看来这里也有个辩证法的问题。蹇难虽是坏事，但也可以转化为好事，在困难面前往往可以促使上下齐心，患难与共，风雨同舟，驶向胜利的彼岸。

主：的确如此。从中可以看出济涉蹇难的功用、意义是多么重大！这也就是《彖传》所谓"蹇之时用大矣哉"的含义。

《象》曰：山上有水，蹇，君子以反身修德。

【译文】《象传》说：高山上有积水，象征险难。君子因此而反求于自身，修明道德。

【提示】 君子遇险阻时，必反省自身，修明道德。

主：蹇卦下体艮为山，上体坎为水，故言"山上有水"。水在山下可流归大江大河无所阻碍；水在山上则千岩万壑受阻难行，有蹇难之象。君子观此象则应"反身修德"。

客：为什么观此象则"反身修德"呢？

主：凡是自己的行动遇到艰难险阻，一时不能克济，就应该反躬自省，寻找并克服自身存在的问题，进一步充实完善自己的道德与才能，这是古人自我修养的一种方法。所以看到水在山上受阻的蹇难之象就提醒自己"反身修德"，增长自身的道德才干以济蹇出险。

客：古人的这一认识太宝贵了，对今天的工作仍有指导意义。我的一个青年朋友在某研究所工作，经常找我诉苦，说他的同事有许多人已评为副研究员了，可是所里评了四轮，就是没有他的份。因此他整天怨天尤人，一会儿怀疑所里领导对自己印象不好，一会儿怀疑同事在背后做小动作，一会儿又认为所搞的专业不易出成果，唯独没有反省自己工作做得怎么样，人事关系处得怎么样，是否拥有相应的科研成果。

主：是啊，不管在哪个方面遇到挫折，出现险难，都应冷静地分析主客观的形势，尤其是要"反身修德"。所以孟老夫子说："行有不得者，皆反求诸己。"（《孟子·离娄上》）

☷☶. 初六，往蹇，来誉。

【译文】 初六，往前行走艰难，归来必获赞誉。

《象》曰：往蹇来誉，宜待也。

【译文】 《象传》说：往前行走艰难，归来必获赞誉，是说应该等待时机。

【提示】 势弱力柔，应见险而止，等待时机。

主：初六处蹇难的开始，以阴爻居卑位，势弱力柔，这就决定了它不能冒进，如果犯难冒进必陷于险难，故爻辞曰"往蹇"。若能识时退处，见险而止，就能获得赞誉，故爻辞又曰"来誉"。

客：《象传》说："见险而能止，知矣哉！"就是赞誉初六的吧？

主：是的。但初六的不往并非永远不前往，永远不往又怎么能出蹇呢？关键是看主客观条件是否具备，时未可往而往则必遇蹇难，因此要等待时可往而往，所以《象传》说"宜待也"。

☷☶. 六二，王臣蹇蹇，匪躬之故。

【译文】 六二，君王的臣仆忠心耿耿地奔走济难，不是为了自身的缘故。（蹇蹇：忠直不已的样子。匪：非。躬：自身。）

《象》曰：王臣蹇蹇，终无尤也。

【译文】《象传》说：君王的臣仆忠心耿耿地奔走济难，终将没有过错。（尤：过错。）

【提示】 为行忠义而赴险济难，无论成败终无过错。

客：看来六二是个忠君之臣。

主：更准确地说，应该是仁义之士。六二以柔爻居二位，本不具备济蹇出险的条件，但是六二与九五相应，九五为君王，六二为王臣，当蹇难之时君王全力济蹇，王之臣岂能袖手旁观！这一特殊时位就决定了六二虽然才力不足，但也要忠心耿耿地奔走济难。其实六二明白，以自己的力量，济难行动是很难取得成功的，但六二深知这不是为了自己，而是为了匡救王室，因此虽赴汤蹈火，也在所不辞。

客：六二的这种品质还是值得钦佩的，他本可以私身远害，明哲保身，但为了社稷宁愿赴汤蹈火，奔走济难，即使失败了，其志亦甚可嘉，不为过也。

主：是啊，所以《象传》说"终无尤也。"

☶ 九三，往蹇，来反。

【译文】 九三，往前行走艰难，归来返回原处。（反：返。）

《象》曰：往蹇来反，内喜之也。

【译文】《象传》说：往前行走艰难，归来返回原处，内部的阴柔者对此都十分欣喜。

【提示】 形势仍无转机，往则入险，返则得所。

客：前面两爻阴柔势弱，而九三以刚居阳位得正，应该有济涉蹇难的才能了，为什么仍然是"往蹇"而要"来反"呢？

主：九三虽然阳刚得正，但仍处在下卦的艮体，上临坎险，故不可贸然上往，上往则入蹇难，只有归来返回原处居守本位才是适宜的，所以爻辞说"往蹇"而"来反"。

客：对于"往蹇来反"，《象传》为什么说"内喜之"呢？

主："内"指内卦的二阴爻。内卦的三爻，只有九三为阳爻，居二阴爻之上，是内卦的骨干力量。在蹇难之时，阴柔之爻不能自立，而要依赖九三的力量。所以，九三不"往蹇"而"来反"，二阴爻自然十分欣喜，乐于亲附。

☷☶ 六四，往蹇，来连。

【译文】 六四，往前行走艰难，归来与在下的九三等爻相联合。

《象》曰：往蹇来连，当位实也。

【译文】 《象传》说：往前行走艰难，归来与九三等爻相联合，说明六四当位是正的。

【提示】 处蹇难之时，应建立统一战线。

客：六四已脱离艮体而入于坎险之中了，他所面临的任务是什么呢？

主：总的目标仍与其他各爻相同，就是济蹇出险，但六四是柔爻，自己无力出险，如果盲目前往则会更深地入于坎险，所以爻辞仍是戒之以"往蹇"。并指出应该"来连"，即与九三等众爻联合。

客：也就是说处在蹇难之时应该建立统一战线，团结一切可以团结的力量。

主：正是。历史上许多有远见的政治家都因做到了这一点，而改变了敌我力量的对比，使自己走出困境。比如三国时期，刘备去世后，蜀国折兵损将，同时又面对魏国大兵压境，处于危急存亡的关头，在这国家蹇难之时，诸葛亮首先考虑到的就是建立统一战线，恢复与东吴的联盟关系。由于统一战线的建立，进攻蜀国的曹真大军被吴将徐盛打得大败，而诸葛亮由于再无后顾之忧，得以放手南征，七擒孟获，北伐中原，六出祁山，取得了一系列的胜利。

客：真是"蹇之时用大矣哉！"不过蹇卦下体各爻愿意与六四联合吗？

主：六四与九三等爻的济蹇目的是一致的，并且九三与六四相亲相比，初六、六二两爻与六四同为阴爻，志向一致，又是相亲或同类的关系，当然愿意并且可以建立联盟。

客：《象传》的"当位实也"，指的是六四居位为正吗？

主：既指六四，也指下三爻。"当位实"就是当位正。为什么不直接说"正"呢？因为这里讲的是上下之交，因此最要紧的是诚实，不诚实则难以建立信任，谈何联合？六四居上位，却为济蹇与在下各爻同心同德，且以阴居阴，所以是"当位实"。其次下三爻也可以说是"当位实"。九三以阳居阳，六二以阴居阴，是当位实；初六虽不得正，以阴居阳，但因其位卑，阴居于最下，也算得正，是当位实。

客：明白了。六四与九三都能够相交以实，又共处蹇难，"当位贞吉"，共同的命运，共同的斗争，当然可以使他们紧密地团结在一起。

䷦ 九五，大蹇，朋来。

【译文】 九五，大为艰难，友朋纷纷来归相助。

《象》曰：大蹇朋来，以中节也。

【译文】 《象传》说：大为艰难，友朋纷纷来归相助，说明九五履中得正，不改其节。

【提示】 统一战线已形成，九五的济蹇行动得到了广泛的支持。

　　　　　　　　"六十四卦"中的人生哲理与谋略

客：蹇卦的各爻都说"往蹇"，唯独正应的九五与六二不说，九五是"大蹇"，六二是"王臣蹇蹇"，这里是否包含什么微言大义？

主：处在蹇难之时，应该避险就夷，也就是卦辞所说的"利西南，不利东北"，所以诸爻都以往为蹇，爻辞戒之曰"往蹇"。但是如果大家都不往，没有人挺身而出济蹇涉难，便无法度过蹇难。九五居中得正，是高居尊位的一国君主，济蹇的重任自然就落到他的身上，卦辞说"利见大人"，"大人"就是指的九五。为什么叫"大蹇"呢？因为九五居蹇卦上体坎险之中位，处在蹇难的深处，所以叫"大蹇"；同时九五以一国之君居蹇难之中，也可以看作是天下之大蹇。而这样一位深陷坎险的君主却抱有济大难于天下的雄心壮志，与之相应的六二也忠心耿耿地跟随九五奔走济难，这就是唯独九五与六二不言"往蹇"的原因。

客：九五究竟能否担负济蹇的大任呢？

主：完全胜任。从自身的主观条件来看，九五为刚爻且履中得正，有阳刚中正之德，故有解民倒悬、赴难济蹇的雄心壮志，但九五也不是一个没有头脑的草莽英雄，他深知一个篱笆三个桩，一个好汉三个帮的道理，下应六二，充分运用他的领导艺术，使臣下冒死前来相助。从外在的客观条件来看，九五树起了济蹇的大旗是顺应民心的，因而能够得到人民的拥护。前面说到六四因"往蹇"而"来连"，现在这个统一战线已经建立，共同的斗争目标使他们聚集在九五的麾下，这就是爻辞所说的"朋来"，有这么多志同道合的朋友来相助，什么事情做不成功呢？

客：看来九五的确是一位履中得正、充满阳刚正气的贤明的君主，身陷险难之中，不改济蹇之节，值得钦佩。

主：《象传》感喟说："大蹇朋来，以中节也。"正是此意。

䷦ 上六，往蹇，来硕，吉，利见大人。

【译文】 上六，往前行走艰难，归来可建大功，吉祥，利于出现大人。（硕：大。）

《象》曰：往蹇来硕，志在内也；利见大人，以从贵也。

【译文】 往前行走艰难，归来可建大功，说明上六的志向在于联合内卦的九三共同济蹇；利于出现大人，说明上六应当归顺尊贵的九五大人。

【提示】 应利用一切可以利用的力量解脱蹇难。

主：上六以柔爻居阴位，且处全卦之极，不可能再往了，若硬往前行非但无益，反而更生蹇难，所以爻辞也是戒之以"往蹇"。但上六处于蹇难之中，也想尽快脱险，该怎么办呢？爻辞指示"来硕"，即归来则能建立大功。

客：《象传》说"往蹇来硕，志在内也"，上六的归来与内卦有什么关系吗？

主：你问到关键之处了。上六与内卦九三相应，这里的内就是指九三。上六要想出险不能没有九三阳刚之正的应援，所以"志在内也"。不过只靠九三还不行，还要求助于九五，九五是济蹇的主帅。爻辞说"利见大人"，大人就是九五，九五以阳居中而位尊，所以《象传》又说"以从贵也"。

客：这样一来，局势就很明朗了。上六不是前往，而是归来，既联合九三，又归顺九五，有这两刚相助，济蹇之大功即可告成，所以爻辞说"来硕"。

主：是啊，一旦上六出险，六爻的蹇难就全部得以解脱，所以唯上六得"吉"。

客：这个"吉"得来实在不容易啊。蹇为济难之卦，卦义与爻义均示人善处蹇时，勉力济蹇，但济蹇是一个长期的、艰苦的

"六十四卦"中的人生哲理与谋略

过程，不可贸然从事。卦辞"利西南，不利东北；利见大人，贞吉"是一个行动总纲，它的精神是贯彻到各爻爻义中去的，因此初六、九三、六四、上六均言"往蹇"，就是说还不具备济蹇的条件，应该避险就夷，于是初六言"宜待"，九三言"来反"，六四言"来连"，上六言"来硕"。但是等待不是消极的，而是观察时机，积蓄力量，建立联合阵线。当然，处险之际并不是说一味等待，不要斗争，而是当止则止，当行则行。对于九五与六二来说，相与济蹇是其义不容辞的责任，国家兴亡，匹夫有责，何况君王与大臣？但是他们的往是有条件的，并不是蛮干。九五与六二均居中得正，上下相应，同时又得到众人的拥护，这就是卦辞所说的"利见大人，贞吉"。总之，全卦围绕济蹇出险一事，摆出了各种具体条件，作了精辟的分析论断，提出了不少发人深思的独到之见。其中有三点应该说是带有普遍意义的。一是抓准机遇，进退合宜，当进则进，不当进则退，量力而后入，待时而后举，即所谓"利西南，不利东北"。二是建立广泛的统一战线，团结各方力量，上下同舟共济，即所谓"来连"。三是选择一位能顺应历史潮流、代表人民利益的英明领袖，即所谓"利见大人，贞吉"。有了这三条，什么样的困难都能够战胜。

主：你的体会很深刻，也比较全面，看得出是下了功夫的。

40. 解卦——论清除小人

☵ 坎下震上

解：利西南；无所往，其来复吉；有攸往，夙吉。

【译文】 解卦象征险难消解：利于走向西南；没有险难就无须前往，归来回复原居可获吉祥；出现险难要有所前往，速去处理可获吉祥。（夙：速。）

【提示】 指出蹇难刚刚解除之时总的行为原则。

主：将蹇卦的卦体旋转 180 度就是解卦的卦体。两卦的卦义也正好相反。蹇卦艮下坎上，坎险在前，艮止在后，进退维谷，故有蹇难之象；解卦下为坎险，上为震动，震动于坎险之外，而且越动离险越远，有出乎险而蹇难消解之象，故名之为解卦。

客：坎的喻象又为雨，震的喻象又为雷，雷雨已作，阴阳已和，似乎也象征着矛盾已经解决。

主：是的，"天地解而雷雨作"，这些在《象传》中都有精辟的论述，我们待会儿再讲。现在先看卦辞。

客：又是"利西南"。为什么蹇卦"利西南"，与之相反的解卦还是"利西南"？

主：上一卦我们已讨论过，"利西南"总的意思是避险就夷，但在不同的语言环境中，旨趣会有一些差异。处在险难之中当然要避险就夷；消除险难之时，国家百废待兴，需要一个安定的环境，仍然要避险就夷。不过这里所说的避险，主要是指自己内部不要无事生非，无事求动，而要平易顺处，给人民一个休养生息的机会。

客：那么怎样实施"利西南"的大政方针呢？

主：这就是卦辞下文所说的内容，一共有两点。一是"无所往，其来复吉"，就是说在天下刚解除蹇难的时候，应给人民一个重建家园、休养生息的机会，国家宜静不宜动，不要无事找事，而要无所前往，归来回复原居，这样就可以获得吉祥。二是"有攸往，夙吉"，意思是如果真的出了问题，有祸端萌发，则要有所前往了，并且要迅速解决，切不可酿成大乱再去处理，这样也可以获得吉祥。能做到这两点，就是"利西南"了。

客：这里也显示了《周易》的辩证法思想。休养生息不等于苟且偷安。正是无事宜静不宜动，有事宜速不宜迟。

"六十四卦"中的人生哲理与谋略

《象》曰：解，险以动，动而免乎险，解。

【译文】《象传》说：险难消解，就是要置身险境而能奋动，奋动而能避免落入险陷，这就是险难消解。

【提示】以上下卦象释卦名、卦义。

客：《象传》开头这几句话以上下卦象解释卦名、卦义，比较容易理解，你前边讲卦辞的时候实际上已经提到了。

主：险是难的主要原因，有难而止则是蹇，有难而能出则是解，怎么出呢？这要靠动，险而动，动而免乎险，这里很有一番深刻的哲理值得品味。

解，利西南，往得众也；其来复吉，乃得中也；有攸往，夙吉，往有功也。

【译文】消解险难，利于走向西南，这样做将会获得众人拥护；归来回复原居可获吉祥，这样就能合宜适中；出现险难要有所前往，速去处理可获吉祥，说明前往解难可以建功。

【提示】解释卦辞。

客："利西南，往得众也"，意思比较好懂。利于走向西南，其深层意义是在消解险难之时要给人民以休养生息的一个安宁的环境，这一点你在前面已说过了，由此可知"往得众"，表面上说往西南方向去利在施于众庶，其深层意义则是实行安国养民的政策将会获得众人的拥护。这里关键还是一个"往"字，即真正去这样做，才能"得众"。

主：是啊。国家安定，人民幸福，制定了这样的政治目标并且努力去实现这个目标，当然会得到人民的拥护。人同此心，心同此理，古今无别。

客："其来复吉，乃得中也"，不大好懂。

主：这得弄清"得中"与卦画的关系。解卦与蹇卦不仅卦画与卦义相反，主爻也相反。蹇卦的主爻在九五，唯九五得处蹇的中正之道；解卦的主爻在九二，唯九二得处解的中正之道。因此蹇卦要想得到中正之道，要上行，故蹇卦的《彖》辞说"往得中也"；而解卦要想得到中正之道则要下行，故解卦的《彖》辞说"其来复吉，乃得中也"，要"来复"才"得中"，才吉祥，与蹇卦的"往"而"得中"正相反。解卦的这个"中"即九二，他以刚爻居柔位，因刚柔并用而适中，因此他既要行柔顺，"无所往，其来复吉"，又要行刚直，"有攸往，夙吉"。也就是说他既要开创安定祥和的社会环境，使得人民能够休养生息；又要不懈怠地注意社会的动向，随时前往平定可能出现的酿成大患的祸根，从而维护这样一个得之不易的环境。

客：《彖传》对卦辞的解释真是十分圆满，一个"得中"把两方面的问题统一起来了。你这么一讲，下一句"有攸往，夙吉，往有功也"的意思也就很明白了。"有攸往"正是九二行刚的一面，所谓"夙吉"是说铲除祸根，革除积弊越早越快越好，如此当然能为维护安定团结的政治局面立下大功，故《彖传》说"往有功"。

主：是这个意思。看《彖传》的下文。

天地解而雷雨作，雷雨作而百果草木皆甲坼。解之时大矣哉。

【译文】 天地阴阳之气相交解，于是雷雨兴起；雷雨兴起，于是百果草木的种子都绽开外壳，开始萌芽。消解之时的功效是多么大啊！（甲：这里指植物种子的皮壳。坼：音 chè，破裂。）

【提示】 以自然界的万物复苏赞美"解"的功效。

客：这段话颇为生动，描写春天来临，沉睡了一个冬天的百果草木的种子，在春雨滋润下绽开坚硬的皮壳，幼小的生命舒展着身体，好奇地看着陌生的世界，一派生机盎然的景象。

　　　　　　　　　　"六十四卦"中的人生哲理与谋略

主：是啊。冬季天地否结，阴阳不通，自然界的草木果实也经受着一场塞难。春季到来，天地阴阳之气交通而解散，于是雷雨兴焉，雨水的滋润使得果实的皮壳软化分裂，幼芽破土而出，使人们深切感受到了生命的存在。而这一切正是塞难消解的成果，显示了"解"对于人类社会和自然界的重大作用，所以《象传》赞叹说："解之时大矣哉！"

《象》曰：雷雨作，解；君子以赦过宥罪。

【译文】《象传》说：雷雨兴起，象征消解；君子因此赦免过失，宽大罪犯。（宥：音 yòu，宽宥，宽大。）

【提示】 险难消解之时要轻刑罚，重德教。

客："雷雨作"仍是由卦象而来，但是我不明白，雷雨怎么与刑法联系到一起了。

主：雷霆之怒，威震千里，《象传》由此把雷比作刑罚；雨水之恩，润物无声，《象传》由此把雨比作德泽。雷行于上，雨降于下，由此可见刑罚之下有德泽，而春雨过后"百果草木皆甲坼"，春意无限。君子观此卦象，认识到要减轻刑罚，多施德泽，社会才能欣欣向荣，生机盎然，故有过者赦之，有罪者宽之。

客：明白了。《象传》虽另有取象，但所论与卦辞"利西南"，即塞难刚刚解除，以休养生息为上这一总的思想是吻合的。

主：对。古代司法讲究赦宥，如《周礼·司刺》就有所谓三赦三宥然后用刑之说。处在险难消解之际，为了社会人心的稳定，应该缓解阶级矛盾，所以要行赦宥之法，宽大为怀。当然对于严重妨碍社会稳定的罪犯也不能手软，"有攸往，夙吉"。

䷧. 初六，无咎。

【译文】 初六，险难初解之时，无所咎害。

《象》曰：刚柔之际，义无咎也。

【译文】 《象传》说：刚柔相济之时，从道理上看必然无所咎害。（义：道理。）

【提示】 患难初解，平安无事。

客：初六的爻辞没有取象，直接说兆辞"无咎"，这是怎么回事？

主：初六居解卦之初，以柔处下，上应刚爻九四，具有柔而能刚的特点。《象传》说"刚柔之际"，就是指初六与九四正应这件事。在险难消解之时，处事能刚柔得宜，自然平安无事。由于全爻的喻意已包含在爻象之中，故爻辞不再言象义，只是言简意赅地说了两个字："无咎。"

☳☵. 九二，田获三狐，得黄矢，贞吉。

【译文】 九二，田猎时捕获了几只隐伏的狐狸，并得到黄色的弓箭，守持正固可获吉祥。

《象》曰：九二贞吉，得中道也。

【译文】 《象传》说：九二守持正固可获吉祥，是因为九二有得于居中不偏之道。

【提示】 消除险难，要注意消除隐患。

客：九二的爻辞像是密码。捉住了几只狐狸，又拾到了黄色的箭，这与解卦的卦义有什么关系？

主：国家刚从险难中解救出来，需要一个安定的环境，但总有那么一小撮人逆历史潮流而动，一心想挑起事端，因此要肃清隐患。"田获三狐"是喻说九二上应六五之君，为国家除掉了这些卑劣狡猾小人的隐伏之患。"得黄矢"，也是比喻的说法。古时认为"黄"是中色，"矢"是箭，其特点是直，"黄矢"就是中而且直，以喻九二居中刚直的品质。《象传》特别点明九二获得贞吉的

"六十四卦"中的人生哲理与谋略

原因，就是"得中道也"。

䷧ 六三，负且乘，致寇至。贞吝。

【译文】 六三，背负重物乘于车上，必招至盗寇前来夺取。需守持正固以防遗憾。

《象》曰：负且乘，亦可丑也。自我致戎，又谁咎也。

【译文】 《象传》说：背负重物乘于车上，其行为也太可丑恶了。由于自己的原因而招至兵戎之难，又该归咎于谁呢？

【提示】 维护安定的局面，要特别重视小人窃位这一最为可忧的隐患。

客：六三的爻位很不好，以柔爻居阳位，阴柔失正；而且乘凌于九二阳刚之上，攀附于九四，像个小人得志的样子。

主：六三正是一个窃居高位的小人，《系辞传上》说："负也者，小人之事也；乘也者，君子之器也。"本来该是小人背负东西步行，君子乘车，现在是小人背负着东西乘坐在君子的车上，故爻辞说"负且乘"。

客："负且乘"为什么就"致寇至"呢？

主：贼寇对君子所乘之车可以说一直想抢夺为己有，但摄于君子之威，不敢贸然下手。现在一见小人竟占据了君子之器，马上有了抢夺的口实，遂前来夺之，故爻辞说"致寇至"。

客：对这种"负且乘"的小人应该坚决打击，他们不仅为害一方，而且有可能酿成大患，导致险难再度出现。

主：原则上应该严惩，但处在险难消解之初，按《大象传》的说法，"君子以赦过宥罪"，故爻辞只是规劝小人改邪向善，希望能守持正固，以免滑向罪恶的深渊，造成终身的遗憾，即"贞吝"。

客：《象传》说"负且乘，亦可丑也"好理解，说的是小人得意忘形的样子令人恶心。可是下一句"自我致戎，又谁咎也"就不大好理解了，怎么突然又兵戎相见了？

主：这一句的确较难理解，但关键不在"至戎"的解释，而在于全句说的是谁。小人为什么能窃据高位，为什么能占据君子之器？这一方面与小人善于玩弄阴谋有关，另一方面君上也负有不可推卸的责任。君上任人不辨贤否，轻忽不慎，才使小人得居君子之位，甚至将国之名器给了不该给的小人。这无异于诲盗，教唆人们觊觎他们不该得到的东西，其后果是"致寇至"，招致寇戎来伐（寇小为盗，大则为戎），这就是兵戎相见的原因。而造成"致戎"的正是君上自己，咎由自取，勿怨他人。

客：明白了。"自我至戎，又谁咎也"说的是统治者，是对统治者提出的警告。

䷧ 九四，解而拇，朋至斯孚。

【译文】 九四，像解除你大脚拇指的隐患一样摆脱小人的纠缠，然后朋友就能前来，彼此取得信任。（而：你。孚：信任。）

《象》曰：解而拇，未当位也。

【译文】《象传》说：像解除你大脚拇指的隐患一样摆脱小人的纠缠，说明九四居位尚未妥当。

【提示】 小人不去，君子不来。

主：九四是阳爻，在卦中是代表君子的。君子的责任是"解而拇"。

客：爻辞把小人比作大脚拇指上的隐患，十分形象。小人整天纠缠附丽于君子，正事不干，专做拨弄是非的营生，就像脚拇指上长了鸡眼，走到哪儿痛到哪儿，不除掉这些隐患，世界永远不得太平。不仅古代如此，现代也是这样。哪个单位有一两个这样的小人，那就有好戏看了。

主：事业是靠君子干的，小人得志，君子必然远遁，所以主事者要想有所作为，干一番事业，一定要清除小人。小人不去，君子不至，或虽至而得不到信任，因为小人肯定会从中造谣生事，挑拨离间。

客：所以只有"解而拇"，才可"朋至斯孚"。但是，既然如此，《象传》为什么还说"解而拇，未当位也"？

主：这就要一分为二来看问题了。九四能解去小人，引来像君子一样的朋友并彼此取得信任，这当然是好事。但小人为什么会纠缠于九四？九四本身有无空子可供小人钻营？严格剖析的话，九四肯定也有问题。《象传》就是说明问题的所在："未当位也。"

客：那么九四究竟是怎样"未当位"的呢？

主：这是就爻象而言的。九四以阳居阴，不中不正；不仅如此，九四还应于初六，比于六三，有这两个阴爻的纠附，所处极为不当，因此很容易被小人所附丽。

客：你这么一讲解，就十分清楚了。《象传》实际上也是提醒我们处在九四这样的位置，要特别注意"解而拇"，解其拇然后朋至而信矣。

☳☵ 六五，君子维有解，吉，有孚于小人。

【译文】 六五，君子能够解除小人的隐患，吉祥，并使小人也相信不改恶从善是没有前途的。

《象》曰：君子有解，小人退也。

【译文】 《象传》说：君子能够解除小人的隐患，小人必将畏服退缩。

【提示】 君子厉行解难，使小人相信只有改邪归正才是唯一出路。

主：对于狡猾、窃位、纠附之小人，揭露之，斥责之，清除之，都是必要的，但这毕竟是外力所致，要想真正清除隐患，最好的办法是让小人自己感到蝇营狗苟、搬弄是非是没有出路的，至于窃据高位、占据君子之器更是不可能的。这样，小人就会去掉侥幸之心，从而改邪归正。

客：《孙子兵法》上说："不战而屈人之兵，善之善者也。"如果真能如你所说，让小人主动去改恶从善，或自行退去，那当然是再好不过了。但六五能做到这一点吗？

主：六五以柔爻居于君位，是解卦的卦主，所以在用人方面尤其细心，能严格甄别君子与小人，对君子则绝对信任，用贤不贰，对小人则坚决清除，去邪不疑，让人们都知道"君子维有解"，即完全能够解除小人的隐患，使得小人没有丝毫空子可钻，从而迫使小人相信只有改恶从善才是唯一出路。

客：这样看来，六五的"吉"，就不仅仅是指"君子维有解"了，更重要的是由于君子坚决地清除小人，去掉了小人的侥幸之心，从而"有孚于小人"，使小人相信在六五这样的君子面前自己完全没有出路，要么改邪归正，要么自行退出历史舞台。所以《象传》说："君子有解，小人退也。"

☰☷ 上六，公用射隼于高墉之上，获之，无不利。

【译文】 上六，王公用箭射击踞于高高的城墙上的恶隼，一举射获，无所不利。（隼：音 sǔn，一种凶猛的鸟。墉：音 yōng，城墙。）

《象》曰：公用射隼，以解悖也。

【译文】 《象传》说：王公以弓箭射击高踞于城墙上的恶隼，是在解除悖逆者造成的险难。

【提示】 加强戒备，随时解除新的隐患。

客：上六的气氛又紧张起来了，恶隼成了这场遭遇战的猎获物。

主：恶隼指的是六三。六三小人窃位，处下体之上，犹如恶隼踞于高墉之上。对这种小人，将其猎获，当然无所不利，故爻辞说"获之，无不利"。

客：那么上六处解卦之终，居震动之极，是解除险难的王公之象吗？

主：是的。《象传》说"公用射隼，以解悖也"，喻指王公清除叛乱小人，解除险难。

客：我有一个小小的疑问。这位射隼的王公为什么那么巧，遇到恶隼之时正带着弓箭？

主：《系辞传》在谈到解卦时引孔子的话说："君子藏器于身，待时而动。"可见"公用射隼"并不是偶然的事件。上六处解卦之极，危难已经解除，但新的隐患随时可能萌生，所以他随身暗藏着"器"——武器，时刻警惕，故一旦出现恶隼便可一举射杀。

客：学习解卦，印象最深的便是与小人的斗争。除了初六平安无咎之外，九二"田获三狐"，九四"解而拇"，六五"有孚于小人"，直至上六"公用射隼"，都是从各个角度谈解除小人的问题，而六三则是小人的典型代表，"负且乘"，窃据高位，得意忘形。

主：塞难刚刚解除之时，需要创造一个和平安宁、休养生息的环境，即卦辞所谓"利西南"。但维护这个和平环境，要从两个方面入手，这就是无难之时以"来复"安居为吉，有难之时则以速去解决为吉。而在和平环境中会发生什么样的难呢？最可能发生的也是最危险的，就是小人所造成的内部隐患。小人由于把自己的真面目隐蔽起来，不同于一般的坏人，很难发现，所以危害也特别大。如果小人的阴谋得逞，让他们窃居了高位，好人就会受难，国家将被搞乱，而且会"致寇至"，他日之蹇就会卷土重来。正因为小人的隐患如此严重，所以在卦辞提出总的原则之后，爻辞着重讲在政治上根据不同情况如何解除小人的问题。

客：看来要维护安定团结的局面，清除小人是一项十分重要的措施，这是古人留下的一条政治经验。

41. 损卦——论失与得

䷨ 兑下艮上

损：有孚，元吉，无咎，可贞，利有攸往。曷之用？二簋可用享。

【译文】 损卦象征减损：心存诚信，非常吉祥，没有咎害，可以守持正固，利于有所前往。用什么来表现减损之道呢？两簋祭品就足以表示享祀的诚敬了。（孚：诚信。曷：何。簋：音 guǐ，古代盛食物的器具。享：奉献、享祀。）

【提示】 指出损下益上须心存诚敬，取信于人。

客：损卦我预习了一遍，觉得卦辞和爻辞有许多暗道机关，很不好懂。

主：损卦所谈的主要是损下益上的道理和各种具体情况，不过有的地方谈得较为抽象，哲学意味较浓。

客：卦名与卦体之间有什么关系？为什么兑下艮上的卦体是表示减损，而且是表示损下益上？

主：按照卦变的规律，损卦是泰卦变来的，其下体可以看成原本是乾（☰），上体可以看成原本是坤（☷），减损下体乾卦的第三爻增益到上体坤卦的第三爻位置，坤卦的第三爻位置就退到乾卦的第三爻位置，经过这番损下益上的运动，阴阳互换位置，乾坤交错，就形成兑下（☱）艮上（☶）的新卦体：䷨。由于它是损下益上而形成的，所以叫损卦。

客：卦辞是否说行减损之道就可以元吉无咎？

主：你忽视了最重要的一点，就是损卦的第一个词组"有孚"。如果你的减损是出于诚信，合乎时宜，既不过也不及，简言之就是损所当损，那么你的损就可以符合人心，取信于人，只有这样的损才能得元吉、无咎、可贞、利有攸往。

客：看来行减损之道，心存诚敬、取信于人是最为关键的。

主：卦辞下面两句就是承接这一个论点往下谈的。"曷之用？"意为这样一种心怀诚信的减损之道用什么来表现呢？回答是"二簋可用享"。即两簋祭品就可以表示享祀的诚敬了。古人享祭之礼，最多用八簋，一般用四簋，最少用二簋。卦辞是说如果心存孚信，用不着繁文缛节，也不在乎供品多少，只需二簋祭礼就足以表示自己的心意了。

客：卦辞是以"二簋可用享"为喻，说明损下益上，唯在乎心，若心存诚信，虽微薄之物，亦足以奉献于上。

主：是的。中国是礼仪之邦，礼尚往来是免不了的。但是在赠送别人礼品时以多少为宜，以什么时候送为宜，损卦卦辞的论述是有参考价值的。如果别人帮助了你，为了表示自己的谢意，可以送一些合适的礼品，但如果送得过多，就使人感到相互间没有友情，只有物质关系；但也要防止把自己手头一些过时货、不喜欢的东西当作礼品送人，因为这绝不是心怀诚信的表现。另一种情况是平时没有来往，等到要求人办事时才想起老关系，忙着送礼打点，这种送礼带有功利色彩，送的人和被送的人都很尴尬，当然也就谈不上心怀诚敬了。其实，赠送礼品关键要看是否有诚心。逢年过节或是在一些有纪念意义的日子里，去看望老师、长辈、亲朋好友，带上一束鲜花、应时水果，或者知道其嗜好，送一点他们喜欢的物品，既不特别贵重，也不带功利色彩，显得高雅、适宜，送的人和接受的人心情都很愉快，真正起到了联络感情的作用。

客：我很赞同你的看法。中国人很讲究"千里送鹅毛，礼轻情义重"。有的人以为送礼越多越好，有的人送礼不看对象，似乎只要自己花了钱，情义就到了，其实不然。

主：不仅仅是送礼，整个减损之道的学问大着呢。我们下面来看《象传》。

《象》曰：损，损下益上，其道上行。

【译文】《象传》说：减损，意思是减损下面的，增益上面的，其道理是下者有所奉献于尊上。

【提示】 以卦形的变化解释卦名。

客：损卦就是下者自行减损以奉献于上，所以《象传》说"损下益上，其道上行"。至于上下卦体具体变化的情况，你在讲卦辞时已经讲得很明白了，请你接着往下讲。

损而有孚，元吉，无咎，可贞，利有攸往。曷之用？二簋可用享。二簋应有时。

【译文】 减损之时如果能够心存诚信，就非常吉祥，没有咎害，可以守持正固，利于有所前往。用什么来表现减损之道呢？两簋祭品就足以表示享祀的诚敬了。奉献两簋祭品必须应合其时。

【提示】 解释卦辞。

主：这段话是解释卦辞的。除了最后一句外，基本上照搬卦辞，但在"损"与"有孚"之间加一连词"而"字，含有假设的意味，强调如果能够心存诚信，这种减损才会得大吉，无过错。详细情况前面在解释卦辞时已谈过，这里着重谈最后一句"二簋应有时"。就祭享而言，一般说来，当然是祭品越丰盛，典礼越隆重，越能说明对上帝鬼神的虔诚，然而如果一味地去追求表面形式，而忽略内心的诚敬，那就会变成虚文。其实只要心怀诚信，甚至只用二簋微薄的祭品也照样可以用于祭享。这里就有一个"时"的问题，时当损则损，时不当损则不损。当盛礼虚祭风行的时候，为了表示自己的诚信，可以反其道而行之，只用二簋就可以表示自己的心意。但要注意并不是说任何时候祭祀都只用二簋，只是该使用二簋的时候才使用，故《象传》说"二簋应有时"。

客：实际上不仅仅是在祭祀上"二簋应有时"，适时而损具有普遍的意义。当其不该损的时候则不能损，当其该损的时候就必须损，在一定的时间条件下，减损是有其客观合理性的。

主：也不仅仅是减损之道重其时，整个《易经》都十分重视时，这一点被后来的儒家继承下来了，孟子就说过"孔子，圣之时者也"。

损刚益柔有时，损益盈虚，与时偕行。

【译文】 减损刚强补益柔弱也要适时，事物的减损增益、盈满亏虚，都是配合时机而自然进行的。

【提示】 进一步阐发减损有时的观点。

主：在举"二簋可用享"这一具体事例说明减损的客观合理性之后，《象传》又回到对卦辞的解释上。

客：损刚益柔指的是减损卦形下体之阳爻增益上体之阴爻？

主：是的。但是在刚与柔这一对矛盾中，刚为德长。既然刚为德长，就不能无休止地减损，只能在一定的具体条件下发生，所以《象传》说"损刚益柔有时"。

客：事物的发展规律就是这样，刚与柔作为矛盾的对立面，有损就有益，有盈就有虚，损益盈虚都离不开具体的条件，就是说要依时而定。

主：所以《象传》说"损益盈虚，与时偕行"。当然由损益而言及盈虚，已不是单纯地谈损卦卦体了，也不是仅仅谈人事问题，而是扩展到自然界。"损益盈虚，与时偕行"既是人们在行事时应遵循的准则，也是客观世界本身所固有的规律。现在中央号召全党要"与时俱进"，就是吸取《周易》这一观点的精华。

客：当我们把"有时""与时偕行"抽象到一般的哲学意义上时，就能对今天的社会生活的方方面面起到指导作用。

《象》曰：山下有泽，损；君子以惩忿窒欲。

【译文】《象传》说：山下有泽，象征减损；君子因此抑制愤怒、杜塞贪欲。（惩：制止。窒：音 zhì，堵塞。）

【提示】 修身立德应损其愤怒与贪欲。

客："山下有泽"说的是卦象，损卦上艮为山，下兑为泽。但是"山下有泽"为什么象征减损，不大容易讲清楚。

主：这可以有不同的理解。唐代孔颖达《周易正义》说："'泽在山下'，泽卑山高，似泽之自损以崇山之象也。"意为水泽将本属于自己的土石损去以增加山的高度，故象征损。宋代朱震《汉上易传》说："'山下有泽'，则山日以削，泽日以壅。"意为泽水浸蚀山根会使土石削落而日益减损，而山壅塞于泽内又会使泽水缩小而日益减损，故象征损。不管哪种理解，"山下有泽"都象征着减损，君子观此卦象意识到在修身立德方面也应有所减损。减损什么？怎么减损？那就是"惩忿窒欲"。

客："忿"就是愤怒，难道人不能发怒吗？

主：人有七情六欲，是天经地义的。但是作为一个君子，应该认识到人往往会因为一时情感冲动而做出一失足成千古恨的事来，因此应该加强自我修养，制止匹夫之怒。达尔文曾经从进化论的角度说过："脾气暴躁是人类较为卑劣的天性之一，人要是发脾气，就等于在人类进化的阶梯上倒退了一步。"与达尔文相比，中国人早在几千年前就提出要"惩忿"，应该说是难能可贵的。至于"窒欲"也有一个度的问题。《周易》并不是提倡禁欲，但对于过分的欲望——贪欲、邪欲则要制止。

☲. 初九，已事遄往，无咎；酌损之。

【译文】 初九，完成自己的工作，迅速前往辅助尊者，没有咎害；应当酌情适度地减损自己。 （已：结束，完成。遄：音 chuán，迅速。）

《象》曰：已事遄往，尚合志也。

【译文】《象传》说：完成自己的工作，迅速前往辅助尊者，说明初九与在上的尊者心志相合。

【提示】 完成本职工作后应帮助别人。

主：《象传》强调"损刚益柔有时"，即当损则损，不当损则不损。初九与六四正应，而且初九以刚居阳位，是刚有余者，六四以柔居阴位，是刚不足者，正是初九当损己益上之时。故初九完成自己的工作后，便迅速往上应合六四，以为辅助。由于此举符合损卦的损下益上之道，故爻辞说"无咎"。

客："酌损之"怎么讲？

主："酌损之"就是说初九要斟酌实际情况减损自己的刚质来增益六四，不要过度也不要不及。

客：大概就是《象传》所说的要"损而有孚"。

主：是的，只有心怀诚信，才能把减损之事处理得恰到好处。爻辞这里以臣下自损奉上为喻。臣下各自都有手头的工作，如果搁下自己的工作，废事而往，那就是没有敬业精神；如果工作已经完成，事已而不往，那就是怠慢尊上。然而初九现在是"已事遄往"，而又"酌损之"，正是抓住了时机，又做得恰到好处。

客：初九的确做到了"损刚益柔有时"。这样一来，《象传》

也就好理解了。在上位的六四需要初九的帮助，而初九又在完成自己的本职工作后迅速前往帮助，二者志同道，所以《象传》说"尚合志也"。

䷨. 九二，利贞，征凶；弗损益之。

【译文】 九二，利于守持正固，出行则有凶险；不用自我减损就可以施益于上。

《象》曰：九二利贞，中以为志也。

【译文】 《象传》说：九二利于守持正固，说明他应当以坚守中道作为自己的志向。

【提示】 帮助别人要量力而行，自己没有能力时不宜妄行。

客：九二和六五也是正应，与初九和六四的关系相同，为什么初九可以"遄往"，而九二则"征凶"，并告之以"弗损益之"？

主：九二和六五的关系与初九和六四的关系的确相同，但九二和六五各自所处的位置则与初九和六四各自所处的位置大不相同。九二阳爻居阴位，刚柔适中，不似初九是刚有余者；六五阴爻居阳位，也是刚柔适中，不似六四刚不足者。因此两者虽正应，九二却不能"遄往"。在两爻均适中的情况下，九二如果晕头晕脑地减损自己去增益六五，就会造成自己的不足和六五的有余，这就破坏了原有的阴阳平衡，两爻均失中了。所以爻辞说九二"利贞，征凶"，即利于守持正固，出行则有凶险。

客：我明白了。九二作为一个处下的阳爻，本当自损以益上，但由于九二与六五处于刚柔适中的特殊时位，如果九二自损，反倒不能益上，若不自损，反而能保持六五的适中，也就是说它不自损就算是益上了，故爻辞言"弗损益之"。而《象传》说"九二利贞，中以为志也"，正是肯定了九二处中位并以守住刚柔适中为己志、不行减损之道是正确的。

　　　　　　　　　"六十四卦"中的人生哲理与谋略

主：是的。九二爻揭示了不当损则不损的道理。它启示我们，当自己没有能力的时候要自守不妄进，当别人不需要帮助时不要硬去帮倒忙。

☶ 六三，三人行，则损一人；一人行，则得其友。

【译文】 六三，三人同行，则将会减损一人；一人独行，则可得其朋友。

《象》曰：一人行，三则疑也。

【译文】 《象传》说：一人独行可得其朋友，三人同行将会产生疑惑。

【提示】 阐述损益之道是人类社会与自然界的普遍规律。

客：六三的爻辞很难懂。

六：六三的爻辞要联系前边所谈的损卦卦体的形成来理解。所谓"三人行"，是说原下体乾卦三阳爻，损去第三爻以益上体，就是"损一人"。这样做正体现了损卦损下益上、损刚益柔的卦义。"一人行，则得其友"，是指六三为"一人"独行，则与上九正应得其强健友朋。

客：六三爻辞中的所谓"三人行"之类，只是以人为喻象，其实质是谈阴阳之间的减损之道。

主：对。阴阳之间的减损具有普遍意义。《系辞传》就对六三的爻辞作过哲学意义上的说明："天地絪缊，万物化醇；男女构精，万物化生。《易》曰'三人行则损一人，一人行则得其友'，言致一也。"这里强调的是二，而归结为一。天地、男女都是阴阳两仪，一阴一阳，势必絪缊交密，精气交构，以致精醇专一，化生万物。可见天地万物莫不合二为一，一分为二，这正是人类社会和自然界的普遍的对立统一的规律。就本卦来说，如果"三人行"不"损一人"的话，那么下体是乾（☰），上体是坤（☷），上下二体虽然能构成对立统一，但上、下体内部均属纯阳或纯阴，不能构成阴阳合体的对立统一，而且此时仍属泰卦而并非是损卦，也就谈不上损益之道。然而"一人行"之后，即九三与上六交换位置，整个卦爻的关系就变了。从六爻来说，初九对六四（阳对阴）、九二对六五（阳对阴）、六三对上九（阴对阳），两两构成对立统一；从上下二体来说艮（☶）为少男，兑（☱）为少女，二者构成对立统一；从上下二体内部关系来说，也均为阴阳合体，构成了对立统一。

客：老兄的这一番高论，使我茅塞顿开。懂得了爻辞，《象传》也就容易理解了。一人行则得友而成为二，达到了阴阳相应的平衡。三人行则无法实现上面所讲的对立统一的和谐。怎么办？这就产生了疑问，所以《象传》说："一人行，三则疑也。"解决的办法当然是"损一人"。

主：六三的爻辞与《象传》虽说难懂，但也可以用一些通俗的事例来解释。比如说一个尚未婚配的成年人很容易找到自己的朋友，继而结为婚姻，这是一而二；但结婚之后这就是一个家庭了，是高一层次上的一，是阴阳谐和的对立统一体。如果这时有第三者插足，不和与妒忌便会产生，自然会生"疑"，其结果是必有一人离开。

客：这话很有意思。

☶· 六四，损其疾，使遄有喜，无咎。

【译文】 六四，减损自己的疾患，使初九迅速前来增益自己，必有喜庆，没有咎害。

《象》曰：损其疾，亦可喜也。

【译文】 《象传》说：减损自己的疾患，说明六四能损柔而受刚，当然至为可喜。

　　　　　　　　"六十四卦"中的人生哲理与谋略

【提示】 乐于改过从善，可以得到别人的帮助。

客：六四患了什么疾病？

主：六四以阴居阴，阳刚严重不足，因以"疾"喻指其无刚之弊。"损其疾"就是减损自己的柔弱而益之以阳刚。但是六四是柔弱之体，他要靠初九来增益其阳刚。"遄"的行为主体即为初九。

客：六四自损其疾的行为，促使初九迅速前来帮助他，这当然是可喜之事。所以爻辞说"有喜，无咎"。

主：正是。学习六四这一爻，我们应该悟出这样一个道理：如果自己乐于克服自身的弱点，别人就会感到容易与你相处并迅速地、真诚地来帮助你，即使你犯了严重的错误，所处的环境非常不佳，只要真诚地表示出改过从善的愿望，仍然会引起人们的关注和帮助。

客：有些人老是抱怨老天爷不公平，从来没有人帮助他，学了六四这一爻，应该认识到，首先应该检点自己，"损其疾"，才能"使遄有喜，无咎"。

☲ 六五，或益之十朋之龟，弗克违，元吉。

【译文】 六五，有人进献价值十朋的宝龟，无法辞谢，非常吉祥。（或：无指代词，有人。朋：古代货币单位。古时以贝为货币，两贝为一朋。弗：不。克：能。）

《象》曰：六五元吉，自上佑也。

【译文】《象传》说：六五非常吉祥，这是上九施予的佑助。

【提示】 居尊位而能虚中，可以得到别人的帮助。

客：你刚才讲九二时说，六五柔居阳位而得中，是刚柔适中，所以不需要九二损己之刚去增益他，这里怎么又有人赠送他价值昂贵的大宝龟呢？

主：六五以柔中而居五之尊位，有"虚中"（朱熹《周易本义》中语）自损而不自益之象，颇得天下的好感，所以尽管与之正应的九二不自损去增益之，仍有别人来增益之。故爻辞才说"或（即有人）益之十朋之龟"。别人既然是诚心实意来增益之，而六五又居尊位，不便辞谢，只好接受了，故爻辞又说"弗克违"。

客：这里实际上有一个人心向背的问题，六五处尊位却能虚中自损而不自益，结果天下反而纷纷益之，甚至有人赠送了价值十朋之龟的厚礼，说明六五是很得人心的。不知道我的看法是否正确？

主：是这么回事。正因为如此，爻辞才说"元吉"。"元吉"不是仅指六五得了大宝龟，而是指从得龟之事中看到了六五的威望。

客：那么这个大宝龟究竟是谁送的呢？

主：根据《象传》所言，看来是上九。上九将他受益于六三的东西归诸六五，故《象传》说"六五元吉，自上佑也"。

客：上九能有这么大公无私吗？

主：让我们来看上九的爻辞。

☲ 上九，弗损益之，无咎，贞吉，有攸往，得臣无家。

【译文】 上九，不减损他人反而增益他人，没有咎害，守持正固可获吉祥，有所前往，必将得到天下臣民的拥戴。（无家：不限于一家。）

《象》曰：弗损益之，大得志也。

【译文】 《象传》说：不减损他人而增益他人，说明上九大得施惠天下的志向。

【提示】 在上者应施惠天下，与民分享财富。

　　　　　"六十四卦"中的人生哲理与谋略

主：上九与九二爻辞都有"弗损益之"这一句，但因两者居位不同，意旨有别。九二的意思为不减损自己就是增益别人，上九则为不减损别人而去增益别人。

客：从爻辞来看，上九的确是一位高尚之士，难怪他能将"十朋之龟"这样贵重的礼物赠送他人。

主：怎么说呢？上九本来就是由下卦乾阳自损而增益坤阴形成的。现在上九本身是阳刚了，与他正应的六三却是阴柔，损卦虽说是"损下益上"，但还有个"损刚益柔"的限制。六三既然已经是阴爻，就不能再损了。因为民为邦本，本固邦宁，所以当下属已无法再损的时候如还要损下益上，那就等于损害自己的统治根基了。上九有鉴于此，故反其道而行之，不减损他人反而增益他人。这样做看起来是增益他人，其实也是巩固自己。因此与其说上九是一个高尚之士，毋宁说上九是一个高明的统治者。故而爻辞说上九"无咎，贞吉，利有攸往，得臣无家"。而且这种做法的确合于统治者的正道，符合君上施惠于下的心志，所以《象传》也赞之曰："弗损益之，大得志也。"

客：这么看来，损卦的"损下益上"是以为统治阶级搜括老百姓财富为目的的。

主：不过问题也不是这么简单。历代有作为的政治家由于受到时代的局限，不可能站在劳动人民一边来考虑问题，但是他们从巩固统治者的根本利益着想，还是注意到尽量缓和阶级矛盾，安定社会秩序，以利于发展社会生产力，具有一定的历史意义。我们今天应该把损卦放在更为广泛的范围内来分析，特别是一分为二、合二为一的哲学思想和一些在处事方面的有益的操作原则，还是值得我们深入研究的。

客：这倒也是。如前面所说的减损之道应"有孚""有时"的观点，对我们今天的为人处事也还有一定的参考价值。再如上九的爻辞也可以启迪我们这样来思考问题：在劳动过程中，我们为别人创造财富，也就是为自己造福；我们在丰富他人的同时，我们自己的财富也在增加。

主：是啊！如果一个人能意识到他所做的每一项工作都是在为人类共同造福，那他就是一个真正高尚的人，脱离了低级趣味的人。

42. 益卦——论得与失

䷩ 震下巽上

益：利有攸往，利涉大川。

【译文】 益卦象征增益：利于有所前往，利于涉越大河。

【提示】 抓住机遇，利于有所作为。

主：就卦形来看，把损卦（䷨）旋转一百八十度就是益卦（䷩）；就卦义来看，损卦是损下益上，益卦是损上益下，两卦完全相反。

客：损上益下的卦义与卦体有无关系？

主：有关系，与损卦的损下益上的关系相仿佛。按照卦变的规律，益卦可以看作是由否卦（䷋）变来的，其下体原来是坤卦（☷），上体原本是乾卦（☰），损上体之阳爻增益下体，使九四与初六互换，变为六四与初九，就形成了益卦（䷩）。

客：损上益下与损下益上似乎没有什么实质性的区别，看起来也就是上下卦体的阴爻与阳爻互换位置，不知为什么要把这两者区别开来。

主：所谓"损"，损的是阳刚。损卦是损下体之阳爻增益上体；益卦是损上体之阳爻增益下体。所以表面看来两卦似乎都是上下卦体互换一个爻位，但实际上两者是有实质性区别的。从卦名的含义来说，两卦也是截然不同的。损卦损下益上是减损在下的老百姓的财富来增益在上位的统治者，而益卦的损上益下则是在下位的老百姓得到益处。损下益上看起来是老百姓的财富被搜刮到上边统治者那里去了，实际上上边也受损了，因为民为邦本，百姓受损无异于统治者的根基也受损；损上益下的情况正相反，看起来是损上，但由于益下则本固，本固则枝荣，所以实际上是上下都有益。当然这只是就卦名的含义而言的，至于卦辞、爻辞中所讲的损和益都是一般意义上的损益，无论是君臣百姓、万事万物，还是阴柔阳刚，都是当损则损，当益则益。

客：我明白了。益卦是上行惠下之道，利益万物，正是建功立业的有利时机，所以卦辞说"利有攸往，利涉大川"，鼓励人们奋勇前往，济大难，图大业，干大事。

主：对。下面看《象传》。

《象》曰：益，损上益下，民说无疆；自上下下，其道大光。

【译文】《象传》说：增益，意思是减损于上增益于下，人民得到益处，欢悦无有穷尽；统治者从上面向下施利于在下的百姓，他的王道大为光明。（说：通"悦"。下下：下达于在下的百姓。前一个"下"为动词，后一个"下"为名词。）

【提示】以卦体解释卦名。

主：《象传》开头几句是根据卦体的变化来解释卦名的，指出益卦是损在上之刚益在下之柔，卦形的详细情况我们在解说卦辞时已讨论过了。

客：损上益下，从社会政治的角度看，就是统治者自损以补益在下的平民百姓，人民得到益处，自然是喜悦无限，所以《象传》说"损上益下，民说无疆"。

主：人民得到益处，统治者自身也会得到益处。民贫，朝廷的统治就不稳固；民富，朝廷才能免除忧虑。所以高明的统治者善于使用损上益下之道，从上方施利于下，其统治才能光明昌盛。《彖传》说"自上下下，其道大光"正是此义。

利有攸往，中正有庆；利涉大川，木道乃行。

【译文】 利于有所前往，是因为尊者居中得正，天下必有喜庆；利于涉越大河，是因为有木舟渡水，征途通畅。

【提示】 以爻象、卦象解释卦辞。

主："中正有庆"是就六二与九五这两爻的爻象而言的。益卦与损卦都是六爻皆应，但损卦的九二与六五，居中却不得正（二位是阴爻、五位是阳爻才为得正），益卦卦体与损卦卦体正好相反，九二与六五变为六二与九五，既居中处尊位又得正，以中正之德益天下，天下享受其补益，必有福庆。此时有所前往必然有利，即使是涉险历难，渡越大河大川，也是无所不利。

客：《彖传》好像是说"利涉大川"不仅是因为益道大行，而且与"木道"有关，这是怎么回事？

主：木指益卦上体巽为木，木可制舟，舟可济川。"木道"就是舟道，乘舟而行可以涉川，故《彖传》说"利涉大川，木道乃行"。

客：我明白了，《彖传》是以益卦上体巽为喻象，来说明以益涉难，征途畅通。所谓"木道"的"道"其实质就是"自上下下，其道大光"的"道"，也就是益道。

益动而巽，日进无疆；天施地生，其益无方。凡益之道，与时偕行。

【译文】 增益之时下者震动上者巽顺，功业就能日益发展无有限量；上天施降利惠，大地受益化生，增益的作用无所不在。总观增益的道理，都是配合时机自然进行的。（方：所，限。）

【提示】 盛赞益道之伟大。

客："益动而巽"说的是上下卦体，但它与下一句"日进无疆"有什么关系？

主：上体震为动，喻指振作有为；下体巽为入，喻指深入有渐，又指顺乎事理。振作有为而又深入有渐、顺乎事理，其增益必然能日进一日，功业也必然日益发展，无有限量。

客："天施地生"恐怕与"损上益下"有关。

主：是的。上体的阳爻增益到下体的初位，象征天施阳气于地；下体的阴爻往上居于四位，象征地化生万物而上长。如此阴阳互动，天施地生，显示出增益在大自然中的作用无所不在，故《象传》说"天施地生，其益无方"。

客：《象传》的最后两句是阐发增益有时的观点的。我记得损卦的《象传》最后也提到"与时偕行"的问题。

主：益与损实际上是对立统一的，减损与增益，盈满与虚亏都有一个配合时机而自然进行的问题。损下益上要依时而定，损上益下也唯在一个"时"字。在自然界，春不至不生，夏不至不长；在人类社会，损上益下也讲究个岁不歉不与，时无灾不赈。正如王弼《周易注》中所说："益之为用，施未足也；满而益之，害之道也。故'凡益之道，与时偕行'也。"

《象》曰：风雷，益；君子以见善则迁，有过则改。

【译文】《象传》说：风雷相助，象征增益；君子因此看见善行就倾心向往，有了过错就迅速改正。

【提示】 君子修身要注意迁善改过。

主：如果说《象传》是从自然界、人类社会这个角度谈增益的问题，那么《象传》则是从个人修养这个角度来谈增益的问题。

客：风与雷分别为益卦上下体的喻象，但风与雷何以象征增益？

主：益卦上体巽为风之象，下体震为雷之象。风烈则雷迅，雷激则风怒，二者互相增益其势，所以说风雷相助象征增益。

客：明白了。君子从风雷相益之象中认识到个人在道德修养上也要有所增益。具体的途径就是《象传》所说的"见善则迁，有过则改"。

主：是的。看到别人有善言善行就向往之、学习之，知道自己有了过错就迅速改正之，这样在道德修养上当然就会有所增益。

☲. 初九，利用为大作，元吉，无咎。

【译文】 初九，利于大有作为，非常吉祥，没有咎害。（利用：利于。为大作：做大事。）

《象》曰：元吉无咎，下不厚事也。

【译文】 《象传》说：非常吉祥而没有咎害，说明初九本来处于下位，不能胜任大事（但此时因获益阳刚，可以大有作为）。（厚事：大事，大的事业。）

【提示】 获益图报，应大有作为。

主：前面讲卦辞时我们谈过，益卦之形成在于损四益初，故初九是成卦之主，为处下获益之象，正是《象传》所谓"自上下下，其道大光"之爻，他的发展是无限量的，故爻辞说利于大有作为。

客：爻辞在"利用为大作"之后又说"元吉，无咎"，这里难道有什么深意？

主：初九本来位卑处下，是难以胜任大事的，由于受益于上体的阳刚之德，知恩图报，欲干一番大事业，同时又上应六四，有六四辅助，所以爻辞才说"利用为大作"。但由于初九地位低下，干大事如不能获大功，就要受到非议，只有把事情做得尽善尽美，得元吉，才能无咎。所以王弼《周易注》说："夫居下非厚事之地，在卑非任重之处，大作非小功所济，故'元吉'乃得'无咎'。"

客：原来《象传》说"元吉无咎，下不厚事也"，正是解释为什么"元吉"才得"无咎"的。

主：是的。"下不厚事也"是说初九本来处在下位不能胜任大事的，现在得阳刚之益，获益而图报，要"为大作"。

客：初九的爻辞和《象传》，一方面强调获益当图报，一方面也强调了只有广益他人，然后才能自受其益。

主：对。在上者损上益下，在下者则百倍图报。这当中虽然不乏统治者收买人心的把戏，但也包含着管理上的一些基本原则。只有让人们切实感受到获益，人们才会真心拥护你，并发自内心地跟随你创业图强。

客：是的，"士为知己者死"吗！

☲ 六二，或益之十朋之龟，弗克违，永贞吉；王用享于帝，吉。

【译文】六二，有人赐予价值十朋的宝龟，无法辞谢，永久守持正固可获吉祥；君王得此宝龟祭享天帝，吉祥。（或：有人。朋：古代货币单位，两贝为一朋。弗：不。克：能。）

《象》曰：或益之，自外来也。

【译文】《象传》说：有人赐予（价值十朋的大宝龟），这是从外部不招自来的增益。

【提示】道德中正、虚怀若谷，可以得到别人的帮助。

客：记得损卦的六五爻也说"或益之十朋之龟"，它与益卦的六二爻有何关系？

主：前面我们说过益卦与损卦正相反，所以损卦的六五倒过来就是益卦的六二。由于两爻都得中虚中（得中指处上体或下体的中位，虚中指阴爻中虚而不实），有道德中正且虚怀若谷之象，能得到天下人的助益，故爻辞都说"或益之十朋之龟，弗克违"。此外，损卦的六五是上九益之的，益卦的六二与九五相应，是得九五之余刚，故损卦六五的《象传》说是"自上佑也"，益卦六二的《象传》说是"自外来也"，都强调这种增益是不招而至的。

客：依你之说，这两爻完全相同？

主：不，它们之间的区别也是很明显的。损卦的六五柔居阳位，刚柔得中；而益卦的六二，爻、位皆阴，刚德不足。所以损卦六五的爻辞曰"元吉"，而益卦六二的爻辞则戒之曰"永贞吉"，即受益必须永远走正道才能得吉。

客：具体做法就是爻辞所说的"王用享于帝"。

主：对，六二虽然中正虚中，得到天下人的帮助，甚至有人赠送他大宝龟，但六二不将增益之物据为己有，而是将之用于君王的祭享，这与初九获益图报，欲"为大作"有共同之处。

☲☳ 六三，益之用凶事，无咎；有孚中行，告公用圭。

【译文】 六三，增益于荒年来赈济百姓，没有咎害；心存诚信，持中慎行，手持玉圭，报告王公。（凶事：凶荒之年，官府开仓赈济百姓。圭：音 guī，玉器名，在比较正式的场合，卿大夫执圭以作为本人身份的凭证。）

《象》曰：益用凶事，固有之也。

【译文】 《象传》说：增益于荒年赈济百姓，所用粟米本是百姓固有之物。

【提示】 开仓济民，益之当益。

主：六三正当荒歉之年，从爻位上看处下体之上，相当于郡守县令之类的官员，所以他不必做别的事，只要能做到开仓赈济灾民，就体现了损上益下之道，必无咎害。当然开仓济民要有诚信，既要有信于上，也要有信于下，持守中道，慎于行事，即爻辞所说的"有孚中行"，万不可借赈灾之机中饱私囊。

客："告公用圭"是什么意思？

主：开仓济民，不可专行，必须向上级请示报告。所以六三要手持玉圭向王公报告，获致批准方可开仓。

客：粮食本来就是百姓耕种出来的，现在遇到凶荒歉收之年，官府开仓赈灾以益百姓，这是取之于民用之于民。

主：所以《象传》说"益用凶事，固有之也"。不过，尽管粮食是"民之固有"，但六三能益之当益，也算是循吏了。

客：还有一点我不明白，六三在下体之上，并不居中，爻辞曰"中行"，是否失据？

主：从一卦的上下体来看，二与五是中位，但从一卦的整体来看，三与四居中，所以本爻与下一爻六四皆曰"中行"。

≡≡ 六四，中行，告公，从；利用为依迁国。

【译文】 六四，持中慎行，报告王公要迁徙国都，公允许；利于依附君上迁都益民（迁国：迁徙国都。）

《象》曰：告公从，以益志也。

【译文】 《象传》说：报告王公要迁徙国都而被允许，是因为六四有益民之志向。

【提示】 以迁国的实际行动来益下。

客：如果我没有理解错的话，六四爻辞所说的事情是接着六三爻辞来的。从六三爻辞我们得知当地百姓遭受灾荒，所以才有六四爻辞所说的迁徙其国都、避害就利之举。

主：你的理解是合理的。六四居益卦上体，正当损上益下之时，而在灾荒之年，最大的益下举动，莫过于迁国，带领人民到庶富之地去耕耘收获，重建家园。

客：上古的确常有迁徙国都之事，《尚书·盘庚》即载有"迁殷"的史实。

主：六四虽然主于益下，但他不在君位，迁国大事须请示君上，所以爻辞曰"告公"。由于六四有"中行"之德，而且正如《象传》所说的有益民之志，故公"从"。爻辞"利用为依迁国"，正是依附君上、实施迁国、无往不利之意。

客：学习六四爻，我体会到要做成一件事，一定要把上下的关系理顺，使上下都能认识到这样做的意义，才能得到大家的信任和支持。

☲ 九五，有孚惠心，勿问元吉；有孚惠我德。

【译文】 九五，怀有真诚信实地施惠天下的心愿，毫无疑问是非常吉祥的；天下万民也必将真诚信实地回报我的恩德。

《象》曰：有孚惠心，勿问之矣；惠我德，大得志也。

【译文】 《象传》说：怀有真诚信实地施惠天下的心愿，说明非常吉祥是不用问的；天下万民回报我的恩德，说明（九五）大得损上益下的心志。

【提示】 益人者自受益。

主：九五以阳刚中正之德居尊位，下应六二，犹如怀有诚信惠下之心，即爻辞所言"有孚惠心"。天下之民受其恩惠，当然是不待问而必有吉祥，故爻辞说"勿问元吉"。

客：常言道："滴水之恩，当以涌泉相报。"九五以至诚益于天下，天下之人当然亦至诚爱戴，真心实意地回报其恩德。

主：是的。爻辞"有孚惠我德"即此意。

客：为什么前边说惠"心"，后边说惠"德"呢？

主：这里心与德是一回事。在九五看来，惠益下民是自己的心愿；在百姓看来，这就是赐予他们的恩德。九五有至诚惠民之心，作为反馈，民则至诚回报九五之德。注意"惠我德"的"惠"与"有孚惠心"的"惠"不同，后者是施惠，前者是感惠，有回报的意思。

客：《象传》说"有孚惠心，勿问之矣"，为什么这里再次强调"勿问"？

主：损、益两卦第五爻均有"元吉"之称，损卦的六五是受下之益，益卦的九五是自损以益下，比较起来益卦的九五容易让人误解，以为自损以益下也就把自己的吉祥带给别人了。实际上，我们前面已讨论过，益下也就益了自己，故《象传》告之曰，九五元吉无疑，不必有所疑问。

客：有道理。《象传》说"惠我德，大得志也"，是不是说民众回报我的恩德，正说明九五完全实现了自己损上益下的心志？

主：是的。"大得志也"，描绘出了九五踌躇满志的神态。九五算得上是一个高明的统治者、管理者。

䷩ 上九，莫益之，或击之；立心勿恒，凶。

【译文】 上九，没有谁增益他，有人攻击他；立心无恒，有凶险。（勿：无。）

《象》曰：莫益之，偏辞也；或击之，自外来也。

【译文】 没有谁增益他，意思就是遍天下之人没有助益他的；有人攻击他，这是从外部不招自来的凶险。（偏：通"遍"。）

【提示】 自益者反受损。

客：上九与九五的情况大相径庭，天下无人益之，反而群起攻之，看来关键在于"立心勿恒"。

主：你抓住了要害。益卦讲究损上益下，益下才能自益。上九处益卦上体，本该像六四、九五那样坚持益下，但他立心无恒，即益下之心不能恒久，反而要求损下益上，结果适得其反，"莫益之，或击之"，陷入凶险的境地。

客：《象传》对爻辞作了解释，其中"或击之，自外来也"好理解，与六二的《象传》"自外来也"相仿佛，只是六二不招自来的是益者，上九不招自来的是损者，是来攻击他的。"莫益之，偏辞也"，就不大好理解了，虽心知其意，却难以说清楚。

主："偏辞"就是"遍辞"，即逻辑学上的全称判断。"莫益之"意为所有的人都不益他，没有例外。

客：上九的爻辞从政治角度来看，就是统治者如对民取而不与，只是一味地侵夺和剥削，老百姓会起而反抗，甚至暴动起义。

主：作为统治者，上九是一个贪得无厌、目光短浅的昏君。《易经》的作者在这里树起一个反面典型，用以警醒后来的统治者。

客：早期儒家主张德治仁政，可能与此卦的启示有一定的关系。

主：益卦全卦就是围绕统治者怎样益民及民怎样受益来阐发大义的。卦辞首先指出在上者能损上益下则无往而不利，接着六爻从正面和反面阐述了利民、益民的深刻意义，表明了自损必益，自益必损的道理。

客：我还有一个想法，即损卦与益卦应合而观之，不知是否对头？

主：完全正确。损、益两卦的立意是相通互补的。损下以益上，上者受益当施惠于下；损上以益下，下者受益当回报于上。损与益又是相互转化的，不当损而损之，不当益而益之，就会适得其反，凶险必至。孔子读《易》至损、益两卦时，曾发出这样的慨叹："益、损者，其王者之事与！或欲以利之，适足以害之；

或欲害之，乃反以利之。利害之反，祸福之门户，不可不察也。"（《淮南子·人间训》）此外，与损卦一样，益卦也应放在更为广泛的范围内来分析。比如它所揭示的凡施惠于人者终将获人之益、凡损于人者终将自损的人际关系规律，对于提高修养、净化心灵，正确健康地处理人际关系是大有益处的；益卦所揭示的事物发展过程中的利弊、祸福交互变化的客观规律，对我们认识纷繁复杂的社会现象、正确对待人生的成功与挫折也是大有益处的。

43. 夬卦——论果决除奸

䷪ 乾下兑上

夬：扬于王庭，孚号有厉；告自邑，不利即戎，利有攸往。

【译文】 夬卦象征果决：在朝廷上公布奸臣的罪恶，心怀诚信地号令众人戒备危险，颁告政令于城邑，不利于用武力强行制裁，在做好准备之后才利于有所前往。（夬：音 guài，决断，果决。扬：宣布。王庭：朝廷。号：号令。）

【提示】 指出要果决铲除奸臣，但要讲究策略。

客：夬卦卦体与果决除奸有什么联系？

主：夬卦乾下兑上，一阴爻居卦极，象征盘踞君侧的奸佞小人，五阳爻在下，象征进步力量；诸阳蓬勃进长，必然要决去一阴，呈君子果决除去奸佞小人之象。

客：五阳对一阴，正是正义力量强盛、邪恶势力消衰的时候，此时决除奸臣肯定是马到成功。

主：君子要除去小人的态度是果决的，但具体行动却不能莽撞，不可掉以轻心。因为既为奸臣，必有许多坏招，搞得不好，忠臣反被陷害，此类事例从古到今不胜枚举；此外，奸臣用事于君侧，投鼠忌器，不利于动用武力，这也增加了铲除奸臣的难度。

客：那就要设法揭露小人的罪行，让君上与众人都看清奸臣丑恶的嘴脸。

主：所以爻辞说"扬于王庭"。制裁小人要正大光明，要在朝廷上公布奸佞者的罪行。当然奸臣不会自动退出历史舞台，必然要构陷忠臣，置之死地而后快，所以爻辞说要"孚号有厉"，即以至诚之心号令众人戒备危险，万不可掉以轻心。但谨慎行事，并不等于听之任之。只要抓住时机，做好充分准备，就可以"利有攸往"，除掉奸佞。

客：夬卦揭示了一条宝贵的政治斗争经验：君子虽然光明坦荡，力量强大，但小人诡计多端，暗藏杀机，所以在除去小人的时候要警戒危惧、小心行事，应先有周密的准备，然后方可进攻。

主：说得极是。下面看《彖传》。

《彖》曰：夬，决也，刚决柔也；健而说，决而和。

【译文】《彖传》说：夬，意思是果决，是阳刚君子果决制裁阴柔小人；刚健而令人悦服，果决而导致协和。

【提示】以卦体释卦名、卦义。

主：这是《彖传》的前半部分，你能分析一下吗？

客：《彖传》首先指出"夬"就是果决，这是由"刚决柔"的卦形决定的。刚指卦中五阳爻，柔指上六一阴爻。夬卦以五刚决一柔之象说明是阳刚君子果决地制裁阴柔小人。"健而说，决而和"则与上下卦体有关。夬卦下体乾为健，上体兑为说（悦），健则果决，悦则协和。两句似为互文，意为由于刚健而能果决处理奸臣，故使忠良悦服而万民协和。

主：研究《周易》的人，历来对"健而说，决而和"难以讲清楚，你以互文见义为切入点，简明扼要地阐明其意义，很难得。我们接着看《彖传》的后半部分。

"六十四卦"中的人生哲理与谋略

扬于王庭，柔乘五刚也；孚号有厉，其危乃光也；告自邑，不利即戎，所尚乃穷也；利有攸往，刚长乃终也。

【译文】 在朝廷上公布奸臣的罪恶，说的是一柔爻肆意乘凌于五刚爻之上；心怀诚信地号令众人戒备危险，因为只有长存危惧戒备之心，果决除奸之道才能光大；颁告政令于城邑，不利于武力强行制裁，说明若从戎尚武将使果决除奸之道陷入困境；在做好准备之后则利于有所前往，说明阳刚盛长最终必能制胜阴柔。

【提示】 解释卦辞全文。

主：《象传》的后半部分逐句阐发卦旨，使我们对卦辞有了更深刻的认识。请你谈谈。

客：《象传》首先告诉我们"扬于王庭"所公布的小人的罪恶，就是"柔乘五刚"，即小人居于君侧、陷害忠良之事。把这一罪过揭露出来，对于君上认清小人的面目，对于统一大家果决除奸的思想很有必要。接着说明为什么要采取"孚号有厉"的策略，因为只有心存危惧戒备之心，才能免遭小人暗算，也才能实现果决除奸的目的，否则"出师未捷身先死"，只能"长使英雄泪满巾"了。

主：不错。以岳飞之勇武，可以把强悍的金兵杀得丢盔弃甲，却死于秦桧之手，就是因为他对小人、奸臣戒备不够，遭了暗算。

客：这些奸臣有一个共同的特点就是拉大旗作虎皮，挟天子以令诸侯，因此正如你前边所说的投鼠忌器，"不利即戎"，《象传》更是特别强调了这一点："所尚乃穷。"指出如果崇尚武力制裁，就会使除奸之事陷入困穷的境地。

主：要注意"所尚乃穷"，并不是说完全排斥武力，而是说不要崇尚武力解决，关键是要以德制裁，武力只是辅助的手段。清代康熙初年，奸臣鳌拜企图叛乱，康熙帝并不是派兵拿下杀掉了事，而是巧设机关，使其同党班布尔善当众揭露鳌拜，并列其罪状，鳌拜只得伏法，从而平息了叛乱。

客：我明白了。正人君子的行动要尚德，哪怕是制裁小人也要尚德而不尚武，如果不能以德取胜，而专用威猛，其道必穷。当然，尚德并非是不能动用武力，问题在于着眼点不同。

主：是的，扫帚不到，灰尘照例不会自行跑掉，故卦辞最后指出"利有所往"，要求人们有所行动，除去小人。那么为什么正义君子可以取得最后的胜利呢？《彖传》解释说"刚长乃终也"。从夬卦卦体来看，刚德盛长，必以阳刚制胜阴柔而告终，象征着正义战胜邪恶是历史发展之必然。

《象》曰：泽上于天，夬；君子以施禄及下，居德则忌。

【译文】《象传》说：泽水化气升腾于天，象征果决；君子因此要施降恩泽于下民，若是积德吝施则为君子所忌。（禄：这里指恩。）

【提示】君子应施恩于下民。

主：《象传》的"泽上于天"，是根据卦体而言的，夬卦上兑为泽，下乾为天。但是"泽上于天"为何可以象征果决？这是因为泽中水气升腾于天，必然导致作云、下雨，有果决之意味。唐代李鼎祚撰《周易集解》引陆绩曰："水气上天，决降而雨，故曰'夬'。"

客：不过我还有一个问题。泽中的水升于天，又作为雨降落于地，滋润万物，君子由此认识到要施恩泽于下民，而不要积德吝施。这个观点与夬的果决之意仍无直接联系。

主：是的，《象传》取义往往另辟蹊径而不同于《彖传》。明代来知德《来瞿唐先生易注》认为："孔子此二句乃生于'泽'字，非生于'夬'字。"是很有见地的。

客：君子不仅要修德，而且要施德，这比一般的加强自我修

　　　　　　　　"六十四卦"中的人生哲理与谋略

养的要求，立意要高得多，难度也要大得多。

主：好！让我们再回到果决除奸上来，看看六爻是怎么说的。

䷪. 初九，壮于前趾，往不胜为咎。

【译文】 初九，强壮在足趾前端，贸然前往必不能取胜，反而导致咎害。

《象》曰：不胜而往，咎也。

【译文】《象传》说：不能取胜而贸然前往，必然招致咎害。

【提示】 没有必胜把握，不可贸然行动，要"慎始"。

客：夬卦的初九犯有与大壮卦初九同样的毛病。

主：是的。夬卦初九以阳刚处乾体之下，用壮于初，急于前进，去上除君侧之奸臣，但贸然前往，且无上应，必败无疑。卦辞以"壮于前趾"取象，说明初九果决有余，审慎不足。《象传》说"不胜而往，咎也"，就是指明这一点的。

客：初九爻辞启示我们做事一定要"慎始"，尤其是像除奸这样的政治斗争，没有调和的余地，所以行事更要预先考虑周密，万不可恃强而躁动。否则非但不能实现斗争目的，连老本也得搭进去。

主：强壮一定要与智谋相结合，聪明人是决不干暴虎冯河这类傻事的。

䷪. 九二，惕号，莫夜有戎，勿恤。

【译文】 九二，时刻警惕、呼号，即使有贼人深夜来袭，也不必忧虑。（莫："暮"的古字。）

《象》曰：有戎勿恤，得中道也。

【译文】《象传》说：举兵来袭不必忧虑，说明九二有得于居中慎行之道。

【提示】 有备则能无患。

客：如果说初九是一个毛手毛脚的小伙子，九二则老成多了，他的行动体现了卦辞"孚号有厉"的精神。

主：九二不仅自己时刻警惕，还发出呼号，使众人戒备，这就使大家在日常生活中处于高度警戒的状态，所以奸佞小人虽有诡计，甚至夜间举兵来袭，也不足忧虑。

客：九二有备无患，是六爻中最好的一爻。不知为什么九二能够独占夬卦鳌头？

主：《象传》所言"得中道也"即为答案。从爻象来看，九二以刚居柔又得中，刚柔相济，故既有果决除奸之决心，又能小心谨慎行事，做到有备而无患。

▤ 九三，壮于頄，有凶；君子夬夬，独行遇雨若濡，有愠，无咎。

【译文】 九三，强壮在脸部颧骨间，有凶险；君子刚毅果断有除奸之决心，独自一人行走遇雨似被沾湿身体，被人愠怒，但终究没有咎害。（頄：音 qiú，颧骨。夬夬：果决而又果决，即非常果决。）

《象》曰：君子夬夬，终无咎也。

【译文】 《象传》说：君子刚毅果断有除奸之决心，最终没有咎害。

【提示】 忍辱负重，果决除奸。

客：九三似乎有点不大妙，好像处境很复杂。

主：是的。九三以刚居刚，处乾体之上，有刚亢外露、疾恶如仇的性格。而九三恰巧又与上六这个阴柔小人相应，以九三这种性格遇到上六必然是怒火中烧，将其为国除恶的豪壮之情表现在脸上，似乎要大动干戈，急欲除之。但这样做不符合卦辞"不利即戒"的精神，必有凶险。故爻辞以"壮于顺"取象，说明九三把对奸臣深恶痛绝的义愤表现在脸上，给对方以警觉，会招来杀身之祸，"有凶"。

客：既然九三怒形于色有凶险，那么他就应当在上六面前不动声色。

主：是的，君子有果决除奸之心，不一定非要溢于言表。但九三若表情缓和也会招来麻烦。

客：为什么呢？

主：九三处位独特，全卦中只有九三与上六相应，因而九三不得不独自与之周旋，待时除决。但外人不了解内情，以为九三与之有染，犹如一个人独行遇雨而被濡染沾湿。这样一来，九三就被众君子所误解而遭到愠怒，故爻辞说君子"独行遇雨若濡，有愠"。

客：我插一句，九三与上六相见，为什么以"遇雨"为喻？

主："雨"就是指上六，上六是夬之上体兑卦的主爻，泽上于天必然成雨，故曰"遇雨"。然而虽然"遇雨"，但九三并没有与之同流合污，故爻辞说"若濡"，意为并不是真的濡了。

客：不管怎么说，九三也够倒霉的，左也不是，右也不是。不过九三倒像是一个打入敌方的"卧底"，尽管友人误解自己，甚至"有愠"有唾骂，但是他把"君子夬夬"之志深埋在心里，默默地承受了一切。

主：的确，九三为了铲除奸佞，忍辱负重，经受了严峻的考验，但最终必将无咎。

客：那当然。九三胸中有"夬夬"之志，早晚要把奸臣除掉。除掉奸臣，一方面消灭了隐患，一方面友朋间的误解也自然消除了，所以九三最终是无咎的。

☱ 九四，臀无肤，其行次且；牵羊悔亡，闻吉不信。

【译文】 九四，臀部没有皮肤，行动犹豫不决；若能牵系着强健的羊，悔恨必将消失，可惜听了此言并未信从。（次且：音 zī jū，也作“趑趄”，想前进又不敢前进，犹豫不决。）

《象》曰：其行次且，位不当也；闻言不信，聪不明也。

【译文】《象传》说：行动犹豫不决，说明九四居位不妥当；听了此言并未信从，说明九四耳朵听到了心里却不明白。（聪：听觉灵敏。）

【提示】 批评九四不果决且不听善言忠告。

客：九四的爻辞有些怪诞，开头即以臀部失去皮肤作为喻象，不知究竟有何所指？

主：九四以刚居阴，又脱离了下卦乾体而进入上卦的兑体，刚健不足而和悦有余，因此性格怯懦，没有勇气去果决除奸。这种犹豫不决的情形就如同一个人臀部受伤失去皮肤，既坐不下，又行走艰难，故爻辞用比拟之辞说九四“臀无肤，其行次且”。

客：明白了。九四的这种怯懦是由爻位不当所决定的，难怪《象传》说“其行次且，位不当也”。九四难道就只能做个弱者，眼睁睁地看着别的阳刚君子去果决除奸吗？

主：爻辞所说的“牵羊悔亡”，就是九四的一条出路。

客：“牵羊”？这恐怕也是个比喻的说法吧？

主：不错。羊是强健刚劲之动物，这里喻为九五。“牵羊悔亡”的意思是说，九四若能上承九五之阳，犹如牵系着强健的羊，则可补其刚决之不足。但很可惜，九四以失正之刚，一意孤行，所以听到此种劝告却并不信从。孔子作《象传》，写到这里也很惋惜，说九四“闻言不信，聪不明也”。

客：“聪不明也”是说耳朵很灵敏，什么都听到了，但内心却

“六十四卦”中的人生哲理与谋略

不明事理。

主：是啊。自身有缺点不是最可怕的，最可怕的是听不进别人的意见，一条道走到黑。

䷪ 九五，苋陆夬夬，中行无咎。

【译文】 九五，要像铲除苋陆草那样刚毅果决地清除奸佞小人，这样做合乎中道，没有咎害。（苋［音 xiàn］陆：一年生草本植物，茎叶柔脆而根蔓延坚固，不易挖掘。）

《象》曰：中行无咎，中未光也。

【译文】 《象传》说：这样做合乎中道没有咎害，说明九五的中正之道尚未光大。

【提示】 斩草要除根，清除小人要坚决彻底。

客：九五以不易铲除的苋陆草来比喻狡狯奸诈、不思悔改的小人，很形象。爻辞认为，以"夬夬"之志，像铲除苋陆草那样果决地清除小人，是合乎中道没有咎害的。但是为什么《象传》却认为九五"中未光也"？

主：看来你对爻辞还没有完全理解。九五与九四有相同之处，两爻都居于兑体，都是刚健不足而和悦有余。所幸九五处中位，可以避免九四"其行次且"又"闻言不信"的悲剧。但无论如何，九五毕竟处于兑体，故爻辞发出"苋陆夬夬，中行无咎"的告诫。

客：原来爻辞并不是描述九五所为，而是针对九五爻象存在的问题发出的告诫之语。希望九五要有斩草除根的精神，坚决果断地除掉小人，不可偏于和悦，以免被奸臣的糖衣炮弹击倒。所以孔子所作《象传》认为爻辞既然发出"中行无咎"的告诫，正说明九五虽居中位，但中道尚未光大。这是警钟长鸣，希望人们不要在果决除奸的正义事业中功亏一篑。我这么理解是否可以？

主：完全正确。有了这种精神，小人的末日也就为期不远了。

☰ 上六，无号，终有凶。

【译文】上六，不必号啕痛苦，凶险终究难逃。（无：勿。号：音háo，号啕大哭。）

《象》曰：无号之凶，终不可长也。

【译文】《象传》说：不必号啕痛苦，凶险难逃，说明上六高居五阳之上的情势终究不能久长。

【提示】阴柔小人可以得势一时，但终将被除去。

主：注意上六"无号"之"号"读阳平，是嚎哭之意，与卦辞"孚号"之"号"不同，后者读去声，是号令之意。

客：上六得势一时，气焰嚣张，为何号啕大哭？

主：上六以阴居夬卦之极，为奸臣居高位作恶之象，但放肆之极必遭制裁。经过一番较量，邪恶势力终于面临灭顶之灾，此时上六自知小命难保，故号啕痛哭。

客：看来爻辞对上六是当头棒喝："无号，终有凶。"作恶多端，咎由自取，上六再哭也不能挽回败局了。

主：是的，正如《象传》所说，邪恶奸佞"终不可长也"，他们的灭亡是必然的。

客：夬卦真是一场有声有色、惊心动魄的政治斗争。

主：从卦中可以看出，以五阳之刚健盛长，制裁一阴之孤立困穷，足见忠胜奸败、正存邪亡的必然结局。

客：夬卦突出的思想是除奸要果决，但又强调斗争要讲究策略，这对后世人们对付奸佞小人提供了宝贵的经验。

主：是的。你能否谈谈夬卦所强调的斗争策略都有哪些？

客：我觉得主要有三个方面：一是孤立小人，公开在"王庭"上宣布小人的罪恶，使世人看清小人的面目，割断其与君上的联系；二是警钟长鸣，以至诚之心号令众人警戒小人的危害，既不

"六十四卦"中的人生哲理与谋略

贸然行事，也不怯懦软弱；三是以德取胜，不滥用武力。

主：这三个方面概括得很全面。

客：我还有一个问题，夬卦谈的是清除小人，解卦也谈的是清除小人，这两卦有什么区别？

主：问得好，搞清这两卦卦义的区别很有必要。解卦主要讲为什么要清除小人的问题，由于解卦处于蹇难刚刚解除之时，人民需要一个安宁的环境以休养生息，而小人的捣乱足以葬送这大好的局面，所以必须清除小人。夬卦主要讲怎样清除小人的问题，由于小人窃居高位，难以铲除，所以夬卦指明既要果决除奸，又要讲究策略，并通过卦爻辞阐明了具体的做法。另一方面，解卦中的小人，更多的是从道义上来定义的，是市井无赖或盗匪一类的人物；夬卦中的小人主要是政治上的，并且处在统治集团内部，是奸臣一类的人物。

44. 姤卦——论遇合之道

☰ 巽下乾上

姤：女壮，勿用取女。

【译文】 姤卦象征遇合：女子过分强壮，不宜娶作妻室。（姤：音 gòu，卦名。取：通"娶"。）

【提示】 指出遇合之道的原则。

客：姤卦卦形与绝大多数夬卦卦形相反，卦义是否也相反？

主：夬卦讲的是决除，有分的意思；姤卦讲的是相遇，有合的意思。从分合大势来说，两卦相反，但从所论的具体内容来说，两卦没有直接关系，不宜牵强比附。

客：姤卦讲的是相遇之道，但万事万物均可相遇，卦辞为什么单单以男女之事为喻？

主：卦辞是根据卦形而言的，此卦一阴在下，主遇五阳，有一女遇五男之象，故以男女之事为喻。

客：卦辞中的"女壮"到底是什么意思？恐怕不仅仅是指身体强壮。

主：那当然。唐代李鼎祚撰《周易集解》引汉代郑玄说："一阴承五阳，一女当五男，苟相遇耳，非礼之正，故谓之'姤'。女壮如是，壮健以淫，故不可娶。妇人以婉娩为其德也。"

客：原来"女壮"只是委婉的说法，指一女不通过明媒正娶而与五男苟遇，古人认为这样的女子不贞而又特壮，故卦辞告诫说，不宜娶这样的女子为妻。

主：是这个意思。卦辞是以不正当的遇合这一反面的事例来阐明遇合之道的原则的，那就是必须合"礼"守"正"。下面我们来看《象传》。

《象传》曰：姤，遇也，柔遇刚也。勿用取女，不可与长也。

【译文】《象传》说：姤，意思是遇合，阴柔遇到阳刚就能相合。不宜取这样的女子为妻，是因为不可与违礼不正之女长久相处。

【提示】 解释卦名与卦辞。

主："柔遇刚也"是以六爻之象解释卦名，柔指初六，刚指九二以上的五阳爻，姤卦的卦形就是一柔上遇五刚。"不可与长也"是解释卦辞"勿用取女"的，为什么不能娶此女子为妻室呢？因为她不合相遇之正道，有违礼之乱，因此不可与之组织家庭，长久地生活。

客：这段话我没有什么问题，请接着往下讲。

天地相遇，品物咸章也；刚遇中正，天下大行也。姤之时义大矣哉！

"六十四卦"中的人生哲理与谋略

【译文】 天地阴阳相互遇合，万物生长彰显茂畅；刚者若能遇合居中守正的柔者，人伦教化就能大行于天下。遇合之时的意义是多么宏大啊！（品物：各类事物。咸：都。）

【提示】 推阐卦义。

客：《彖传》的这一段话像是歌颂姤卦的遇合之义，似与卦辞的观点相悖。

主：这段话的确是赞美遇合之时义的，但与卦辞并不冲突。卦辞只是反对不符合正道的遇合，并不是反对所有的遇合。天地阴阳的正当的遇合是万物生长昌盛、显明昭彰的重要因素，如果天地各亢所处，阴阳不相交遇，那么万品庶物怎么得以化生，怎么得以彰显？这是就宇宙和自然而言的。就人类而言，男女不相遇合，人类怎么得以繁衍发展，人伦教化怎么得以大行于天下？只是刚要遇合中正之柔，男要娶得幽贞之女，而不是卦辞所言的"壮"女。《彖传》的这一段话就是从正面阐明遇合之深义的。

客：看来遇合本身是无可厚非的，关键要看是否符合正道。违礼失正的遇合，令人深恶痛绝；合礼守正的遇合，则"姤"道可美。"姤"之道是好是坏，全在于其时机的掌握。

主：《彖传》最后说"姤之时义大矣哉"，正是此义。

《象》曰：天下有风，姤；后以施命诰四方。

【译文】《象传》说：天下吹拂着和风，象征"遇合"；君王因此实施政令传告四方。（后：君王。）

【提示】 君王通过实施政令、布告四方而与万民相遇。

客：姤卦上体是乾卦，下体是巽卦；乾为天，巽为风，故言"天下有风"。但是"天下有风"为什么象征遇合？

主：风是空气流动的一种现象，空气无处不在，自然能和各种品物相遇。天不能直接与万物相遇，但可通过风与万物相遇；

君王不能直接与万民相遇，但他可以效法"风行天下"之象，通过实施政令、布告于四方与万民相遇。

客：由此看来，卦辞、《彖传》《象传》是从不同角度阐述"姤"道的。卦辞从反面设喻，表明不正之遇合不足称美，从而启迪人们遇合之道必须合礼守正；《彖传》则先释卦辞"勿取"之义，然后发挥阴阳相遇的正面旨趣；《象传》则专从正面阐发、赞美上下遇合之道。可见《彖传》《象传》对卦旨的解释既是灵活的，又不离开卦辞这一轴心。

主：总结得精辟。下面我们来看六爻。

≣. 初六，系于金柅，贞吉。有攸往，见凶，羸豕孚蹢躅。

【译文】 初六，紧紧系结在金属制动器上，守持正固可获吉祥。有所前往，必然出现凶险，如同瘦弱的母猪轻浮不宁、蠢蠢欲动。（柅：音 nǐ，止车之物，相当于今之制动器。羸：音 léi，羸弱、瘦弱。孚：通"浮"。蹢躅：音 zhí zhú，同"踟躇"，不安静而徘徊之状。）

《象》曰：系于金柅，柔道牵也。

【译文】 《象传》说：紧紧系结在金属制动器上，说明初六阴柔之道受到阳刚者的牵制。

【提示】 阴阳遇合须专一，否则必有凶险。

客：初六上应于九四，爻辞所谓初六"系于金柅"就是指系于九四吧？

主：是的。卦辞"勿用取女"是从整个卦形来说的，由于一女而遇五男，不合礼不守正，为"女壮"，故"勿取"。爻辞是就初六这一个爻位而言的，初六为阴爻，又处卦之初，象征一柔弱女子，此时若能专一系应于九四，长守正固，就可获得吉祥。

客：为什么把九四比作"金柅"呢？

　　　　　　　"六十四卦"中的人生哲理与谋略

主："柅"是车上的制动器，或叫车闸，"金柅"是金属制动器，其制动效果万无一失。把九四比作金柅，说明九四是制动之主，能够牵制阴柔之道。

客：我明白了。《象传》"系于金柅，柔道牵也"，正是讲解这一道理的。但是如果初六不系于九四而另有所往，如同一头瘦弱的母猪浮躁地来回走动，发展下去，必凶无疑。

主：是这样的。爻辞这里是告诫世人要见微知著，防患于未然。羸弱之时如不能有效地控制，一旦壮大起来就无法控制了，元人胡炳文在《周易本义通释》中说："'壮'可畏也，'羸'不可忽也。"很有道理。

☰☴. 九二，包有鱼，无咎；不利宾。

【译文】九二，厨房里有一条鱼，没有咎害；但不利于用来宴享宾客。（包：通"庖"，厨房。）

《象》曰：包有鱼，义不及宾也。

【译文】《象传》说：厨房里有一条鱼，但从道义上看，九二与初六无应，是不能擅自用它来宴享宾客的。（义：道理。）

【提示】严守正道，不擅有阴物。

主：鱼是水中之物，这里喻指处姤卦下体的阴爻初六。

客：初六本与九四为正应，可是现在竟充当九二庖厨中的佳肴，此为"遇"不守正。

主：但从九二的角度来看，则另当别论。九二阳刚居中，初六以阴在九二之下近承，有"庖"中"有鱼"之象，但这个"鱼"并不是九二主动搞到手的，而是不期而至，因此对九二来说应该是没有什么咎害的。爻辞的"包有鱼，无咎"，正是就此而言的。

客："不利宾"是否指此"鱼"上应九四，并非己物，故不宜擅自动用来宴享宾客？

主：是的。九二有刚中之德，能严守正道，深谙事物"遇合"之理，他虽遇于初六，但知道初六并不与己正应，所以并不据之以为己有，也不使之外遇宾客，正如《象传》所说"包有鱼，义不及宾也"。

☰ 九三，臀无肤，其行次且，厉，无大咎。

【译文】 九三，臀部没有皮肤，行动犹豫不决，有危险，但没有大的咎害。（次且：音 zī jū，也作"趑趄"，想前进又不敢前进，犹豫不决。）

《象》曰：其行次且，行未牵也。

【译文】 《象传》说：行动犹豫不决，说明九三没有真正去牵合初六。

【提示】 知危而改可以无咎。

主："臀无肤"与"包有鱼"一样，都是比喻的说法。你是否能联系九三的爻象来谈一谈？

客：九三过刚不中，上无应，下无遇，本应安分守己，但九三却存有求遇于初六的想法；尽管这一想法只是一闪念，却造成了九三进退失据的危险局面，就如同臀部没有皮肤，坐也难，走也难。不过九三毕竟居位得正（阳爻居阳位），经过犹豫不决，终于能知危而改，免遭阴邪之伤，故虽危"厉"而"无大咎"。

主：说的是。《象传》说"其行次且，行未牵也"，正是强调九三虽动过求遇于初六的念头，但由于居位得正，知其与初六无应，故犹豫不决，进而知危能改，终未去牵合初六，避免了不正当的遇合，这样一来，自然也就没有大的咎害了。

☰ 九四，包无鱼，起凶。

【译文】 九四，厨房中失去一条鱼，会产生凶险。（起：兴起，产生。）

《象》曰：无鱼之凶，远民也。

【译文】 《象传》说：失去一条鱼而产生凶险，说明（九四）远离下民，失去民心。

【提示】 失去民心，则有凶险。

客：初六这条"鱼"早已进了九二的"庖"中，九四当然是"包无鱼"了。不过从爻象来看，九四与初六正应，初六应在九四的"庖"中才对头，究竟是什么原因使九四失去了初六呢？

主：初六不遇于所应的九四，固然是不遵守遇合之正道，但九四自身也有问题，这就是其爻位不中不正，失去了制阴的能力，所以与己相应的初六才背己承二，犹如己"鱼"亡失，形成"包无鱼"的局面。

客：不过是失去了一条鱼，何以就会"起凶"，产生凶险，爻辞这里是否小题大做？

主：非也。《象传》说得好，"无鱼之凶，远民也"。所谓"包无鱼"只是比喻，这仅是表面现象，其实质是由于九四不中不正而疏远了下民，失去了民心。

客：失去民心，当然会产生凶险。但是还有一点我不明白，九四爻辞以失鱼比喻失民，而失民、"远民"与姤卦所言的遇合之道有什么联系呢？

主：男女之遇合是关系到繁衍的大事，姤卦正是以此为契机展开对遇合之道的论述的。但天下遇合之事是多方面的，从大自然与社会政治方面来看，宇宙阴阳两极的遇合与君民上下的遇合均是遇合之大端，在姤卦中也有多方面的反映，九四爻辞正是谈的君与民的遇合，这个问题并没有逸出姤卦卦旨。

客：对了，姤卦《大象传》就是论述君与民的相遇问题。

主：九四爻强调君如果不遇于民而失去民心，则凶险起矣，至于君如何与民相遇，《大象传》已有论述，可合而观之。

≡≡ 九五，以杞包瓜；含章，有陨自天。

【译文】 九五，用杞树枝叶蔽护树下的甜瓜；内心含有彰显的美德，必将有理想的遇合从天而降。（杞：音 qǐ，杞树，高大之木也。陨：降。）

《象》曰：九五含章，中正也；有陨自天，志不舍命也。

【译文】 《象传》说：九五内心含有彰显的美德，是由于他居中守正；必将有理想的遇合从天而降，说明九五的心志不违背天命。（舍：违背。）

【提示】 内含美德，屈己求贤，必有理想的遇合。

客：九五的爻位非常好，以阳刚中正居尊位，与九四不中不正完全相反，所以不是远离下民，失去民心，而是必有理想的遇合从天而降。

主：两爻的比喻之辞也大不一样。九四是"包无鱼"，九五是"以杞包瓜"。"杞"，唐代孔颖达《周易正义》引马融曰："大木也"，这里喻为君上；"瓜"，宋代程颐《周易程氏传》曰"美实（果实）之在下者也"，这里喻为在下的贤者。九五尊居君位而下求贤者，以至高而求至下，犹如高大的杞树以绿叶蔽护树下的甜瓜。

客：九五能做到屈己求贤，贤者当然会群集其麾下。

主：屈己谦下以求遇贤者，只是贤者毕至的条件之一，更重要的是九五内含彰显之美德，若其德不正，贤者必不屑至也。

客：对，我刚才忽视了德这一重要的条件。九五既内含美德，又屈己求贤，则贤者必然"有陨自天"。

　　　　　　　　　　　　"六十四卦"中的人生哲理与谋略

主：《象传》的意思，你能解释一下吗？

客：《象传》先根据爻位解释九五为什么能内含章美，那就是九五的爻位居中守正。人君能做到"中正"，能以中正之德充实内心，说明他存志合于天理，必然不愿与"不正"者苟遇，而是屈己谦下，等待理想的遇合从天而降。故《象传》又言"有陨自天，志不舍命也"。

主：是这样的。九五的心志不违背天命，当然会有理想的遇合从天而降。

▇ 上九，姤其角，吝，无咎。

【译文】 上九，遇见荒远空荡的角落，甚是遗憾，但没有咎害。

《象》曰：姤其角，上穷吝也。

【译文】 《象传》说：遇见荒远空荡的角落，说明（上九）居于一卦的穷极之地，不免有相遇无人的遗憾。

【提示】 与世无争，虽有遗憾，但无咎害。

主：上九居姤卦之终，处穷高极上之地，既无失鱼之凶，也无甜瓜自天而降，犹如立于荒远空荡的一个角落，处遇之时，却一无所遇，难免产生遗憾；但也应该看到，上九因所遇无人而与世无争，从而免遭阴邪之伤，故虽"吝"而亦"无咎"。

客：与其遇于不正，不如干脆不遇，这大概就是上九爻辞的深层意义。

主：可以这么认为。姤卦阐明事物相遇之道，强调遇合要合礼守正，卦辞首先以男女之遇为喻，从反面说明了这一点，而六爻则从不同角度推阐卦义。初六作为阴爻必须专一系于正应的九四，守"贞"则"吉"，另有所求则"凶"。但遇合不正的现象不能完全归罪于女方，男方当然也应检点自己，二至六阳爻即设计不同的处"遇"情况，一一解剖之。九二刚中，能严守正道，不擅有阴物，获"无咎"；九三过刚不中，始存求遇于初六的非分之想，"厉"，但能知危而改，终"无大咎"；九四不中不正，失去民心，"起凶"；上九与其遇合非正，宁可不遇免咎；只有九五至诚中正，内含美德，屈己求贤，必有理想的遇合从天而降。

客：从姤卦卦辞、爻辞和象辞、象辞来看，姤卦所言的遇合之道不仅仅是男女之遇合，也包容了自然界与社会政治的各方面的遇合。

主：完全正确，姤卦在很大程度上寄托了作者的政治思想，反映了作者对合礼守正"上下遇合"的追求，九五爻内修美德，屈己求贤，正是作者心目中居尊位者的典型代表。

45. 萃卦——论团结聚合

䷬ 坤下兑上

萃：亨，王假有庙，利见大人，亨利贞；用大牲吉，利有攸往。

【译文】 萃卦象征会聚：君王用美德感格神灵以保佑宗庙祭祀，利于出现大人，前景亨通利于守持正固；用大牲祭祀可获吉祥，利于有所前往。（假：通"格"，感格，感动。大牲：丰厚的祭品，指牛。）

【提示】 总括团结聚合的途径、方法和政治作用。

主：孔子在《系辞传》开头一段即指出："人以类聚，物以群分。"早在荒古时代，人类的祖先为了战胜自然，为了获得足够的食物，就已经自觉地聚合成群，过着群居的生活。人类进入阶级社会之后，这时的聚合已不再单纯是为了生存，而更多地带有政治色彩，聚合的方式也不再仅仅是实体的聚合，而更多地属于社会心理上的聚合，于是人类的会聚进入了更高级的形态，我们通常称之为"团结"。只有增强凝聚力，加强团结，才能战胜敌人、发展自己，一句话，"团结就是力量"。但是团结、聚合不是无原则的，究竟怎样聚合、团结，这就是萃卦所要讨论的内容。

客："萃"的意思好懂，人们常说的"荟萃"就是会聚的意思。萃卦象征会聚，但卦辞"王假有庙，利见大人"等，似乎与会聚没有什么关系。

主：恰恰相反。"王假有庙"，意为君王用美德感格神灵以保佑宗庙祭祀，这正是神人之聚，而神人相聚的目的是要将天下人聚合起来。古代遇国家大事，天子诸侯一定会到庙中祭祀祖先，以己之精神感格祖先之精神。通过这一番神与人精神上的会聚，向世人昭示，他们的思想是秉承或者符合先人意志的，以此统一思想，把人们聚合起来。

客：我明白了，原来"王假有庙"是古代萃聚天下人最有效的办法。但是人聚则乱，物聚则急，必须有大人物来统治才可导致亨通，并利于守正，所以卦辞又接着说"利见大人，亨利贞"。

主：说得对。当萃之时，万物萃聚盛多，国家处于富有的时代，因此祭祀要用牛这样的"大牲"才能表达祭者的诚意，而不要用羊之类的微薄的"小牲"。而国家既然民富物丰，人民又团结一致，正是大有作为之时，所以卦辞最后说："用大牲吉，利有攸往。"

客：概括地说，卦辞主要讲了三个问题：一是要奠定团结聚合的思想基础。这就是当需要萃聚团结之时，通过君王庙祭实现神人相聚，以此来统一人们的思想，实现团结。二是要健全团结聚合的组织手段，即需要一个卓越的领导者，以使团结、会聚走上亨通、正确的道路。三是要发挥团结聚合的政治作用，俗话说"人心齐，泰山移"，当人们都团结聚合在"大人"的周围时，正利于干大事、创大业，"利有攸往"，千万不要碌碌无为，无所事事。

主：卦辞的意思，你完全掌握了。下面看《彖传》。

《彖》曰：萃，聚也。顺以说，刚中而应，故聚也。

【译文】《彖传》说：萃，意思是会聚。在下者顺从而在上者和悦，阳刚者守持中道并应合于阴柔者，所以能会聚众庶。

【提示】以卦体解释卦名。

客："萃"的意思是会聚。《彖传》所说的"顺以说"之意，是以上下卦体来释卦名的。萃卦下体为坤为顺，上体为兑为说（悦），上和悦而下顺从，上下自然可以聚合在一起。但下一句"刚中而应"较为难懂，我还没有看出其具体所指。

主：这句是就二与五两个中位而言的。九五阳刚居中，下应六二柔中，故曰："刚中而应"，象征君臣间的聚合。我们再看下文。

王假有庙，至孝享也。利见大人亨，聚以正也。用大牲吉，利有攸往，顺天命也。

【译文】君王用美德感格神灵以保佑宗庙祭祀，要表现出对祖先的忠孝与享祭的至诚之心。利于出现大人，前景亨通，说明会聚之时要有大人的领导才能遵循正道。用大牲祭祀可获吉祥，利于有所前往，因为这样做是顺乎自然规律的。（至：这里是表达、表现的意思。）

【提示】解释卦辞。

客：这段《彖传》逐句解释卦辞，大意可以看懂。

主：《彖传》对卦辞的解释有三个要点：一是指出君王在庙祭之时要对祖先表现出"孝"与"享"两方面的至诚之心，即在思想上要表现出最大的孝心，在物质上要拿出最丰厚的祭祀品，非如此不能感格神灵。二是指出聚合之时要团结在"大人"的周围，并且要遵循正道。"大人"指九五之君。作为一个国家，臣民能与君王聚合，团结在其周围，又各以其正道而行，君为君，臣为臣，民为民，各自努力从事自己的工作，必然上喜悦而下顺从，国家也就兴隆昌盛起来。三是指出要依据客观具体条件、顺乎自然规律行事。至于以前损卦卦辞所说："曷之用？二簋可用享。"那是处在减损之时，即使只用二簋之食也可行享祭之礼，此为损其所当损，而现在的萃聚是国富物丰之时，祭品则应当丰盛。同时，萃聚之时，也是大有作为的时代，所以利于有所前往。而此时"用大牲吉"也好，"利有所往"也好，都是顺应"天命"，即是符合客观条件、顺乎自然规律的。

客：老兄这么一分析，我对这段话的理解就更加深刻了。

观其所聚，而天地万物之情可见矣。

【译文】 观察会聚现象，天地万物的情理就可以明白了。

【提示】 发挥卦旨。

客：从会聚的现象中到底能看出天地万物的什么性情呢？

主：《彖传》最后这两句是孔子解释卦辞之后所做的发挥，比照《系辞传》所言"方以类聚，物以群分"来看，天地万物的普遍情理不外乎聚合与离散。阴阳和悦顺从就能聚合，互相违逆则离散。而聚合则兴旺，离散则衰止，所以从天地万物的聚散中可以看出事物兴衰的端倪。

《象》曰：泽上于地，萃。君子以除戎器，戒不虞。

【译文】 《象传》说：水泽居于地上，象征会聚。君子因此修治兵器，以戒备不测之变乱。（除：修治。不虞：不测。）

客：萃卦上兑为泽，下坤为地，有"泽上于地"之象，泽既上于地，则必有水聚，所以象征会聚。不过"泽上于地"，说明水聚合盈满高出地面，随时都有可能冲决堤坝，这是很危险的。

主：正因为有此危险，所以君子观此卦象联想到物聚人盛也可能发生争执变乱，所以要修治兵器，加强武备，以防不测。

客：原来是这么个思路。处在人民团结、国家兴旺的时刻，却想到要加强武备，以防范国家出乱子，的确是高瞻远瞩、居安思危啊。

主：《象传》的立论往往是独辟蹊径，的确不同凡响。

☷☱. 初六，有孚不终，乃乱乃萃。若号，一握为笑，勿恤，往无咎。

【译文】 初六，心中的诚信不能自始至终，导致行动疑乱并与人妄聚。如果能向正应者呼号，就能与真正的朋友握手之间重见欢笑，不必忧虑，往前没有咎害。（号：呼号。）

《象》曰：乃乱乃萃，其志乱也。

【译文】 《象传》说：行动疑乱并与人妄聚，说明初六的心志有所迷乱。

【提示】 会聚之时，应心怀诚信，求应专一，不可志乱。

客：初六的爻辞像一团乱麻，很难解开。

主：理解初六爻辞，要从初六的爻象入手。初六与九四正应，本该与九四会聚，但初六对九四的诚信之心不能保持至终，以致行动失控，产生紊乱，甚至要与不相干的人妄聚，所以爻辞说初六"有孚不终，乃乱乃萃"。

客：可是初六为什么对九四的诚信之心不能保持至终，以至于发生"乃乱乃萃"的行为呢？

主：初六之上有九四、九五两阳爻，初六的正应之爻本为九四，但他看到九五居至尊之位，又想去聚于九五，舍其所当聚而求其所不当聚，是有孚而不终，行乱而妄聚。初六这样做的根本原因就在于其思想混乱。正如《象传》所说"乃乱乃萃"，是由于"其志乱也"。

客：心志乱了，行动当然也跟着乱了。可是初六怎么又转"笑"而"往无咎"了呢？

主：初六"有孚不终，乃乱乃萃"，发展下去必然有咎。但是如果初六能回心转意，以至诚迫切之心向与之相应的九四呼号，九四一定会愉快地与之会聚，两者将握手言欢，变呼号而为欢笑。如此，则初六不必忧虑，大胆前往而没有咎害。

客：看来"若号"之"若"，是一个关键词，表明意义的转折，是对初六真诚的告诫和勉励。

☷☱ 六二，引吉，无咎。孚乃利用禴。

【译文】六二，受人招引而相聚可获吉祥，没有咎害。只要心怀诚信，即使是简薄的祭祀也利于献享神灵。（禴：音 yuè，殷商春祭之名，是一种简薄的祭祀。）

《象》曰：引吉无咎，中未变也。

【译文】《象传》说：受人招引而相聚可获吉祥，没有咎害。说明六二居中守正的心志未有改变。

【提示】君子之聚合是团结而不是勾结。

主：六二以柔中应九五的刚中，正是处于《象传》所说的"刚中而应，故聚"的爻位。

客：但是六二为什么不主动去与九五相聚，而要等待九五招引然后才去聚合呢？

主：六二作为柔中守正之臣完全忠实于九五刚中之君，但无事见君有谄媚求宠之嫌，故六二不主动求聚，而等待九五的招引。六二这样做正是他柔中美德的体现，所以爻辞说"引吉，无咎"，意为受人招引而相聚可获吉祥，没有咎害。《象传》怕读者对六二不主动求聚的行为产生误解，故解释说"引吉无咎，中未变也"。指明六二居中守正的心志没有改变，并没有像初六那样变其心而乱其志。

客：既然如此，根据上文来看，爻辞"孚乃利用禴"，应该是比喻的说法。

主：不错。六二不主动求聚，当九五有招引而去晋见的时候也不献厚礼，而是带着一颗赤诚之心，这就如同祭祀，只要心怀诚信，即使礼节不是很隆重，祭品不是很丰厚，也是可以的。

客：六二爻辞符合《象传》"聚以正"的要求，就是要真正地搞好团结，而不要拉帮结派、朋比为奸。孔子在《论语·为政》中也发表过类似的谈话，指出："君子周而不比，小人比而不周。"意为君子是为了道义互相团结，并不是为了私利而互相勾结；小人是为了私利而互相勾结，并不是为了道义而互相团结。

主：孔子的这一思想对我们今天真正地搞好团结，仍有重大的现实意义。

▤· 六三，萃如嗟如，无攸利；往无咎，小吝。

【译文】 六三，聚而无应以至嗟叹不已，无所利益；往前将无咎害，但小有遗憾。

《象》曰：往无咎，上巽也。

【译文】 《象传》说：往前将无咎害，说明六三能够向上顺从于阳刚。

【提示】 应克服无应的困难，上聚阳刚之爻。

客：我看六三的爻位不太好，处萃聚之时却上无应爻，求聚而不得，只能空自嗟叹，形势非常不利。

主：是啊，所以爻辞说："萃如嗟如，无攸利。"不过出路还是有的，六三与九四亲比，若前往求聚于九四，九四肯定乐于接受。

客：按你的意思，爻辞"往无咎"是指往上顺从于九四阳刚则无咎害？

主：是的。这一点《象传》说得很清楚："往无咎，上巽也。""巽"是"顺"的意思，"上巽"就是上顺九四阳刚。

客：但是六三与九四毕竟不属于正应，还是有遗憾的。

主：不错，爻辞也已注意到这一点，指出"往无咎"，但有"小吝"。

☲☷ 九四，大吉，无咎。

【译文】 九四，大为吉祥，没有咎害。

《象》曰：大吉无咎，位不当也。

【译文】 《象传》说：大为吉祥，没有咎害，说明九四居位尚不妥当。

【提示】 会聚之时，不可擅自充当领袖人物。

客：九四的爻辞与象辞似有矛盾。既然爻辞说九四"大吉，无咎"，《象传》为什么说是"位不当也"？既然"位不当也"，又怎么能"大吉，无咎"？

主：九四阳刚失正，爻位确有不当；而且九四不居尊位，只是近君之臣，却有初六之应，又有六三之比，在下之民为其所得，故有专权越分、欺君夺民之嫌，本应有咎。

客：但爻辞为什么说"大吉，无咎"？

主：爻辞实为告诫之语，是说九四只有得"大吉"，才能"无咎"。"大"是周遍的意思，做事无所不周，无所不正，达到至善至美的程度，是为"大吉"。对于九四爻来说，九四不当君位则不应该聚民，既聚民，如果能率领群民归顺于九五，并且鞠躬尽瘁，始终团结在君王的周围，成为王室的贤臣，则为得"大吉"，可以免去专民之咎了。

☷ 九五，萃有位，无咎，匪孚，元永贞，悔亡。

【译文】 九五，会聚之时得其正位，没有咎害，但其德行还未能广泛取信于众，作为君王应当永久守持正固，则悔恨必将消失。

《象》曰：萃有位，志未光也。

【译文】 《象传》说：会聚之时得其正位，但九五会聚天下的心志未能全面实现、光大。

【提示】 会聚之时，作为领袖人物要加强己德之修养。

客：九五的爻位比九四要好得多，以刚居阳得中，是得其正位之君，正如爻辞所说的是"萃有位"，然而仍然未能广泛地取信于众，"匪孚"，这是怎么回事？

主：九四是位的问题，九五则是德的问题。若有其位而无其德，仍然不能使人信孚。

客：看来挽救的办法就是爻辞所说的"元永贞"。

主："元"是元首、君王的意思，作为君王，要反身修己，长久不渝地守持正固，这样才能功德彰显，光披四海，天下无思不服，自然可以悔恨消失。否则其会聚天下之人的王者之志怎么能够全面实现、发扬光大呢？所以《象传》指出："萃有位，志未光也。"仅仅是"萃有位"，而不能做到"元永贞"，那是不行的。

客：很有道理。一臣一民不正，那只关系到个人或少数人，一个君王不正那就会影响到整个国家，在团结聚合这一问题上，小到一个单位，大到一个国家，如果作为领导者而不能正己修德，那么其后果不是失去凝聚力，不能团结广大群众，就是朋比为奸，谋取私利。这样一来，这个单位、这个国家还能有什么前途，有什么希望？

䷬ 上六，赍咨涕洟，无咎。

【译文】上六，嗟叹哭泣，没有咎害。（赍［音ㄐ］咨：叹息。洟：哭泣。）

《象》曰：赍咨涕洟，未安上也。

【译文】《象传》说：嗟叹哭泣，说明上六未能安居于极上之地。

【提示】虽然欲聚无门，但内存求聚之志。

客：上六为什么嗟叹哭泣呢？是不是由于他处在萃卦之极，与六三无应，又与九五逆比，孤独而不能相聚，只好哀声叹息，痛哭流涕？

主：正是。《象传》说"赍咨涕洟，未安上也"，就是说明上六对处于萃卦穷上之位的不安心情。

客：既然境遇如此不好，为什么能获"无咎"呢？

主：《周易》看问题是很深刻、很辩证的。上六嗟叹哭泣，心不安宁，说明他认识到不能萃聚、孤苦无助的危险；而能知危惧祸，不敢自安，自然行事谨慎，不会被邪恶所害。另一方面，上六既然嗟叹哭泣，也就从反面说明了他有坚定不移的求聚的心志，最终还是能得以会聚的。因此爻辞说上六"无咎"。

客：明白了。萃卦六爻均围绕团结聚合而展开，但具体情况各有不同。初六"有孚不终"的妄聚受到了指责，爻辞要求他求应专一，孚诚聚合；六二柔中守正，"周而不比"，是"聚以正"的典范；六三克服无应的困难，上聚于九四，虽有"小吝"，但精神可嘉；九四不当位，以臣子的身份聚合在下之民，应始终归顺九五之君，建树伟功，得"大吉"方可"无咎"；九五虽是得其正位之君王，但要加强己德之修养，"元永贞"，才能"悔亡"；上六无应而逆比，但外能知危惧祸，内存求聚之志，终可"无咎"。

主：可以说萃卦卦辞指明了团结聚合的总原则与功用，而六爻则解剖了聚合之时处在各种不同情况下各色人等（普通百姓、官吏、最高统治者）的众生相，阐明了应该采取的正确做法，从不同侧面展示和强调了团结聚合的"聚以正"原则，在许多方面对今人仍有启迪作用，益人心智。

46. 升卦——论顺势而升

䷭ 巽下坤上

升：元亨，用见大人，勿恤，南征吉。

【译文】升卦象征上升：非常亨通，得到君王大人的提携任用，不必忧虑，向南方进发必获吉祥。（用见大人：被大人所任用。）

【提示】顺势而升，一切顺利。

主：首先要明确，这里所说的"顺势而升"，指的是按事物发展的自然规律而上升。"势"是通常所说的势头之势，而不是权势之势。若为后者，则成了顺从权势以获得上升，此为势利小人所为，与本卦卦旨全然无涉。

客：升卦之升有什么自然规律？

主：这可以从两个方面来观察。首先从卦序方面来看。萃卦之后为升卦，这不是偶然的，而是有着内在的联系。《序卦传》说："萃者聚也。聚而上者谓之升，故受之以升。"大意是说物积聚必增高，增高必向上，所以"萃"之后就是"升"。其次从卦体方面来看。升卦下体为巽为木，上体为坤为地，木在地下，必然要日渐生长增高，这是事物发展的自然规律。

客：难怪升卦卦辞十分吉利。事物处在按照客观规律必然要上升的阶段，当然是非常亨通的。从人事的角度来看，贤者处在上升阶段，自己的才智、道德得到很大发展，必然能得到国家的任用，没有志不得遂的忧虑，这时只要勇往直前去开创全新的事业，必获吉祥。

主：升卦卦辞确实给人一种顺畅无忧、蓬勃向上的感觉，使我们充分体会到幼苗破土而出，成长为栋梁之材的喜悦。可见《周易》的作者对顺从客观规律的上升给予了无限的寄托和良好的祝福。

客：将卦辞"南征吉"与蹇、解等卦中的"利西南"作同样的理解，是否可以？

主：当然可以，而且应该如此。我们前面讨论过，在"剪商"准备工作没有完成的周初，东征伐商是不利的，而南征则吉。这里即以南征为喻，说明在顺势上升之时，应勇敢前进，去干一番大事业，必定能获得成功。

客：升卦的卦画与萃卦的卦画正好相反，将萃卦卦形（䷬）旋转180度就是升卦的卦形（䷭），这与升卦的卦义有无关系？

主：有关系，《彖传》一开头就谈到了这个问题，让我们来看《彖传》是怎么说的。

《彖》曰：柔以时升，巽而顺，刚中而应，是以大亨。

【译文】《彖传》说：以柔顺之道适时上升，入乎情理顺乎自然，阳刚居中而能上应于尊者，所以非常亨通。（以时：适时，按照时势。）

【提示】以卦体及中爻解释卦名与卦义。

客：你刚才说《彖传》一开头就谈到了卦体与卦义的关系，我怎么没看出来？

主：萃卦卦体下坤上兑，三个柔爻在下体，旋转180度后成为升卦，卦体是下巽上坤，三个柔爻升到上体，所以升卦是柔顺之道适时上升。所谓适时，就是依据具体条件可以升则升，不可以升则不升。《彖传》所说的"柔以时升"，正是阐述这个道理的。

客：原来"柔以时升"是以卦画的变化来解释升卦得名之由及卦义。

主：是的。"巽而顺"则是以上下卦体来进一步解释"柔以时升"的道理。升卦下体巽，其卦德为入；上体坤，其卦德为顺。"巽而顺"是说上升之道要入乎事物的情理，顺乎客观条件，也就是说要"以时而升"，如果不合乎事物的情理违背了客观条件就不能升。

客："刚中而应"是指九二以刚中而上应居于尊位的六五，以此而论，九二刚爻也可以上升？

主：刚爻也好，柔爻也好，或者是其他事物也好，只要是顺势而升，"以时"而升，就是符合事物的发展规律，必然是亨通无碍。《彖传》"是以大亨"就是对这几句彖辞的总结之语。

客：我们每个人都希望自己在人生、事业等各个方面不断发达、不断上升，但却很少有人能冷静地思考一下自己的所作所为是否顺应客观规律，是否是"以时"而升，如果我们每做一事都能以此要求来衡量一下，我想我们在人生奋斗的征途上必能收到事半功倍的效果，必能不断上升，不断进步。

用见大人，勿恤，有庆也；南征吉，志行也。

【译文】 得到王公大人的提携任用，不必忧虑，说明此时上升必有福庆；向南方进发必获吉祥，说明上升的心志得以畅行。

【提示】 解释卦辞。

客：这几句象辞解释卦辞，明白易懂，我没有什么疑问，请你接着往下讲。

主：好，下面看卦辞的《象传》。

《象》曰：地中生木，升。君子以顺德，积小以高大。

【译文】《象传》说：地中生出树木，象征上升。君子因此顺行其美德，积微小而上升至高大。

【提示】万物之进，皆由积渐。

客：升卦巽下坤上，巽为木，坤为地，地中生木，以微至著，故象征上升。

主：由幼小细嫩的树苗长成枝繁叶茂的大树，这是一个日积月累、从容积渐的过程。君子观此卦象，认识到在进德修业方面，既要顺行其美德，不躁不逆，以时而行，又要从一点一滴去积累，然后才能从微小上升至高大。

客：《象传》只说"积小以高大"，具体是指哪个方面呢？

主：陆放翁曾有诗云："相从勉讲学，事业在积累。"（《送子龙赴吉州掾》）其实不论是哪个方面，事业之宏大、学养之深厚、道德之崇高，都是由积累而形成的，可以说，万物之进，皆由积渐。

客：我觉得这个观点超越时空，永恒正确。荀子说得好："积土成山，风雨兴焉；积水成渊，蛟龙生焉；积善成德，而神明自得，圣心备焉，故不积跬步，无以至千里；不积小流，无以成江海。"（《荀子·劝学》）

主：是啊，让我们牢记先哲们的教诲，从一点一滴做起，积微小以至高大吧！

䷭. 初六，允升，大吉。

【译文】初六，宜于上升，大为吉祥。（允：当，宜。）

《象》曰：允升大吉，上合志也。

【译文】《象传》说：宜于上升大为吉祥，说明初六上承二阳与其升进之志相合。

【提示】柔以时升，势所必然。

主：如果说升卦卦体有地中升木之象，那么初六就是木之根。《象传》说"柔以时升"，其起点就是初六。树根吸收了地中的养料和水分，自然要向上生长，这是事物发展的必然规律。初六有此喻象，说明他正处于上升的良好时机，所以爻辞说初六"允升，大吉"。

客：不过从爻象来看，初六上无应援，是否会影响他的上升？

主：这一点《象传》已作了解释："允升大吉，上合志也。"初六虽与六四无应，但与九二、九三两阳爻则皆有应，初六本身得地气之滋养，有蓬勃的生长力，又上承二阳，与其合志俱升，哪里还会有什么阻碍？

䷭．九二，孚乃利用禴，无咎。

【译文】九二，只要心怀诚信，即使是简薄的祭祀也利于献享神灵，没有咎害。（禴：音 yuè，殷商春祭之名，是一种简薄的祭祀。）

《象》曰：九二之孚，有喜也。

【译文】《象传》说：九二心怀诚信，必将带来喜庆。

【提示】以至诚之心求升于上，必被任用。

客：九二的爻辞与萃卦六二相似，都是以"孚乃利用禴"为喻，两爻有什么差异呢？

主：萃卦六二有孚于上，是表示自己与九五"聚以正"，是以诚信为本，而不是为私利拉帮结派，所以彼此互相信任，免去厚礼虚文。升卦的九二有孚于上则是为了求升。本来九二刚中而应六五柔中，上升已是没有问题，《象传》也说"巽而顺，刚中而应，是以大亨"，但九二极有修养，考虑到以阳刚之臣事柔弱之君，要避免六五柔君的疑虑，因此特别注意用至诚之心感通六五而不用文饰，如同祭祀，"孚乃利用禴"。九二能做到这些当然可得"无咎"。

客：九二处事为什么如此得体？

主：这主要是因为九二居中，刚居柔位，刚柔相济，所以能把事情办好。

客：九二心存诚信，以此而升，必能遂愿，故《象传》言"九二之孚，有喜也"。

主：是的。这里的"有喜"，就是《象传》所说的"用见大人，勿恤，有庆也"之"有庆"。九二以至诚之心求升于上，必被六五这位君王大人所任用，如此则不必再有担忧，可以放手去干一番大事业了，故而"有喜""有庆"。

☶· 九三，升虚邑。

【译文】 九三，上升顺畅如入无人之邑。

《象》曰：升虚邑，无所疑也。

【译文】 《象传》说：上升顺畅如入无人之邑，说明九三果敢而无所疑虑。（邑：音 yì，泛指城市。）

【提示】 上升顺畅，但前途未卜。

主：阳为实，阴为虚，九三以阳刚之才应于上六，升进于坤，故以"升虚邑"为喻，言九三迅速上升，如入无人之邑。

客：九三勇于前进，无所畏惧，比九二要爽快得多，所以上升之时畅通无阻，如"升虚邑"，连《象传》也说九三"无所疑也"。

主：九三与九二的时位不同。九三刚居刚位，有果断行事的素质，又应于上六，而上六对九三并无猜忌，有果敢前进的客观条件。但九三的优势同时也成了其不利因素，以刚居刚，刚过头了，所以其前途吉凶如何，难以断定，全看他今后能否把握住自己了。

客：我说怎么诸爻辞或言"吉"，或言"无咎"，独独九三既无凶咎之辞，也无吉利之辞，原来还是个未知数！不过从升卦卦辞的"元亨""勿恤""吉"等来看，相信九三会交好运的。

　　䷭· 六四，王用亨于岐山，吉，无咎。

　　【译文】 六四，君王在岐山祭祀神灵，吉祥，没有咎害。（亨：通"享"，祭祀。）

　　《象》曰：王用亨于岐山，顺事也。

　　【译文】 《象传》说：君王在岐山祭祀神灵，说明六四顺应物之情势以行事。

　　【提示】 君王身边的近臣应妥善处理其地位与升进之间的关系。

客：六四不言上升之事，却言"王用亨于岐山"，与前后爻均有不同，不知何故？

主：六四有自己的苦衷。升卦六五为至尊之君位，六四身为六五之近臣，不能再有官职和地位的升进，若再升就有逼上的嫌疑，但处在上升之时，六四不能无所作为，这就有了矛盾。好在六四柔顺得正，能妥善处理自己的地位与升进之间的矛盾。

客：六四究竟应该怎样做呢？

主：六四之升全在于一个"顺"字，一切行事皆顺应事物的发展规律，下顺民之进，上顺君之升，将自己的赤诚之心上达于六五，这就是升了。能做到这一点，就可以获得吉祥，而必无咎害。

客：原来爻辞"王用亨于岐山"，是以周文王祭祀岐山典故来暗示六四应该怎样做。

主：爻辞正是此意。岐山在西周境内，殷末"三分天下有其二，以服事殷"的周文王，为了表示自己顺服于殷的心意，只祭享境内的岐山而不敢称王去祭天。

☷ 六五，贞吉，升阶。

【译文】 六五，守持正固可获吉祥，登上台阶以就尊位。

《象》曰：贞吉升阶，大得志也。

【译文】 《象传》说：守持正固可获吉祥，登上台阶以就尊位，说明六五大遂上升的心志。

【提示】 善用贤者，守持正固，可获吉祥。

主："升阶"意为登上台阶就天子之位。升卦由初六始升，到六五升至尊位，大遂其上升之志，故《象传》亦言六五"大得志也"。但六五乃阴柔之质，必须守持正固才可得"吉"，才可"升阶"，所以爻辞先诫之以"贞吉"。

客："贞吉"之诫语真是用心良苦。六五作为柔君，须得九二阳刚辅助才可刚柔相济，创立"升阶"之大业。但六五须坚守此道，不可犹疑，若对九二这样的贤臣信而不笃，用而不终，则不会得"吉"，"升阶"之志也不可能实现。

☷ 上六，冥升，利于不息之贞。

【译文】 上六，昏昧而升，利于不停息地守持正固。（冥：昏昧。）

《象》曰：冥升在上，消不富也。

【译文】 《象传》说：昏昧而升，高居极位，应尽力自我消损，使之不满盛。（消：消损。富：势位满盛。）

【提示】 升入穷极之地，以固守不再生息为宜。

主：上六以阴柔上升于穷极之地，不懂得升极必降的道理，是昏昧不明者，所以上六之升是"冥升"。

客：既是"冥升"，应有凶咎，但爻辞不言"凶"，却说"利于不息之贞"，看来上六若能固守于此，不再生息上升，还是可以免咎的。

主：所以《象传》说："冥升在上，消不富也。"要求上六不以势位满盛自居，而是要自我消损，使之不"富"、不满盛。否则，若继续生息，就要由升而转向其反面。

客：升卦六爻均无凶咎悔吝之语，初六"大吉""合志"，九二"无咎""有喜"，九三"升虚邑""无所疑"，六四"吉，无咎""顺事"，六五"贞吉""得志"，上六虽然"冥升"，却有自我消损、使之"不富"的自知之明。由此可见，升卦六爻合于卦辞"元亨，用见大人，勿恤，南征吉"之义。

主：升卦基本喻象是地中生木。木之生长有两个特点：一是依时而长，顺势而生；一是从容渐进，积小成大。可以说升卦所阐述的就是顺势而升、积小成大这两个互有联系的观点。

客：为什么说是互有联系呢？

主：顺势而升就是符合客观规律的上升，这首先是指符合历史发展的规律，袁世凯自升为皇帝就是逆历史潮流而动，不符合历史发展的规律，其失败是必然的；其次是指符合事物自身的发展规律，做什么事不能要求一口吃个胖子，不能揠苗助长，而是要从容积渐。也就是说积小才能成大，积薄才能成厚，积卑才能成高。可见积渐的过程体现了事物发展的客观规律，所以说这两者是互有联系的。

客：升卦所阐述的这些道理，可以说是亘古不灭的真理。我们不管做什么事，如果能够符合顺势而升的规律，又懂得积小成

"六十四卦"中的人生哲理与谋略

大的道理，那么还会有什么崇高宏伟的事业不能成就？

主：我近来读明代哲学家王守仁的《传习录》，觉得其中有一段话颇与升卦之旨妙契，很有启益，特录之于此："立志用功如种树然。方其根芽，犹未有干，及其有干，尚未有枝，枝而后叶，叶而后花，花而后实。初种根时，只管栽培灌溉，勿作枝想，勿作叶想，勿作花想，勿作实想。悬想何益，但不忘栽培之功，怕没有枝叶花实？"

47. 困卦——论处困之道

☱ 坎下兑上

困：亨。贞，大人吉，无咎。有言不信。

【译文】 困卦象征困穷：努力拯济必能亨通。只有坚守正道的大人君子可获吉祥，不会招来灾祸。此时纵然有所言语，也未必能使别人相信。

【提示】 指明在困境之中君子的对策。

客：上一卦讲的是升卦，为什么接着讲的这卦是困卦呢？是否又是物极必反？

主：是的。《序卦传》中认为，升是自下往上升，是需要很多气力的，如果升进不已，超过一定的限度，正所谓强弩之末势不能穿鲁缟，一定会气衰力竭，走入困境，所以升卦之后是困卦。

客：升卦是巽下坤上，其名为升，尚好理解。这一卦是坎下兑上，为什么要称其为困呢？

主：所谓困，也就是陷入困境之意。坎为水，兑为泽，如果水在泽上表明泽中有水，这是常理。然而困卦坎下兑上，水在泽之下，显然是泽中无水而致干涸之象，正是困乏的表现，故该卦名为困。

客：卦辞对困的解释是"亨"，这里是否又体现了什么辩证法？

主：对。"困"与"亨"，貌似自相矛盾，其实恰恰昭示出君子的处困策略。不是说凡在困境之中都能达到"亨"，由困至亨是有条件的。困穷的环境可以劳其筋骨，苦其心志，促使人走出困境，走上亨通。如同陆游在《游山西村》中所说："山重水复疑无路，柳暗花明又一村"。能走出困境，进入康庄大道，自然前途一片光明。

客：困境出人才即是这个道理吧！但生活中不是也有人被困窘的环境吓倒了的吗？

主：所以卦辞提醒我们："贞，大人吉，无咎。"只有持守正道的大人君子才能变困为亨，才能获得吉祥而不致招来灾祸。孔颖达《周易正义》中说："小人遭困则穷斯滥矣，君子遇之则不改其操。君子处困，而不失其自通之道……处困而能自通，必是履正体大之人，能济于困，然后得吉而无咎。"可见君子处困之时，守持正道是极为重要的，否则必然会遭祸得咎。

客：那么"有言不信"又该怎样理解？

主：信是真实的意思。身处困穷之时，纵使有所言语，别人也会认为是不真实的，很难使人相信。王弼《周易注》说："处困而言，不见信之时也；非行言之时，而欲用言以免，必穷者也。"正因为如此，才言多必失，故应当洁身自守，多修己德，少说为佳。

《彖》曰：困，刚揜也。

【译文】《彖传》说：困穷，阳刚被掩蔽无法伸展。（揜，音 yǎn，同"掩"。）

【提示】 以卦体释卦名。

　　　　　　　"六十四卦"中的人生哲理与谋略

主：从卦体上看，困卦是坎下兑上，坎为阳卦，在下，而兑为阴卦，在上。一般说来，阳上阴下才是常理，但这卦是阳下阴上，就好像阳刚在下被阴柔掩蔽一样，因而使得刚阳无法得到伸展，以至陷入困窘。所以《象传》说："困，刚揜也。"再从爻象上看，刚爻也为柔爻所掩。本卦九二陷于初六与六三两阴爻之中，而上六又凌驾于九四与九五两阳爻之上。在大环境中，阴柔小人占上风，阳刚君子自然就陷入困穷，而步履维艰了。

险以说，困而不失其所亨，其唯君子乎。贞大人吉，以刚中也。有言不信，尚口乃穷也。

【译文】 面临险境而心中愉悦，身处困穷却不失其亨通，大概也只有君子才能做到吧。只要坚守正道，大人君子就能获得吉祥，这是因为君子具备刚正中和之德的缘故。有所言语而不会被别人相信，是因为一味崇尚言辞，不但无益，反而会在困窘中越陷越深。

【提示】 以卦象说明卦辞。

客：面临艰险，心中又充满愉悦，固然豪气干云，颇有名士之风，不过总又觉得有点黄连树下弹琴——苦中作乐的味道，未免显得可笑。

主：此言差矣。元代文天祥的《正气歌》中说："时穷节乃见，一一垂丹青"。越是在困苦穷厄的时候，越是可以检验出人的品质。处险而致悦，困而得亨。只有君子才能做到，小人是做不到的。

客：为什么呢？

主：因为君子具有刚正之德，能坚守正道。

客：请再讲得具体细致一些。

主：《周易》是极重视刚而守正的。困卦中九二、九五两爻都是刚爻，而且居中，主客观条件达到了非常和谐的统一，自然可以拯济困穷，获得吉祥，故《象传》中说"贞大人吉，以刚中也。"

客：身当困境之中，难道不能用言辞为自己申辩一番吗？

主：人处在困境之时，任凭你鼓动三寸不烂之舌，说得怎样天花乱坠，人家也不会相信你，想由此脱离困境，更是痴人说梦，天方夜谭。

客：那就应当缄口不言？

主：是的。既然说了没有什么用处，还会起负作用，那还不如不说的好。俗语说，沉默是金，这是蕴含着相当深刻的人生哲理的。摆脱困境的最好办法也不是光靠嘴上说，更重要的是要去做，要用自己的实际行动来摆脱面临的险困处境。

《象》曰：泽无水，困。君子以致命遂志。

【译文】《象传》说：泽中无水，象征困穷。君子因此宁可舍弃自己宝贵的生命，也要坚持实现自己的崇高志向。

【提示】 解释卦象，指出舍生取义的道理。

主：《象传》要求临险犹悦，刚中守正，且要少说为佳，多修己德。《象传》从另一个角度阐明君子应取的做法，那就是在处于泽无水般困境的时候，纵使牺牲自己至为宝贵的生命，也要实现自己的崇高志向。

客：对君子来说，一旦生命与志向两者不可兼得时，要敢于杀身成仁，不惜用鲜血来换得崇高的志向。正如《孟子·梁惠王上》中所说："生亦我所欲也，义亦我所欲也，二者不可得兼，舍生而取义者也。"

主：是的。真正的君子就应该如此，生命在志向面前又算得了什么？处于困穷之际，就是要"致命遂志"，不能屈服于邪恶，宁愿站着死，绝不跪着生。下面看爻辞。

☷☱. 初六，臀困于株木，入于幽谷，三岁不觌。

【译文】初六，臀部被困在秃树干之下，不能安处，无可奈何之下只得退入幽深的山谷之中，多年不见露出面目。（觌：音dí，见。株木：没有枝叶的秃树干。）

《象》曰：入于幽谷，幽不明也。

【译文】《象传》说：退入幽深的山谷，是由自身昏暗不明造成的。

【提示】柔弱之躯，陷入困境，不能自拔。

客：初六的处境似乎很不妙。

主：初六是阴爻，处困卦之始。其素质本来就柔弱卑下，缺乏阳刚气质，而又陷入困境之中，真是"雪上加霜"。由于进又进不得，退又退不了，被一困到底，不能自拔。

客：爻辞为什么说初六是"臀困"？

主：人行走时脚在最下，而坐则臀在最下，臀部被困，正说明人已行动不得，穷厄而不能自拔。只能如爻辞所说"入于幽谷，三岁不觌"了，即退入幽深的山谷，从此隐性埋名，多年不露面目与行踪。

客：难道初六就是坐以待毙了？患难之中总该有朋友来指点他、帮助他吧？从卦象上看，九四与初六正应，不是可以援应初六脱离苦海吗？

主：看来不行啊。九四是心有余而力不足。

客：此语怎讲？

主：九四确和初六相应，但是九四本身居位就不中不正，以阳刚之质居阴柔之位，自己还受到阴的掩蔽，正是泥菩萨过江——自身难保的时候，哪里还有什么力量来支援初六脱离困境呢？

客：但愿九二的遭遇要好一点。

☲. 九二，困于酒食，朱绂方来，利用享祀，征凶，无咎。

【译文】九二，酒食贫乏困穷时，荣禄就要降临了，此时利于主持宗庙祭祀大礼，以求神明保佑。若有所行动将会有凶险，但并没有什么咎害。（绂：音 fú，古代祭服的饰带，这里用"朱绂"比喻"荣禄"。）

《象》曰：困于酒食，中有庆也。

【译文】《象传》说：酒食贫乏困穷时，只要坚守刚中之道，必有福庆。

【提示】君子要安贫乐道。

主：正如你刚才猜测的那样，九二的日子要好过多了。

客：不过我已开始动摇了。爻辞明确地说九二"困于酒食"，连生计都难以维持了，怎么还能有好日子过呢？

主：困有身之困与道之困的不同。九二的生计成为问题，这确是事实，但是九二身为阳刚君子，根本不在乎"困于酒食"的身之困。相反，"酒食之困"却成为九二荣禄来临的先兆。周公居东的史实就说明了这一点。周公秉政时，由于管、蔡到处散布流言，导致周成王的怀疑。周公于是弃官隐居，不再过问政事，以刚明之躯居柔暗之地，虽有艰难坎坷，酒食之困，但在管、蔡死后，天子来迎，得以复出，终于重又得到荣华富贵。

客：我明白了。君子居困之时，千万不要消沉，要相信眼前的困境只是黎明前的黑暗，只要坚持下去，就会迎来光明的前途。但是怎么坚持呢？

主：这就要求君子处困之时，能做到刚中自守，安贫乐道。九二正好居中，有中德，所以会有福庆。

客：难怪《象传》说"困于酒食，中有庆也"。但"利用享祀，征凶"是什么意思？

主：刚刚有荣禄降临到九二身上，此时行事千万要小心谨慎，最好是做些祭祀上帝鬼神的事，以求得神明的理解与保佑，不要搞什么大动作；否则就会失去已得的荣禄，重新走进困境。故爻辞戒之曰："征凶"。

客：可是"征凶"之后又说"无咎"，这是怎么回事？

主：九二困中求进，确实颇多凶险，但没有咎害，这主要归功于九二具备了刚中的美德。

☱☵ 六三，困于石，据于蒺藜。入于其宫，不见其妻，凶。

【译文】六三，困在巨石之下，据于蒺藜之上。纵使退回到自己家中，也见不到妻子，有凶险。（蒺藜：音 jí lí，一年生草本植物，果实有刺。）

《象》曰：据于蒺藜，乘刚也。入于其宫，不见其妻，不祥也。

【译文】《象传》说：据于蒺藜之上，说明六三凭阴柔之质乘凌阳刚之上。退回到自己家，也未见到妻子，这是不吉祥的。

【提示】陷入困境，无可挽救。

客：看来六三的遭遇很坏。

主：是的。爻辞中"石"是指九四，"蒺藜"是指九二。九四是刚爻，像块坚硬难移的石头一样，居于六三之前，阻挡着六三，使六三寸步难移；九二也是刚爻，以阳刚之质居中，如同带刺的蒺藜，更非六三所能踞坐。六三处于两难之中，陷入困境。

客：六三既然已处于这样穷厄之中，不如退居其室。兵书上说，三十六计，走为上。在家待着总可以吧？

主：不错。六三确可退居其室，伤于外者必反其家嘛！但这又能怎样呢？连妻子也见不到，茕茕孑立，形影相吊，陪伴自己的只有那份难耐的寂寞与孤独，这样纵使退居家中又有什么效果？

客：不知六三为何竟会落到这般田地？

主：首先六三不当位，处困之时，以阴柔之质居阳刚之位，无才无德，偏又不甘寂寞；其次，《周易》一贯认为乘凌阳刚是很严重的事，这里的六三以阴柔乘凌于九二阳刚之上，等于是坐在棘刺上，是不能坐安稳的。六三这样如果还能吉祥，那才是咄咄怪事。

☷ 九四，来徐徐，困于金车，吝，有终。

【译文】 九四，迟缓而来，却被一辆金车所困阻，不免有所憾惜，不过最终会有好结果。

《象》曰：来徐徐，志在下也。虽不当位，有与也。

【译文】 《象传》说：九四迟缓而来，说明其心志在于应合下面的初六。虽然居位不当，因有同道者相比邻而得以弥补。

【提示】 阴阳相应，终难阻隔。

客：我觉得"来徐徐"的"来"字很值得琢磨一番。

主：《周易》的"往"是自下向上，而"来"是自上而下。

客：那九四为何要向下去呢？

主：九四处上卦之初，是刚爻，初六居下卦之初，是柔爻，九四与初六正好形成正应。为了得到初六的配合与帮助，九四当然要自上向下去。《象传》说得很清楚，"来徐徐，志在下也"。

客：既成正应，阴阳相合相助是自然而然的，何必"徐徐"，如此迟缓？

主：实际上这"来徐徐"是对九四的告诫之词。九四还处在金车之困中，这里的"金车"就是指横亘在九四与初六之间的阳爻九二。九四欲得到初六的配合与帮助，但因隔山取水，势必不能性急，所以爻辞诫之曰"来徐徐"。不过九四与初六之间虽有金车九二阻困，但这是暂时的困难。阴阳相应，终难阻隔，只要坚持住，自然能渡过这个难关，获得一个好的结果，故爻辞最后说："吝，有终。"

客：这里有一点令人费解。《周易》认为当位才是好的，九四以阳爻居阴位，是不当位。

主：虽然九四不当位，但是"有与"弥补了九四不当位的弱点。

客："有与"是指九五吧？

主：正是。九四与九五同为刚爻，相邻成比，它们都被阴爻上六之所掩蔽，处境相同，利害一致，古语说"兄弟阋于墙，外御其侮"，联合起来，一致对外，这也就弥补了九四自身不当位的不足，赢来好的结果。

☷☱ 九五，劓刖，困于赤绂，乃徐有说，利用祭祀。

【译文】九五，心里不安，困于尊位，但是慢慢地就可以摆脱困境，举行祭祀寻求精神支柱方为有利。（劓刖：音 yì yuè，古代割鼻截足之刑。这里依清人惠栋《周易述》当为"倪伛"，释为不安的样子。赤绂：义同九二的"朱绂"。说：通"脱"。）

《象》曰：劓刖，志未得也。乃徐有说，以中直也。利用祭祀，受福也。

【译文】《象传》说：处困不安，正是不得志的时候。可以慢慢地摆脱困境，这是由于九五居中得正的缘故。有利于举行祭祀，是因为这样做可以承受神明施降的恩泽。

【提示】处于困境要树立必胜信念，设法寻求解脱。

客：九五以阳爻处尊位，居中得正，总不至于再会有什么困境了吧？

主：不然。正所谓"高处不胜寒"，九五因其尊而益困。

客：这是为什么？

主：九五邻近上六，被上六阴爻所掩蔽，正如"百日维新"之前的光绪皇帝，身居一国之君的尊位，偏偏又有慈禧太后在后面垂帘听政，指手画脚。光绪帝年轻有为，思想进步，但为老佛爷所掩，在政治上陷入困境，形势极为严峻，使他终日处于不安的状态。不过事物的发展都是物极必反的。困不会永困，亨也不会永亨，九五开始之时为阴柔小人所困，但由于其刚中居正，有中和之德，慢慢地就会得以摆脱，走出困境。正如《象传》所说"乃徐有说，以中直也"。

客：九五刚猛有力，受困于人，如同笼中虎狮，思想上恐怕难以接受这种残酷的现实。

主：所以为了寻求心理平衡与一定的精神支柱，就要举行祭祀，求感于神，以获得神灵的保佑与赐福。爻辞最后劝九五"利用祭祀"，正是此意。

客：看来，君子处之之时，不但要审时度势，从容不迫地进行奋争，而且一定的心灵寄托也是非常必要的。

☱ 上六，困于葛藟，于臲卼。曰动悔有悔，征吉。

【译文】 上六，被困在葛蔓藟藤之间和动摇不安之中，反思一下，既然动辄后悔就要赶快悔悟，这样行动必获吉祥。（藟：音 léi，藤类植物。臲卼：音 niè wù，动摇不安的样子，又作"臬兀""倪杌""阢杌""峬屼"等。）

《象》曰：困于葛藟，未当也。动悔有悔，吉行也。

【译文】 被困在葛蔓藟藤之间，说明上六居位不甚妥当。动辄后悔而又及时悔悟，行动起来必获吉祥。

【提示】 及早悔悟，可获亨通。

客：困卦中九二、九四、九五三阳爻都不言吉，初六、六三

　　　　　　　"六十四卦"中的人生哲理与谋略

也不免于困，只有上六得吉，这是什么缘故？

主：这就是困卦中困极必反的道理，困到极点，势必就会走向困的反面。但是上六得吉，并不是一帆风顺的，而是在克服了重重困难之后获得的。

客：从爻辞上可以看出，上六所受的困窘的确厉害。不过《象传》称其为"未当也"，我不太明白。上六以阴居阴，何以未当？

主：上六以阴柔乘凌九四、九五二刚，下又不与六三有应，这不是居位不甚妥当吗？

客：怪不得上六被缠绕的藤蔓所困，而又濒临于危坠之地，这样一来，上六根本就不能有任何动作，不知上六是靠什么方法解困获吉的。

主：上六动则有悔，受困已到了极致，反倒能使他十分冷静地分析自己为什么"动悔"，这个分析过程就是爻辞所说的"有悔"，即有所觉悟。通过闭门思过，吸取教训，重新制定行动方案，并认真地实施，即爻辞所说的"征"，则可转危为安，获"吉"。

客：看来上六明知"动悔"而又能"有悔"，吸取教训，谨慎从事，果然从"山穷水尽"走入"柳暗花明"。《象传》中的"行"就是指要有所行动吧？

主：是的。上六获吉的关键就在于悔悟和行动，如果还像初六那样坐困，又怎么能出困获吉？

客：看来我们做任何事情，光想不做那是空谈，光做不想则是盲动，都会把自己推入困境的。只有两者相结合，做事情才会获得成功。

主：实际上，整个困卦的着眼点就是在于怎样处困出困。既然困厄已经存在，我们就要正视这一现实，谋求出困之路。困卦中的初六、六三、上六三阴爻都不是善于处理困境的人。初六人困而难以自拔；六三更是进退维谷，四处皆凶；上六尽管由于"有悔"而"征吉"，但与困极必变、客观形势有利有很大的关系。而九二、九四、九五三个阳爻虽然也处于困境之中，但都能以自己的阳刚之质守正脱困。

客：必要的时候，甚至致命遂志，舍生取义。

主：是的。困穷之境是难以避免的，但永远不能消颓的是人的一身正气。九二、九四、九五这三阳爻在如何摆脱困境这个问题上，是很让人深思的。总的说来，有"两条原则，一个注意"。两条原则是：其一，受困之时不能急躁，要从容不迫，徐谋出困之计；其二，要有一定的精神支柱，要看到光明的前途，而不要在精神上自己先把自己打垮了。另外还要注意：处困出困，不能光靠口说，而要有实际行动。

客：行动时还有什么要求吗？

主：当然有。行动与否要因时因势而定，"时不宜动而不可躁动，时适宜动而不可不动"。

48. 井卦——论"井"德之美

☵ 巽下坎上

井：改邑不改井，无丧无得，往来井井。汔至亦未缚井，羸其瓶，凶。

【译文】 井卦象征水井：城池村邑可以迁移而水井却从不迁移，井水汲出不见少，注入不见多，来来往往的人们都不断地使用水井。汲水时，眼看水就要提出井口，而汲水的瓶罐却坏了，一定有凶险。（汔：音 qì，几，接近。缚：音 jú，通"矞"，出。羸：音 léi，败，坏。）

【提示】 以水井特点与汲水之道为喻，说明君子应持德以恒，善始善终。

客：卦辞的"改邑不改井，无丧无得"是讲水井的特点的。上古人们多逐水草而居，水对人们生活来说是绝对不可少的，是人的生命之源。大凡有城池村邑等民众聚居的地方，必定有水井。但是过了一段时间，出于这样或那样的原因，城池村邑迁移了，水井却依旧在那儿。而且井里的水汲出不见其少，泉流注入也不见其多，这说明了水井的恒久性。不过，下面的"往来井井"有点不好理解。

主："往来"就是"往者来者"的意思，可译为来来往往的人。"井井"，朱熹的《周易本义》释为"井其井"，前一个"井"是名词用为动词，后一个"井"是名词，意思就是不断地使用水井。

客：明白了，"往来井井"是说明水井功用的普遍性的。但是卦辞讲水井的特点，其中蕴含着哪些深义呢？

主：水井在这里已被人格化了。孔颖达《周易正义》中说："养物不穷，莫过乎井"，道出了水井造福于人类的伟大贡献。井卦通过展示水井"养人"的种种美德，来譬喻人应当修养己身，惠物无穷的道理；同时也极力赞扬水井定居不移，无竭无盈，不断奉献的特点，喻示人要守恒不渝，大公无私。

客：卦辞后半部分的"汔至亦未繘井，羸其瓶，凶"很难懂。

主：这里字面上还是说的汲水之道。在井水已汲到接近井口，将要出井时，如果汲水的瓶罐坏了，那么就会一无所获，结果必有凶险。

客：这段话含有什么深义呢？

主：这几句实际上是以"井德"喻示，人如果不能善始善终，一定会导致凶咎。战国时有个楚怀王，起初任用屈原这样的忠臣，国家治理得很好。但是未能善始善终，后来信任奸臣，国家一天不如一天，正如屈原在《离骚》中说的："初既与予成言兮，后悔遁而有他。"最后楚怀王落得个客死于秦的下场，这不是凶险又是什么？

客：明白了。井卦不但要求人要具有井德，多修己身，而且还要持之以恒，善始善终。

《象》曰：巽乎水而上水，井，井养而不穷也。

【译文】《象传》说：入乎水中而使得水向上行，就是水井，水井养人是没有穷尽的。

【提示】用卦象释卦名。

客：《象传》中的句子像绕口令，"巽乎水而上水"怎样理解才好？

主：井卦是巽下坎上，巽为风，为入，坎为水，入乎水而上水，就是说以物（指汲水用的瓶罐之类）入水而使水向上运行，这正是从井中汲水之象，所以巽下坎上的这一卦，就以井来命名。

客："井养而不穷"是对"井德"的总括。

主：对。井水供人使用，既没有时间限制，也没有量的限制，任人予取予求，无丧无得，往来皆所取给。因此水井有养人的无穷之德。该句既承前文解释卦名井的意义，又启下面的解释卦辞之文。

改邑不改井，乃以刚中也。汔至亦未繘井，未有功也。羸其瓶，是以凶也。

【译文】城邑村庄可以迁移而水井从不迁移，乃是因为阳刚君子能居中守恒的缘故。汲水时井水就要汲出井口而尚未出井，说明此时水井并未完成惠施于人的功用。若汲水用的瓶罐坏了，必然会导致凶险。

【提示】 解释卦辞。

主："改邑不改井，乃以刚中也"，是以九二、九五爻象来解释卦辞的。九二、九五两爻以阳刚之质居中，如同阳刚君子，具有刚中之德；刚则强实，中则不偏，实而不偏，怎么会迁移？故九二、九五的守恒刚中，决定了井德有常不渝。

客：下一句好理解。水井是供人汲水的，如果井水虽被汲到井口，但最终还是没有出井，水井自然就还没有起到惠施于人的作用。所以《象传》说"汔至亦未缱井，未有功也"。

主：导致汲水失败的原因是"羸其瓶"，即汲水用的瓶罐子坏了，卦辞与《象传》都说这是凶险的征兆，实际上是喻指修养己身未成则止，对事业有害。

《象》曰：木上有水，井。君子以劳民劝相。

【译文】《象传》说：木杆上面有水，象征"水井"。君子根据井水上行养人的特性，因此努力以己之德惠养人民，又劝勉老百姓互助互养。（相：音 xiāng，助。）

【提示】 以卦象说明君子要效法井德。

客：井卦下卦为巽，上卦为坎，巽为木，坎为水，合起来就是"木上有水"。但是"木上有水"怎么就成了"井"呢？

主：此处最难解释的就是"木"。郑玄说"巽木，桔槔也。"这是说"木"就是"桔槔"（音 jié gāo）。古人以横木支于木柱上，一端挂汲水器，另一端系重物，通过杠杆原理上下运动来汲水。"桔槔"就是指这种汲水用的吊架，也就是《象传》中"木"的意思了。

客："木上有水"是说"吊架上有井水"？

主：我们不好过分地拘守字面上的意思。这句话大致是说，用吊架能吊上来水的，就是水井。吊架可以帮助瓶罐把水汲上来，这也就是井水被汲上养人之象，因而成为"井"的象征。

客："木上有水，井"，总算搞懂了。君子看到井水上行养人之象，恐怕会得到一些启发吧？

主：是的。《象传》说"君子以劳民劝相"，就是君子看到这个卦象所受到的启示。意思是一方面要以己之德惠养万民，一方面还要使用合理的方法来勉励老百姓互相资养、帮助。

客：看来，《象传》是要求我们在自己的人生之旅中，效法"井养不穷"之德，做到修养己身，行善乐施，广益于人，惠物无穷。

☵☴ 初六，井泥不食，旧井无禽。

【译文】 初六，井底有污泥沉滞，使得井水污浊不能汲食，再加上久不修治已成为旧废之井，连鸟雀都不来光顾了。

《象》曰：井泥不食，下也。旧井无禽，时舍也。

【译文】 《象传》说：井底有污泥沉滞，井水污浊不能汲食，原因在于初六处柔暗卑下之位。久不修治而成为废旧之井，连鸟雀也不来光顾，说明初六此时已为人禽所共弃。

【提示】 无用之物，人皆弃之。

主：井是供人饮水用的。如果井里积满了沉滞的污泥，久不修治，井水变成污水浊水，人们也就不会再来汲水了。

客：一旦人们不来汲水饮用，这水井不就变成无用之物，形同虚设了吗？

主：是的，这正是初六的爻象。初六以柔爻居于井卦之初，地位卑下，身处阴暗之中，说明正是在井底，有井泥之象。井水可以养人，而井泥却是地道的无用之物，甚至连鸟雀都不来光顾。

客：初六遭到人鸟共弃，这里是否有一些深层喻义？

主：是的，水井一旦长期不能修治，必定会见弃于人。喻示井德之中一旦渗入污垢而变浑浊，必定要被所有的人舍弃。

☲☵. 九二，井谷射鲋，瓮敝漏。

【译文】 九二，井底出水的穴窍有射出之水，但是仅仅被用来养活小鱼。纵使有汲水的瓮，也是又漏又破，仍然无法汲出水来。（井谷：井底出水的穴窍。射：注。鲋：音 fù，小鱼。瓮：指古时汲水器具。）

《象》曰：井谷射鲋，无与也。

【译文】 《象传》说：井底出水的穴窍有射出的水，只够用来养活小鱼，这说明九二此时没有应援。

【提示】 失去外援，难以成功。

主：井卦总的倾向是向上好，向下不好。因为水井的功用就是井水上出以养人。九二虽为阳刚之才，但是居位不当，而且离初六阴爻最近，在下而不能上出，是极不好的处境。

客：真是近朱者赤，近墨者黑了。九二身为刚阳，本来是可以经世致用、惠养百姓的，但是由于居位不妥当，而又"亲小人，远贤臣"，岂不更遭殃？不过，九二可以求得外在援应嘛！

主：不行。与九二相应的位置是九五，两者都为阳爻，不能形成正应，所以九二无法寻到九五的外援。

客：这就是《象传》"井谷射鲋，无与也"的意思吧？不过"井谷射鲋"似乎不太好理解。

主："井谷射鲋"这句话的意思是说，井底的穴窍已有井水汩汩而出，说明不是泥井，但水不多，仅够"射鲋"。射是注的意思，意为注入的水仅能养活小鱼。

客：水虽少，如有合适的汲水工具，多少也能汲出一些，供来来往往的人饮用。

主：不是不想把井水汲出来，而是实在无法汲出。因为水本来就少，而汲水用的瓮又破又漏，已经无法用了，没有工具怎能汲水呢？

客：爻辞大概就是用"井谷射鲋，瓮敝漏"来说明九二的不利之处的？

主：对。

客：九二身为阳刚之质，本来应该能够拯济万物，惠养百姓，大展鸿图干他一番的，然而事到如今，未立任何功业，却落得个"井谷射鲋，瓮敝漏"的结果。其失败的教训就是因为没有争取到外援之故吧？我想如果九二有援应，他一定能够成就井德之功了。

主：正是这样。做任何事情，自力更生是必不可少的，但是力争获得一定的外援，同样十分重要。

☲ 九三，井渫不食，为我心恻；可用汲，王明，并受其福。

【译文】 九三，水井经过清理变得洁净以后却没有人去饮用，使人心中感到怅惜；应该赶快汲取这洁净的井水，如果王道圣明的话，君臣百姓就将一起承受福泽。（渫：音 xiè，治，掏去污泥使水洁净。）

《象》曰：井渫不食，行恻也。求王明，受福也。

【译文】《象传》说：水井经过清理变得洁净后却无人饮用，说明九三的行为未被人理解，使人心中怅惜。希望王道圣明，能够任用九三，使君臣百姓都能承受福泽。

【提示】 期盼君王能举贤授能，发挥人才的作用。

客：在这一爻中，水井经过清理，变得干干净净，可以饮用了，但是却没有人去汲用。喻示九三虽为阳刚之质，有用之才，却未得其用。

主：是的。自古以来，千里马必须有伯乐的赏识才行，有才之人不遇圣明君王也就不能发挥其作用。"井渫不食"，九三的行为不被人理解，才能不被明君赏识，这使多少人为之扼腕而叹啊！

客：井水清洁而人不饮用，这是人之不明；有才之人不被任用，因而不能发挥作用，这是王之不明。实际上有才之人一旦被任用，所发挥出的功用岂止是一人之幸？正如井水之养人、惠物无穷一样，君臣百姓都是可以受到有才之人的助益啊！

主：不错。西汉司马迁在修《史记》为屈原作传时，就曾借这段爻辞感慨说："怀王以不知忠臣之分，故内惑于郑袖，外欺于张仪，疏屈平而信上官大夫、令尹子兰。兵挫地削，亡其六郡，身客死于秦，为天下笑：此不知人之祸也。"最后司马迁悲叹道："《易》曰：'井渫不食，为我心恻；可用汲，王明，并受其福'。王之不明，岂是福哉！"

客：这里司马迁是不是从反面说明了"可用汲，王明，并受其福"的道理？

主：是的。所以九三爻辞与象辞以充满希冀的笔调，展示出井水已清，应该赶快汲用的急切心情。实际上这段话是盼求圣明君主能够思贤若渴，举贤授能，让有才能的人都能像水井那样，发挥效用，惠养百姓。

☲☴·六四，井甃，无咎。

【译文】六四，水井予以修治，没有咎害。（甃：音 zhòu，砌垒，修治。）

《象》曰：井甃无咎，修井也。

【译文】《象传》说：水井予以修治没有咎害，说明此时六四只可修井而不可急于去惠养万物。

【提示】修养品德，弥补过错。

客：六四以阴柔之质居阴位，处得其正，我想情况应该有所好转了吧？

主：从六四的爻象来看，情况仍然不容乐观。六四以柔爻居柔位，可谓居得其正，可以免咎，但六四阴柔才弱，且下无所应，这就决定了他不可急于进取，成就大的事业。

客：所以爻辞说"井甃，无咎"，做修井这样的工作是可以的，没有咎害，但还不能养人无穷。

主：是的。《象传》强调"修井也"，也是提醒六四此时宜于修养自己的品德，以弥补素质的不足和行为上的过失，而不可急于去惠养万物。因为自身存有弊端而养人，恰是以其敝端来害人。

☷ 九五，井冽寒泉食。

【译文】 九五，井水洁净清凉，为人所喜饮。（冽：音 liè，清澈，洁净。）

《象》曰：寒泉之食，中正也。

【译文】 《象传》说：清凉的甘泉为人所喜饮，说明九五具有阳刚中正之德。

【提示】 "养人"无穷，为至美之德。

客：九五、九三可以说都是洁泉，九三不食，为什么九五可食呢？

主：九五以阳刚中正居于尊位，既有阳刚之才，又有中正之德，才德兼有，完美无缺。就水井来说，是一口清凉之甘泉，就人才来说，是鲲鹏展翅，可以大展宏图，发挥作用的时候。

客：水井中既然有甘美清洁之水，人们都喜饮用，说明这口井能施养于人，且养人无穷。

主：养人无穷，这是"井德"至美的境界，象征贤君高居尊位，惠人无穷。

☷ 上六，井收，勿幕；有孚，元吉。

【译文】上六，井水汲上来饮用后，不要覆盖井口；要相信此时井水会源出不穷，无时不可上水为用，这是最为吉祥的。（幕：覆盖。）

《象》曰：元吉在上，大成也。

【译文】《象传》说：上六高居上位，最为吉祥，井德至此，已大功告成。

【提示】广施"井养"之德，井功大成。

客：《周易》六十四卦大多数是至卦终则易变。为什么井卦上六却是这样功成业就，踌躇满志而称"元吉"，好得不能再好？

主：《周易》六十四卦大多数确实到卦终时都向相反的方向转化，但这只是一般情况，不是绝对的。井卦相当特别，以上出为用，越往上越好。而上六正居于井卦之颠，表明井水已经汲上来了，正是大功告成之时，因此理所当然为"元吉"了。

客：爻辞为什么说"井收勿幕"，即打完水不要覆盖井口？

主：水井是供人汲水饮用的，如果自己汲出水饮用后，马上就把井口盖死，那别人怎么用水呢？一口水井如果只为个人独用而不养大家，这是水井的悲哀。汲用井水的人越多，水井施泽的范围就越广，卦辞的"往来井井"就是这个意思。下文的"有孚"，即有信，就是要我们相信井水是源出不穷的，是永远流不完的，与卦辞的"无丧无得"相互呼应。也只有这样，水井养人的功用，即水井之德，才可以永远得到发扬光大。

客：综观井卦的旨意，概括地说就是"修身"与"养人"这两个方面。要想具有井德这种高尚的境界，以便使自己德才兼备，更好地在社会上发挥作用，张扬自我价值，就必须加强自我修养，提高自身的素质；而修养提高了，必然会广施恩惠，养人无穷。这两个方面是互为因果的。

主：在这"修身"与"养人"的过程中，还要注意在修井德成井功之时，首先要大公无私，守恒不渝；其次还要善始善终，千万不要虎头蛇尾，以致功败垂成。

49. 革卦——论变革之道

☲ 离下兑上

革：己日乃孚，元亨，利贞，悔亡。

【译文】 革卦象征变革：在"己日"这一前后交相转变之日推行变革，可以得到人们的理解与信服，前景极为亨通，利于守持正道，悔恨终将消失。

【提示】 抓住时机，促成变革。

主：革卦象征变革，旨在揭示变革之道。

客：卦辞中的"己日乃孚"最难理解。

主：中国古代多以"甲、乙、丙、丁、戊、己、庚、辛、壬、癸"这十个天干来配合纪日，"己日"正处于前五日与后五日的交相转换之时，含有"转变"的象征意义。"孚"诚信之意，"己日乃孚"的意思就是说在"己日"这样的必变之时推行变革，自然能取得人们的理解和信服。为什么不能早一点，在丁日或戊日就实行变革呢？原因在于变革旧的事物绝不是什么轻而易举的事情，需要一段时间的准备，才能逐渐被人们理解、接受。如果贸然变革，效果会适得其反。

客：只要善于抓住时机，而又能取得人们信任，改革就一定能获得成功。

主：是的。卦辞说"己日乃孚，元亨"正是此意。

客：不过社会的顽固成见也是极为可怕的。有些人总认为存在的也就是合理的，因而真正的变革极为艰难。

主：是啊。所以卦辞接着说："利贞，悔亡。"这就要求变革者必须遵循正道去做，如果任意妄为，等待自己的只能是失败；反之，如果能够坚守正道推行变革，虽然花费的时间很长，困难也很多，但最终会获得成功，当然也就没有什么悔恨了。

客：从卦辞上可以看出，变革要想取得成功，就必须坚持两点：一要适当其时，抓住时机；二要取信于人，坚守正道。

主：很有道理，我们接着看《彖传》。

《彖》曰：革，水火相息，二女同居，其志不相得，曰革。

【译文】《彖传》说：变革，水火相息相灭而不能相容，如同两个女子同居一室，但是她们志趣不合，终将有变，这就叫变革。（息：同熄，熄灭。）

【提示】解释卦名。

客：革卦离下兑上，离为火，兑为泽，水火不容就成变革之势。不过，睽卦也是水火共处，怎么又名之为睽呢？

主：问题提得好。革卦是水在上而火在下，水之性向下，火之性向上，泽在上而向下流，火在下而朝上腾，谁也不让谁，两者相就相克相变革。如果是向上的火在上，而向下的水在下，那自然是相互背离，不是革，而是睽了。

客："二女同居，其志不相得，"是说革卦下体为离，其喻象为中女，上体为兑，其喻象为少女，合在一起，就好像是两个女人同居一室，因其志趣不投而相克相息。不知我的理解对否？

主：很准确，这也是卦名称为革的又一根据。

己日乃孚，革而信之。文明以说，大亨以正，革而当，其悔乃亡。

【译文】在"己日"这一前后交相转变之日推行变革并能取信于民，这样在变革过程中就会得到天下的理解与信任。有文明的美德就会事理周尽而顺应人心，能持守正道就会使前途变得大为亨通，如此变革稳妥而得当，一切悔恨自然就会消失。（说：通"悦"，使人心愉悦，也就是顺应人心。）

【提示】 解释卦辞。

客：自古以来推行变革都要克服相当大的阻力，甚至会出现一些不大不小的社会动荡，怎样变革才能稳妥得当呢？

主：这就是这一段话所要告诉我们的。我国自古就有所谓天时地利人和之说，要干成一件事，既要有"天时地利"这一客观外在的条件，又要有"人和"这一主观内在条件。所以推行变革之始必须准确抓住亟须变革的"己日"这样的好机会，该变则变，这种顺应历史发展必然性的变革肯定可以取信于民，得到天下人的理解，为天下人所接受。这就是《彖传》所说的"己日乃孚，革而信之"。

客：这也就是天时、地利的客观外在条件吧！那么"文明以说，大亨以正"说的就是变革中的人和这一内在条件吧？

主：是的。这几句话是用来解释卦辞"元亨，利贞"的。革卦离下兑上，离为火、为文明，兑为悦，"文明以说（悦）"强调"文明"，是说在变革过程中有文明的美德，则会顺应民心而使民心悦愉；"大亨以正"则重在"正"，只要守持正道，做任何事情都无不亨通。不过，退一步说，只要变革稳妥得当，纵使在一定的时期不为人们所理解，甚至受到人们的怨恨，但是随着变革的成效日益明显，各种悔恨也必然消失。所以《彖传》又说："革而当，其悔乃亡。"

天地革而四时成，汤武革命，顺乎天而应乎人，革之时大矣哉。

【译文】 天地变革，导致四季的形成，商汤、武王发起的对夏桀、商纣的革命，就是顺从天的规律而又符合人民的愿望的，变革时间的选择，其意义是极为重大的。

【提示】 变革要合乎时宜。

主：这几句话是《象传》的作者孔子对革的意义的体会和发挥。天与地相变革从而形成春夏秋冬四时节令的交替变化；人世间的变革，也是适应客观规律而进行的，并非任凭人的主观意志随便进行。

客：孔子在这里引用了当时最为典型的历史事例。夏桀与商纣是古代著名的暴君，凶狂无度，残忍暴戾，引起天怒人怨，于是商汤与武王顺应天意与民心，放桀于鸣条，诛纣于牧野，一举革掉了他们的王命，这是社会历史发展的必然要求。

主：所以任何一次变革都要顺应天意与民心，不到变革的时候不能进行变革，到了变革之时一定要进行变革，这样才能成功。

客：这里的"顺乎天"的"天"，是不是指"上帝"或"鬼神"之类的东西？

主：这里的"天"，其意义是相当宽泛的，所谓顺乎天意就是说顺应了客观规律的要求，是合乎时宜的，不是指顺应了什么上帝鬼神之类的意旨。

《象》曰：泽中有火，革。君子以治历明时。

【译文】 《象传》说：水泽之中有烈火，象征变革，因此君子以修治历法来明晰春夏秋冬四时的交替与变更。

【提示】 君子据卦象悟知变革之理。

客："泽中有火"是解释卦象的。但是"革"的变革之义与"治历明时"有什么关系？

主：古人在日常生活中所见的最为显著而又最易理解的变革就是一年四季的变化。君子处变之时，要深谙变革的原理，所以

《象传》认为君子观察到四时的变更，应当从中悟出治历明时的道理；要修治历法。

客：这就是说我们在实践中，不但要掌握事物变革的客观规律，而且要利用客观规律，指导自己的实践。

☲　**初九，巩用黄牛之革。**

【译文】　初九，应当用黄牛坚韧的牛皮将自己包束起来。（巩：包束。）

《象》曰：**巩用黄牛，不可以有为也。**

【译文】　《象传》说：用黄牛坚韧的牛皮把自己包束起来，说明初九不应当有所作为。

【提示】　变革之初不要轻举妄动。

客：处变之时就应该义无反顾地进行变革，初九已处变革的时代，却为何要"巩用黄牛之革"，把自己用牛皮紧紧包束起来？这不是错过了变革的时机了吗？

主：变革是除旧布新的大事，切不可轻率为之。论时，初九居革卦之初，如何变革形势还不明朗；论位，初九卑居于革卦之最下，不是居于可以变革的地位；论才，初九是阳刚之才但又处于离卦之中，躁动有余，而沉稳不足，没有适应变革的能力。仅这三点，就决定了初九不可能有所作为，更不能轻举妄动。

客：所以初九只好取用坚韧的牛皮把自己紧紧地包束起来。不过初九用黄牛的皮革来包束自己，并不是仅仅由于黄牛的皮革相当坚韧之故吧？

主：那当然。这里的"黄牛之革"是含有深刻喻意的。黄为中色，比喻持中驯顺，牛革为坚韧之物，喻示着守常不变，这就暗示初九当革之初始，只应以持中驯顺之道巩固自守，还不应该有所作为。

客：如果这时初九轻举妄动，我想不但不会获得益处，还会适得其反。

主：所以在变革之初，尤其要小心行事。

☲☱. 六二，己日乃革之，征吉，无咎。

【译文】 六二，在"己日"这一交相转变之日，进行变革，行动起来必有吉祥，不会有什么咎害。

《象》曰：己日革之，行有嘉也。

【译文】 《象传》说：在己日这一交相转变之日，果断地进行变革，行动定可获得嘉美之功。

【提示】 抓住时机，革故除弊。

主：六二阴柔得正，又居中位，柔顺而有中正之德，可以说已经具备了变革的主观条件。

客：六二还需要什么样的客观条件？

主：首先要把握变革的时机。经过前面一段时间的发展，旧的东西非革不可，已经到了亟须转变的"己日"，六二应该抓住这个时机，否则将遗恨终生。此外，六二还需要获得一定的外援。六二处下卦之中，居中得正，九五处上卦之中，也是居中得正，正好与六二形成正应关系，可给六二以有力的帮助。

客：六二凭着这些优越的条件，实行变革，一定可以获得成功。

主：所以《象传》才说"己日革之，行有嘉也"。

客：爻辞中"征吉，无咎"该怎样来理解？

主：无论如何，六二总是阴柔之质，天生存有迟疑软弱的成分，做事瞻前顾后，到了变革之时未必能果断地采取行动，所以当六二柔中有应，又值将变之时，爻辞要求六二一定要努力革故除弊，采取变革行动。"征吉，无咎"就是对六二的劝勉。

☱ 九三，征凶，贞厉。革言三就，有孚。

【译文】 九三，急于行动必然有凶险，坚守正道以防备后患。有关变革的舆论必须要经过多次研究和审慎的考虑，才能得到人们的理解与信任。（革言：关于变革的言论。就：成，合。）

《象》曰：革言三就，又何之矣。

【译文】《象传》说：变革的舆论已经经过多次研究与审慎考虑，还要往哪里去呢？（之：到。）

【提示】 指明变革不能急于求成。

客：从爻辞来看，九三似乎没有六二好。

主：九三以阳刚之才居阳位，并不居中得正，说明九三只是个躁动之才，像个愣头青。这样的过刚不中之才如果躁动而往，结果必然是极为危险的。所以爻辞极力告诫说"征凶"。

客：当此函须变革，但又不可激进之时，九三应该怎么办呢？

主：爻辞要求九三"贞厉"，即坚守正道来防备危险。既然采取行动会有凶险，说明此时宜于审慎稳进，不宜贸然行动。

客：对于九三这个急性子人来说，这种按兵不动无异度日如年，那么何时才可以大刀阔斧地行动呢？

主：这就要靠九三自己的努力了。爻辞已经点明："革言三就，有孚。"对变革的舆论，必须要经过反复多次的研究探讨，进行审慎周密的考虑安排，证明变革确实合理可行，没有什么问题，同时，还要能够得到人们的理解与信任，只有到了这个时候，九三才可以大刀阔斧地进行变革。

客：如果事情已做到这样的至审至当，自然哪儿也不要去，其他的路都不要考虑，可以放心大胆地走变革这条路了。故《象传》说："革言三就，又何之矣！"

主：九三爻辞启示我们，做任何事情，都要经过审慎考虑，三思而后行，否则一着不慎，全盘皆输。

☰ 九四，悔亡。有孚改命，吉。

【译文】 九四，悔恨消失，得到大家的信任来革除旧命，必获吉祥。

《象》曰：改命之吉，信志也。

【译文】《象传》说：革除旧命必获吉祥，说明九四对自己的变革之志有坚定的信心。

【提示】 指出变革要充满信心。

主：九四已进入上体，革道将成，变革的行为已经得到人民的理解与信任，不再有任何怨恨，变革后的美好蓝图也已经清晰可见，前景一片光明，所以爻辞说："悔亡，有孚改命，吉。"

客：这是从爻义上解释的，从爻象上看也可以做这样解释吧？

主：对。九四以阳刚之质居阴柔之位，处位不当，应该有悔。但是九四是刚阳君子，有"革"之才，而且又有柔相济，不偏不过，何况卦已过中，正当水火相灭相息的变革之时，九四具备了这样一些优越条件，革之必当，纵使人们有怨恨也当消失，所以说是"悔亡"。

客："改命"有点不易理解。

主：改命实际上就是变革天命。《左传》宣公三年王孙满答楚庄王说"周德虽衰，天命未改"。旧朝代仍然存在就叫天命未改，新朝代建立之后就叫天命已改，所以简言之，"改命"就是改朝换代。不过这里要注意，天命实际上不是什么上帝的旨意，而是自然规律。天命的改与不改以及什么时候改都不以人们的主观意志为转移，而是由客观形势决定的。

客：变革虽说最后能获得成功与吉祥，但其中一定会经历许多艰险吧？

主：那当然，正如冰心老人所说：成功之花，人们只慕它现实的明艳，然而当初它的芽，却浸透着奋斗的泪泉和牺牲的血雨。要战胜这些艰险，关键是要有必胜的信心和坚强的意志，即《象传》所说的"信志也"，只有这样，才能百折不回，直至成功。

☰☱ 九五，大人虎变，未占有孚。

【译文】 九五，大人实行变革，其道如虎身之纹，昭然易见，不须占问就可以相信。（占：有疑而问。）

《象》曰：大人虎变，其文炳也。

【译文】 《象传》说：大人实行变革，其道如虎身之纹，昭然若见，说明九五的美德昭彰炳焕。（文：虎身之纹，这里喻指道德。炳：著，显明。）

【提示】 德行天下，革道显明。

客：九五是革卦之主。

主：对。九五为阳爻，居中得正，又处尊位，所以称为大人。大人是变革的主体。

客：为什么要把大人进行的变革称为"虎变"呢？

主：大人实行的变革，其事理非常显明，天下人知道大人推行的变革是顺天应人、大公至正的，没有什么阴谋可疑之事，就像是老虎身上的斑纹一样昭然可见，天下人看得清清楚楚，无不信从。

客：所以爻辞才说："大人虎变，未占有孚。"

主：是的，《象传》解释说："大人虎变，其文炳也。""文"表面上是指虎纹，实际上是喻指九五中和之德。正如《周易集解》中引马融的话所说的"虎变威德，折冲万里，望风而信。"可见"德"是多么重要，任何人在推行变革之时，能够做到德行天下，革道显明，天下人自然会云集响应，这样的变革前景当然美好。

客：难怪司马迁说："其身正，不令而行；其身不正，虽令不从。"九五爻辞要求领导者要以德治人，以德行事，这对今人仍有很大的启发。

䷰ 上六，君子豹变，小人革面，征凶，居贞吉。

【译文】 上六，君子们像斑豹那样助成变革，建立功业，小人们却只是表面上赞成变革，内心里未必真正有所认识，这时如果继续行动则必凶无疑，只有静居持守正道才能获得吉祥。

《象》曰：君子豹变，其文蔚也；小人革面，顺以从君也。

【译文】 《象传》说：君子们像斑豹那样助成变革，建立功业，说明上六的美德因有大人的映照而越发蔚然成彩；小人们表面上赞成变革，而内心里未必真正对变革有所认识，只是对君主变革的顺从而已。（蔚：文采映耀的样子。）

【提示】 变革后要善于巩固成果。

客：九五称大人、称虎变，上六却称君子、称豹变，其间是否有些不同？

主：当然有不同。这是一个过程的两个阶段。九五正是全面革变之时，上六则是变革成功后的继世守成之时。以周朝建国为例，大人虎变是文王武王变革创制，事理显明昭著；君子豹变则是成王康王继业守成，润色大业。天下之事，变革之前，主要的问题是变革；一旦变革成功之后，主要的问题就不在于变革而在于守成了。上六这时如果还要继续采取变革行动，结果会适得其反。所以上六变革既成，重要的事情当然不在"征"而在于居贞守成。

客：这我明白了。但是为什么九五以"虎变"为喻，上六以"豹变"为喻？

主：虎之斑纹炳然可见，豹之斑纹细密蔚溽。根据这个特点，将全面变革的九五喻之为虎变，意为大人的全面变革事理炳著，文明可见；将继业守成之上六喻之为豹变，意为君子润色鸿业，使变革之事理更加细密，以各项法律制度的形式将变革的成果及每一个细节固定下来，继续下去。

客：那么"小人革面"又究竟是怎么回事呢？

主：孔子认为，小人们因为处在治于人的地位，未必对变革有自己真正的认识与理解，往往是革面不革心，只是在表面上赞成变革而已，所以上六当此大局已定之时，要好好地巩固变革的胜利成果，持守正道，以使老百姓逐渐享受到变革的利益，使他们由革面而发展到革心。如果此时不安守既有成果，又思变革，势必会过犹不及，导致凶险。

客：难怪历朝历代在经济与政治改革获得一定的成功之后，就一再强调要稳定，稳定压倒一切。这与革卦所体现的事理是一致的。

主：总的说来，革卦六爻的思想和卦辞如出一辙，不过不是无谓的重复，而是围绕卦旨更加深入地展示出事物变革的一个完整的过程与各个不同时期的特征。初九说变革的时机与条件尚未成熟，不可妄动；六二说时值将变，应当行革果断；九三说变革要谨慎小心，考虑事理要至审至当；九四说革道将成，变革已经得到人们的理解与接受；九五说大人信德昭彰，开创变革的事业；上六则是君子巩固胜利成果，静守居正，历虎变而至豹变，革道至此大成。

客：革卦虽然谈的是政治变革，但是其卦理所表现出的象征意义可以广为旁通，绝不仅仅局限于政治变革。

主：其实不管干什么事，要想取得成功，都要按革卦所提示的那样去做：一是要把握时机；一是要取信于人，遵循正道。只有这样才能"元亨"而"悔亡"。

　　　　　　　　　　"六十四卦"中的人生哲理与谋略

50. 鼎卦——论去故取新

☰ 巽下离上

鼎：元吉，亨。

【译文】 鼎卦象征鼎器：最为吉祥，亨通。

【提示】 指出革故鼎新定可通达顺畅。

主：革卦之后就有鼎卦，这两卦的意义是互相对应的。革是变故，改变旧事物；鼎是取新，建设新事物。《杂卦传》中说："革，去故也；鼎，取新也。"所以鼎卦紧接在革卦之后。

客：革卦卦辞也说："元亨"，但前有"己日乃孚"，后有"利贞，悔亡"，多为告诫之语，这就说明革卦的元亨是有条件的，但鼎卦开头就说"元吉，亨"，这是什么缘故？

主：鼎卦的"元吉，亨"是无条件的，因为鼎是建立一个新社会，巩固一个新局面。不像革卦是变革一个旧社会，施行起来还十分复杂，故鼎卦不讲条件，直言"元吉，亨"，一切都十分通达顺畅。

《彖》曰：鼎，象也。以木巽火，亨饪也。

【译文】《彖传》说：鼎器，是烹饪养人的实物之象。架木升起火焰，用以烹饪食物。（亨：同"烹"。）

【提示】 解释卦名。

客：《彖传》说"鼎，象也"，是什么意思？

主：鼎是一种烹饪之器。鼎卦之卦体正如同鼎之物象。鼎卦最下一爻是阴爻，像是对偶之两足；二、三、四爻是阳爻，阳为实，中实而容物，像是鼎腹；五爻为阴爻，像是对偶之双耳；上爻为阳爻，像鼎器之铉。鼎卦六爻寓含了鼎足、鼎腹、鼎耳、鼎铉诸形，正是鼎之象。这是从形状上来解释卦名的。

客：那怎么又说到了"以木巽火，亨饪也"？

主：古代依照用途把鼎分为两种，一种是重器，是统治阶级用以象征权力的"法象器"，不是寻常日用之物，如夏朝时铸造的九鼎就是这样的鼎。另一类是日常使用的可用来烹饪的鼎，鼎卦所象之鼎就是这种烹饪之鼎。"以木巽火"，是根据卦体而言的，上体离为火，下体巽为木，火在木上，正是架起木柴生火用以烹饪食物之象，所以鼎卦名鼎。这是从鼎的功用上来解释卦名的。

圣人亨，以享上帝，而大亨以养圣贤。

【**译文**】 圣人烹煮食物来祭享上帝天神，而用极丰盛的食物来奉养圣贤。

【**提示**】 解释卦义。

客：这里的意思似乎与井卦的井水养人有某种共通之处。

主：是的。鼎卦卦义与井卦卦义确有一些共通之处，不过，稍为不同的是井卦重在养民，而鼎卦重在养贤。

客：鼎器烹饪的功用，举其大者，有祭享上帝与奉养圣贤二端。这里祭享上帝时用"享"，奉养圣贤时用"大亨"，其间不知有无因由？

主：当然有。朱熹《周易本义》说："享帝贵诚，用犊而已。"古时郊祭上帝天神，只要心诚，杀一头其角才有茧栗般大的小牛，用鼎烹之，然后祭献给上帝天神即可，所以称"享"。而圣贤人数不一，凡属圣贤都当养之，故养贤之礼贵丰，所以才说"大亨"。从中可见，鼎卦虽主张享帝养贤，实际上归根结底是在养贤。

巽而耳目聪明，柔进而上行，得中而应乎刚，是以元亨。

【**译文**】 烹煮食物奉养圣贤，使他们能够顺逊以辅佐君主，因而君主能够耳聪目明，这时君主凭借他那柔顺的美德前进上行，

"六十四卦"中的人生哲理与谋略

高居中位而又能和阳刚贤者相应，故可以达到最为亨通之境。

【提示】 解释卦辞。

主：鼎卦下体为巽，巽有顺义；上体为离，离有明义，明而中虚并且居于鼎卦上体，有目明之象。此说明君主奉养圣贤，而圣贤们顺驯以辅佐君主，有圣贤者以目为君主视，以耳为君主听，君主因之而耳目聪明。这就是《象传》"巽而耳目聪明"之意。

客：下面几句话说的是鼎卦卦主六五吧？

主：是这样。六五是阴柔之躯，本应居下，如今却进而上行至尊位，居尊而得中，又与九二阳刚相应。这样看来，从鼎卦的下体观察，顺从事理，奉养下贤；就其上体来看，则是聪明睿智，柔而应刚，且有中和之德。所以整体来看，正是精诚团结，咸与维新，巩固旧业，建立新功之象。故《象传》总结说："是以元亨。"

客：从这里可以得到启示，一个领导者，如果一方面具有刚和之美德，一方面能礼贤下士，唯贤是举，那么以此持家则家必兴，以此治国则国必盛。

《象》曰：木上有火，鼎。君子以正位凝命。

【译文】 《象传》说：木柴之上有火焰，象征烹饪的鼎器。君子们效法这样体正实凝的鼎象，因此而端正居位，固持使命，不负前人。（正：端正。凝：严守、固持。）

【提示】 以卦象阐发卦义。

主："木上有火"是就鼎卦的卦象而言的，《周易正义》中说："木上有火，即是'以木巽火'，有烹饪之象，所以为鼎也。"

客："正位凝命"理解起来很伤脑筋。

主：正位是端正自己所居之位，凝命是凝其所受之命。鼎有体正实凝、端正安重之象，所以君子观察鼎象就受到了正位凝命这样的启发。尚秉如《周易尚氏学》中说："鼎偏倚则势危，故贵正，不正则铄覆；鼎敛食于内，故贵凝，不凝则实浸矣。故君子取之，以正位凝命。"

客："凝命"究竟是什么意思？

主：固持使命，不负前人。就是在变革成功之后，要勇敢地担负起巩固新政，建立新功的使命，只有这样才不负前人变革之愿。但历来怀凝命之志者多，懂凝命之道者少。秦始皇想凝命，便焚书坑儒以愚民止议，销兵筑城以止叛备胡，自以为凝命之道齐备，可以子孙万代安安稳稳做皇帝了。结果如何？还不是13年后就亡国了。

客：那怎样才可以得到凝命之道呢？

主：首先居位要端正得中，这是至关重要的内在因素。其次要应刚养贤，礼贤下士，这是外在因素。内外兼具，方可凝命，这样，纵使身为柔弱之质，也照样可以吉祥亨通。

☲ 初六，鼎颠趾，利出否。得妾以其子，无咎。

【译文】 初六，将鼎器的脚跟颠倒朝上，有利于把鼎内陈积的废物倾倒出来。娶妾生子，以传宗接代，不会有什么咎害。（趾：脚跟。否：音pǐ，恶物，废物。）

《象》曰：鼎颠趾，未悖也。利出否，以从贵也。

【译文】 《象传》说：鼎脚跟颠倒朝上，未必有悖常理。有利于把陈积的废物倾倒出来，说明初六应向上顺从尊贵，以纳新物。（悖：音bèi，不合常理。）

【提示】 指出看问题要全面。

客：这一爻很有意思，好好的鼎，偏要翻倒过来脚朝天，很让人摸不着头脑。

主：初六处鼎卦之下，是鼎之趾，鼎之趾在下是正常的。现在初六上应九四，有颠趾之象，即鼎脚朝天，这是不正常的。但是我们要看到鼎脚朝天，鼎口朝下，可以"利出否"，鼎内陈积的废物可以一股脑儿倾倒出来，有利于鼎器吐故纳新，泻恶受善，这又变成正常的了。其实初六爻辞说的也是用鼎的实际情况。做饭之前要先清洗器皿，所以要"鼎颠趾"，以此喻示从事一项新事业之前，要先调整思想，摒弃旧观念。

客：明白了。变革成功之后，也正是吐故纳新之时。"得妾以其子，无咎"也是同样的意思吗？

主：对。"得妾以其子"是用来比拟"鼎颠趾，利出否"的。两种说法虽然不同，但含义却完全一样。妾俗称为小老婆，娶妾如纳新，妾所生之子可以为君子传宗接代，承继家业，当然不会有什么咎害。不过吐故纳新虽然没有错，但爻辞所举的娶妾生子之例却是旧时的习俗，今天看来是违法的。

☰☰. 九二，鼎有实；我仇有疾，不我能即，吉。

【译文】 九二，鼎中装满东西；恰好我的配偶自身有所疾患，不能靠近于我，这是吉祥的。 （仇：音 qiú，配偶。即：就，靠近。）

《象》曰：鼎有实，慎所之也。我仇有疾，终无尤也。

【译文】《象传》说：鼎中装满东西，说明九二要慎于所行，切不可走错方向。我的配偶自身有疾患，终于没有造成什么过错。（之：到，往。尤：过尤，怨尤。）

【提示】 指出要端正己位，慎行不偏。

主：爻辞中的"我"指九二，"仇"，即配偶，指与"我"正应的六五。九二本身是刚质，有刚阳充实之象，故说"鼎而实"。但"有实之物，不可复加，益之则溢，反伤其实"（语见王弼《周易注》）。因此九二此时最讨厌有人来帮忙了。

客：怕鬼偏有鬼敲门。六五刚好与九二形成正应，恰恰可以帮助九二。

主：令九二庆幸的是，六五来不了。因为六五自身就已乘九四之刚，阳刚之体岂容阴柔居于其上？所以六五时时对自己的命运有所忧患，根本已无暇他顾了，更不可能靠近九二，有所伤害。因此九二虽提心吊胆，如履薄冰，但终究吉人自有天相，六五不能来顾，仍然可以获得吉祥。爻辞说："我仇有疾，不我能即，吉"就是这个意思。

客：这又是一个辩证法的实例，"我仇有疾"，看起来是坏事，但由于在这特定的时位，无须配偶来帮忙，因而"我仇有疾"，并没有什么不好的。

主：正是。所以《象传》解释说："我仇有疾，终无尤也。"

客：那么，九二在以后的日子中应该如何行事呢？

主：最重要的是要谨慎前行，特别是要选择好行动的方向。就是说在"鼎有实"之时，容易犯错误，要"慎所之"。

☲ 九三，鼎耳革，其行塞。雉膏不食。方雨，亏悔，终吉。

【译文】 九三，鼎耳有所变化，行动受阻，不便举移。鼎中虽有精美的食物却没有人前来享用。只有等到阴阳相合成雨，悔恨才能消除，最终获得吉祥。（革：变化。雉：音 zhì，野鸡。雉膏犹言野鸡羹，即精美的食物。方：将要，此处有"等到"之意。亏：消。）

《象》曰：鼎耳革，失其义也。

【译文】 《象传》说：鼎耳发生变化，说明九三的行为有失其道。（义：宜。）

【提示】 德才兼备，才可吉祥。

主：九三身为阳爻，又居阳位，虽然居正，不过显得阳刚亢进过甚。也正因为九三过阳，导致鼎耳发生变异，以至鼎中虽有精美食物也没有人来享用，喻示出九三纵然具有阳刚之才，也没有派上用场。

客：缺少阳不好，过于刚也不佳，"鼎耳革，失其义也"，就是指出九三的这点不足吧？

主：是这样。九三没有六五之应，所以未得六五虚中之德，而对于九三这样猛烈过激者来说，这种虚中之德恰恰是极为重要的。

客：九三没有虚中之德，这确可成为悔恨，为什么最终还会获得吉祥呢？

主："方雨，亏悔，终吉"这句话是从正面来诫勉九三的。九三阳刚过甚，已有"耳革""行塞""雉膏不食"之悔了，这是客观事实；但问题的另一方面是，如果阳爻九三能够耐心等待阴阳调合成雨之时，以阴调阳，也就是说九三以己阳刚之才又兼有虚中之德时，终究还可以获得吉祥。

客：怎么又会有虚中之德降临到九三身上呢？

主：六五是鼎卦文明之主，九三上承文明之体，经过九三一段时间的刚正自守，六五终究会来邀请九三。这样六五为阴，九三为阳，阴阳相合成雨也属必然。就是说九三开始有不遇之悔，假以时日，最终却可以获得相遇之吉。

☲ 九四，鼎折足，覆公餗，其形渥，凶。

【译文】九四，鼎器不堪重负，折断了鼎足，于是鼎器翻了，里面王公们的粥饭全被倾覆，淌了出来，沾满了鼎器，十分难堪，必有凶险。（餗：音 sù，粥饭。形：指鼎身。渥：音 wò，沾濡。）

《象》曰：覆公餗，信如何也。

【译文】《象传》说：鼎器中王公们的粥饭全被倾覆，淌了出来，这样，九四怎么能值得信任呢？

【提示】 不胜其任，必有灾难及身。

主：关于这一爻的意思，孔子在《系辞传》中早就明确指出："德薄而位尊，知小而谋大，力少而任重，鲜不及矣。《易》曰：'鼎折足，覆公𫗧，其形渥，凶'，言不胜其任也。"

客：九四为何这样倒霉，而有折足、覆𫗧、形渥，即不胜其任之象呢？

主：从爻象上看，九四身为阳刚之才，居上体之下，上承六五，所承负的责任已相当繁重，而九四还与初六相应，又要将己德施于下，这是它力所不能及的，况且初六早已发生颠趾，鼎脚朝天，九四怎么能不折足覆𫗧呢？喻之以人事，九四居大臣之位，却谋求君主之事。所谓不在其位，不谋其政，这种凶险与自己不自量力很有关系。

客：不称职也不胜任，这样的大臣，谁还会信任他呢？难怪《象传》说"覆公𫗧，信如何也"。

☴ 六五，鼎黄耳，金铉，利贞。

【译文】 六五，鼎器配上黄色的鼎耳，插入坚强的金铉，利于坚守正道。（铉：音 xuàn，举鼎的器具，即鼎杠。）

《象》曰：鼎黄耳，中以为实也。

【译文】 《象传》说：鼎器配上黄色鼎耳，说明六五居中而可获刚实之德。

【提示】 守持正道以实现鼎的功用。

主：鼎的功用要想发挥出来以利天下之人，其中最关键的问题就在于鼎器要能够举措移动。如果只停留于一处，怎么能够奉养大量的圣贤呢？而移动鼎器的必备条件是要有虚中之耳和可贯之铉。

　　　　　　　　　"六十四卦"中的人生哲理与谋略

客：为什么说是"黄耳"和"金铉"？

主：黄色是中色，黄耳就是虚中之耳，喻示六五以柔居中；金铉是刚坚之铉，喻示六五居阳位又获九二阳刚之应。耳不虚中，不能入铉，铉不刚强，不能举鼎。

客：六五已是黄耳金铉齐备，这下总可以举措移鼎了吧？

主：这只是说明六五已有了移鼎的客观条件，六五毕竟是阴柔之质，要想使移鼎举措成为现实，六五还要努力守正，遵循正道，故爻辞戒之曰"利贞"。

客：《象传》说六五"中以为实"，就是指六五虽为阴爻无实德，但却居于阳刚中正之位，以中为实，是不是？

主：不错。六五没有刚实之德，但借用他山之石，以中为实。他之所以可以成为鼎卦之主，得鼎之道，获鼎之用，就是因为他能够守持正道，居中得应之故。

䷱ 上九，鼎玉铉，大吉，无不利。

【译文】 上九，鼎器配着玉制的鼎杠，非常吉祥，没有什么不利的。

《象》曰：玉铉在上，刚柔节也。

【译文】 《象传》说：玉制的鼎杠居于鼎上，说明上九能够刚柔相济。（节：调节。）

【提示】 刚德为贤，终可大用。

客：井卦崇尚上出为佳，故井卦之极没有走向反面成凶象，鼎卦看来也是如此。

主：是的。《周易折中》曾引熊良辅的话，说："《井》《鼎》皆以上爻为吉，盖水以汲而出井为用，食以烹而出鼎为用也。"由此可见，鼎卦也极尚烹物养人之义，以上为佳，所以上九称大吉大利。

客:"鼎玉铉"和六五的"金铉"有什么不同?

主:玉是刚坚温润之物,上九以刚阳之躯居于阴位(第六位),处鼎卦之终,这就好像举措移鼎用的是刚坚而又温润的美玉所制的鼎杠一样。

客:上九虽是刚柔相济之才,但是上无所比,下无所应,这不是孤掌难鸣的征兆吗?

主:老兄此说偏颇。上九此时确实不系应于九三,而是广应于下者,鼎杠所杠起的不是鼎的某一部分,而是整个鼎。这样作一宏观考察,上九之具玉铉是极尽举鼎之用,为鼎功获得大成之象。所以爻辞才说是"大吉,无不利"。

客:《象传》说的就是上九能够刚柔相济获得大吉吧?

主:对。这是解释爻辞"鼎玉铉"的象征内涵的。上九体刚履柔,刚柔相宜,动静得度,不偏不倚,处于功成致用的地位,所以上九才可以高居其上,而鼎之用也最为昭著。

客:实际上整个《鼎卦》的立义,就在于借烹饪食物、化生为熟的鼎器之象,来喻示万事万物调剂成新之理,这是鼎的"养人"功用,也是鼎卦的根本主旨所在。

主:正因为处处着眼于鼎的养人功用,鼎卦的六爻才都各取鼎器的某个构成部分为喻。鼎足在下支承鼎身,故卦之初六曰颠趾,清除掉废物后可获"无咎";鼎腹大而居中,主要用来盛装物品,所以九二曰鼎有实,要谨慎处之,不使充溢;九三鼎耳有变,雉膏不食,鼎用的发挥受阻,等候阴阳调和之机;九四曰覆公𫗧,告诫发挥鼎用要量力而行;鼎耳在上,故六五曰黄耳,作为一卦之主,尽鼎之用,要遵守正道;鼎外有铉;上九处鼎卦之最,故上九曰玉铉,正值历尽艰苦,获得鼎功大成之时,无不大吉大利。

客:六爻吉美之占很多,唯有九四直言称凶,成为一个反面喻象。

主：显然，鼎卦是力图从正反两个方面来说明鼎卦卦旨的，要想取得革故鼎新之大功，从而确立与巩固一个变革成功后的崭新局面，一方面领导者要尚贤养贤，获得圣人贤士们的大力辅助；另一方面，领导者自己也要端正己身，慎处所居之位，严格信守自己的鼎新使命，顺天理，尽人事，从而获得凝命之道，既不愧对过去，也不辜负未来。

51. 震卦——论化危为安

䷲　震下震上

震：亨。震来虩虩，笑言哑哑，震惊百里，不丧匕鬯。

【译文】震卦象征震动：亨通。震雷打来时万民惶恐畏惧，而本来戒慎惕惧的人却能够临震自若，谈笑自如，如同主持宗庙祭祀的祭主在震雷响动惊闻百里之时，并没有失落手中的祭器和祭酒。（虩虩：音 xì xì，恐惧的样子。哑哑：欢笑的声音。匕：指勺、匙之类盛食物的器具。鬯：音 chàng，祭酒名，是用秬黍酒和郁金香调制而成的一种有香气的酒。）

【提示】处变不惊，从容镇定。

客：震卦的上下体均为八卦中的震卦（三画卦），卦形都是一阳生于二阴之下，阳欲动而上进，与阴相激，有震动之象，所以称为震，但为什么重叠为六画卦之后，还叫震而不叫动呢？

主：因为这种震不仅有震动而惊惧之义，而且有雷的震奋之象，故称震而不称动。

客：卦辞中"亨"这个字在卦辞之首，是用来概括震卦卦旨的吧？

主：对。实际上卦辞全文都拟象于雷震之象，"亨"字确实是点出了震卦的卦旨，即事物都可以因震惧而达到亨通。

客："震来虩虩，笑言哑哑"说的是震雷打来，闻者惶恐畏惧，而又有人谈笑自若，惧与不惧并存，这似乎自相矛盾，于义理不通。

主：不然。惧和不惧其实是人的心态与涵养的两个方面，不能分开，宛如一枚硬币的正面与反面，是共存于一体的。有的人平时不敢自宁，小心谨慎，这是一种惧（但并非是胆小怕事，而是对任何事都审慎对待，不敢掉以轻心)，正因为在思想上高度重视，在行动上谨小慎微，所以当真正地猝然遇上重大事变，反而能不惧，纵使面临困难，也照样能谈笑风生，镇定自若。

客：那么平日没有思想准备的人遇到震雷轰响，肯定要被雷声惊呆了，这怎么能体现出"震，亨"的意义呢？

主：雷电交加，风雨大作，对没有思想准备的人来说的确是一种突然而至的恐怖。但正如暴雨有时会形成洪灾，闪电也可能造成火灾，然而最后都将再回到正常，雨后自然界会更加生机勃勃一样，在风雷激荡的岁月，没有思想准备的人可能会失去一部分权利和财产，但同时也可能会遇到各种意想不到的机会，所谓"塞翁失马，焉知非福"。因此应当坚信，那些失去的东西，只要是真正需要并且是真心渴望的，它一定会回聚到你的身边；有些并非属于你的财富，实际上是一种负担，失去它应该感到高兴，正如郑板桥所说"吃亏是福"。不过这两种情况《周易》没有分开论述，但其意义都包含在卦辞中，"震，亨"正是说不论哪种情况，事物都可以因震惧而达到亨通。

客：那么"震惊百里，不丧匕鬯"又该怎样理解呢？

主：这两句进一步补足了"笑言哑哑"的意思。天上虽然打着响彻百里的雷，许多人都为之震惊而恐惧不已，但是正在主持宗庙祭祀的人却从容不迫，丝毫不为所动，祭祀照样顺利进行。这是何等的涵养！

　　　　　　　　　　"六十四卦"中的人生哲理与谋略

客：究竟是谁在主持祭礼呢？

主：按《序卦传》的说法，"主器者莫若长子"，可知是君主的长子在主持祭祀，然而也不可过于拘泥，这里应是泛指身负重任的人。凡对社会对人民肩负重任的人必须要有临危不惧的涵养。

《彖》曰：震，亨。震来虩虩，恐致福也。笑言哑哑，后有则也。震惊百里，惊远而惧迩也。出，可以守宗庙社稷，以为祭主也。

【译文】《彖传》说：震动，可致亨通。震雷打来时万民惶恐畏惧，说明这种恐惧戒慎定能导致福泽。临震而能镇定自若，谈笑自如，说明恐惧戒慎之后行为就能遵循法则而不失常态。震雷响动惊闻百里，这说明无论远近都因之而震惊恐惧。此时即使君主出门在外，作为人君继承人的长子也能够留守宗庙社稷，成为宗庙祭祀的主持人。（福：福泽。则：法、常。）

【提示】解释卦辞。

主：《彖传》基本上是逐句解释卦辞的，"震，亨"，前面已经讨论过，下面的内容是否由你先说说看。

客：好！"震来虩虩，恐致福也"，是说人遇危难之事而生恐惧之心，然而也因此而使人反躬修己，审慎为之，如此则必因恐惧而反致福泽。"笑言哑哑，后有则也"，是说由于恐惧而知谨守法则，然后致福而欢笑。"惊远而惧迩"是解释卦辞"震惊百里"的，就是说遇震惊百里之雷，无论远近，都势必会恐惧。最后三句的意思是说，在方圆百里皆惊惧的炸雷声中，君主的长子若能有"不丧匕鬯"的修养和气度，那么在君主外出之时，就可以留守宗庙社稷，悠然自如地处理政事，主持祭祀典礼了。

主：总的说来，《彖传》是围绕"震，亨"来立论的，阐述了由震致亨的道理。重点是说身当重任的人要有良好的心理素质和修养，要能够临危不惧，镇定自若，只有这样，才可以担负起国家或历史的重任，在危难时刻力挽狂澜于既倒，从而扭转乾坤。

《象》曰：洊雷，震。君子以恐惧修省。

【译文】《象传》说：两雷接连轰响，象征震动。君子因此而惶恐惊惧，进行修己省过。（洊：音 jiàn，再。省：音 xǐng，省察。）

【提示】指出君子要自我修省。

客：《象传》为什么说震是洊雷呢？

主：震卦是震下震上，由两震相重叠而成，而震的喻象为雷，上下皆雷，故说是洊雷。

客：《象传》的意思是说，君子从天空接连滚过的响雷中，悟知应当恐惧天威，进行自我修省？

主：是的，孔颖达《周易正义》中说："君子恒自战战兢兢，不敢懈惰；今见天之怒，畏雷之威，弥自修身，省察己过。"

客：看来《象传》中阐发的意旨与卦辞震而后亨的意思在本质上是一样的。这也是君子自身应该具备的素养。

䷲. 初九，震来虩虩，后笑言哑哑，吉。

【译文】初九，震雷打来时万民惶恐畏惧，然后能够镇定自若，谈笑自如，定可获吉。

《象》曰：震来虩虩，恐致福也。笑言哑哑，后有则也。

【译文】《象传》说：震雷打来时万民惶恐惊惧，说明初九如此恐惧戒慎定能导致福泽。临震而能镇定自若，谈笑自如，说明初九在恐惧戒慎之后行为就能遵循法则而不失常态。

【提示】行事成功必具涵养。

客：这段爻辞与卦辞基本相同，这是怎么一回事，我想不会是无谓的重复吧？

主：当然不是。卦辞说的是两种人：一种是平日松懈自己，没有恐惧的人，当震雷炸响时却恐惧不已，无所适从；一种是平日不敢自宁，谨慎戒惧的人，当震雷炸响时反倒镇定若素，谈笑风生。而初九的爻辞，说的是第一种人，是希望这种人由于对震雷的恐惧而能修己省过，从此不敢自宁，谨慎戒惧，做到这一点就能如同第二种人，当危难到来之时能够镇定若素，谈笑风生，获得吉祥。

客：是不是可以这样理解，卦辞的"震来虩虩"与"笑言哑哑"是并列关系，说了两种人，"震惊百里，不丧匕鬯"只是补充说明"笑言哑哑"的，也是说的第二种人。而爻辞的"震来虩虩"与"笑言哑哑"是承接关系，说的是一种人前后的发展。

主：非常正确。其实爻辞已透露出了不同于卦辞的信息。

客：是不是"后""吉"两个字？

主：正是，有了这两个字，"震来虩虩"与"笑言哑哑"间的关系就一目了然了。一般的大众即第一类人听到雷声震动之后才知戒惧自己，修身自省，然而犹未晚也，仍可达到"笑言哑哑"获得吉祥的境界。

客：不过我又有了一个疑问：为什么要把卦辞的这一思想放到初爻的位置上呢？

主：可以这样解释：平日戒慎自惧，做事不掉以轻心，当危难来临之时，则能镇定自若，这种涵养应该初时就有；如果等到出了什么大事，才因恐惧而想起要修身，省察己过，这是不可能做好的。所以作者才把体现震卦卦义的爻辞全部系诸初九。

客：有道理。

主：《象传》的"震来虩虩，恐致福也"，"笑言哑哑，后有则也"，我们已经分析过了，就此打住，再看六二如何。

☳ 六二，震来，厉，亿丧贝，跻于九陵，勿逐，七日得。

【译文】 六二，震雷打来，有危险，大失货贝，应当飘然远去，登上高高的九陵之上，不要追寻，过七天后定会失而复得。（亿：犹言多、大。贝：古代货币。跻：音 jī，升。陵：高岗。）

《象》曰：震来厉，乘刚也。

【译文】 《象传》说：震雷打来，有危险，说明六二凌乘阳刚之上。

【提示】 以退为进将会失而复得。

客：《易经》中向来讨厌阴凌驾于阳之上，恐怕六二的处境很不利。

主：是的。六二以阴居阴，居中得正，本应该大吉大利，但初九是刚阳卦主，六二乘其上，这意味着六二以臣下凌乘君主，以下级凌乘上级，故前途危险。只是六二能够充分认识到自己的问题，所以心中具有一种恐惧感。爻辞说"震来厉"，这个"厉"不是外在的危险，而是指内心认识到有危险而产生的恐惧。好在六二有中德，能够恰当地处理好所面临的问题。

客：根据爻辞，知道六二将会失去很多宝贵的东西，不过破财消灾，该失去的就让它失去，丝毫不应该吝惜才是。

主：实际上六二也正是这样去做的。他"跻于九陵"，即升到高高的九陵之上，意思是说六二飘然远去，不去追逐丢失的东西，但真正属于自己的东西，很快还会失而复得的。爻辞的"七日得"，不可拘泥于字面来理解，这里的"七日"意谓时间相隔很短。

客：进一步山穷水尽，退一步海阔天空，退是为了更好地进。《易经》中随处玩味一下，都可以对人生处事产生一定的指导意义。

"六十四卦"中的人生哲理与谋略

☳ 六三，震苏苏，震行无眚。

【译文】 六三，雷震之时惶惶不安，此时如果能因雷动而警惧前行，将不会有什么过失。（苏苏：不安的样子。眚：音 shěng，过失。）

《象》曰：震苏苏，位不当也。

【译文】《象传》说：震动之时惶惶不安，说明此时六三居位不当。

【提示】 谨慎前行，可以避灾免祸。

客：六三以阴柔之质居于阳刚之位，不中不正，想到自己居位不当，故而整日忧惧不安。

主：对。所以《象传》说："震苏苏，位不当也。"不过六三无乘刚之咎使他有了自救之路。他怀着惊惧之心谨慎前行，终日修身省己，终于免除了灾患。王弼在《周易注》中也这样说："不当其位，位非其处，故惧苏苏也；而无乘刚之逆，故可以慎行而无眚也。"

☳ 九四，震遂泥。

【译文】 九四，震动之时因惊慌失措而陷入泥泞之中。（遂：坠。泥：泥泞。）

《象》曰：震遂泥，未光也。

【译文】《象传》说：震动之时因惊慌失措而陷入泥泞之中，这说明九四的刚阳之德没有施展出来发扬光大。（光：广。）

【提示】 进退维谷，不能自拔。

客：九四与初九同样居于震卦之下，为什么初九可以获得吉祥，而九四却有如此艰难的困穷之象呢？

主：这是因为初九是以一阳动于二阴之下，得震之本象，所以初九的爻辞得以与卦辞之旨相合，获得吉祥当在情理之中。而九四却以阳刚之躯居阴柔之位，失去了它应具有的刚健之道，况且陷于四阴之中，向前行进不妥，向后自守也难通，所以九四的爻辞与卦辞完全相悖。

客：九四的才能为环境所削弱，可见纵使是阳刚君子也要选择适当的环境和处位才是。

主：九四因处境不好而痛失刚健之道，又陷入阴柔小人的包围之中，所以空有冲天志气，也无法得到施展，其本来具有的刚阳之德更是无法得到发扬光大，如李元霸撂锤打天，自碎天灵，项羽进入十面埋伏，四面是敌，这是多么令人痛心的悲剧！

☷☳ 六五，震往来，厉。亿无丧，有事。

【译文】 六五，震动之时无论往来上下，都会有危险。只要能够慎守中道自然就可以万无一失，可以长久地保持祭祀宗庙社稷的权力。

《象》曰：震往来，厉，危行也。其事在中，大无丧也。

【译文】 《象传》说：震动之时无论往来上下，都会有危险，说明六五应当心存恐惧，谨慎前行。行动上处理任何事情都能够慎守中道，这样就可以做到万无一失。

【提示】 既要小心谨慎，又要积极进取。

主：从爻位来看，六五以阴居阳，是为失位，而且处震之时，下不得六二之应，乘九四之刚，上则遇阴得敌，往来都有危险，故爻辞说："震往来，厉。"

客：既如此，爻辞为什么又说"亿无丧，有事"？

主：这有两方面的原因。一是六五能坚持心存危惧，谨慎前行，一是能慎守中道，有中和之德。故当危厉来临时，能够万无一失，还能长保祭祀之权，即爻辞所说的"亿无丧，有事"。其实这两个方面，《象传》已经指出了，一是"危行也"，一是"其事在中"。

客：看来六五正体现了卦旨"震，亨"之意。

主：是的，由于能够"震来虩虩"，所以才能"笑言哑哑"，"亿无丧"；由于能够"不丧匕鬯"，所以才能"守宗庙社稷"而"有事"。

客：六五的经验值得借鉴，面对危难，既要小心谨慎，又要积极进取，保持一种良好的心态。

☳ 上六，震索索，视矍矍，征凶。震不于其躬于其邻，无咎。婚媾有言。

【译文】 上六，震动之时，因恐惧过甚，而寸步难行，视瞻彷徨，心神不定，此时行动必有凶险。震动时如果尚未震及自身而仅及于邻居时，就预先予以戒备，也就不会有什么咎害。谋求阴阳婚配也将会导致议论纷纷。（索索：因恐惧而双脚畏缩难行的样子。矍矍：音 jué jué，双目旁顾不安的样子。躬：自身。婚媾：指阴阳结合。有言：指言语相争而不和合，议论纷纷。）

《象》曰：震索索，中未得也。虽凶无咎，畏邻戒也。

【译文】 《象传》说：震动之时，因恐惧过甚而寸步难行，说明上六未能获得中和之道。虽然凶险，却又能不招致咎害，这说明上六见邻居遭灾祸而能够有所恐惧，有所戒备。

【提示】 要防患于未然。

主：上六面对震动之雷，极为恐惧，以至于两腿筛糠，不能前行半步，左顾右盼，进退彷徨，而心神不定，所以爻辞说"震索索，视矍矍"，在这种情况下如果贸然前进，不顾现实，必定凶险无疑。

客：如果上六预先做好准备，是否就不至于如此狼狈？

主：有备则无患，提前做好戒备，我想至少不会恐惧到这种程度，爻辞说"震不于其躬于其邻，无咎"，说的就是这种情况。上六如果能在震动尚未震及其身而仅仅降临到邻居身上时，提前予以戒备，自然就可以免除灾祸，不会招致什么咎害。

客："婚媾有言"是紧承上文而来的吗？

主：是的。上六以阴柔之质居震卦之极，势必会困难重重，凶险环生，所以上六才会这般地寸步难移，当然不适宜有何动作。"婚媾有言"中的"婚媾"说的是阴阳相合，处在震卦之极，这种阴阳相合的行动肯定不适宜，故导致言语争执而议论纷纷。"婚媾有言"就是"征凶"之意，告诫不宜妄动。

客：上六为什么会这么倒霉呢？他不是以阴居阴得其正吗？

主：这里的问题很多，关键是处于震动之极，过中而不得中道，正如《象传》所解的"震索索，中未得也"。

客：既然上六未得中道，凶险之象迭生，上六又怎么能躲过劫难，获得无咎呢？

主：这就靠了有备无患。《象传》中"虽凶无咎，畏邻戒也"阐发的就是这个意思。

客：这一卦所揭示出来的大多是心理而不是事理，是心态而不是事态，可见震卦只是主人之心，而并不是举事之理。

主：震卦《大象传》中"恐惧修省"很好地概括了全卦的卦义，揭示出惶恐惊惧与修身省过之间的有机联系。卦中六爻都展示出震动惊惧的不同情况：初九知惧而得福；六二守中，失而复得；六三惶恐不安，能慎行免祸；九四过分惊惧不能自拔；六五"危行"而保尊位；上六知惧而预先戒备。

客：可见震卦的卦旨就是知戒惧可以免祸。在"震惧"的基点上，谨慎前行，就可以开拓出亨通的新境界。

主：这也就是如何化危为安的道理。不过要提请注意的是，知戒知惧并不意味着畏缩不前，而是周密计划，细致准备，这样一旦遇事才可胸有成竹，应付自如。胆小怕事、裹足不前与谨慎戒惧是不可同日而语的。

52. 艮卦——论自我控制

☶ 艮下艮上

艮：艮其背，不获其身，行其庭，不见其人，无咎。

【译文】 艮卦象征适时而止：抑止于脊背，看不见自身，行走在庭院中两两相背，更看不见整个人，没有咎害。

【提示】 止其所当止。

主：艮卦是由两个三画卦的艮卦（☶）组成的纯卦。三画卦的艮卦一阳爻居于二阴爻之上，阳爻性动，阴爻性静，二阴在下静止不动，一阳已升至其上，虽然可动也不能动了，下静而上止，故称艮，艮就是止的意思。

客：本卦的卦名为何不称止，而仍称为艮？

主：这主要是因为艮除止义之外还有山的卦象，这样艮又有安重坚实之意，而这却不是止义所能包括得了的，故不称止卦。

客：艮卦卦辞看起来很深奥，也很难懂。为什么止则无咎呢？

主：当行则行，当止则止，君子能够自我控制，不使思想信马由缰，而保持内心的安定，这样冷静行事，当然没有咎害。人身以背最为止而不动，又是自身看不见的部位，即卦辞所说的"艮其背，不获其身"，可见止于背就是止于该止的地方，止其所当止；两个人行走于庭院，由于背对着背谁也看不见谁，即卦辞所说的"行其庭，不见其人"。但卦辞的"艮其背"这一番论述只是以人体为喻象，它要说明的，则是掌握止的最佳时位，止其所当止，就能收到好的效果，就如同止于背，什么也看不见，那才是真正的止。

客：卦辞只是个比喻的说法，它实际说的是人要止于心无外求，也就是自我控制的问题，非礼勿听，非礼勿动，抑制自己不良的欲望，修正己心。

主：大致是这个意思。不过有一点要注意，止是自我安止，自我控制，不是靠外力来制止。外在的控制，只是强装出来的，只有内在的修养提高了，才能当行则行，当止则止，纯正而淡泊，永远也不会遭受什么咎害。

《彖》曰：艮，止也。时止则止，时行则行。动静不失其时，其道光明。

【译文】《彖传》说：艮，抑止之意。该止的时候就止，该行的时候就行。不论是行还是止，都要适当而不丧失时机，如此则抑止的道理自然就会光辉灿烂。

【提示】 解释卦名艮的意义。

客：从《彖传》"动静不失其时"一句来看，似乎止不仅指静止，也指行动。

主：止的确还有行的一面。止于止是止，止于行也是止。止与行是对立的，也是统一的。正因为这一点不好理解，所以《彖传》才特别加以说明。"时止则止，时行则行"，道出了止与行之间的辩证关系。我们平常做事也是这样，坚持不懈地干一件事，就是止于行的止。

客：我插一句，这里的"止"就是坚持，就是自我控制？

主：是的。后来情况发生了变化，这种新的情况要求这件事必须停止，不宜再干了，这时就要止于止，即抑止于停止。这里的"止"也是坚持、自我控制。《彖传》中说"时止则止，时行则行"就是这个意思。

客：那么什么时候该抑止，什么时候又该行动呢？

主：无论是行动还是抑止，都要切合时宜，抑止为宜则止，行动为宜则行，在这里"时"是决定性的因素。把握住"时"，也就是把握了抑止之道，这样艮止的道理就会被发扬光大而变得光辉灿烂。

客：难怪《象传》说："动静不失其时，其道光明。"不管做什么事情，什么时候该行动，什么时候又该抑止，自己心中有底，就会感到前途光明。正像我们今天坚持改革开放不动摇，即"止"于改革开放，人民看到这种形势就像吃了定心丸，自然感到自己的前途是光明的。

艮其止，止其所也。上下敌应，不相与也。是以不获其身，行其庭，不见其人，无咎也。

【译文】 艮就是抑止，抑止要抑止在恰当的地方。卦中的六爻上下两两相互敌对，不相交往，各止于其所。因此看不见自身，行走在庭院中也两两相背，看不见整个人，没有咎害。

【提示】 解释卦辞。

主：卦辞说"艮其背"，《象传》说"艮其止"，可见背就是止，或者说是止的最佳处所。

客：背是人体中唯一止而不动而又自身看不见的部位，这是最为理想的抑止之处，这就是《象传》所谓"止其所止"吧？

主：是的。下面一句"上下敌应，不相与也"，是从卦形上来分析的。艮卦上下两体都是二阴在下，一阳在上，阴阳各止其所，安然不动，是相背不见之象。换言之，一与四、二与五、三与六均不相交应，不相应谓之"敌应"，故《象传》说："上下敌应，不相与也。"正因为有这样的爻位，所以卦辞才说："不获其身，行其庭，不见其人。"

《象》曰：兼山，艮；君子以思不出其位。

【译文】《象传》说：两山并立，象征"止"，君子因此所思所虑也抑止在适当的场合，不超越本位。（兼：重，指两山并立。）

【提示】以卦象说明要思其所当思。

主：《象传》所谓"兼山"，就是指两山并立。艮卦上下艮均为山之象，如两山相重并立，故孔颖达《周易正义》中说："两山义重，谓之'兼山'也。"在《周易》中，两雷两风两水两火两泽都有互相交应的可能，唯独两山对峙，不可能有任何往来，谁都不作移就，各在各的位置上互不相涉，有抑止之象，故《象传》曰"兼山，艮"也。

客：君子是不是从这两山各居其位、各止其所之象中，悟出行事要适得其位，所思所虑也要不越本位，思所当思、虑所当虑？

主：正是。所思所虑一旦越过本位，自然就会走上反面，成为邪欲。孟子对梁惠王说："万乘之国，弑其君者必千乘之家；千乘之国，弑其君者必百乘之家。……不夺不厌。"要抑止这种祸乱，只有使彼此对峙，如两山并立，永不相犯，这样才能各安己分，各司其职。《曲礼》中所谓的"在官言官，在府言府，在库言库，在朝言朝"，实是官不侵职的训诫。至于《大学》中说的"为人君止于仁，为人臣止于敬，为人子止于孝，为人父止于慈，与国人交止于信"，更可见抑止要适当其位，思虑要切合时宜，不能超越本位，以免放纵。故程颐《周易程氏传》中说："君子观《艮》止之象，而思安所止，不出其位也。位者，所处之分也。万事各有其所，得其所，则止而安；若当行而止，当速而久，或过或不及，皆'出其位'也。"

䷳．初六，艮其趾，无咎，利永贞。

【译文】初六，开始就抑止其脚，没有咎害，利于永久地守

"六十四卦"中的人生哲理与谋略

持正道。

《象》曰：艮其趾，未失正也。

【译文】《象传》说：开始就抑止其脚，说明初六没有违失正道。

【提示】要抑止于始。

主："艮其趾"，即止于其趾。脚趾处人体之下，人要行动则趾先动，而初六在尚未开始行动时就予以抑止，知不可为，则开始就不为之。

客：依据前面的讨论，"止"不外乎两种情况，止于行和止于止。应当做的事开始就要坚决去做，不应当做的事开始就坚决不去做。只有这样，才不会招致什么咎害。

主：所以抑止不正当的行为，一定要早，力争抑止于尚未萌发之时，否则一旦行为已经产生，然后再去制止纠正，那样就会事倍功半，吃力也难以讨好。

客：这里我有一处疑问：初六以阴柔居阳刚之位，是不得位的，即未处正位，为什么《象传》还说"未失正也"？

主：从爻象上来看，初六以柔爻居刚位，以阴居阳，确实不为得正。但是从爻义上来观察，事情应当抑止而且又能抑止于始，所以说并没有失正。

客：初六虽然有个好的开始，但他是阴柔之才，能善始善终吗？

主：你的担心很有必要。正因为初六阴柔弱质，恐其久而有失，所以爻辞才又勉励初六说"利永贞"，要始终守正，才可以永保无咎。

客：好的开头虽然已经是成功的一半，但是必须持之以恒，才能永远是个胜利者。

☶☶ 六二，艮其腓，不拯其随，其心不快。

【译文】 六二，抑制小腿肚的运动（使之不能自主），既然无法拯救别人，只好随别人行止，自然心中不得畅快。（腓：音fěi，腿肚。拯：拯救。）

《象》曰：不拯其随，未退听也。

【译文】 《象传》说：六二无法拯救别人，只好随着别人行动或抑止，这是因为别人不听从六二。（听：从。退听：从下。）

【提示】 受制于人，心中激愤。

客：六二柔中得正，爻位很好，正是"时行则行"之时。但爻辞却说他连动都动不了。这是为什么？

主：这是因为六二处于下体之中，与上体六五不成应的关系，却受到九三的制约，没有一点自主的权利。

客：这与小腿肚之象有何联系？

主：六二的这种境况与腿肚之象很相仿。腿肚自己不能动弹，要随股之动而动。六二正是这样，虽然自己柔中得正，动无不正，却被强行抑止，当行而不得行，想动却动不了，这使六二感到非常痛苦，所以其心中不快是在情理之中的。

客：人在屋檐下，不能不低头！不过六二可以劝谏九三，拯救他的错误。

主：看来九三根本不听从六二的劝说，而是要强行抑制六二。所以《象传》中说："不拯其随，未退听也"。

客：六二拯救不了九三的错误主张，违心地跟着九三去抑止，正是九三不听从六二的劝谏所造成的。这种迫于无奈而委曲求全，人的一生中不知要遭遇到多少次。

主：越是在这种情况下，就越要守持正道，千万不要走上邪路。

"六十四卦"中的人生哲理与谋略

☶· 九三，艮其限，列其夤，厉薰心。

【译文】 九三，抑止在腰胯之处，致使连结上下人体的结合部断裂开来。十分危险，如同烈火烧灼其心。（限：界，上下体交界处，即腰胯。列：同"裂"，断裂。夤：音 yín，连结上下人体的结合部。薰：烧灼。）

《象》曰：艮其限，厉薰心也。

【译文】 《象传》说：抑止在腰胯之处，说明九三此时的危险像烈火烧灼其心一样。

【提示】 进退适时，不要固执。

主：九三是下体的主爻，阳刚得位，正是处于宜行慎行之时，却被止腰断脊，其危险可以想见。故爻辞说"厉薰心"。

客：抑止要合乎时宜，不可随便抑止，否则止于君臣则君臣失调，止于家庭则妻离子散，止于朋友则朋友失义。止道贵时，一件事情是坚持做还是坚持不做，必须依据时间的变化与地点的迁移而灵活掌握、进退有度。《礼记·杂记下》中说："张而不弛，文武不能也；弛而不张，文武弗为也；一张一弛、文武之道也。"彼时当为则为之，此时不当为则不为之，一切以合乎时宜为标准。

主：可是九三却不是这样，刚愎自用，固执己见，不知动静行止要随时而化，把止的问题看得很死，很绝对，如果要在一件事情上有止，就一止到底，不再变更，甚至在人体的腰部也抑止不息，招致烧灼其心的危险，使自己坐卧不宁，无法得到安定。

客：那么九三爻施止不得其所，是什么原因造成的呢？

主：说到底还是九三没有中和之德的缘故，如果能够下比六二，有阴相从，恐怕情况就会好得多了。

☶· 六四，艮其身，无咎。

【译文】 六四，抑止自己全身不使妄动，没有咎害。

《象》曰：艮其身，止诸躬也。

【译文】《象传》说：抑止自己全身不使妄动，说明六四能自己抑止自己，司守本位。

【提示】要善于自我控制。

客：六四已经进入艮卦上体，不再止于一点，把上下体割裂开来，而是总止其身，这比初六与九三要好得多。

主：正是这样。六四虽然没有中和之德，但是以阴居阴，位得其正，在实行抑止之时，能够做到心静身安，抑止自己全身，情况当然比九三要好，六四可以自己解决自己的问题，所以《象传》说"艮其身，止诸躬也"。

客：若欲止别人，必须先止自己。《韩非子·外储说上》曾记载说："齐桓公好服紫，一国尽紫，当时千素不得一紫，公患之，告管仲。管仲曰：'君欲止之，何不自诚勿衣也？谓左右曰：甚恶紫臭。'公曰：'诺，'于是朝中莫衣紫，其明日国中莫衣紫，三日境内莫衣紫。"如此自止其身，反躬修己，恐怕是没有什么咎害可言的了。

主：是的。

▤ 六五，艮其辅，言有序，悔亡。

【译文】六五，抑止自己之口不使妄说，说话很有条理，悔恨自当消亡。（辅：上牙床，此处指"口"。）

《象》曰：艮其辅，以中正也。

【译文】《象传》说：六五，抑止自己之口不使妄说，说明六五能有中和之德。

【提示】谨防祸从口出。

客：止之于口，就是不说话吗？

主：不是。抑止其口，只是不让妄说，并不是要求永远保持缄默。在言语之时，时当言则言，时当不言则不言。六五居于尊位，言不轻发，发必有序，这样就可以免使后悔的事情发生。

客：如果言出无序，就会招致咎害。祸从口出就是这个道理。据《韩非子·难一》的记载，有一次晋平公和大臣们一起喝酒，正喝到尽兴之时，晋平公叹息了一声说："做人民的君主一点也不快乐。"这时太师师旷正侍坐在晋平公的前面，听到这句话，抱着琴就撞了过来，平公急忙躲闪开去，琴撞到墙壁上撞坏了。晋平公非常生气，说："太师你撞谁？"师旷表情严肃，一本正经地回答说："现在我旁边有个小人在胡说八道，所以才准备撞死他。"平公说："你撞的是我。"师旷说："呸！你刚才说的那句话根本就不是做君主的人说的话。"这就是平公出言不慎，违背礼义，所招致的侮辱。

主：说话要合乎义理，合乎时宜，讲究先后缓急而中节不乱。六五以阴质居阳位，居位不当，本该有悔；但六五得中，又得阳相和，有中和之德，即《象传》所说的"艮其辅，以中正也"，故恶言不出于口，悔恨也就消亡了。

☶ 上九，敦艮，吉。
【译文】 上九，抑止得更加敦厚笃实，吉祥。 （敦：厚，笃实。）

《象》曰：敦艮之吉，以厚终也。
【译文】 《象传》说：抑止得更加敦厚笃实而获得吉祥，这说明上九能够具有敦厚笃实的品质从而将抑止保持到最后。
【提示】 要善始善终。
客：上九居于艮卦之极，抑止已到了极点，按照《易经》的一般规律，物极必反，应该由此走向其反面——放纵。
主：但事实正相反。从爻象上看，上九以阳刚居艮之极，处兼山之上，有坚笃于止之象，所以爻辞说"敦艮"。

客：初六的抑止只是无咎，上九的抑止却可获吉，这其中反映出艮卦的一种什么倾向？

主：始止无咎，终止有吉，可见艮卦虽然强调善始，但更强调善终。所以《象传》说"敦艮之吉，以厚终也"。

客：还有一个问题。九三与上九是艮卦中仅有的两阳爻，九三抑止则"厉"，上九抑止为何可以获吉？

主：上九与九三都居于二阴爻之上。但是九三位当上下卦体交会之际，在时不当止的时候止，所以危险得很。而上九处全卦之终，时当抑止，上九抑止了，所以获得了吉祥。

客：综观艮卦，可以看到卦中六爻分别取象于人体各部位，从不同角度揭示了抑止的不同情况，抑止的重要问题就是要适时而止。

主：对。初六止于趾动之前，六四自止其身，六五慎止于口，上九敦厚于终止，这都是说的适时而止。适时而止的另一面，则是当行则行，不能静止不变地看待止。所以六二当行而不能行，九三宜动而不能动，说的都是施止不当之义。

客：看来要真正做到止其所当止，是很不容易的。根据上面所做的分析，"止"并不是简单的停止，"时止则止，时行则行"，坚持干什么，坚持不干什么都是止，关键是要"动静不失其时"。因此艮卦所说的止的确是一个自我控制的能力问题。事当做则做，不当做则不做，做就要善始善终；话当讲则讲，不当讲则不讲，讲就要言之有序。要做到如此恰当地控制自己的言行，首要的是"思不出其位"，即思想上要加强修养，经常反躬修己，以使自己能在人事关系上、工作成效上由必然王国早日进入自由王国，做自己的主人。

主：不过这种修养不是一朝一夕就能完成的。人，生也有涯，

　　　　　　　"六十四卦"中的人生哲理与谋略

而自我修养无涯，让我们共勉吧。

53. 渐卦——论循序渐进

☶ 艮下巽上

渐：女归吉，利贞。

【译文】渐卦象征渐进：女子出嫁按照礼仪逐步进行，可以获得吉祥，利于守持正道。（归：女子出嫁。）

【提示】循礼守正，可致吉祥。

主：渐进就是缓进，这是一种有次序的进，不越次序，因而缓慢。整个渐卦的主旨就是要阐明事物发展的循序渐进的规律。

客：这女子出嫁一事怎么能揭示出循序渐进的规律呢？

主：这里只不过是借用女子出嫁一事来说明其中的哲学道理。女子以夫为家，出嫁称之女归。我们知道，古代女子出嫁不是一件简单的事，要行六礼，就是要经过纳彩、问名、纳吉、纳征、请期、亲迎等六个步骤，必须严格按照这个程序去做，缺一不可。女子出嫁遵循了这六礼，这桩婚姻就是正常合理的，如果女子不按这个程序完婚，那就是不正常的，就是私奔，私奔是不会获得吉祥的。没有哪户人家嫁女是不求吉祥的，所以女子出嫁也就大都遵循这个程序去办。

客：这就是说如同女子出嫁那样，任何事物都是循序渐进的，不能随便逾越中间任何一个步骤。这里我想问一下：世界上循序渐进的事物很多，为什么单单要用"女归"之象来说明这个道理呢？

主：女子出嫁一事是生活中最为常见的，其按照程序慢慢进行的道理，容易为人们所理解。

客："利贞"说的就是女子出嫁须守持正道，贞正合礼才是有利的吧？

主：对。渐卦取"女归"之象，"女归"这件事本身就是贞正合礼的，也正因为"女归"有贞正的特点，所以女子出嫁之事必然可以获得吉祥。

《象》曰：渐之进也，女归吉也。进得位，往有功也。进以正，可以正邦也。其位，刚得中也。止而巽，动不穷也。

【译文】《彖传》说：渐渐地向前行进，就如同女子出嫁按照礼仪循序进行，可以获得吉祥。渐进获得正位，说明前往可以建立功业。渐进而又能守持正道，这可以端正国家。渐行而居于尊位，这是由于具有阳刚中和的美德。只要守静而和顺，行动起来就不会走入困穷。

【提示】解释卦辞。

客：《彖传》是逐句解释卦辞，推阐卦义的。开头一句"渐之进也，女归吉也"，取女子出嫁循六礼而获吉之象，喻示事物发展的循序渐进之理，这一点前面已讲过了。下面的几句该是讲渐进利贞的情况吧？

主：不错，这些话谈的都是"利贞"的根据，渐卦二、三、四、五这四爻与归妹卦不同，都得位，其中九五不但得位，而且得中，正是完成渐进之功、大施作为之时，所以《彖传》说"进得位，往有功也；进以正，可以正邦也"，条件既备，安邦定国、建功立业，九五当之无愧。

客：卦中六二不是也得正得中吗？

主：是的。因为《彖传》说的是九五，为避免被人错误理解为六二，所以《彖传》后几句特别加以说明，强调是"刚得中"，而不是"柔得中"。

客：最后一句"止而巽，动不穷也"是从上下卦位来说明渐进之象吧？

主：正是如此。渐卦艮为下、巽为上，下艮为山，为止，止则凝滞不躁；上巽为风，为木，巽则欲动不急。在下的不动，在上的缓动，这正是渐进的气象。只要能够具备此种守静不躁而又谦逊和顺的美德，自然是"动不穷也"，行动起来永远也不会走入困窘之境。

《象》曰：山上有木，渐。君子以居贤德善俗。

【译文】《象传》说：山上有树木，象征渐进。君子们因此逐渐积累贤良的品德，并改善社会的风俗。（居：积。善：改善。俗：指社会的风俗风气。）

【提示】道德的修养，风俗的改善，都是累积渐进的。

主：渐卦下体为艮为山，上体为巽为木，所以《象传》说"山上有木"。

客：渐卦的"山上有木"与升卦的"地中生木"有什么不同？

主："地中生木"是始生之木，幼苗破土而出，按照自然规律，必然要生长增高，日新月异，其生长变化人人都可以看得出来，所以象征上升。"山上有木"是高大之木，已经长成参天大树了，虽然它实际上每日每时也仍在生长，但人们却难以觉察，感到生长缓慢，所以象征渐进。从人事上看，尽管升卦也要积小以至高大，但毕竟处在无所阻碍的时位，强调的是"顺势而升"，而渐卦则是有所等待而进，如女子出嫁要循礼渐进，强调的是"循序渐进"。

客：明白了。君子观渐之象，认识到自身品德的修养和社会风俗的改善都是一个渐进的过程，故《象传》说"君子以居贤德善俗"。

主：完全正确。一个是修己，一个是化俗，都不能设想一朝一夕即见成效，而要靠累积渐进。

客：古人说得好："积一勺以成江河，累微尘以成峻极。"（晋虞薄《厉学篇》）大丈夫不扫一屋又何以扫天下？

☷☷. 初六，鸿渐于干。小子厉，有言，无咎。

【译文】 初六，大雁渐渐飞到水边。遭到年幼无知之人的怨责，但虽然有言语中伤，却没有咎害。（干：岸。）

《象》曰：小子之厉，义无咎也。

【译文】 《象传》说：年幼无知之人有所怨恨，但从初六渐进不躁的意义来看，是不会招致咎害的。

【提示】 渐进不躁，没有咎害。

主：渐卦卦辞取女子出嫁之象，而爻辞都取鸿雁渐飞之象。鸿就是大雁，大雁向来按次序而飞，这很切合渐进的意义。

客：鸿雁是一种水鸟，群栖于水中，当它飞往远方的时候，是一个"渐"的过程，不可能一下飞出好远，初六也只是渐行到水边吧？

主：是的。"鸿渐于干"的"干"是岸的意思。初六是阴柔软弱之才，不具备一飞冲天展翅万里的条件，又处于渐卦之始，居位卑下，宜于渐到水边，而不适宜深进，故爻辞说"鸿渐于干"，这是很合理的。

客：爻辞中的"小子"是什么样的人？

主：对"小子"的理解要特别注意，小子并不是贬义词，而是指不得其位的年幼无知的人。这类人的特点是目光短浅，见眼前而不能推知以后。他们认为鸿雁可以飞得很远，而现在却只渐进到河边即止，于是大发怨责之言。

客：初六渐进河边，蒙受如此言语中伤，应该怎么办才好？

主：初六大可不必去在意人们这些诽言恶语，关键要认真地审时度势，渐进不躁，只要进身以正，不违礼义，自然就可以获得最后的成功，一时的言语相伤又算得了什么？

客：正如但丁所言：走自己的路，让别人说去吧！初六的作为是至为正确的，身处其下，所以要进，阴柔之才，所以不必躁动。如果依照小子之见，初六用刚急进，恐怕会欲速而不达，甚至还会招致咎害。

≣· **六二，鸿渐于磐，饮食衎衎，吉。**

【译文】 六二，大雁渐渐飞到磐石之上，稳固安全，并且有吃有喝，和乐欢畅，可获吉祥。（磐：音 pán，磐石，水边的大石头。衎衎：音 kàn kàn，和乐的样子。）

《象》曰：饮食衎衎，不素饱也。

【译文】 《象传》说：有吃有喝，欢乐和畅，说明六二并不是白吃饭不干事情。（素：空，白。）

【提示】 稳如磐石，和乐得志。

主：初六只是"鸿渐于干"，而六二更进一步，已是"鸿渐于磐"，渐进于磐石之上，获得安稳之所。地位的巩固已如磐石之安，生活的富裕也就在情理之中了，有吃有喝，欢乐和畅，自然吉祥如意。不过，六二并不是无功受禄。《象传》说"饮食衎衎，不素饱也"，"不素饱"就是不白吃饭，这就说明六二是靠自己的升进之功而获得如此荣禄的。

客：六二究竟有何功劳？

主：六二为阴柔居中之臣，远应九五阳刚之君，以阴辅阳，克尽臣道，治理的国家如磐石之安，以功诏禄，当然不是白吃饭。孔子担心人们会误解爻义，特在《象传》中加以指明。

≣· **九三，鸿渐于陆。夫征不复，妇孕不育，凶。利御寇。**

【译文】 九三，大雁渐渐飞到高高的平地上，此时丈夫外出一去不复返，妻子失贞怀孕却不能生育，有凶险。不过却有利于防御强寇。（征：行。复：反。）

《象》曰：夫征不复，离群丑也。妇孕不育，失其道也。利用御寇，顺相保也。

【译文】《象传》说：丈夫外出一去不复返，说明九三叛离了自己的同类。妻子失贞怀孕却不能生育，说明九三的行为失去了夫妇相亲之道。有利于防御强寇，说明九三应当自守以正，从而使之和顺相保。（丑：类。）

【提示】 守渐有道，躁进必失。

客：渐卦六爻中，唯有九三言"凶"。

主：是的。九三以刚阳之质居于阳位，过于刚阳，又处渐进之时，于是刚亢躁进，失渐之正，一失到底，不知回头是岸。这还不算，九三与六四不成阴阳相应，而只是比的关系，然却如此相比无间，互相投合，乐不思蜀而流连忘返，这是要犯错误的。

客：怪不得九三有"夫征不复，妇孕不育"之凶象。九三叛离了自己的同类，成为独夫，发展下去，只能落得个被千夫所指的下场！夫妇相亲之道，只有合礼义才得孕育子嗣，但九三却与六四露水苟合，私情相悦，以至虽孕而不育，必凶无疑。

主：所以《象传》说"夫征不复"是"离群丑也"，说"妇孕不育"是"失其道也"。守正自持的人要以九三为戒。不过话又说回来，九三是阳刚得正之爻，如果能够谨慎运用其刚其强，渐进不亢，不为淫邪所动，这样则有利于以其刚强来防御强寇（注意，一切非理而至的行为都是寇）。如此，就可以避免那种"夫征不复，妇孕不育"之凶，所以爻辞特意从正面告勉说"利御寇"。

客：这样只使九三一人得保，"顺相保"又从何谈起呢？

主：九三如果能够谨慎自守，就会使强寇无所乘，不但御止其恶，自守以正，而且也使对方不至于陷入不义之中，一方未能行凶，一方能够避祸，所以才说是和顺相保。

䷴ 六四，鸿渐于木，或得其桷，无咎。

【译文】 六四，大雁渐渐飞到高高的树木上，或许能够获得一个横平的枝柯，从而不致咎害。 （桷：音 jué，树木枝间的平柯。）

《象》曰：或得其桷，顺以巽也。

【译文】 《象传》说：大雁或许能够得到一个横平的枝柯，说明六四温顺平和。

【提示】 谦卑待人，相安无事。

客：大雁是水居之鸟，脚趾是连着的，不能握枝，无法栖居于树上，现在六四"鸿渐于木"，到了不该到的地方，处境当然是危险的。

主：你说得一点不错。六四以阴居阴，处得其位，但是没有援应，而又凌乘九三之刚，居于不可居之处，故爻辞以大雁栖居高木之上为喻，说明他身处危境。不过，六四居位柔正，又上承九五之阳，有柔顺之德而又能渐进不躁，谦逊待人，故虽处险恶之境，也可转危为安，宛如大雁栖于高木，如果能够获得一根横平之柯，自然也就居位稳当，平安无事了。

客：六四能够转危为安，是因为他以阴居阴，又处于上体巽卦之中，有顺巽之德，既善于行权，又处事灵活，所以才能逢凶化吉，变有咎而为无咎。

主：《象传》说"或得其桷，顺以巽也"，正是阐述此理。

䷴ 九五，鸿渐于陵，妇三岁不孕，终莫之胜，吉。

【译文】 九五，大雁渐渐飞到山岗之上，妻子长期未怀身孕，但外物侵阻最终不能取胜，夫妇达到了结合目的，获得吉祥。（三岁：指多年。）

《象》曰：终莫之胜吉，得所愿也。

【译文】 《象传》说：外物侵阻最终不能取胜，夫妇达到了结合的目的，获得吉祥，说明九五必将应合六二的心愿。

【提示】 克服阻力，如愿以偿。

客：九五取象于"鸿渐于陵"，陵是高岗，这是大雁所能栖息的最高处了。

主：所以这也是渐进的最高境界。九五以阳居阳，而且居中得正，有中正之德，这也是渐进所要具备的最好条件。当然任何渐进都需要一个过程，处渐之时，好事坏事都不可能立见分晓。

客：九五与六二之间是阴阳正应，六二好像一时未得九五之合，因此六二竟然多年未能怀孕。

主：是的，阴阳相合乃是天理，可获吉祥，但是九五与六二之间还隔着九三与六四，九五是经过长期的斗争，克服重重阻力，才达到与六二相合的目的，从而完成渐进之功的。

客：处渐之时，我们一定要树立必胜的信心，修养中正之德，那么光明一定会属于我们，谁笑到最后，谁就笑得最好。

☴ 上九，鸿渐于陆，其羽可用为仪，吉。

【译文】 上九，大雁渐渐飞到高高的平地上，它的羽毛可被用作外表的仪饰，最终获得吉祥。

《象》曰：其羽可用为仪吉，不可乱也。

【译文】 《象传》说：大雁的羽毛可被用作外表的仪饰，获得吉祥，这说明上九心志高洁，不可扰乱。

【**提示**】 超然物外，志存高洁。

客：九三说"鸿渐于陆"，上九还说"鸿渐于陆"，这是怎么回事？

主：这是同一卦中爻象重复出现的问题，古人看待这个问题有不同说法，朱熹《周易本义》认为"陆"应作"逵"，逵是云路；清李光地《周易折中》又认为"陆"字是"阿"字之误，阿是大陵，这些说法有一定的道理，但证据不足，似不可信。看来，陆就是陆，孔颖达说："上九与九三处卦上（上九处上卦之上，九三处下卦之上），故并称陆。"这种解释倾于合理。

客：此话让人信服。渐进的过程，到此已是登峰造极，上九身处巽卦之上，为人谦卑，而况以阳居阴，失其正位，这使得上九更不愿高高在上，而欲超然于进退之外，所以爻辞才说"鸿渐于陆"。

主：爻辞"其羽可用为仪"，就是揭示上九这种精神境界的。羽是德行的比喻说法，仪指的是风范。孟子说："闻伯夷柳下惠之风者，顽夫廉，懦夫有立志。"上九这种居功不傲的高超美德，这种不为地位所累的高尚节操，足可作世人的表率与楷模，值得后人敬仰与学习。《象传》说"志不可乱也"，正是赞扬上九头脑清醒、心境高洁、不贪恋禄位的志向。

客：纵观渐卦卦爻辞，其核心思想就是阐明事物发展过程中"循序渐进"的道理。卦辞以女子出嫁为喻，说明循礼渐行可获吉祥，六爻更以鸿雁渐飞设喻，由近渐远，由低渐高，与卦辞遥相呼应。

主：渐卦六爻还特别强调以阴阳相合为佳，所以初六无应有"小子厉"；六二应于九五，故而稳如千年磐石；九三失应，一派叛离之象；六四虽无应，但或许因上承九五之阳而得一可居枝柯；九五历经险阻，终与六二相合，获得吉祥；上九失位，然居于谦恭之处，以阳居阴，倒又获得超然于进退之外的贤良操守，堪为世人效法。

客：其中尤其值得提出的是九五，由于九三与六四的阻碍，使他暂时不能遇合六二，但是令人钦佩的是九五这样的刚猛之人以自己柔顺中正的高贵品德，从容待时，不急于进，更不在乎一时一地之得失，最终克服了重重困难，获得最后的胜利，这可以说是"渐"义的最充分的体现了。

54. 归妹卦——论婚嫁之道

☳☱ 兑下震上

归妹：征凶，无攸利。

【译文】归妹卦象征嫁出少女：只要有所行动就会有凶险，不会有什么有利之事。

【提示】混乱无序，动辄得咎。

主：渐卦的"女归"说的是古代女子出嫁与人做正妻的那种遵循六礼的明媒正娶，而本卦"归妹"却主要反映古代女子不待明媒正娶而自嫁与人做偏房侧室的婚姻情况。

客：从卦辞上看，在有婚嫁之义的咸卦、恒卦、渐卦、归妹卦中数归妹卦最不好，这是为什么呢？

主：实际上在《易经》全部六十四卦中，卦辞没有一点好处的，只有归妹与否两卦。我们从卦象上来看，归妹卦兑下震上，兑为悦，震为动，欣悦而动本是喜事，故有归妹之象。但是一旦动而不当，偏失正道，好事就会变成坏事。卦中从二到五爻都不正，初九与上六虽然得正，但是阳都处阴之下，居位也并不为佳，这样行动起来当然不会有什么好结果。换一个角度看，该卦兑为下，震在上，兑为少女，震为长男，少女在长男之下，是老夫配少妻之象。对于这样的婚嫁来说，其男女之情胜过夫妇之义，按照古人的观点来看，这也是失其正道，女子不经过男子迎娶，竟然主动从男，不合礼义，结果必凶，更不会有利。

客：卦辞应该是一种告诫之辞吧？

主：对。卦辞说："归妹，征凶，无攸利"，言其"凶"，并不是要从根本上否定"归妹"，只是告诫如果归妹之时偏失正道，结果必然凶险无疑。

《彖》曰：归妹，天地之大义也。天地不交而万物不兴。归妹，人之终始也。说以动，所归妹也。征凶，位不当也。无攸利，柔乘刚也。

【译文】《彖传》说：嫁出少女，这是天地的大义。天地阴阳如不相交，宇宙万物就不能繁衍兴旺。嫁出少女，人类就能终而复始、生生不息。欣悦而动，说明正可以嫁出少女。有所行动必有凶险，说明居位不当。不会有什么有利之事，说明阴柔凌乘阳刚之上。

【提示】 解释卦名与卦辞。

客：《彖传》开头似乎对归妹的意义大加颂扬了一番，这与卦辞的立场完全相反，应该怎样看待这个问题呢？

主：看来孔子作《彖传》时的心情是矛盾的。一方面，女子不经过男子迎娶而主动从男是不合乎礼仪的；但另一方面，孔子又认为这种一夫多妻制度对于确保男系的传宗接代即嫡长子制是有益的，这是宗法制度及相应的上层建筑得以建构并流传下去的前提。这样一来，这种"归妹"与天地阴阳交合而生万物一样合乎情理，所以《彖传》说归妹是"天地之大义也"。并指出"归妹，人之终始也"，认为归妹是关系到人类终始的大问题。而本卦下兑上震，正是下悦上动，男女交合之象，故《彖传》说"说以动，所归妹也"。

客：既然如此，为什么卦辞又说是"征凶，无攸利"呢？

主：前面已谈过，卦辞所言是对所"归"之"妹"的告诫之语，强调女子出嫁行为须"正"，否则必"凶"而"无攸利"。就本卦而言，主要是由两方面的原因造成的，《象传》的"征凶，位不当也，无攸利，柔乘刚也"，就是解释这两个问题的。首先，九二、六三、九四、六五四爻都居位不当，失其正位；其次是六三、六五两爻不但失正，而且以阴柔凌乘阳刚之上，刚柔不顺。这样阴阳失常，刚柔不顺，当然不宜有所行动，否则必然有凶。

《象》曰：泽上有雷，归妹。君子以永终知敝。

【译文】《象传》说：大泽之上响动着震雷，象征嫁出少女。君子们因此要永远保持夫妇之道而不使之被破坏。

【提示】远虑其终，近防其敝。

主：归妹卦下兑为泽，上震为雷，谓泽上有雷。雷动而泽随，随阳动于上，阴感而随从，有女子从男之象，所以说象征嫁出少女。

客：从这种卦象中可以看出蕴含着什么深刻的道理吗？

主：君子看到这种归妹之象应该悟知夫妇之道要"永终"，即一旦成为夫妇，就当白头偕老，使生息嗣续不断，后代长久永传。

客："知敝"要怎样理解才好？

主：这种少女配长男、少妻嫁老夫的婚姻极容易因生离隙而遭破坏，因为这种差龄婚姻往往只是少女一时情悦而动，缺乏坚固的道义基础。正因为知其应当"永终"，才知其易敝，所以预先防备，以思永久其终。

客：这种戒备审慎意识可以推而广之，因为不仅是夫妇有反目之时，天下之事都是有终有敝的，只要从坏处防备，就有希望

　　　　　　　　　"六十四卦"中的人生哲理与谋略

争取到好的结果。

☳☱ 初九，归妹以娣，跛能履，征吉。

【译文】 初九，嫁出少女给人作偏房，犹如腿有毛病但还能行走，有所作为可获吉祥。（娣：音dì，古代陪姊同嫁一夫的妹妹。姊嫁为正妻，娣为偏房。）

《象》曰：归妹以娣，以恒也。跛能履吉，相承也。

【译文】 《象传》说：嫁出少女为人做偏房，说明初九并未失婚嫁之常道。腿有毛病但还能行走，获得吉祥，说明初九要以偏助正，相与承顺。（恒：常。）

【提示】 安于其分，自善其身。

客：初九说嫁出少女为人作偏房，怎么又与跛足联系起来？

主：这是比喻的说法。娣嫁出后是作偏房的，也叫侧室，自然不是正配。但这样嫁出少女并不是什么淫奔之行，未失男女婚配之道，虽然不正，但终究可以施行，这种情况就像跛子一样，腿虽有点毛病，行动不得其正，但终究还可以行走。

客：殷周时代的一夫多妻制度是原始社会群婚制的遗迹，为当时社会所承认。一般的正妻制度六礼不备是失礼，不过为人做娣却并不受这种限制，年龄虽不相当，也不合六礼，但妹随姊嫁，男婚女配，在当时看来是天理使然，所以以娣出嫁还是可以获得吉祥的，故爻辞说"征吉"。

主：正因如此，古人认为妹妹随姊而嫁是婚嫁中的正常现象，所以《象传》中才说"归妹以娣，以恒也"。恒就是常的意思。

客：我总觉得初九这样的女子能获吉，还与她本人的素质有关。否则妻妾争宠，恐怕必起祸端。

主：此话道出了初九获吉的条件，初九居归妹卦之最下，上无正应，是偏房而不是正妻，但以阳刚之质处兑体而居下，为人贤贞而谦顺，明知非正配，却能自善其身，卑以自守，辅助正妻，顺承正妻的意志，绝不与她争风吃醋，而安守自己为妾的本分。当然以今天的观点来看，这种婚嫁制度是对女性的摧残，这是不可否认的。

☵. 九二，眇能视，利幽人之贞。

【译文】 九二，只有一只眼睛，勉强能看东西，有利于幽禁之人守持正道。（眇：音 miǎo，人只有一只眼。幽人：被拘囚起来、失去自由的人。）

《象》曰：利幽人之贞，未变常也。

【译文】《象传》说：有利于幽禁之人守持正道，说明九二未曾改变其严守妇节、矢志不渝的常理。

【提示】 自执其志，守正不渝。

客：初九像跛子两足一正一偏而勉强行走，九二又像人两眼一昏一明而勉强看东西，其间没有多少不同之处吧？

主：不，九二与初九虽然都说的是娣，只有辅佐之用，并无太大作为，但是九二以刚居中，说明她是一个意志坚定的贤惠女子，这一点要比初九好。

客：初九无应而言"吉"，九二有应只言"利"，这是什么原因？

主：初九无应，确实不好，这也决定了初九处于卑下之婢的地位，但是初九却因此能够谦卑待人，安守本分，获得吉祥。九二阳刚得中，说明其身为人娣，居德贤良，但是上应六五阴柔不正，犹如所嫁夫婿不好，女贤而配夫不良，不能大成内助之功，就好像两只眼睛，只有一只眼能勉强看东西，只能发挥一定的作用而已。这样的夫君还会将娣之好心当作驴肝肺，看不到姜之贤良，时刻都有可能遗弃她。

客：如此婚姻恐怕容易发生变故。

主：幸亏九二以刚居中，有中和之德，而且性格坚强，能够像被囚禁而幽居的人那样自执其志，坚守其正，始终用自己的贤德对待夫君的不贤。这在古人看来，是妾之分内正常表现，严守为妾的妇节，自然事情会变得有利，不会发生什么婚变。

☳ **六三，归妹以须，反归以娣。**

【译文】 六三，少女出嫁期盼成为正室，最终还是从姊嫁作偏房。(须：等待，期盼。)

《象》曰：归妹以须，未当也。

【译文】 《象传》说：少女出嫁期盼成为正室，说明六三为人不正，行动不妥。

【提示】 不要有非分之想。

客：六三好像心术不正。

主：不错。从爻象上看，六三以阴居阳，本失其位，而又以阴柔乘凌九二阳刚之上，说明六三为人不正，不安本分。本应嫁作偏房，偏又妄想充作正室，这在古人看来是一种自不量力的轻贱行为。

客：作卦者设此爻恐怕也是劝世人以六三为鉴，不要妄存非分之想，否则就将自食其果。

☳ **九四，归妹愆期，迟归有时。**

【译文】 九四，出嫁少女推延婚期，迟迟未嫁而等待时机。(愆：音 qiān，错过，推延。)

《象》曰：愆期之志，有待而行也。

【译文】 《象传》说：九四推延出嫁婚期，完全出于自己志愿，她是在等待时机。(行：嫁。)

【提示】 守静待时，不急于求成。

客：六三急于求嫁，九四则静待时机，不随便嫁出，刚好形成对比。

主：九四以阳刚之质居于阴柔之位，谦柔谨慎，不正无应，宛如贤女过时未嫁之象。不过九四迟迟不嫁，推延嫁期，是因为她有所等待，好的夫婿尚未在视野中出现。所以九四"迟归"是主动的，不是无人愿娶，到该嫁的时候自然就会嫁出，不会无限制地推迟婚期的。

客：看来行事不能急于求成，要像九四那样静心待时，时机一到，好事即成。

六五，帝乙归妹，其君之袂，不如其娣之袂良。月几望，吉。

【译文】 六五，商王帝乙嫁出少女，作为所嫁之人的正妻的衣着，还不如偏房的衣着好，犹如月亮快要圆满，而不过盈，可获得吉祥。(君：这里指六五，六五为帝王之女，嫁出作正室，故曰君。袂：音 mèi，衣袖，句中指衣着。几望：接近满月。)

《象》曰：帝乙归妹，不如其娣之袂良也，其位在中，以贵行也。

【译文】 《象传》说：商王帝乙嫁出少女，作为正妻的衣着还不如偏房的衣着好，说明六五居位尊贵而又守中不偏，从而以高贵的身份出嫁。

【提示】 尊贵而能谦，美盛而"不盈"，必吉。

主：六五阴柔居中，处位尊显，下应九二阳刚，是所有出嫁少女中地位最为尊贵的，因而喻为"帝乙归妹"。帝乙是商纣王帝辛之父。

客：自古王室女子，大都恃骄而宠，六五却不是这样。地位尊贵嫁为正妻，但衣饰还不如侧室的华美，由此可见六五有谦逊中和的美德，就像是月亮将要圆满但是绝不过盈一样，行动恰如其分。如此有德之人，若不能获吉致福，那才是咄咄怪事。

主：是啊，能娶到六五这样的帝乙之妹，尊贵而能谦，美盛而不盈，倒不失为一辈子的福气。

☳ 上六，女承筐无实，士刲羊无血，无攸利。

【译文】 上六，女子手里拿着竹筐，但却无物可盛，男子杀羊，却未见羊血，无任何有利之事。（实：指筐中之物。刲：音kuī，宰杀。）

《象》曰：上六无实，承虚筐也。

【译文】 《象传》说：上六无物可盛，说明手中捧的是空筐。

【提示】 地位卑贱，一事无成。

主：上六爻辞中说的女子承筐，男子杀羊，这是古代婚礼中献祭宗庙的习俗，竹筐与羊血都是祭祀的必具之物，男子亲自杀羊取血，女子承筐以筹办祭品。

客：现在女子只有一个空筐，无物可盛；而男子杀羊也没有见到羊血，这说明什么问题？

主：说明祭祀根本无法进行。上六捧着竹筐，无实而虚，名存实亡。作为一个妇人似乎有资格与丈夫一起进行祭祀活动，但是作为偏室之妾来说却是没有这个资格的。虽有丈夫，但正室（妻子）却不是她，境遇如此，可悲可叹！

客：不仅如此，而且屋漏偏遇连阴雨，上六以阴居阴，始终无阳之实，且无外应，真是倒霉透顶，最后无论干什么还是不干什么，都不会有利，一事无成。

主：读了渐卦与归妹卦之后，我们会发现，虽说这两卦都讨论了婚嫁问题，但渐卦只是以"女归"即明媒正娶的婚嫁设喻，阐述了做事要循序渐进的道理，而归妹卦才是真正通篇讨论婚嫁问题的。归妹卦以"归妹"即嫁出少女为线索，阐述了男婚女嫁是人类繁衍的根本因素，正如《象传》所阐明的是"天地之大义也"，但其核心要义则是强调女子出嫁必须严守"正"道。卦辞即是从反面设喻，指出行为不正必有凶险，无所利。而六爻则以不同情况为例，阐发了卦辞的意义。初九命该偏房而能安守本分则征吉；九二嫁夫不良而能守正不渝则利贞；九四为选如意郎君宁愿愆期，此为待时，而并非难嫁；六五以帝王之女嫁为正妻却能做到尊而能谦，获得吉祥；六三与上六则不同了，由于居位不正，六三有非分之想，上六则难行祭祀之礼，这就显示了卦辞所言的"凶""无攸利"。可见无论是作偏房也好，作正室也好，是帝王之女也好，百姓之女也好，在婚姻生活中，正则吉，不正则凶。

客：这完全是古代礼教对女子的束缚，看来《周易》中的归妹卦基本上没有什么积极意义了。

主：如果不局限于归妹卦的归妹之取象，那么此卦也能够给我们提供诸多的启示。如初九所谓作偏房，可以看作暂时处在不利的环境中，但是只要能清醒地看到自己拥有哪些优势，并明白自己缺少什么，正确地处理与周边的关系，摆正自己的位置，也还会找到属于自己的幸福，就像跛足仍可以努力行走一样；九二则启示我们，有某些缺陷如视力不济的人通过施展自己其他方面的才能，也会成为有用的人才，关键要正视自己的缺陷，面对现实，并能够节制自己的行为，而不是因为有缺陷而放任自己；六三则提醒我们不要存有非分之想；九四使我们学会放弃和等待，六五使我们见识了尊贵能谦、美盛不盈的品德；上六则告诉我们，如果一个人不能对社会、集体有所贡献，"承筐无实，刲羊无血"，那么他就难以被这个社会、集体所接纳，而"无攸利"。

客：想不到归妹卦对今人也有这么多的启发，看来读懂《周易》的学问容易，理解《周易》的精髓难！

55. 丰卦——论强盛不衰

䷶ 离下震上

丰：亨，王假之。勿忧，宜日中。

【译文】丰卦象征盛大：亨通，君王可以达到这种盛大亨通的境界。无须担心，宜于保持如日中天之势而不使超过极限。（假：感格，至，达到。日中：太阳正当中午。）

【提示】天下盛大，谨以保丰。

主：丰卦的盛大非同一般，而是一种无与伦比的绝对盛大，天下之君至尊至贵，天下之物至富至有，天下之人至繁至庶，天下之土至广至大，这才是天下之盛大，只有这样的盛大才可导致亨通。

客：什么人才能够导致天下之盛大呢？

主：卦辞"王假之"回答了这个问题。只有有德之君王才能导致天下如此盛大之象。

客：一切都如此亨通，卦辞何必多此一举，还要告诫说不必担心呢？

主：卦辞"勿忧"，说明原是有"忧"的，为什么呢？万事万物无不物极必反。月盈则亏，日中则昃，盛大一旦超过极点，必定会由盛变衰，其实盛大的背后就隐藏着衰落，这不能不使人如履薄冰，为之忧心忡忡。

客：既然如此，就要及早采取措施。

主：对。之所以"勿忧"，就是因为"宜日中"，即采取措施保持如日中天之势。日中指一天的正午，正午的阳光最为充足，其势最盛，一旦超过正午，太阳偏斜，就会走向衰落。所以盛大的表面是喜悦，实际上是忧虑，我们千万不要头脑发昏，使自己的行为超过极限，只有做到"宜日中"，才能保持"勿忧"。

客：明白了，卦辞实际上是说只有谨慎从事，才会永保如日中天、强盛不衰的势头。

《彖》曰：丰，大也。明以动，故丰。王假之，尚大也。勿忧宜日中，宜照天下也。

【译文】《彖传》说：丰，就是盛大。离明在下震动而上行，象征太阳升至高空，故可得丰。君王可以达到这种盛大亨通的境界，说明君王崇尚宏大的美德。无须担心，宜于保持如日中天之势，说明此时适宜让盛大之光普照天下。

【提示】解释卦名、卦辞。

客：《彖传》开头几句是解释卦名的吧？

主：是的。其中"丰，大也，"是以"大"解释卦名"丰"之卦义；"明以动，故丰"则是以卦体释卦名。丰卦下离上震，离为明，震为动，离明在下，震动而上行，象征太阳升至高空。太阳刚升起或将降落时都不可能有丰盛的光照，只有升到高空时，才有万丈光芒，无所不照，所以《彖传》说："明以动，故丰。"

客：那么下面接着就是逐句解释卦辞了？

主：正是。君王为什么能达到盛大亨通的境界？这是由于君王崇尚宏大之德的缘故；为什么又说宜于像太阳正居于中天一样，保持充盈的光辉，因为只有如此才能使自己盛明的品德之光普照天下，无所不用，无所不至。

客：看来《彖传》借解释卦辞阐明了处盛之时的两项准则：一是必须有盛美的道德，内心要"尚大"，崇尚宏大的美德；一是必须将此盛美之德推及于人，犹如以其正午的太阳光照天下。

　　　　　　　　　　　　"六十四卦"中的人生哲理与谋略

主：你思考得很深刻，只有保持如日中天之势才能常明不昏，常中不昃。不过要想做到长盛不衰，也是很不容易的，因为静止是相对的，变化才是绝对的。《彖传》的下文就是阐明这个道理。

日中则昃，月盈则食；天地盈虚，与时消息，而况于人乎？况于鬼神乎？

【译文】 太阳到了中天就会偏斜，月亮满盈即将亏蚀；天地大自然有盈有亏，都是随着时间变化而消亡生息的，更何况人，何况鬼神呢？

【提示】 阐发自然界和人类社会的运动规律。

主：这几句话是孔子广泛征引天地日月盈盛虚亏之现象，阐发丰卦的象外之旨。经过这一阐发，艰深难懂的卦辞变成了深刻的人生思考。太阳到了中天就会偏斜，月亮满盈即将亏蚀，这种日月盛衰盈亏的现象难道仅仅是日月本身特有的吗？答案是否定的。万事万物伴随着时间的变化而发生盈虚盛衰的变化，"天地盈虚，与时消息"。《三国演义》开篇说"天下大事，分久必合，合久必分"，与此相类，天下之事，丰极必衰，衰极必丰，这不仅是自然界的普遍规律，也是人类社会的普遍规律。

客：这里怎么又说到了鬼神？

主：鬼神世界只不过是人类社会的折射。人要顺应自然，遵从普遍规律，鬼神自然也不能例外。

客：这段发挥似与《彖传》对卦辞的解释相左，是以变化的绝对性否定了谨以保丰、"宜日中"的可能性。

主：恰恰相反，孔子是以变化的绝对性去反证守中保丰的重要性，揭示了要想处丰不变，盛大不衰，就不能超过极限的道理。

《象》曰：雷电皆至，丰。君子以折狱致刑。

【译文】 《象传》说：震雷闪电一起到来，象征盛大。君子们因此也效法雷震惊电，审理案件，动用刑罚。（折狱：审理案件。致刑：动用刑罚。）

【提示】 明察下情，处罚适中。

主：丰卦震上离下，震为雷，离为电，故曰"雷电皆至"，震雷惊电，一时威力无比，所以雷电皆至之象可以象征盛大。

客：君子看到这种现象，受到很大启发，将之用于"折狱致刑"：效法离电可以明察断案，效法震雷可以威严执法。

主：是的，如果动而不明，违背情实，如同瞎子摸象，各执一端，那就永远也不会走上亨通之途，只会步步维艰了。

☲ 初九，遇其配主，虽旬无咎，往有尚。

【译文】 初九，遇到了与自己相配的主人，尽管两者均为阳刚，但不会招致咎害，前往必然会得到推崇和赞美。（旬：均。尚：嘉尚。）

《象》曰：虽旬无咎，过旬灾也。

【译文】《象传》说：尽管两者均为阳刚，但不会招致咎害。说明初九要是超过九四，破坏了均势，就会有灾祸。

【提示】 共同努力，守中保丰。

主：初九以阳居阳，是刚正之质，九四也是刚阳之质，两者构成敌应关系。

客：俗话说"一山不容二虎"，两强相遇，必有一伤，不知初九和九四究竟谁高谁低。

主：此言也是执其一端，没有辩证地看待这个问题。如果两强势均力敌，能够双方联手，共同努力，不使内耗，这样惺惺惜惺惺，英雄识英雄，其威力是可以想见的。初九正是如此，初九认为九四是自己的配主，而前往相从，与九四合作，共同达到"盛大"的目的。

客：初九能具有这样的君子风度，真是让人佩服，难怪初九遇合九四，不仅没有得到咎害，相反有所行动，却得到人们的推崇和赞美。

主：不过初九千万不能在人们的赞美声中得意忘形，甚至想超过九四，力图压倒九四，一旦破坏了这个均等之势，不但不会获得亨通，相反还会失去原有的优势，招致灾害。"虽旬无咎，过旬灾也"，就是对那些志得意满者的真诚告诫。

☷☲. 六二，丰其蔀，日中见斗，往得疑疾，有孚发若，吉。

【译文】 六二，盛大之时却掩盖了光明，犹如太阳正当中午却见到了北斗星一样，前行必有被猜疑的疾患，幸而又能以自己的一片至诚之心求得信任，最终获得吉祥。（蔀：音 bù，掩盖、蒙蔽。斗：指北斗星。若：句末语气词，无义。）

《象》曰：有孚发若，信以发志也。

【译文】 《象传》说：以自己的一片至诚之心求得信任，说明六二应该用自己的诚信来感发这种盛大光明的心志。

【提示】 精诚所至，金石为开。

客：六二居中得正，本是日中之象，正是阳光灿烂的白天，骄阳当空，怎么又能看到北斗星呢？

主：这是就六二与六五的关系而言的。六二是离明之主，虽未能盛大自己明德，但处中得正，也是光明正大之人，然而令六二遗憾的是，丰卦卦主六五是个昏暗之君，以阴柔之才窃据尊位，六二的光明遭昏暗的遮蔽，故以"日中见斗"为喻，说明光明已被掩盖。此时纵使六二想去迁就六五，也有被猜疑的危险，故爻辞说"往得疑疾"。

客：六二身处困境之中，应该采取什么措施摆脱昏暗？

主：唯一的方法就是要"有孚发若"，用自己的一片至诚之心去感化他人。六二如果能够感化成功，六五醒悟过来，乌云散去，猜疑变成了信任，结果自然还会是吉祥的。

客：这个过程是艰难的，始终要诚以待人，以求吉祥，这种"韧"的精神对于做任何事情都是必要的。

☱☲ 九三，丰其沛，日中见沫，折其右肱，无咎。

【译文】 九三，盛大之时光明被遮蔽，犹如太阳正当中午却见到了无名小星，只好折断右臂，无所作为，不会招致灾害。（沛：通"旆"，遮蔽之物。沫：音 mèi：极小的无名小星。）

《象》曰：丰其沛，不可大事也。折其右肱，终不可用也。

【译文】 《象传》说：盛大之时光明完全被遮蔽，说明九三不可与之共济大事。折断右臂，说明九三最终不能施展才用、有所作为。

【提示】 屈己自守，可以无咎。

主：六二的光明虽被掩盖，但能看见较亮的北斗七星，而九三的光明完全被黑暗所代，伸手不见五指，连天上的无名小星都能看得清清楚楚，"日中见沫"比"日中见斗"的情况要严重得多。

客：六二与六五敌应，所以不好；九三却是与上六正应，为什么也如此昏暗？

主：九三恰恰就坏在这里。上六是阴爻，处趋赴阴暗之所，而又居丰卦之极，九三以刚阳至明之才却遭受到至昏至暗的境遇，宛如日当中午却被夜幕笼罩，仅见微弱小星，虽有才能也无法施用，实在让人为之感叹。

客：所以九三不能有任何作为，如想有所作为，必有咎害，无奈之下，只好折断右臂，屈己自守。

主：想当年孙膑在魏国时，负有千古雄才，但是因有小人庞涓相阻，百般陷害，孙膑知道自己不可能有任何作为了，一代帅才只好自伤身体，谨慎自守。九三也是这样，知道不能与上六这样的小人共济大事，又处于如此悲惨的境况，不能有所作为，索性不为，不求有功，但求无过。

客：孙膑在魏国无所作为才免去一场杀身之祸。看来在特定条件下，无所作为就是为，留得青山在，不怕没柴烧。

☳ 九四，丰其蔀，日中见斗，遇其夷主，吉。

【译文】 九四，盛大之时光明却被掩盖，犹如太阳正当中午却见到北斗星一样。但能遇合与之阳德相匹敌的主人，从而获得吉祥。（夷：平，与"均"义近。）

《象》曰：丰其蔀，位不当也。日中见斗，幽不明也。遇其夷主吉，行也。

【译文】 《象传》说：盛大之时光明被掩盖，说明九四居位不妥当。太阳正当中午却见到了北斗星，说明九四处境幽暗，难见光明。遇合与之阳德相匹敌的主人并获得吉祥，说明九四宜于有所作为。

【提示】 携手共济，正可有为。

客：九四爻辞与六二相同，意义也相似，不知这是何故？

主：同一卦中爻辞重复出现的问题向来比较复杂，争论也多。我们认为，九四处丰之时，以阳刚之质居阴柔之位，盛明之躯却隐入柔暗之所，居位不当，正如盛大之时光明却被掩盖，日当中天却看见北斗星一样，因此九四取象与六二相同。

客：六二靠诚信感化他人而获吉，九四因何也可以获得吉祥呢？

主：九四处于震动之初，初九处于离明之初，两者虽然同是阳刚之才，形成的是敌应，但两强能够携起手来，就会攻无不克，战无不胜。现在，初九言"遇其配主"，九四又说"遇其夷主"，这就说明初九与九四正好一拍即合。作为明之主的初九求动为主，在他看来，九四是他的配主；而作为动之主的九四正好又求明为主，在他看来，初九是他的夷主。这样明动相济，正是大有作为之时，所以可以获得吉祥，而不会相互争斗，招致灾害。

客：这样说来，虽然处境幽暗不明，但是如有明主相助，前途就会一片亨通。

䷶ 六五，来章，有庆誉，吉。

【译文】六五，招来天下俊美之才，必然会有福庆，从而获得美誉与吉祥。（章：指俊美之才。）

《象》曰：六五之吉，有庆也。

【译文】《象传》说：六五得到吉祥，说明一定有福庆之事。

【提示】德才兼备，万事顺遂。

主：六五以阴居阳，虽不称位，但却有柔中之德，且居君之位，善于利用天下俊才，从而达到天下盛大的目的。

客：对于六五来说，自己既有中和之德，又获天下人才，也可算是一种"德才兼备"了。

主：惠士琦《易说》中说得好："一人之明不足以照天下，唯能来天下之章，而以群贤之明助一人为明，则天下远近幽深无不照矣。"六五可致如此，这也真是天下福庆之事。

客：这样一来，就会万物顺遂，说他能获得荣誉与吉祥，也是在情理之中了。

䷶ 上六，丰其屋，蔀其家，窥其户，阒其无人，三岁不觌，凶。

【译文】上六，拼命扩大房屋，反而掩蔽了自己的居室，从

"六十四卦"中的人生哲理与谋略

门户里窥视，寂静而不见人迹，如果长时间还看不见人露面，就必有凶险。（阒：音 qù，寂静。觌：音 dí，见。）

《象》曰：丰其屋，天际翔也。窥其户，阒其无人，自藏也。

【译文】《象传》说：拼命扩大房屋，说明上六居位极高，不与下交，犹如独自在天空飞行一样。从门户里窥视，寂静而不见人迹，说明上六自己把自己掩蔽深藏起来。

【提示】自高自大，与世隔绝，会自致其凶。

客：丰卦六爻只有上六一爻言"凶"，命运是最不济的。

主：上六如此遭遇，绝不是偶然的。以阴柔之质居于丰卦之终，处于震动之极，自恃居位高高在上，志得意满，甚至飞扬跋扈起来，于是拼命地扩大自己的房屋，结果不但没有光显门第，相反倒自家障蔽起来，从而与社会隔离，使自己孤立。

客：这样的人既然背离了社会集体，也必然会被社会集体所抛弃。

主：不错，人们逐渐地与他疏远了，最后甚至没有人再与他交往，因而从门户中向里窥视，只见深宅大院，幽深寂静，杳无人迹。时间一长，越发恶性循环，形成一派肃杀之象，陷入绝对的孤立而难以自拔。

客：扬雄说得好："炎炎者灭，隆隆者绝。观雷观火，为盈为实，天收其声，地藏其热，高明之象，鬼瞰其室。"上六自高自大，自蔽自藏，也是自致其凶。

主：要想永远获得盛大之吉，绝对不能过中，任何时候，做任何事，如果谁超过了极限，过分了，势必就要自取其亡。

客：丰卦爻象也体现了这一点，凡处下守中者，均为谨慎修己以求强盛不衰，故初、二、四、五诸爻虽阴阳不应，却多吉祥，凡处上下卦之极者，由于过中而损丰，故三、上两爻虽阴阳有应，或不免"折肱"，或终至凶险。

主：是的，丰卦六爻分别表明处丰得失善否的情状，但归结起来，还是对卦辞思想的阐释。丰卦极力阐明丰可至亨通，但又强调保持强盛不衰的艰巨性，其中最重要的有两点：一是必须道德盛美，只有有德之君子才可至丰，即"王假之"；一是必须光明常照，不可过中，即"宜日中"。可见丰卦喻意是非常深刻的，它警醒世人丰不忘衰，盈不忘亏，求丰不易，保丰更难。

56. 旅卦——论行旅之道

䷷ 艮下离上

旅：小亨，旅贞吉。

【译文】 旅卦象征行旅：小有亨通，行旅之时坚守正道可获吉祥。

【提示】 谨守正道，不宜妄为。

主：中国古代哲学中有极为发达的辩证法思想，对盛衰消长、祸福相倚都有精到的阐述，《易经》中丰卦后次之以旅卦，也说明了这个道理。《序卦传》中说："穷大者必失其居，故受之以旅。"超过了极限，情况就向相反方面转化。

客：旅卦讲的就是无家可归、寄人篱下的人如何处事的问题。

主：正是这样，一般的羁旅之士，很少懂得行旅之道，南唐后主李煜一味怀念过去，于是"此中唯日夕以泪洗面"；田常则胆大妄为，企图阴谋篡权、夺人之国，于是杀掉齐简公。这些都不是一种正常的行旅之道，不过从中可以看出，只要不是思想麻木的人，就很少有人会安于那种风餐露宿的羁旅生活的。行旅之人应该相信，自己虽失其居，但并不是就走进了不可自拔的困境，只要努力，还是可以小获亨通的。

客：为什么只是"小亨"，不能"大亨"？

主：羁旅之人，旅居之外，寄人篱下，只能求小通以存其身，无法求大通以干大事，故只是"小亨"而已。

客：既然只能"小亨"，苟且失正似也无关大局。

主：不然。虽然行旅在外，四处流浪，也不宜行邪妄为，只有坚守正道、谨慎而行才可能获得吉祥。所以卦辞特别劝勉说"旅贞吉"。我们接着看《彖传》。

《彖》曰：旅，小亨，柔得中乎外而顺乎刚，止而丽乎明，是以小亨，旅贞吉也。旅之时义大矣哉。

【译文】《彖传》说：行旅，可以小获亨通，谦柔之人在外居位适中而且能够顺从阳刚者的意愿，安静守正而又依附于光明，所以说小获亨通，且行旅能坚守正道，必获吉祥。行旅时的意义是多么重大啊。

【提示】解释卦义。

客：旅卦《彖传》没有解释卦名，只是逐句解释卦辞，阐发旅卦大义。

主：对。而且主要是举出六五这一爻来说明的。六五以阴柔之质居于外卦，处于中位，上承刚爻上九，此爻象说明流浪在外的行旅之人居位适中，而且能够顺从于阳刚。就卦体而言，旅卦艮下离上，艮为止，离为明，以此说明羁旅之人应该安静以守，而又要向上附丽光明。晋公子重耳流亡之时，曾在卫国向野人乞讨食物，行旅之艰可略见一斑，后来依附于齐桓公，娶其女齐姜为妻，生活稍稍有所安定。在齐国这一段时间，重耳行事适中，谨慎以守，但始终不忘东山再起，最后他离开了齐国，重振雄风，成为与齐桓公齐名的春秋五霸之一。这可以非常形象地印证旅卦《彖传》的微言大义。

客：话虽如此，古人总是眷恋故土，把寄居异地、流浪他乡看成是非常严重的事情，不到万不得已，谁愿把自己的一把骨头埋在异乡呢？

主：也正是这样，才可以见出行旅的重大意义，天下之事都当各适其宜，而行旅的处境是极难把握的，其意义也是最不容易知晓的，把握得好，一个人可因旅而兴，把握得不好则会因旅而亡。

客：难怪《彖传》说："旅之时义大矣哉！"

主：行旅之道，也是人生之道，人生也会有无可奈何、遭受挫折的时候。越是在这样的艰难处境中，就越要守持正道，绝不向恶势力低头，永不磨灭的应是对光明前途的坚强信念。

《象》曰：山上有火，旅。君子以明慎用刑，而不留狱。

【译文】《象传》说：山上燃烧着火焰，象征行旅。君子因此动用刑罚要明察而审慎，而且不能长期拖延不判。

【提示】解释卦象，推衍卦义。

客："山上有火"怎么能象征行旅呢？

主：旅卦下为艮，上为离，艮为山，离为火，所以卦象才是"山上有火"。山在下静止不动，火在上四处蔓延，到处流动，因此取火在山上流动之象来象征行旅。

客：君子观察山上有火之象，悟知火在高山之上，明无不照，则处理案件时要明察秋毫，慎用刑罚；同时观火行不居之象，悟知不能因为慎用刑罚就将案子长期拖置不判。

主：完全正确，既能"明慎"，又能"不留狱"，才是"刑狱"之正道。《象传》的"刑狱"之理是对卦辞"行旅"之义的衍申。

☶ 初六，旅琐琐，斯其所取灾。

【译文】 初六，行旅初始，行为猥琐卑贱，这是自我招取灾患。（琐琐：猥琐卑贱的样子。斯：此，这。）

《象》曰：旅琐琐，志穷灾也。

【译文】 《象传》说：行旅初始，行为猥琐卑贱，说明初六志意穷窘，因而自取灾患。

【提示】 人穷志不能穷。

主：初六以阴柔之才处于旅卦之始，以阴居阳，本失其位，是寄居在外，远离家室的旅人之象；而阴柔之质，没有刚强振作的意志，故性格柔弱，目光短浅。

客：不知哪位哲人说过：性格即命运。初六处境不佳，又是如此性格，还能有什么大的作为？

主：初六处于行旅之困境，想干的完全是身边的一些粗贱的琐事，看到的也都是眼前小利，这样做不要说于国于民不利，就是对于自己也会造成一种灾祸，因为斤斤计较小事，会使人讨厌，招致忌恨，祸患当然也就随之而至。爻辞"旅琐琐，斯其所取灾"，就是说的这种情况。

客：初六也有九四与之正应，为什么还会造成这样的窘况？

主：初六虽然有九四的刚阳相应，但是正像孟子说的那样："自暴者不可与有言也，自弃者不可与有为也。"初六的行为卑琐和咎由自取的灾祸，都是由于其人穷志短，胸无大志造成的。

客：所以《象传》说："旅琐琐，志穷灾也!"

☶☲ 六二，旅即次，怀其资，得童仆，贞。

【译文】 六二，行旅在外，有适当的客舍可居，身上带着钱财，还得到童仆的照顾，宜于坚守正道。（即：就，靠近。次：客舍。资：钱财。贞：正。）

《象》曰：得童仆，贞，终无尤也。

【译文】《象传》说：得到童仆的照顾，宜于坚持正道，说明六二最终不会有什么过错。

【提示】 柔顺中正，可以创造舒适的旅行环境。

主：六二以阴居阴，位得其正，而又居中，有柔顺中正之德。从《象传》中我们已经知道，行旅之时有柔顺中正之德，是会有好处的。

客：六二好像已经得到了行旅之人想得到的东西。

主：不错。一个人客羁在外，能够有合适可居的客舍，有足够的钱财，又有童仆的真诚照顾与帮助，六二还有什么不满足的呢！

客：既然如此，六二此时应该获得吉祥才是。

主：此言差矣。人们旅居于异地他乡，能免于灾害，没有什么过失就已经是相当不错了，无论如何也谈不上什么吉祥。而且爻辞还于无事之时防有事，特意劝勉六二要"贞"，时刻不忘坚持正道。

客：想想也对。人心不足蛇吞象。羁旅之时，一旦房子、钱财、童仆这些都得到了，往往会得寸进尺，失却正道，刻意追求名利，甚至存邪恶野心，这必然会遭到他人的反对、嫉妒、怀疑和算计，从而自取其害。不过我还有一点不明确，爻辞举出了"旅即次，怀其资，得童仆"三个方面，《象传》为什么只言及后者？

主：房子、钱财都是身外之物，得而复失，失而复得，是常有的事，但是人在举目无亲的旅困中若能得到一位忠实的童仆，那对孤旅之心将是多么大的慰藉。而且有了人，"旅即次，怀其资"也容易做到，所以《象传》特别指出："得童仆，贞，终无尤也。"

　　　　　　　　"六十四卦"中的人生哲理与谋略

☶ 九三，旅焚其次，丧其童仆，贞，厉。

【译文】九三，行旅之时被大火烧掉了住处，丧失了童仆的照顾，失去了正道，结局必然相当危险。

《象》曰：旅焚其次，亦以伤也。以旅与下，其义丧也。

【译文】《象传》说：行旅之时被大火烧毁了住处，说明九三也因此而受到伤害。旅居在外却将童仆也看作陌生的行路人，既如此，按照常理，当然要失掉童仆。　（下：指童仆。义：道，理。）

【提示】失道寡助，必败无疑。

客：六二以阴居阴，得位，九三以阳居阳，也得位，为什么条件相似，结果却大为迥异呢？

主：你忘记了另一个重要条件。《易经》最讲中道，旅卦尤其贵中。六二柔顺得中，谦以待下，而九三居上失中，过于阳刚，中道既失，九三结局危厉也就成为一种必然。

客：所以爻辞说明九三在行旅中虽然有居住之所，但不久就被一把大火烧了，原来还有童仆来帮助他，这下也丧失了。

主：对。人在行旅之时，本来亲近之人就已稀少，只有童仆不离左右，如今九三把童仆都看作陌生的人，当然会失去童仆的真诚帮助与无私照顾。

客：既失行旅持中之道，又丧他人之助，这样的人只有自己去品尝失败的滋味了。

主：对于九三这样既伤害自己，又伤害别人的人，这种结局合乎情理，多行不义必自毙，天理昭然。

☶ 九四，旅于处，得其资斧，我心不快。

【译文】九四，行旅之时暂得居住之处，得到锋利的斧子来斫除居住之处的荆棘，但是我的心中还是不大畅快。　（资：

齐，利。）

《象》曰：旅于处，未得位也。得其利斧，心未快也。

【译文】《象传》说：行旅之时只是暂得居住之处，说明九四还未有适当的居位。得到锋利的斧头来斫除居处的荆棘，说明九四心中还是不甚畅快。

【提示】心愿未遂，难得顺畅。

客：九四凭阳刚之才居阴柔之位，可见他是一个怀才不遇、失位羁旅的人，不过看起来他的命运要比九三好。

主：是这样。九四阳刚居柔，处在上体之下，而且与初六形成正应，用柔能下，刚柔相济，所以其命运比九三要好些，能在行旅之时暂得安身之所，但此处不是平坦之地，还需要自己斫除遍地的荆棘，这说明九四窘迫的流浪生活还要持续一段时间，因此九四虽然得到利斧，可以砍掉所居之地的荆棘，暂时安处，但心中并不畅快。

客：对于怀有大志的人来说，实现自己一生的远大志向，那才是平生最快之事，一时的小恩小惠、小名小利，根本就不算回事。

主：也只有实现自己的志向，才算是实现了人的自我价值。

䷷ 六五，射雉一矢亡，终以誉命。

【译文】六五，射取野鸡，虽然费去一支箭，但终将会获得美誉与爵命。（雉：音 zhì，野鸡。誉：美誉。命：爵命。）

《象》曰：终以誉命，上逮也。

【译文】《象传》说：终将获得美誉与爵命，说明六五的地位与声望很高。（逮：及。上逮：及于上，言其地位声望已经很高。）

【提示】不要因小失大。

客：六五以柔居刚，处于中位，身在离明卦体，这说明六五具有光明正大而又柔顺中和的美德，而这种美德在行旅之时是最为适宜的，也最合处旅之道。

主：虽然六五光明柔顺，得乎中道，但终究是行旅在外，总会有所缺失。爻辞以"射雉"与"矢亡"为喻说明这个问题。

客：这就要权衡利弊了。射取野鸡，费去了一支箭不假，总还是得到了一只野鸡，得到的还是比失去的要多。

主：是的。六五千万不能因小失大，虽然暂时失去了一些东西，最终还是会得到崇高的声誉与尊贵的爵位。"吃小亏赚大便宜"这句俗语虽说俗了些，但其中所包含的处事的道理，不能说没有一点积极意义。

　　　　上九，鸟焚其巢，旅人先笑后号啕。丧牛于易，凶。

【译文】上九，鸟窝被焚烧，行旅之人先是喜笑颜开，后是号啕大哭。在易国荒远之处丢失了牛，有凶险。　　（啕：音táo，哭。）

《象》曰：以旅在上，其义焚也。丧牛于易，终莫之闻也。

【译文】《象传》说：作为行旅之人却尊高自处，依理必然会有鸟窝被焚的灾祸。在易国荒远之地丢失了牛，说明上九在外遭祸却没有人能够知道。

【提示】乐极生悲，败局无可挽回。

客：上九以阳刚处高亢之位，自以为无比高大而沾沾自喜，却没有想到至为刚亢而易摧折，犹如起火的山林里的鸟窝，危在旦夕却兀自不知，最终被一场大火烧毁，只有号啕痛苦的份了。故爻辞说："鸟焚其巢，旅人先笑后号啕。"

主：是的，爻辞以焚巢为喻，说明行旅之人应以谦下柔和得

中为佳，尊高自处，骄横不羁，自然会导致焚巢之灾，正如《象
传》所言："以旅在上，其义焚也。"

客："丧牛于易"是什么意思？

主："丧牛于易"与大壮卦的"丧羊于易"都是记述殷之祖先
王亥之事的。这是爻辞的又一个设喻。在异国他乡放牧走失了牛，
预示着一场大灾难即将到来。事实上，王亥正是被易国之君绵臣
杀害而夺其牛的。

客：上九遇难于遥远的异域，无人知晓，也无人去援救，生
未见人，死不见尸，可悲可叹。

主：《象传》说："丧牛于易，终莫之闻也"，正是对此发出的
慨叹。

客：同是"行旅"，有的因旅而获誉，有的因旅而致凶，《象
传》说"旅之时义大矣哉"，不虚此言。

主：范仲淹说得好："夫旅人之志，卑则自辱，高则见嫉；能
执其中，可谓智矣。是故初'琐琐'而四'不快'者，以其处二
体之下，卑以自辱者也；三'焚次'而上'焚巢'者，以其据二
体之上，高而见嫉者也；二'怀资'而五'誉命'，柔而不失其中
者也。"（《范文正公集》）可见"行旅"既须守正，又当以柔顺持
中为本。其实，"行旅"不仅仅指出门在外，人的一生，乃至万事
万物，无不借天地以行旅，因此，细细体会旅卦所揭示的"行旅"
之理，对人生是不无裨益的。

57. 巽卦——论以屈求伸

☴ 巽下巽上

巽：小亨，利有攸往，利见大人。

【译文】巽卦象征逊顺：小有亨通，利于有所前往，利于出

现大人。

【提示】 以谨慎逊顺营造一个利于开拓进取的环境。

客：巽的象义是风，风能在每一角落和每一裂缝中穿行，并且风可以随时令变化而变化，智者遵循这一原则，不断调整自己，以顺应社会环境的变化，增强生存和竞争的能力，所以从人事上来看，巽卦象征逊顺。不知这一解释是否正确？

主：老兄对巽卦卦名的解释很有道理。从卦体上也可看出逊顺之义，巽卦一阴伏于二阳之下，有逊顺以容人之象，上下卦皆为巽，故象征"逊顺"。

客：按你的看法，下卦的初六和上卦的六四这两个阴爻该是巽卦的主爻了？

主：是的。初六和六四虽然处在阴柔卑下的地位，但由于能以阴从阳，逊顺容人，人无不悦，所以能够扭转不利于事业成功的逆境，营造出一个有利于开拓进取的宽松环境，故卦辞曰"小亨"，即小有亨通。

客：为什么是"小亨"，而不是"大亨"呢？

主：毕竟地位卑下，虽经努力有所改善，但所通尚不算大；且《周易》以阳为大，阴为小，既以阴为卦主，故为"小亨"。

客："小亨"的局面来之不易，此时应利用这一环境有所行动。逊顺容人，委曲求全，不是目的，只是以屈求伸的手段。

主：是的，所以卦辞说"利有攸往"。

客：下一句"利见大人"与"利有攸往"有什么关系？

主：盲目前往是不会致亨的，在行动中须有刚德之人指导，须有大人君王申命施治，所以卦辞说"利有攸往，利见大人"。卦中九五阳刚居尊，上下顺从，即为"大人"之象。

《象》曰：重巽以申命。刚巽乎中正而志行，柔皆顺乎刚，是以小亨，利有攸往，利见大人。

【译文】《彖传》说：上下逊顺宜于尊者申谕命令，阳刚尊者以其中正美德被众人顺从而其意志得以推行，阴柔者都逊顺于阳刚，所以卦辞说小有亨通，利于有所前往，利于出现大人。

【提示】总论卦义并释卦辞。

主：巽卦《彖传》很有特点，它不是逐句解释卦辞，而是先总论卦义，在总论的同时也解释了卦辞的意义，最后以"是以"二字引出卦辞作结。

客："重巽"是否指巽卦上下体皆为"巽"？

主：可以这么说。由于上下体均有一阴伏于二阳之下的卦象，也可以说"重巽"，就是上下皆逊顺。上下皆顺，正宜于尊者颁布命令，众人执行，故《彖传》说"重巽以申命"。

客：发布命令的尊者就是九五吧？

主：是的。九五阳刚中正，居于尊位，众爻皆逊顺于他，所以他可以发号施令，并得以推行他的意志。这也就是《彖传》所说的"刚巽乎中正而志行"。卦辞"利有攸往"正是"志行"之意。

客：那么《彖传》"柔皆顺乎刚"是指初六、六四两阴爻皆顺承阳爻的卦象？

主：是的，既顺承阳爻，也就是"利见大人"了。让我们接着看《象传》。

《象》曰：随风，巽。君子以申命行事。

【译文】《象传》说：和风相随而吹拂，象征逊顺。君子因此申谕命令并见诸行动。

【提示】君子效法"风行"之象，申命于众，行事于天下。

主：《象传》的"随风"与《彖传》的"重巽"相似，也是以上下卦象来解释卦义的。

客：巽为风，巽卦卦体两巽相重，是风与风相随而吹拂，风之入物无所不至，无所不顺，故《象传》说："随风，巽。"

主：是的。君子研究此卦象，认识到要效法风行天下无所不顺之象来行使自己的权力，于是发布命令，施行政事。这就是《象传》所说的"君子以申命行事"。

☴. 初六，进退，利武人之贞。

【译文】初六，进退犹豫，利于勇武之人坚守正道。（进退：即进退犹疑之意。）

《象》曰：进退，志疑也；利武人之贞，志治也。

【译文】《象传》说：进退犹豫，说明初六思想混乱，疑惑不决；利于勇武之人坚守正道，是以武人之勇整治其混乱的思想，树立坚守正道的意志。

【提示】初六位卑体弱，当进不进，是以勉励其树立和修治坚守正道的意志。

客：初六进退失据，恐怕与其爻象有关。

主：是的。初六在重巽之下，体弱性柔，是进是退，不能决断，《象传》说他"志疑"，是十分准确的。

客：那么初六的出路在哪里呢？

主：初六的问题既是"志疑"，所以对症下药，首先就要整治其混乱的思想，树立其坚守正道的意志。但是请你注意，思想混乱只是初六的外在表现，为什么会出现这个毛病，这是有其内在原因的。高明的医生治病不是只治标，而是标本兼治，且以治本为要。对于初六而言，之所以"志疑"，进退不决，是由于体性柔弱，逊顺太过造成的。因此补刚是初六的首要任务，故爻辞说"利武人之贞"，即补之以武人之勇。如果临事能用武人的正气加以调整，则可勇猛果断，济其柔弱之不足。

客：不过我还有一问：初六能否由柔懦不决之人变为贞固勇决之人，能否由"志疑"变为"志治"？

主：爻辞说"利武人之贞"，从"利"字来看，应该是有效的。初六爻在两个方面对今人很有启发。首先是处理问题，特别是处理思想问题，能够对症下药，因势利导，收到了良好的效果，其间的经验对于今天的思想政治工作者来说，尤其值得借鉴。其次，逊顺是为了进取，如果逊顺到进退犹疑，不能有所作为，那就失去了逊顺的意义，这个问题九二处理得比较好，我们下面看九二爻。

☴. 九二，巽在床下，用史巫纷若，吉，无咎。

【译文】 九二，逊顺而屈居床下，通过祝史、巫觋频繁致意于君王，可获吉祥，没有咎害。（纷若：来往传话非常频繁。若：语气词，无义。）

《象》曰：纷若之吉，得中也。

【译文】 《象传》说：频繁致意可获吉祥，说明九二能够守中不偏。

【提示】 能屈能伸，可获吉祥。

主：九二阳居阴位，表现得很逊顺，屈居床下。

客：九二的行为使我想起民间流行的一则笑话。说是有这么一家子，丈夫患有"妻管严"，一日夫妻俩吵架，丈夫被妻子的鸡毛掸子打得无处躲藏，钻到床底下，妻子喊他出来，丈夫觉得在床下很保险，遂作刚强状："大丈夫说话算话，说不出来就不出来。"

主：九二可不是懦弱的丈夫，他屈居床下是为了向九五君王表白自己的诚意，以便取得九五的信任，开拓自己的事业。

　　　　"六十四卦"中的人生哲理与谋略

客：九二为何担心九五不信任自己？

主：九二是刚爻，刚爻往往不逊顺，且九二与九五敌应，这些都容易引起九五对九二的怀疑。所以九二表现得非常逊顺，居于床下，同时还主动请祝史、巫觋这些善于沟通人与鬼神的关系的神职人员，往来传话，与九五疏通关系，终于使九五解除了怀疑，从而获"吉，无咎"。

客：九二的获吉，应该说主要是得益于他的居中，正如《象传》所说："纷若之吉，得中也。"居中则无过刚之弊，能逊顺从上；居中也可避免卑屈谄媚，而与九五疏通关系，达成谅解。

主：你说得很有道理，九二是一位真正的大丈夫，能屈能伸，终于获得吉祥。

䷸ 九三，频巽，吝。

【译文】 九三，皱着眉头勉强顺逊，有所恨惜。（频：通"颦"，皱眉。）

《象》曰：频巽之吝，志穷也。

【译文】 《象传》说：皱着眉头勉强顺逊而有所恨惜，是因为九三壮志全无。

【提示】 一味地忍屈顺逊，无可救药。

客：九三皱着眉头去干卑顺的勾当，看来心情十分不好。

主：九三上为六四阴爻所乘，不得不皱着眉头勉为顺逊，忍受屈辱，心中当然有所恨惜。

客：《象传》说九三"频巽之吝"是因为"志穷也"，"志穷"与初九的"志疑"还是有区别的。

主：那当然。初六的"志疑"是面对前进与后退的不同选择，拿不定主意，根据初六的具体情况可以补之以勇气，"志"则"治"矣。九三则是根本没有志气，只知唉声叹气，一味地忍屈顺从，无法救治，是以"吝"矣。

☰☴ 六四，悔亡，田获三品。

【译文】 六四，悔恨消失。田猎获取三类物品。

《象》曰：田获三品，有功也。

【译文】 田猎获取三类物品，说明六四以勇武决事获得成功。

【提示】 顺逊之道在于有所建树，获得成功。

主：六四阴柔无应，又乘凌九三阳刚，处境不利，本该有悔；但是另一方面，六四以阴居阴，上承九五之阳，依尊履正，故虽有悔而终当"悔亡"。

客："田获三品"的"三品"是否指《礼记·王制》中所言的"天子、诸侯无事则岁三田，一为干肉，一为宾客，一为充君之庖"？

主：是的。古代贵族田猎所获之物有三种效用，即供"干豆""宾客""充庖"三用，是为三品。"干豆"指将干肉盛在祭器豆中（这里的"豆"用其本义，指古代一种盛食物的器皿）是享神的祭品；"宾客"指招待宾客的食品；"充庖"即充君之庖，指供君王食用的珍贵食品。不过对于理解六四爻辞来说，所谓三品不一定要坐实，"田获三品"就是田获盛多之意。

客：六四与初六同样处于二阳之下，但六四吸取了初六进退犹疑的教训，虽以逊顺上承九五，却又能主动出击，"田获三品"终于有所建树，获得成功。

主：《象传》说："田获三品，有功也"，即为对六四的嘉许。

☰☴ 九五，贞吉，悔亡，无不利，无初有终。先庚三日，后庚三日，吉。

【译文】 九五，守持正道可获吉祥，悔恨消失，无所不利，虽然没有良好的开端但有良好的结果。在象征"变更"的庚日前三天发布新令，而在庚日后三天实行新令，这样叮咛在先，揆度在后，办事谨严缜密，必获吉祥。（终：古语谓好结果为终。）

《象》曰：九五之吉，位正中也。

【译文】《象传》说：九五之所以获得吉祥，是由于他居中得正。

【提示】 以中正之德申命行事，必获成功。

客：爻辞说九五"贞吉，悔亡"，难道九五阳刚得正，又居尊位，本也有"悔"吗？

主：九五处在当"巽"之时，但以阳居阳，似有不甚逊顺之悔，好在九五刚正居中，能持守正道，故得"吉"，使"悔亡"，并"无不利"。

客：《象传》所云"刚巽乎中正而志行"就是指的九五爻。"刚"言九五，"中正"与爻辞的"贞"相合，"志行"与爻辞的"无不利"相合。这样理解是否妥当？

主：完全正确。《象传》曰："九五之吉，位中正也"也正是此意。下面一句爻辞"无初有终"则是对这一过程的生动描述。

客：九五由于以阳居阳，损于谦逊，所以初以刚直待物，人皆不悦，但由于九五终能秉乎中正，邪道与悔恨终皆消失，变得无所不利，此谓之"无初有终"，意即没有良好的开端却有良好的结尾。下面的"先庚三日，后庚三日"，我就搞不明白了。

主：这里的"庚"与蛊卦的"甲"、革卦的"己"一样，都是天干纪日中的符号名称。在甲、乙、丙、丁、戊、己、庚、辛、壬、癸这十干中，戊、己为中，过中则变，庚为过中之数，古人常取以象征"变更"，此处作为更布新令之象。"先庚三日"是指在象征"变更"的庚日前三天发布新令，"后庚三日"是指在象征

"变更"的庚日后三天实行新令。当然这只是个比喻的说法，他要说明的是当国家社会发生弊病时需要改革，要改革就是要制定政策、发布命令并具体实施，在这一系列过程中特别注意做到谨慎，不可躁进躁动，要酝酿宣传在前，试行并总结经验于后，这样才能深入人心，上下顺从，获得吉祥。

客：那么爻辞为什么偏偏要说"先庚三日，后庚三日"，而不是二日或四日呢？

主：这仍与天干有关。庚日的前三天是丁日，后三日是癸日，丁借为叮咛之叮，癸借为揆度之揆。变革之际，叮咛于先，揆度于后，办事如此严谨，当然可以获吉。

客：不经这一番讲解，此中的深义还真难弄明白。

☴ **上九，巽在床下，丧其资斧，贞凶。**

【译文】上九，逊顺而屈居床下，丧失了锋利的斧子，守持正固以防凶险。（资斧：利斧。）

《象》曰：巽在床下，上穷也；丧其资斧，正乎凶也。

【译文】《象传》说：逊顺而屈居于床下，说明上九已经居于逊顺穷极之位；丧失了锋利的斧子，说明上九应当守持阳刚之正以防凶险。

【提示】卑躬屈节，丧失刚正之德。

客：看来上九是一个真正的懦夫，不仅屈居床下，连象征临事决断的利斧都丢了。与其说上九的行为是逊顺，倒不如说是卑躬屈节更贴切些。

主：是的。上九处逊顺穷极之位，即《象传》所言的"上穷"。过于卑顺，而且只屈不伸，故爻辞戒之以"贞凶"，《象传》也指出要"正乎凶"。上九如果不能做到守持阳刚之正，等待他的只能是凶险的死路。

"六十四卦"中的人生哲理与谋略

客：看来巽卦所说的逊顺，尽管是小有亨通，但主于有所行动，建功立业；对君王来说要敢于申命变革，对百姓来说要善于以屈求伸。六爻的爻辞告诉我们，逊顺并不等同于无条件的盲目卑顺，更不是卑躬屈膝，而是要持守中正阳刚之德。所以九三以刚屈柔，一味逊顺，则生"吝"；上九卑躬屈膝，失去决断，则生"凶"；而初六虽有犹疑，但居刚位，勉之以"武人之贞"；六四顺承九五阳刚，嘉之以"田获"之功；至于九二以屈求伸，九五以中正之德申命行事，上下皆顺，更是逊顺得当，吉而又吉。

主：你总结得很精当，巽卦所言的逊顺，其目的不在于逊顺本身，而是在于通过逊顺容人，营造一个利于进取建功的宽松环境，所以逊顺就有一个度的问题，过刚不逊、傲慢无礼固然不好，而卑躬屈膝、任人宰割当然也不会有好结果。《易经》所提倡的这种在人事交往中不亢不卑、逊顺容人、以屈求伸的态度和方法，是值得玩味的。

58. 兑卦——论和悦相处

䷹　兑下兑上

兑：亨，利贞。

【译文】 兑卦象征和悦：亨通，利于守持正道。

【提示】 指出和悦相处时总的行为原则。

主：《序卦传》说："兑者说也。"说即悦，有喜悦、和悦的意思。

客：卦形与悦有什么关系吗？

主：兑的象义为泽，《周易正义》曰："泽以润生万物，所以万物皆说（悦）；施于人事，犹人君以恩惠养民，民无不说（悦）也。"

客：物喜民悦，必至亨通。

主：是的，悦是至亨之道，但是并非随便怎样求悦都能至亨，如果不以正道求之，而是为满足一己之私欲，那就会陷于谄邪，流于放僻。

客：所以卦辞诫之以"利贞"，指出和悦至亨，但利于持正。

主：持守正道是和悦相处时总的行为原则，违反了这个原则，不唯不能至亨，还要有悔厉。

《彖》曰：兑，说也。刚中而柔外，说以利贞，是以顺乎天而应乎人。

【译文】《彖传》说：兑，意思就是悦。阳刚居中而柔和处外，足以使人和悦相处并利于守持正道，因此真正的喜悦，上顺于天理之正，而下应于人心之公。

【提示】解释卦名和卦辞。

客："兑，说也"，这是解释卦名的，你前面讲过"说"就是"悦"的意思，"说"与"悦"到底是什么关系？

主：一般人认为这两个字是通假字。所谓通假就是指古代汉语书面语中以音同或音近的字来代替本字，"悦"是本字，在《彖传》中以音近字"说"来代替。但此说实际上是错误的，清代著名学者段玉裁在《说文解字注》中已经指出"说"与"悦"是古今字的关系。所谓古今字是指在某个意义上先后产生的两种字形，先产生的字称为古字，后产生的字称为今字。在汉代以前表示"喜悦"的意思用"说"字表示，由于"说"同时还表示"说话"的意思，为了汉字表意的精确性，后来又造了一个"悦"字专门表示喜悦之意，那么在喜悦这个意义上，"说"与"悦"就是一对古今字，"说"为古字，"悦"为今字。

客：原来古代通用的字，还有通假字与古今字之别，不经过专家考证还真难搞清其间的关系。下一句"刚中而柔外，说以利贞"是解释卦辞的吧？

主：是的。兑卦上下二体皆以刚爻居中，故称"刚中"，而上下二体又皆以柔爻居上位，故又称"柔外"。

客："刚中而柔外"为什么就可以"说（悦）"呢？

主：阳刚居中，有中心诚实不虚伪之象，阴柔在外又象征对外待人接物柔和逊顺而不粗暴。内心诚实而不虚伪，待人逊顺而不粗暴，这当然给人带来喜悦，大家和悦相处，故无所不亨。正如王弼《周易注》所说"刚中，故利贞；柔外，故说（悦）亨。"

客："是以顺乎天而应乎人"该是对上文的总结和升华。

主：正是，刚中诚信则顺乎天理，柔外和顺则应乎人心，所以《彖传》对卦辞加以生发，指出能做到"刚中而柔外，说以利贞，是以顺乎天而应乎人"。

说以先民，民忘其劳；说以犯难，民忘其死。说之大，民劝矣哉！

【译文】 君王大人以与民众和悦相处的精神来导引民众前进，那么即使有劳苦之事民众也能任劳而忘其苦，以与民众和悦相处的精神来导引民众奔赴国难，那么即使有牺牲生命的危险民众也能不避艰险视死如归。和悦的意义是多么宏大，可以使民众自我勉力啊！（先：导引。犯：赴。劝：勉。）

【提示】 进一步发挥和悦之道。

主：这段话文字上较难理解的是"悦以先民"的"先"字。在这里不是表示时间或空间的名词或副词，而是个动词，意思与其本义相接近。《说文解字》说："先，前进也。""先民"的意思就是引导民众前进。

客：文字上的难点疏通了，这段话的意思还是好理解的。它讲的是如果能以诚恳和悦的态度与人民相处，带领人民前进，那么人民的积极性就能被充分调动起来，当需要人民出力的时候，民就会忘其劳，当需要人民赴难的时候，民就会忘其死。

主：是这样的。《象传》的作者孔子在这里实际上精辟地阐述了统治者与被统治者相处的原则问题。"劳"与"死"，就人的天性来说是想竭力避免的，但统治者若能平等待人，与百姓和悦相处，则百姓忘劳忘死，无悔无怨，可见和悦的意义是多么宏大，所以孔子感喟道："说之大，民劝矣哉！"

客：要我做与我要做，劝民与民自劝，这里边是有着根本的区别的。可惜今天却还有许多领导者认识不到这一点，他们不是诚心诚意地为人民服务，做人民的公仆，从而使人民切实感到自己是社会的主人，变要我干为我要干，积极主动地投身到当前的改革大潮中去，而是凌驾于人民之上，甚至鱼肉人民、欺公罔法，这样做，怎么能调动人民投身改革的积极性？

主：说得对，真可谓位卑未敢忘忧国。接着看下文。

《象》曰：丽泽，兑。君子以朋友讲习。

【译文】《象传》说：两泽相连互相滋润，象征和悦。君子观此卦象便聚集朋友相互讲解道理研习学业。（丽：附丽。）

【提示】 以治学为喻阐发和悦相处的道理。

主：兑卦上下体均为兑，兑为泽，泽不能相重，所以称"丽泽"，意为两泽相附丽。

客：两泽相附丽何以象征和悦？

主：两泽相附丽，交相浸润，互有滋益，正是和悦相处之象。

客：君子效法两泽相丽彼此浸润滋益之象，乃聚集朋友互相讲习，彼此切磋。

主：是这样的。古人认为独学无友则孤陋寡闻，所以历来重视朋友聚居讲习道义，强调要"不耻下问"（《论语·公冶长》），所以《尚书·仲虺之诰》说："好问则裕，自用则小。"

客：我记得《论语·述而》中说有四件事情孔子甚为忧虑，其中之一便是"学之不讲"。

主：是啊，所以孔子在作《象传》时就说"君子以朋友讲习"。此外他在《论语·学而》中还说过："学而时习之不亦说（悦）乎？有朋自远方来不亦乐乎？"这个观点与《象传》完全吻合。

≣. 初九，和兑，吉。

【译文】 初九，和悦待人，吉祥。

《象》曰：和兑之吉，行未疑也。

【译文】 《象传》说：和悦待人可获吉祥，说明初九行为端正，无可怀疑。

【提示】 和悦端正，可获吉祥。

主：初九以阳居下，又无所系应，能够随时处顺，有和悦待人之象。

客：能够和悦待人就可以获得吉祥了吗？

主：和悦待人只是一方面，卦辞已指出处兑之时利于守持正道。初九获吉，一方面是由于和悦待人，另一方面也是由于其阳刚居正。阳刚则行为不邪谄，居正则行为端正。这样一来，初九的所作所为没有什么过失，也没有什么可遭人疑忌的，当然可获吉祥。

客：看来《象传》所言"和兑之吉，行未疑也"，正是补充交待爻辞没有明说的第二个方面。

主：是的。

☱. 九二，孚兑，吉，悔亡。

【译文】 九二，心怀诚信，和悦待人，吉祥，悔恨消失。

《象》曰：孚兑之吉，信志也。

【译文】 《象传》说：心怀诚信和悦待人而获得吉祥，说明九二思想诚实坚定。

【提示】 和悦相处，应有诚信之德。

客：九二与初九都言"吉"，但九二的处境似乎比初九要艰难一些。

主：是的。初九阳刚居正，而且远离六三阴柔小人，所以和悦而又端正，行为也无可怀疑，其获吉是轻松而又自然的。九二则不同了，九二以阳居阴，且又面临六三阴柔小人的谄媚，有失位失正之悔。好在九二以刚居中，孚信存于中，有中正诚实之德，一方面心怀诚信和悦待人，一方面自守不失，与六三相和而并不同流合污，这才获"吉，悔亡"。

客：看来真正做到与人和悦相处是很不容易的。首先是自己要心怀诚信，以正与人相处，不以谄媚来取悦于人；同时也要警惕别人的媚态招引、邪道诱惑，以正自守。要做到这两个方面，思想必须始终信实而坚定。

主：说得非常正确。正因为九二思想坚定不移，经得起考验，所以《象传》说九二"信志也"。

☱. 六三，来兑，凶。

【译文】 六三，前来谋求和悦，有凶险。

《象》曰：来兑之凶，位不当也。

【译文】 《象传》说：前来谋求和悦而有凶险，说明六三居位不正当。

"六十四卦"中的人生哲理与谋略

【提示】谄邪求悦，必有凶险。

客：六三不是以正来与人相处，而是以谄媚来取悦人，与初九、九二不是同一类人。

主：是的。六三以阴处阳，不中不正，且与上无应，故来求初九与九二二阳。

客：悦自有道，是不可故意来求的。如果内心无诚信之德而表面装出一副媚态笑脸来取悦于人，这是谄邪求悦，必有凶险。

主：是的。初九刚正，九二刚中，都是正派之人，不会去搭理六三的。而六三之所以邪佞得凶，也正是由于其居位不中不正。《象传》说"来兑之凶，位不当也"，的确是一语中的，因为位不当则行为不正，行为不正必致凶险。

䷹ 九四，商兑未宁，介疾有喜。

【译文】九四，商度思量和悦之事而心中很不安宁，若能隔断阴柔，疾恨邪佞，则有喜兆。（商：商酌、考虑。介：隔断。）

《象》曰：九四之喜，有庆也。

【译文】《象传》说：九四的喜兆，是因为有匡济国家之功，值得庆贺。

【提示】战胜自我，建功于国。

主：九四上承九五之尊，下比六三之佞，而自身则刚居柔位，刚能守正，柔则不坚定，因此对于究竟是接受六三的谄媚求悦，还是上奉九五的刚中之尊，一时拿不定主意，内心斗争激烈而不能自宁，这就是爻辞所说的"商兑未宁。"

客：那么九四究竟何去何从呢？

主：九四毕竟质本阳刚，故经过一番思想斗争，终于决定与六三划清界限，把六三隔开，不让他越过自己进而再去迷惑九五至尊，并疾恶六三阴柔邪恶，九四能做到这些，自然是喜庆之兆，故爻辞又说九四"介疾有喜"。

客：《象传》说"九四之喜，有庆也"，"喜"与"庆"难道还有什么不同吗？

主："喜"只是一人之喜。九四能够隔断阴柔疾恨邪恶，说明他不再被疑虑所困扰，重新回到真正的和悦之中，这对九四来说是可喜可贺的，但九四的居位说明九四不仅是属于他自己，同时还属于国家，因为他位居近君的大臣之位，这样九四的隔阴疾邪就有了匡济国家之功，其个人之喜也就成了国家之庆。

客：我明白了。九四能够战胜自我，是以"有喜"，而能建功于国，是以"有庆"。从"有喜"到"有庆"是由小我到大我之升华。由此可见，《周易》是以国家利益高于个人利益的。

☱ 九五，孚于剥，有厉。

【译文】 九五，信任消剥阳刚的阴柔小人，有危险。（剥：消剥。）

《象》曰：孚于剥，位正当也。

【译文】 《象传》说：信任消剥阳刚的阴柔小人，说明九五正处于易被小人割剥之位。

【提示】 切勿受小人巧言令色的迷惑。

主：九五阳刚居尊位，且得乎中正，但在和悦相处这个问题上，仍不能掉以轻心，因为九五密比于上六之阴。上六为阴邪不正之人，别无系应，专附于九五，用巧言令色将自己的祸心包藏起来，引诱九五信任于他，以便消剥九五阳刚。

客：九五如果真的谬信小人，受其谄媚，沉醉于无端的欢快和悦之中，那无疑是在为自己修筑通往死地的道路。

主：是这样的，所以爻辞告诫说："孚于剥，有厉。"

客：那么《象传》的"位正当也"该怎么理解？

主：九五处于尊位，最易受蒙蔽，就像《战国策·齐策》"邹忌讽齐王纳谏"一段中邹忌所言："宫妇左右莫不私王，朝廷之臣莫不畏王，四境之内莫不有求有王。由此观之，王之敝甚矣。"处于尊位本来就易受蒙蔽，而九五恰恰又密比于上六，正是处在易于被小人佞悦而割剥之位，这就是"位正当也"之意。

客：我明白了，"位正当也"即正当位也，正是易于被佞悦割剥之位。

主：完全正确，这里的"正当"是"正处在"的意思，而不是"正确恰当"的意思。

䷹ 上六，引兑。

【译文】 上六，引诱他人相与和悦。

《象》曰：上六引兑，未光也。

【译文】《象传》说：上六引诱他人相与和悦，说明上六的和悦之道未能光明正大。

【提示】 诱人以悦，居心不良。

主：上六以阴柔而居悦极，是极其阴邪不正之人。他的危害性不仅在于其阴邪不正，更在于其以巧言令色包藏着割阳的祸心，用谄媚的手段来引诱别人与之和悦相处，以便实现其阴谋。

客：爻辞用"引兑"一语彻底揭穿了上六居心不良的阴险面目，警醒世人提防其阴谋得逞。

主：《象传》更是明确指出"引兑"不是光明正大的做法。

客：看来，阿谀奉承、拍马逢迎，远古已有之，而对其危害性古人也是看得很清楚的。但至今仍有许多人特别是一些领导干部在杀人不见血的软刀子面前败下阵来。他们沉湎于别人的吹嘘拍马声中，钟情于金钱物质的利诱，在不知不觉中丧失了原则，走上了犯罪道路，十分令人痛心。真想劝这些人好好读读《易经》，从先贤的智慧中多多汲取一些人生哲理。

主：兑卦确实有许多深刻的道理值得记取。兑卦充分阐述了人与人之间应和悦相处、悦可至亨、悦可使民忘死建功立业的道理，但又强调和悦相处要以贞正为先决条件。六爻正是通过具体的时位揭明此旨的。六三与上六以柔媚取悦于人，是被否定的对象；初九行为端正，九二心怀诚信，九四隔阴疾邪，都能以正道求和悦，故或获"吉"，或"无悔"或"有喜"；九五因其近比上六则诫之以"孚于剥，有厉"。可以说兑卦是中国最早论述和悦相处正反两方面经验教训的文字，给后人提供了许多有益的启示。

59. 涣卦——论拯济涣散

䷸ 坎下巽上

涣：亨，王假有庙，利涉大川，利贞。

【译文】 涣卦象征涣散：亨通，君王以美德感格神灵而保有庙祭，利于涉越大河巨川，利于守持正固。（假：感格。）

【提示】 形散而神聚可致亨通。

客：涣卦象征涣散，从卦形上说，是否可以认为涣卦坎下巽上，坎为水，巽为风，风行水上，水波离散，故有涣散之象？

主：完全正确，下面的《象传》正是这样解释的。

客：可是涣散总不是什么好事，卦辞为何言"亨"？

主：风行水上，水波涣散，但水波散而不乱，秩然有序，文理灿然，这是形散而神聚。散而不乱，散而能聚，当然可以致亨。

客：从另一个角度来看，事物的发展过程往往是有散有聚的。水聚集于湖中，在阳光和风的作用下蒸发为水汽，这是散；但是雨又给湖泊补充了新的水源，这是聚。散和聚就是这样相互依存的。推衍到人事上看，人与人之间的关系，甚至每一个社会组织，都经历过有散有聚的过程，原有的形态在完成特定性的使命后终将瓦解，而新的关系又将逐步确立。可以说"涣散"促使过时观念和陈旧制度的瓦解，而孕育着新事物的诞生。据此看来，涣散并不可怕，关键是要抓住机遇，拯救涣散，促使其向聚合的方向转化，从而达到亨通的境界，以上所言，不知是否正确。

主：所论纵横捭阖，很有启发。涣卦卦义正是立足于揭示散与聚的对立统一关系而展开论述的。当然拯治涣散，由散至聚，并不是一蹴而就即可大功告成的，而是要采取切实的措施才能成就涣而求聚的大功。所以卦辞接着说"王假有庙"。

客："王假有庙"在萃卦中已经出现过。这里指君王通过宗庙祭祀以聚合神灵之佑，同时也以此唤起人们的宗族意识乃至国家意识，凝聚万众之心，拯救涣散，渡过难关。君王既然获得先人神灵的佑助，又增强了人们的心理凝聚力，便可以济大难了。卦辞"利涉大川"正是比喻聚合人力可以济难。

主：是的。不过要注意此时行为须正，拯救涣散，聚而至亨，关键是得正，不以正行之，则必有渎神、凶险之事，所以卦辞最后强调要"利贞"。

客：从卦辞来看，济涣至亨有三个要点：一是诚以感格，一是聚合人力，一是行为以正。这三者缺少哪一条都不能获得成功。

主：的确如此。下面看《象传》。

《象》曰：涣亨，刚来而不穷，柔得位乎外而上同。王假有庙，王乃在中也。利涉大川，乘木有功也。

【译文】《象传》说：涣散而至亨通，是由于阳刚者前来居阴柔之中而不穷困，阴柔者获得正位于外而与在上的阳刚同德。君王以美德感格神灵而保有庙祭，说明君王居处正中而能凝聚人心。利于涉越大河巨川，说明乘着木舟合力涉险必获成功。

【提示】 解释卦义、卦辞。

客：《象传》的前两句很难理解，不知所云。

主："刚来而不穷，柔得位乎外而上同"，是从卦体上说明为什么涣散而能至亨的。要理解这两句象辞，首先要理解涣卦的卦变。涣卦坎下巽上，按卦变理论，下体坎（☵）本是坤（☷），上体巽（☴）本是乾（☰）；乾的初爻来居坤的中位，坤（☷）则变成坎（☵），而坤的中爻填补乾的初位，乾（☰）则变成巽（☴）。这样，原来下体坤卦的阴与上体乾卦的阳就被涣散分解了，整个卦体遂成为涣卦的卦形（䷺），这就从卦体上说明了涣卦为何言"涣"。

客：涣卦下体的刚爻九二原是由上体而来，而上体阴爻六四原是由下体而来。

主：是的。九二刚爻来居下卦，与初爻、三爻等阴爻和睦相处，交往不穷，这就叫"刚来而不穷"；而六四以阴爻居柔位是当位，且居于外卦上承九五、上九等阳爻，与之同心同德，这就叫"柔得位乎外而上同"。由涣卦的卦变可以看出，阴阳虽涣散，但散而不穷，散而得位，形散而神聚，这就解释了为什么涣而能至亨的问题，所以《象传》说"涣，亨"。

客：太妙了，这使我的疑团涣然冰释。下面几句解释卦辞，比较好懂。"王假有庙，王乃在中也。"是说以美德感格神灵而保有庙祭的君王究竟是谁呢？是位居正中的九五。

主：对。九五居中得正，是聚散之主，所以能够以至诚感格神灵。

客："利涉大川，乘木有功也"，是说涣散之时虽有危难，但只要致力于拯救涣散，仍可涉险历难，建树功业。

主：注意《象传》在这里强调"乘木有功"。涣卦坎下巽上，坎为水，巽的另一象义是木，其卦体本身就有木舟行于水上之象，

"六十四卦"中的人生哲理与谋略

所以言"乘木有功"，以喻聚合人力涉险济难必能成功。

《象》曰：风行水上，涣。先王以享于帝，立庙。

【译文】《象传》说：风行水面之上，象征涣散。先代君王观此象乃祭享天帝，建立宗庙，以聚合人心。

【提示】用祭享天帝、建立宗庙来凝聚民众。

客：风吹在水面上，水波离散，故风行水上有涣散之象，这好理解，难的是下一句。风行水上与祭享天帝、建立宗庙有什么关系？

主：其实前面已经谈到了。水波涣散，但散而不乱，秩然有序，是谓形散而神聚，先王观风行水上之象而悟知散中有聚之理，故祭享天帝、建立宗庙。祭享天帝可将涣散于无涯天际的神气聚合于一坛，建立宗庙则可聚合于一室，借此获得神灵的佑助。同时"享天帝，立庙"本身也是凝聚民众的有效举措。所以《周易程氏传》说："收合人心，无如宗庙；祭祀之报，出于其心。故'享帝''立庙'，人心之所归也。系人心、合离散之道，无大于此。"

䷺ 初六，用拯马壮，吉。

【译文】初六，借用健壮的良马来拯救涣散，可获吉祥。

《象》曰：初六之吉，顺也。

【译文】《象传》说：初六的吉祥，是由于他能顺从九二刚中之才。

【提示】涣散之初，借用外力，能够及早拯救。

主：初六处涣之初，涣散刚刚开始，拯救起来还比较容易。但是初六阴柔，无力拯涣，必须借助外力。

客：可是初六并无正应，谁能来帮助他呢？

主：初六无应却近比九二，若能顺从九二以自拯必能有成。九二刚中有才，完全有能力帮助初六拯涣。九二才力之大有如壮马，爻辞以"用拯马壮"来比喻初六得到九二的帮助，十分形象。由于初六借用九二外力的帮助，使刚刚开始的涣散得以及早拯救，故爻辞评之以"吉"。

客：《象传》说："初六之吉，顺也。"点明了初六获吉的原因是由于顺从九二刚中之才。

主：这个"顺"不仅是指初六顺从九二，也有顺乎时之意义，说白了就是初六时机把握得好。如果错过涣散之初而形成涣散定局，那么即使"用拯马壮"也无法挽回。九二爻就面临这一难题。

☰☵. 九二，涣奔其机，悔亡。

【译文】 九二，涣散之时奔向可供凭依的几案，悔恨消失。（机：通"几"，几案。）

《象》曰：涣奔其机，得愿也。

【译文】 《象传》说：涣散之时奔向可供凭依的几案，说明九二得遂阴阳相聚的愿望。

【提示】 当涣散形成之时，可另辟蹊径以求聚亨。

客：为什么初六不言"涣"字，而其他各爻都以"涣"字开头？

主：初六不言"涣"字，是因为初六处涣散之初，还没有形成涣散的局面，而其他各爻都以"涣"字开头，是因为他们已处在涣散形成的时候。

客：九二处在涣散之时，凭着自己如壮马般的才力，不去拯救涣散，却奔向几案，这是怎么回事？

主：初六为涣散之初，可借用壮马来拯救，此是当救而救。九二则处于涣散已形成之时，与其救而无功，莫如急速离开危境

　　　　　　　　"六十四卦"中的人生哲理与谋略

到安稳的地方去。那么哪里是安稳之地呢？九二也无正应，而与初六阴阳亲比，双方相互依赖，相互帮助。初六把九二看作可以借用的壮马，而九二则把初六看作可供凭依的几案，即可以安居之地。所以爻辞说九二"涣奔其机"。不过初六由于处在涣散之初，又有九二刚中帮助，故可得"吉"；而九二已处于涣散之中，且依靠初六阴柔相助，故仅得"悔亡"。

客：其实散与聚是相对而言的。九二处涣散之时无可挽救而急就于初六，反而得以实现阴阳相聚的愿望，体现了散而能聚的涣卦卦义。

主：这是另辟蹊径以求聚亨，《象传》说："涣奔其机，得愿也。"正是点明了这一点。

☰☵ 六三，涣其躬，无悔。

【译文】 六三，涣散自身，无所悔恨。（躬：自身。）

《象》曰：涣其躬，志在外也。

【译文】 《象传》说：涣散自身，是因为六三的志向在自身之外。

【提示】 忘身无私，可致无悔。

客：六三为什么要涣散自身？

主：六三是阴柔之质，且不中不正，有私己之念，本该有悔，但他居于阳位，应于上九，有散其私心、忘身徇上之象，故能涣散自身，以忘身无私的精神去济涣，从而消除了导致后悔的错误，故爻辞曰："涣其躬，无悔。"

客：《象传》说六三"志在外也"，是否指六三应于上九这一爻象？

主：是的。六三于涣散之时能够忘身以济涣，虽不能完全济天下之涣，但却与上九之志相合，并得阴阳相聚，也体现了涣卦聚散相互依存的意义。

፧· 六四，涣其群，元吉；涣有丘，匪夷所思。

【译文】 六四，涣散其朋党，非常吉祥；涣释小群割据而聚成山丘似的大群，这不是平常人所能想到的。 （匪：非。夷：平常。）

《象》曰：涣其群元吉，光大也。

【译文】 《象传》说：涣散其朋党非常吉祥，说明六四的品德光明正大。

【提示】 涣释朋党，解除割据，有利于国家的统一。

客：六四居阴得正，上承九五，下无应而无私，有涣散其朋党之象。

主：六四作为一个公正无私的大臣，不仅能够解散自己的朋党，使国家得到大吉，而且还能解除各种有碍统一的小群割据势力，涣散小群而重新聚合如山丘般的大群——一个完整统一而强大的国家。做到这一点是很不容易的，这不仅要求六四自身素质要好，能大公无私，还要求六四具有政治家的抱负，拥有卓越的政治远见。这些都不是平常人思虑所能达到的，所以爻辞说六四的行为是"匪夷所思"。

客：《象传》说："涣其群元吉，光大也。"是对六四光明正大的思想行为的赞美吧？

主：六四不树朋党之私，以聚合人心匡济天下为己任，誉之为光明正大，当之无愧。

፧· 九五，涣汗其大号，涣，王居，无咎。

【译文】 如同发散身上汗水出而不返一样，君王发布正大的拯涣号令，处涣之时，君王坐镇指挥，令出必行，没有咎害。

（号：号令。）

《象》曰：王居无咎，正位也。

【译文】《象传》说：君王坐镇指挥，令出必行，没有咎害，说明九五正居君主尊位。

【提示】拯涣致聚，要有一个正确的领导核心。

客："涣汗"是怎么回事？

主："涣汗"比喻君王发布命令，就像汗水从身上流出，不能收回，象征君王拯涣的决心。

客：为什么偏偏以"涣汗"为喻呢？这里是否还有什么深意？

主：不错。我们都有这样的体会，当身体郁结风寒时，若能散发一场大汗，病就好了。国家、社会也是如此，积弊久了，会出现各种问题，产生"疾病"，这时也需要"涣汗"，将长期淤积壅滞的各种弊端一扫而尽。所以用"涣汗"来比喻君王发布拯涣号令，是再恰当不过了。

客：六四不是已经做了这方面的工作了吗？

主：六四虽然是一位功勋卓著的政治家，但他毕竟只是执行号令的一员大臣。处涣之时，当机立断发布拯涣号令的是阳刚中正居于尊位的九五。有这样一位具有远见卓识的领导者坐镇指挥，又有六四这样无私干练的大将来贯彻执行，定可拯涣成功，不遗咎害，故爻辞说"王居无咎"。

客：国家处于涣散之时，君王居位端正非常重要，否则群龙无首，如何济涣！

主：是的，九五爻辞实际上是说在拯涣致聚的过程中，要有一个正确的领导核心，而九五正如《象传》所言是一位居于"正位"的有才华的领导者。

☴ 上九，涣其血去逖出，无咎。

【译文】 上九，涣散至极而达到天下大聚，于是忧恤远离惕惧脱出，没有咎害。（血：通"恤"。逖：通"惕"。）

《象》曰：涣其血，远害也。

【译文】《象传》说：涣散至极而达到天下大聚，于是忧恤远离，说明上九远离伤害。

【提示】 大乱达到大治，大散达到大聚。

主：上九居涣卦之极，但经过各爻的努力，大乱达到了大治，大散达到了大聚，故上九能够离忧出惕，远离伤害而"无咎"。

客：涣卦名之为涣，但卦爻辞并非立意于涣散而是从散与聚既对立又统一的特定规律入手，阐述了涣而能聚的意义与治涣济涣的实施方法。

主：是这样的。因为涣散是能够拯救的，所以卦辞言"涣亨"。而"王假有庙，利涉大川，利贞"，正是济涣至亨的三个要点。涣卦六爻爻义与卦义是基本一致的，充分体现了涣散与聚合相互依存的辩证关系。初六始涣急救而获"吉"，九二因涣散反而实现了阴阳相聚的愿望，六三亦因舍身济涣而终能与上九相合，六四散小群而聚大群，九五则是拯涣的总指挥，上九终于达到了治涣的目的。

客：我觉得涣卦的内容既具有认识论的意义，又具有方法论的意义。说它具有认识论的意义，是因为我们从涣卦中了解到涣散与聚合相互依存的关系，懂得了涣散可以至亨的道理，涣散瓦解了旧观念、旧制度，同时也就孕育了新观点、新制度。说它具有方法论的意义，是因为我们从涣卦中知道了拯治涣散的最好办法莫过于使用涣散的手段，如六四爻所述，由于朋党割据涣散了国家，拯治的办法就是以其人之道还治其人之身，散尽朋党，解除割据，国家自然由散而聚，由涣而致亨。

　　　　　　　"六十四卦"中的人生哲理与谋略

60. 节卦——论节制之道

䷻ 兑下坎上

节：亨。苦节不可，贞。

【译文】 节卦象征节制：节制可致亨通。但是不能过分节制，而应该守持正固。

【提示】 节制有道。

主：节卦卦辞字面上很简约，语义的理解也不是太难。一个"亨"字点明卦旨，说明凡事只要能够适当节制，就会万事亨通。

客："苦节不可，贞"这一句怎样理解更好一些呢？

主：这句话是从正反两面来说明节制之道的。先言"苦节"即过分节制是有伤事理的，因此告诫说"不可"，这是从反面论述，接着又说"贞"，节制应该守持正固，是从正面说明，这样就可通达节制之道。请接着看《象传》。

《彖》曰：节亨，刚柔分而刚得中。苦节不可贞，其道穷也。说以行险，当位以节，中正以通。天地节而四时成；节以制度，不伤财，不害民。

【译文】《彖传》说：节制可致亨通，这是因为阳刚与阴柔上下明白相分而阳刚又得中的缘故。但是不能过分节制而应该守持正固，如果不这样的话，必然会导致节制之道走入困穷。物情欣悦就会勇于赴险，处位妥当就能自觉进行节制，居中守正而行事必将畅通无阻。天地自然正是因为有所节制，一年四季才得以形成；圣贤明主以典章制度为节制，就不会浪费资财和残害百姓。（说：音 yuè，同"悦"，欣悦。）

【提示】 阐释卦义。

主：你能说说"刚柔分而刚得中"是怎么回事吗？

客：好的。这是以上下卦象与二、五爻象来解释卦辞"节，亨"之义的。节卦为兑下坎上，下兑为阴卦，上坎为阳卦，阳上阴下，乃是常理，而刚柔相分，男女相别，正是节之大者。节卦二、五爻都是刚爻居中，而刚中是最为周易所推崇的。节卦如此，自然可以获得亨通。

主：讲得极好。也正是在这种意义上，王弼在《周易注》中这样说道："阳上而阴下，刚柔分也；刚柔分而不乱，刚得中而为制主，节之义也。"请接着说。

客：节贵乎中，能够处中，就会亨通。亨与穷是相对应的，节如果不能处中，节过了头，变成苦节，失去了节制应该保持的正确适中的度，这样就必然会失去节制之道，使节制之道向相反的方向转变，从而走入困穷之境。所以《象传》才说"苦节不可贞，其道穷也"。下面一句"说以行险，当位以节，中正以通"与卦辞"节，亨"是一个意思。

主：是的，但这一句是就卦体而言的，说即悦，指下兑，险指上坎，故有"说以行险"之象。

客："当位""中正"是就哪一爻而言的？

主：这里都指"九五"一爻。既然要节，就免不了会有阻碍难通之事，九五处尊位，居中守正，内心欣悦，通不畏险，说明节得安稳自如，顺利通畅，可见要想能够"节，亨"，节制必须不违"悦"，适当而不可过"中"。《象传》这里进一步从九五这一爻的特点上阐释节亨义。

客：那么下面的："天地节而四时成，节以制度，不伤财，不害民"这一段话是孔子对卦辞的体会与发挥吧？

主：不错，请你说说看。

客：有所节制是天地自然与人类社会共有的普遍规律，刚柔

"六十四卦"中的人生哲理与谋略

相节，生成春夏秋冬四时，冬不能无限长，以春节制，夏也不能无限长，以秋来节制，使之适可而止。这种节制之道对圣贤君主来说是很有启发的，制定适当的制度，从而保证资财的使用更为合理，否则失去了制度典章为节，就会伤财，伤财必会加重人民负担，也就会害民。

主：正因如此，孔子才有"节用而爱人"的思想，这在中国古代经济思想史上是占有一定地位的。

《象》曰：泽上有水，节。君子以制数度，议德行。

【译文】《象传》说：沼泽上有水，象征节制。君子因此制定礼数法度为准则，详细考察道德行为从而任用得宜。

【提示】 以卦象说明应制定礼数法度的准则来节制人们的行为。

客："泽上有水"何以就能象征"节制"呢？

主：节卦兑下坎上，下兑为泽，上坎为水。泽是储水之所，其容水量有限，超过限度就会溢出，有限度即为有节，所以用来象征节制，成为卦名"节"之由来。

客：正是在此基础上才推阐出君子应当效法这样的卦象，制定一定的礼数和法度，作为节制的准则，并以此作为详细考察评议人的道德行为高下优劣的标准，然后任用之，使他们皆得其宜。

主：对。一个人的思想与行为是否合乎礼数法度，这是评价一个人的重要条件，有了一定的标准，这样才能够做到人尽其才，物尽其用。

☵ 初九，不出户庭，无咎。

【译文】 初九，节制以守，待在家中不动，必无咎害。

《象》曰：不出户庭，知通塞也。

【译文】《象传》说：节制以守，待在家中不动，说明初九懂得通畅则行，阻塞即止的道理。

【提示】 要慎言慎行，知节能止。

客：初九天天足不出户，待在家中不动，可是他为什么要如此慎言慎行以至于"不出户庭"呢？

主：初九虽处于节卦之始，居得其正，上应六四，但是前进路途中有九二相阻，故节制自己行为，宜于慎守，等待时机，遂以"不出户庭"以免除咎害。这是初九的聪明之处，他深深地懂得路途中畅通则行，阻塞即止的节制之道。初九这样的知节能止之人既处于节初当止之时，故才有足不出户，以静制动的上策。

客：初九这样的人能够相机行事，小心谨慎，自然没有什么咎害了。

䷻ 九二，不出门庭，凶。

【译文】 九二，拘于节制，不走出自家门庭，有凶险。

《象》曰：不出门庭，失时极也。

【译文】《象传》说：拘于节制，不走出自家门庭，说明九二丧失了适中的时机。

【提示】 当动之时，不能保守。

客：同样是不跨出家门，初九无咎，九二有凶，这是为什么？

主：初九前面有九二阳刚阻塞，是不当有为之时，故节制不出；九二前面是二阴，阳遇阴则通，通则利往，所以九二应跨出家门有所作为，到广阔天地中去大展宏图。但九二由于阳居阴位，过分拘于节制，虽前途畅通却保守不出，所以九二违时有凶。

客：时机从某种程度上可以决定成败。项羽的教训让古今多少豪杰英雄为之扼腕。鸿门宴上，亚父范增多次举起玉玦劝项羽除掉刘邦，但项羽没有这样做，丧失了一次千载难逢的机会，最

"六十四卦"中的人生哲理与谋略

终落得个四面楚歌、乌江自刎的悲壮结局。

䷻· 六三，不节若，则嗟若，无咎。

【译文】 六三，不能节制，于是就嗟伤自悔，可以免除咎害。
（若：语气助词，用于动词之后，无实义。）

《象》曰：不节之嗟，又谁咎也！

【译文】 《象传》说：不能节制而嗟伤自悔，又有谁还会加
害于他呢？

【提示】 有错知错，可免咎害。

客：从爻象上来看，六三乘凌阳刚之上，这种处境是相当危
险的。

主：妙就妙在处危险之地而又不会有危险。六三以阴柔之质
居阳刚之所，失其当位，又处下卦之终，很有不知天高地厚的骄
侈之象，过乎中而不知节；不过六三不同于九二的是，他能认识
到自己的错误，并开始懊悔自己的过失。既然能嗟伤自悔，居不
自安，则人将容之，谁还会加害于他呢？故六三可以"无咎"。

䷻· 六四，安节，亨。

【译文】 六四，安然进行节制，可致亨通。

《象》曰：安节之亨，承上道也。

【译文】 《象传》说：安然进行节制，可致亨通，说明六四
能够谨守顺承尊上刚中之道。

【提示】 柔顺尊上，万事亨通。

客：六三知错有悔，勇于补过，从而唤起了人们的同情心，
六四的处境要比六三好得多了。

主：是的。六四以阴居阴，柔正得位，处九五尊阳之下，能

够顺承九五中正之君，故为"安节"，因此前景一片亨通。《象传》"安节之亨，承上道也"正是阐明此理。

☵ 九五，甘节，吉。往有尚。

【译文】 九五，适当节制而能够令人感到甘美适中，可致吉祥。采取行动，必受嘉尚。

《象》曰：甘节之吉，居位中也。

【译文】 《象传》说：适当节制而能够令人感到甘美适中，获得吉祥，说明九五居位处中，无过也无不及。

【提示】 节制要恰到好处。

主：九五以阳刚居中，处于尊位，是节卦的卦主，《象传》所说"当位以节，中正以通"，就是指九五而言的。

客：九五的节制是甘节，这是节制的最高境界，不知这甘节与安节有什么不同。

主：安节只行于己，唯有自身安而已，但别人未必可安。甘节则不是这样，九五身为尊贵之君，节以制度，不伤财不害民，以节天下国家，这种甘节既施之于己，也施之于人，故而不仅如同安节获得亨通，而且可以获得吉祥。在此情况下，如有行动，是为嘉尚，故爻辞说"往有尚"。

客：由此可见，节卦极为贵中，九五之所以能够得甘节之吉，根本的原因就在于它居位处中，当位以节的缘故。

☵ 上六，苦节，贞凶，悔亡。

【译文】 上六，过分节制，令人感到苦涩不堪，应该守持正固以防备凶险，这样悔恨就可以消失。

《象》曰：苦节贞凶，其道穷也。

　　　　　　　　"六十四卦"中的人生哲理与谋略

【译文】《象传》说：过分节制，令人感到苦涩不堪，应该守持正固以防备凶险，说明上六的节制之道已走入困穷之境。

【提示】守正备凶，慎处困穷。

客：上六之"苦节"与九五之"甘节"刚好相反。

主：对。上六居于节卦之极，节已过中失度，节制过苦，人们不堪忍受，故曰苦节。不过，节制之道虽然到了上六已经"道穷"，但是上六以柔居上，未失其正，且行"节"之苦心，也不能完全予以否定，所以爻辞特别加以诫勉，要守持正固以防凶险，这样悔恨自可消亡，微含有劝上六回头，化"苦"为"甘"之义。

客：综观节卦，可以看出，节制之道，贵在"持正"和"适中"，因此卦辞一方面称节制可致亨通，一方面又告诫不可过分拘于节制，与这种相反相成之义形成对应的是节卦中六爻两两相比，也呈现出三正三反之象。初九与九二相比，初九因知机，"不出户庭"则"无咎"，九二违时，"不出门庭"则"凶"；六三与六四相比，六三柔不正为"不节"，六四柔得正则为"安节"；九五与上六相比，九五得中则为"甘节"，上六过中则成"苦节"。

主：是的，因此我们说合乎规律的节制，不但不会阻碍事物发展，相反却更有利于事物发展。如果不予以节制，无限度地放纵自己，就必然会导致凶咎，这种节制之道在今天看来对我们还有很大的启发。

61. 中孚卦——论诚信之德

☱ 兑下巽上

中孚：豚鱼吉，利涉大川，利贞。

【译文】中孚卦象征内心诚信：诚信到能够感动小猪小鱼，因此可以获得吉祥，利于涉越大河巨川，利于守持正固。（豚：音

tún，小猪。）

【提示】 心有诚信，万物得宜。

客：中孚卦紧跟在节卦之后，是否有什么因由？

主：《序卦传》中这样说："节而信之，故受之以中孚。"节必须有信来做保障，这就是说用以节制的制度定出后，能否顺利执行，主要看人们是否诚信，这就是"节而信之"的问题，所以节卦之后次之以中孚卦。

客："诚信之德"与小猪小鱼有什么关系？

主：卦辞这里采取的是一种非常形象的说法，指出这种诚信之德已经能够感动小猪小鱼，连无知的小猪小鱼都能被感动，那天下还有什么东西不能被感动呢？喻示出这种诚信之德可以广施世间万物，能如此自然可以获得吉祥。故卦辞说："中孚，豚鱼吉。"

客：有了这种诚信之德，恐怕将无往而不胜了吧！

主：正是如此，用卦辞的形象说法就是："利涉大川"。不过话又说回来，诚信还有正与不正之别，信而不正就是凶邪之道，成为小人之诚信，所以卦辞告诫我们要"利贞"，要有君子的诚信。

《彖》曰：中孚，柔在内而刚得中，说而巽，孚乃化邦也。豚鱼吉，信及豚鱼也。利涉大川，乘木舟虚也。中孚以利贞，乃应乎天也。

【译文】 《彖传》说：内心诚信，柔顺处内能够谦虚至诚，刚健居外又能够中实有信，从而下者欣悦，上者和顺，如此诚信之德就能够惠化邦国。诚信到能够感动小猪小鱼，因此可以获得吉祥，这就是说诚信之德已惠及小猪小鱼等世间万事万物。利于涉越大河巨川，是因为此时能像乘驾木舟渡河那样方便可行，畅通无阻。内心诚信而又有利于守持正固，是因为应合了天的刚正之德。（木、舟、虚：三字同义，指"船"。）

【提示】 释卦名与卦辞。

主："中孚，柔在内而刚得中，说而巽，孚乃化邦也。"这一段是用来解释卦名"中孚"的。柔指六三、六四，刚则指九二、九五，从卦形整体来看，两阴正居其内，好像中虚至诚。从上下卦来看，两阳爻恰好分处其中，犹如中实有信，故名"中孚"。从卦象上来看，说是欣悦，指下兑，巽是和顺，指上巽，上至诚以和顺于人，下有信以欣悦于上，所以才象征内心诚信，如此上下交孚，则这种诚信之德可以惠化邦国。总的说来，这里阐述的是中孚之所以成为中孚的两个因素。

客：《彖传》接着是逐句解释卦辞义的。

主：不错。"信及豚鱼也"这一句是解释卦辞"豚鱼吉"的，小猪小鱼这类东西本是很难使之感动的，现在却被内心诚信所感动，说明诚信之道已修到极点了，这样如不能获得吉祥，那才是怪事。用这种内心诚信之德涉越艰难险阻，将无所不克，就如同乘驾木舟渡河那样畅通无阻，方便可行。所以才说"利涉大川，乘木舟虚也"。

客：可是下句说"中孚以利贞，乃应乎天也"，似不好理解，怎样"应乎天"呢？

主：天道的"四时"运行无丝毫差错，公正而无偏，"中孚以利贞"，即内心诚信而又利于守持正固，与老天的"四时"运行既中且正的无私之德相合，所以《彖传》才说"中孚以利贞，乃应乎天也"。

客：既要有诚信之心，又要能够守持正固，这样就会无险不克，无难不济了。

《象》曰：泽上有风，中孚。君子以议狱缓死。

【译文】《象传》说：大泽之上吹拂着和顺的风，象征内心诚信。君子们因此用诚信之德仔细审议讼狱，宽缓死刑。

【提示】指出要心怀诚信，公道负责地审理案件。

主：中孚卦下兑为泽，上巽为风，故曰泽上有风。这是用卦象来解释卦名"中孚"的。泽是止水，风在止水上吹拂，寂而感，虚而通，风感水受，有至诚无所不入之象，所以才称之为"中孚"。君子们效法"中孚"之象，主张应该广泛施及诚信之德，从而泽被天下万物。用到社会政治生活上，则要能做到慎议刑狱，宽缓死刑，即《象传》所说的"君子以议狱缓死"。

客：这是什么意思？

主：慎议刑狱就是说在判决之前，要进行充分的讨论，以求把所有可疑的或者不能据以定罪的东西都清查出来，仔细审议案件细节。宽缓死刑就是说判决死刑之后要从缓执行，尽量从其罪行中找到可以不死的证据。这样，经过慎议刑狱而判刑或经过从宽量刑而仍当判以处决，对君子来说，也算做到了尽忠尽诚。

客：我明白了。君子的诚信之德要无所不施，对犯人也不例外，从而使他们受到感化，并因之而弃恶从善。

主：这就是诚信之德的教化作用，你已经从根本上抓住了中孚卦的深义了。

☲. 初九，虞吉，有它不燕。

【译文】初九，安守诚信，可以获得吉祥，别有所求就会不得安宁。（虞：安。燕：安。）

《象》曰：初九虞吉，志未变也。

【译文】《象传》说：初九安守诚信，可以获得吉祥，说明初九别无他求的心志没有改变。

"六十四卦"中的人生哲理与谋略

【提示】 自守自安，别无所求。

客：初九所处的是中孚卦"勿用"之位，何以获得吉祥？

主：实际上正因为是居勿用之位，初九才获吉的。

客：此话怎讲？

主：因为要"勿用"，所以要顺其自然，不存他求之志。初九本与六四有应，但有九二在路途上成为阻碍，初九很识时务，不再为六四而心有所动，安虞自守其诚信之道，故曰"虞吉"。若有他意于六四，不顾九二之阻而往应之，则"不燕"，即不得安宁。

客：中孚一卦，讲的就是要内心诚信。这份诚信之德，无待于外，无求于外，所以中孚卦中六爻往应则凶，不应则吉。

☲ 九二，鸣鹤在阴，其子和之。我有好爵，吾与尔靡之。

【译文】 九二，鹤鸟鸣叫在背阴处，它的同类以声相应和。我有甘美的酒浆，我愿意与你共同分享，以求同乐。（阴：背阴。爵：饮器，此处借指酒浆。靡：共同。）

《象》曰：其子和之，中心愿也。

【译文】 《象传》说：鹤鸟的同类以声相应和，说明这是发自内心的真诚意愿。

【提示】 心意诚信，远也能应。

客：九二爻辞念起来像是一首短诗，不仅句式整齐，偶句押韵，而且形象生动鲜明。

主：的确如此。"鸣鹤在阴，其子和之"句中鸣鹤比喻九二，其子比喻九五，九二阳刚居正，处两阴之下，笃实诚信，声名闻于外，故有"鸣鹤在阴"之象。九五处上，也以自己的诚信之德遥相应和，故为"其子和之"。

客：那"我有好爵，吾与尔靡之"这句又怎么理解？

主：实际上这句的意思与上句是一样的，"我""吾"均指九二，"尔"指九五，以甘美酒浆共饮同乐为象，进一步说明九二、九五以诚信相互感通，相互应和。

客：这种至诚感通之理应用到平常的社会生活中，该是怎样的呢？

主：具备了这种诚信之德，就会有善言善行，即使在千里之外也能应之；反之，不具备这种诚信之德，就会有恶言恶行，即使千里之外，也会违之。

客：这说明只要心意真诚，以至诚感人，纵使相距再远，也能相互应和。

☲ 六三，得敌，或鼓或罢，或泣或歌。

【译文】六三，内心不诚，树起对立面，忽而击鼓进攻，忽而疲惫败退，忽而因惧怕敌人反攻而悲泣，忽而因敌人不加侵害而欢歌。（罢：通"疲"，疲惫。）

《象》曰：或鼓或罢，位不当也。

【译文】《象传》说：忽而击鼓进攻，忽而疲惫败退，这说明六三居位不当。

【提示】行动无常，不能自安。

主：六三以阴柔之质居于阳位，失其正，导致心意不诚，甚至将六四当作敌人。而且六三很不安分，轻视六四，有躁动之象，故而击鼓进攻，采取断然而又盲目的行动。

客：六四履正承尊，以六三的实力恐怕是难以战胜的。

主：是的。所以六三的贸然进攻不能奏效，只能疲惫败退。同时又害怕六四的反攻，六三不禁忧惧哭泣起来，但六四阴柔守正，不会加以侵害，六三又无忧而欢歌了。

客：六三因居位不当，其言行举止，喜怒哀乐，完全系诸外物，而且不自量力，进退无恒。

主：在日常生活中，六三这样的人心意不诚，有太多的私心杂念，往往多方投机钻营，言行无常，但是终将徒劳无益，白白浪费了许多精力。爻辞把一个心无诚信之人的态度描画得淋漓尽致。

客：范仲淹当年在岳阳楼上吟咏"不以物喜，不以己悲"，一个人只要有诚信之德，就能够坦然面对一切，做到心有所主。

☲ 六四，月几望，马匹亡，无咎。

【译文】 六四，月亮接近满圆但还没有满圆，良马亡佚其配，不会招致咎害。（几：音 jī，将，接近。）

《象》曰：马匹亡，绝类上也。

【译文】《象传》说：良马亡佚其配，说明六四断绝与其配偶的关系而向上顺承九五。（上：动词，上承、上从之义。）

【提示】 诚信必须专一。

主：六四以阴柔之质居阴柔之位，得正，上承于九五之君，犹如柔顺之德走上盛大而又未达到至尊而盈的程度，故有"月几望"之象。"月几望"是六四最佳处境，如果六四的地位达到极盛的程度，以至于与九五之君相匹敌，那就是"月满盈"了，就会引起九五的不快，必然要受到九五的制裁。

客："马匹亡"是什么意思？

主："马匹"是一种比喻的说法，指初九为六四之匹配，中孚卦中初九与六四正好形成阴阳互应。

客：这就麻烦了。六四一方面上承九五，一方面又下应初九，面临着一种痛苦的选择。

主：我们从"月几望，马匹亡"的爻辞中已经可以看出六四选择了九五作为自己诚信的对象。

客：六四既然已经专诚事奉九五，就不能分心去往应初九，怪不得六四像马失其匹配一样，与初九割绝一切联系。当断不断，反被其乱，只有断然割舍，六四才会"无咎"。

主：六四爻辞道出了两个很重要的观点，对今人很有指导意义：一是系心于一，笃志立诚，这不论是对于处理同事之间的关系这样的小事，还是对于树立远大理想并不屈不挠地为之奋斗这样的大事，都是有益的；二是国家利益高于个人和小集团利益，爻辞认为事奉君王要高于同类相亲，故以事奉君王为正。而弃绝同类相亲的私应，在今天就是要以国家和人民的利益为重，而摒弃个人或小集团的利益。

☱ 九五，有孚挛如，无咎。

【译文】 九五，用诚信之德广系天下人之心，一定无所咎害。（挛：牵系。如：语气助词。）

《象》曰：有孚挛如，位正当也。

【译文】 《象传》说：用诚信之德广系天下人之心，说明九五处位中正适当。

【提示】 天下当以诚信相通。

主：《象传》所说的"孚乃化邦"，指的就是九五这一爻。

客：九五以阳刚之质处阳刚之位，居中得正，又是君位，为中孚卦之卦主，九五的孚就是人君的诚信之德。

主：九五之孚与在下诸爻之孚有所不同。在下诸爻因居于下位，居于下位的孚只要内心诚信，不系于外就行了；九五却不同，身为尊贵之君，必须能够使诚信之德施及天下，这样才会无咎。

客：可见欲得为君之道，须有中正之德和至诚至信之心，从而使天下人都能以诚信相通。

主：以诚信广系天下之心，则天下也会以诚信回报之，如此行事，何咎之有！

䷼ 上九，翰音登于天，贞凶。

【译文】上九，高空飞鸟的鸣叫声响彻天宇，虚声远闻而缺乏笃实，必须守持正固以防备凶险。（翰音：声音飞得很高。）

《象》曰：翰音登于天，何可长也。

【译文】《象传》说：高空飞鸟的鸣叫声响彻天宇，虚声远闻而又缺乏笃实，这种声音怎么能够保持长久呢？

【提示】追求虚名，会无所作为。

主：上九居中孚卦之极，诚信之德过中已衰，而与之相反的虚伪则随之生出，于是才有"翰音登于天"之象。

客：声音飞得越高，越显得虚无缥缈。

主：说得很对，上九缺乏的就是至诚至信之心与笃实之道，忠笃内丧，华美外扬，一味地追求那种不实在的虚名，只以矫揉虚伪为尚，这种华而不实的人，是绝不会有所作为的。

客：司马迁说："大名之下，难以久居。"何况又是虚名！

主：话虽这样说，但是上九毕竟具备了刚阳之质。《周易》从劝人补过的角度出发，特地又设告诫之词，如果守持正固，就可以防备凶险，免除咎害。

客：上九应该改过反诚，以信实为本。

主：孔子就多次强调为人要"信"，《论语·为政》中就说："人而无信，不知其可也。"

客：中孚卦全卦阐明的正是"内心诚信"的意义，卦中六爻从不同的角度揭示了这种诚信之理。初九安于下位，慎守诚信；九二心意笃诚，感化万物；六四诚信专一，忠贞不贰；九五广施诚信，泽被天下。这四爻处位各异，阴阳不同，不过都是"内心诚信"的正面形象。相形之下，六三、上九则是没有诚信的反面形象。六三居心不诚，言行无定；上九诚信衰竭，追求虚名。比较起来看，中孚卦六爻最受推崇的应该是九二、九五两爻。

主：是的。九二取"鸣鹤在阴，其子和之"之象，以至诚感化天下之人，投之以桃，报之以李，贾谊从中推出了"爱出者爱反，福往者福来"的意旨。九五更是以自己的诚信之德牵系天下，从而暗含着为人君者必须取信于民，以诚信治人的良好愿望。

客：这和卦辞中要信及小猪小鱼、感化万物的观点正好相合。

主：此外，六四爻所蕴含的系心于一、笃志立诚和国家利益高于个人利益的思想，也是很有价值的，值得今人借鉴。

62. 小过卦——论小有过越

䷽ 艮下震上

小过：亨，利贞。可小事，不可大事。飞鸟遗之音，不宜上，宜下，大吉。

【译文】 小过卦象征小有过越：可致亨通，利于守持正固。不过只可以施行些微柔小之事，而不能践履天下刚大之事。犹如飞鸟留下悲哀的叫声，不宜于向上强飞，而宜于向下安栖，这样才会大为吉祥。

【提示】 小事稍有过越，不是坏事。

客：小过卦讲小有过越可致亨通，究竟是什么意思？

主：在社会生活中，虽说行贵乎中，但是在有些时候，矫枉则必须过正，就是说要想求中，就非要过一点不可，这种过越是为了求中，故可致亨通。

客：由于只能在程度上稍微有所过越，所以小有过越只可施行于寻常些微的无关紧要的小事，而不可用以践履天下国家的大事，这是个实行小过的范围问题。再从程度上看，实行小过只是稍稍而已，这就是说施行小有过越不能不以"正"为根本标准，否则就会大过而致凶，因此卦辞才说"亨，利贞"，是这样的吧？

主：很正确。

客："飞鸟遗之音，不宜上，宜下"较为难懂。

主：这几句取"飞鸟"发出哀鸣声以求安处，往上则无所适，往下则得安之象，比喻小过卦主于谦柔，宜居下，不宜居上，同样是小有过越，向上过越则凶险，向下过越则吉祥。

客：平时我们常说凡事不可过分，但是要具体情况具体分析，有时候稍微有所过越还是好事。

《象》曰：小过，小者过而亨也。过以利贞，与时行也。柔得中，是以小事吉也。刚失位而不中，是以不可大事也。有飞鸟之象焉：飞鸟遗之音，不宜上，宜下，大吉，上逆而下顺也。

【译文】《象传》说：小有过越，说明在日常些微柔小之事上有所过越，可以获得亨通。有所过越，利于守持正固，说明应该配合适当的时候来实行小过之道。阴柔处中不偏不倚，因此小过施行于平常柔小些微之事可以获得吉祥。阳刚失其正位而又不能居中，所以小过不能用以践履天下刚大之事。卦中有飞鸟的喻象，飞鸟发出了悲哀的叫声，不宜于向上强飞而宜于向下栖安，这样会大为吉祥，说明向上行大志则易违逆，而向下施行小事则会安顺。

【提示】解释卦辞。

主：《象传》基本上是逐句解释卦辞的。

客：第一句"小过，小者过而亨也"就不太好讲。

主：《周易》中阳为大，阴为小，小过卦中四阴二阳，阴盛而阳衰，是为小者过。世界上往往有许多东西失之偏颇，为了矫正它们，使之反于中，必须稍微有所过越，这就是我们平时讲的矫枉过正。只有"小有过越",才可由偏反中,得乎中道,自然可获亨通。故云"小过,小者过而亨也"。

客:看来小有过越之道也并不是在任何时候都可以实行的,它必须在当"过"之时进行,绝对不能随意妄为,否则盲目小过,势必会失正而凶,所以适合的时机对小过来说非常重要。《象传》中"过以利贞,与时行也"说的就是这个道理。下面的"柔得中,是以小事吉也。刚失位而不中,是以不可大事也",则是解释卦辞"可小事,不可大事"的。

主:对。柔指六二、六五,刚指的是九三、九四。六二、六五虽阴柔得中,但柔顺之人能行小事,而不能济大事,故只能是"小事吉"。做大事必须要有阳刚之才,不是阳刚之才绝不可能行大事,而小过卦中的九三、九四,一个得位不中,一个失位不中,失去中位,则阳刚之才纵有通天本领也难以施展,所以在小过之时不能做大事,正如阳刚健壮之人本能做大事的,可是尽皆居位不中,奈何奈何?

客:可见一个人有能力有本领固然很重要,但如果没有合适恰当的居位,也是难以最大限度地发挥自己的才能的。

主:处于小有过越之时,也切不可忘记要谦恭卑柔,这也是灵活处事的方式。《象传》的"飞鸟遗之音,不宜上,宜下,大吉,上逆而下顺也",讲的就是这个道理。其中上逆指的是六五居上乘刚,下顺指的是六二处下承阳。疲惫的飞鸟,叫声已如此悲哀,再向上强飞则必受更大伤害,此时则适宜于向下栖安为好,可见小过之所以宜下不宜上,也是由于"上逆而下顺"的爻象决定的。

《象》曰:山上有雷,小过。君子以行过乎恭,丧过乎哀,用过乎俭。

【译文】《象传》说：山顶上响动着震雷，声音超过常态，象征小有过越。君子们因此在行为举止上稍过恭敬，丧事中稍过悲哀，日常费用稍过节俭。

【提示】以卦象释卦名卦义。

主：小过卦艮下震上，艮为山，震为雷，故有山上有雷之象。

客：山上有雷何以就可以象征小过呢？

主：通常人们大多是在平地上听到震雷之响，如今震雷在山顶上响动，山谷的回音，使得震雷发出的声音稍微超过在平地上的常态，所以用雷在山上之象来象征小有过越。

客：我明白了，君子见到这山上有雷的小过之象，肯定又受到了许多启发。

主：君子们效法山上有雷的小过之象，运用到日常社会生活中，使自己越发变得谦柔慈惠，《象传》中所举的行止之恭、丧事之哀、用费之俭都是谦柔慈惠的行为，在这些日常小事上，君子们能够稍有过越，以正世俗流弊。

客：这里所阐述的正与卦辞"可小事""宜下"的意义相合。

主：是的。正因为民俗朴野，君子待人表现出过分谦恭；正因为人情浇薄，临丧不哀，君子便哀毁骨立，表现得过分悲哀；也正因为世风日下，奢靡日盛，君子便粗茶淡饭，表现出过分节俭。古人说，法乎其上，得乎其中，矫枉者则必过其正。

䷽. 初六，飞鸟以凶。

【译文】初六，飞鸟硬是逆势向上，必会有凶险。

《象》曰：飞鸟以凶，不可如何也。

【译文】《象传》说：飞鸟硬是逆势向上，必会有凶险，说明初六是无可奈何，自取其咎。

【提示】不安本分，自取其害。

客：初六处于小过卦之始，阴柔之质居于阳刚之位，而且不得其中，正是不宜有所行动，而应安止、栖宿的时候。

主：但初六明知上有九二相阻，却不能自禁，而往应九四，势必会折断翅膀，坠落于地，不会有好结果的。

客：看来初六也是性格悲剧了，飞鸟之"过"，一个劲地往前飞而不知道往回飞，只能是自食其凶咎之果，谁也救助不了，所以《象传》说："飞鸟以凶，不可如何也。"

䷽. 六二，过其祖，遇其妣，不及其君，遇其臣，无咎。

【译文】 六二，过越祖父，得遇祖母，然而终不及其君主，君主能够遇合臣仆，结果必无咎害可言。（妣：音 bǐ，祖母。）

《象》曰：不及其君，臣不可过也。

【译文】 《象传》说：不及其君主，说明六二作为臣仆绝不可过越其尊贵之君。

【提示】 适当过越，不致凶咎。

客：六二爻辞实在让人不易理解。

主：这里关键是要搞懂其中很多喻象的喻义。祖是祖父，喻指九四；妣，与下文的"君"都喻指六五；臣，当然是喻指六二了。六二柔顺居中得正，它可以适当地在前进中过越九三与九四，从而得以与六五之妣相遇合，但是因为六五是尊位，六二不能擅自过越，于是就像臣仆对待君主那样去顺从六五，六五遂得以遇合六二，故而说"过其祖，遇其妣，不及其君，遇其臣"。

客：由此说来，六二有中正之德，表面上看是过和不及，实际上恰恰都是适中的，六二没有什么咎害，看来也是理当如此。

䷽. 九三，弗过防之，从或戕之，凶。

【译文】 九三，不愿过分防备，势必将要受人加害，有凶险。

（戕：音 qiāng，害。）

《象》曰：从或戕之，凶如何也。

【译文】《象传》说：势必将要受人加害，说明九三的凶险是多么厉害呀！

【提示】防人之心不可无。

客：看来九三的处境很不好。

主：是的。九三居下卦之上，以阳刚之质处阳刚之位，得正，势必会为诸多阴柔小人所忌恨，不断受到他们的加害。

客：九三此时应该"过防"小人，以免遭人暗算。

主：令人极为遗憾的是九三有个相当致命的弱点，那就是以刚居刚，阳刚得正，就自恃强盛，根本就不把那些阴柔小人放在眼里，既不屑于谨小慎微，也不屑于严加防备，所以才遭到小人的戕害。

客：九三大意失荆州，在不知防备的情况下而为小人们所加害，大难临头而不自知，这样的凶险是最严重的。

主：正因为如此，《象传》才说"从或戕之，凶如何也"。

客：看来后人常说的"害人之心不可有，防人之心不可无"，确是经验之谈。

☷ 九四，无咎。弗过遇之，往厉必戒，勿用永贞。

【译文】九四，不会有咎害。不过分刚强就能够得遇阴柔，但是如果前往应合有凶险，定要心存戒惧，不可施展才用，要永远守持正固。

《象》曰：弗过遇之，位不当也。往厉必戒，终不可长也。

【译文】《象传》说：不过分刚强就可以遇合阴柔，说明九四所居的阳刚位置不适当。前往应合会有凶险，务必要心存戒惧，说明往去应合阴柔终将不能保持长久无害。

【提示】 谨慎而不可妄动。

主：九四阳居阴位，不为过刚，于是能够遇合下卦之初，有卦辞的"宜下"之象，所以九四不会招致咎害。但九四阳居阴位，有失正之嫌，若主动前往应合初六，则真的失去了其自慎静守之道，所以爻辞特别予以告诫说："往厉。"同时还要求九四要"勿用""永贞"，即不可施展才用，而要永远守持正固。

客：既然"弗过遇之"，"无咎"，《象传》为什么还说九四"位不当也"？

主：九四阳居阴位，"位不当也"是事实，《象传》这里特别提出这一点，是提醒读者不要觉得不过分刚强就能遇合阴柔而没有咎害，于是就忘乎所以，主动求应于初六。因为"位不当也"，所以九四此时必须静守"勿用"，保其"永贞"，万不可主动往应初六，初六可"遇"而不可"往"，若一意孤行，往应初六，则终将不能长久无害，即《象传》所说的"终不可长也"。

☲☲ 六五，密云不雨，自我西郊，公弋取彼在穴。

【译文】 六五，阴云密布而不降雨，云气的升腾起自我们城邑的西郊，王公贵族竭力射取那隐藏在洞穴中的狡兽。（弋：音 yì，用细绳系在箭矢上射取。）

《象》曰：密云不雨，已上也。

【译文】 《象传》说：阴云密布而不降雨，说明六五阴柔过盛，已经高居阳刚之上。

【提示】 孤立无助，不可大有作为。

主：六五以阴柔而居尊位，高高在上，故有"密云"之象，但是因为六五下无阳应，无阳与之相合则不能成雨，故爻辞言"不雨"。

客："自我西郊"与"密云不雨"有什么关系？

主：密云既然是从我们城邑的西郊升起来的，那么云一定是西风吹来的，而西风一般是不易成雨的，所以"自我西郊"是进一步点出了"密云不雨"的原因，也形象地说明了六五处在这样的小过之时是注定不能大有作为的。

客：爻辞中的"公弋取彼在穴"是何意？

主：该句中的"公"当指六五自己，该卦中可称为王公贵族的也只有六五可以当之。"在穴"指的是隐藏在洞穴中的野兽，这句紧承前面的意思，说明六五身处人君之位，虽不能施惠天下万物，但是作为一个王公贵族尚可以稍稍过行其职，竭力除害，矫正弊端。

客：这样看来六五密云不雨之象实际上正好切合了卦辞"小者过"，"不可大事"之义。

主：对，我们来看最后一爻。

䷽ 上六，弗遇过之，飞鸟离之，凶，是谓灾眚。

【译文】上六，不能遇合阳刚却超越了极限，犹如飞鸟遭到射杀，有凶险，这就叫做灾祸。（离：通"罹"，遭受。灾眚：即灾祸。）

《象》曰：弗遇过之，已亢也。

【译文】《象传》说：不能遇合阳刚而超越了极限，说明上六已高居亢极之地。

【提示】过于亢极，灾由自取。

主：上六居小过卦之终，阴柔所处过高，早已失去其适中之道，不仅不能应合在下的阳，而且己身之亢超过了极限，所以才说"弗遇过之"。

客：不知这里的飞鸟之象该如何解释。

主：飞鸟拼命向上飞，飞到了极点，然而却遭到了射杀，这喻示上六过极，是自取其灾。难怪《周易正义》中说："以小人之身，过而弗遇，必遭罗网。"

客：所以世间万物，都宜适可而止，纵使小有过越，也不应超过其应有的度。

主：总的说来，小过卦全卦阐述的就是世界万物，有时要小有过越的道理，其宗旨原则大概可以分成两个方面来说明：一是小有过越之道只能用以处理日常些微小事，即卦辞所说的"可小事，不可大事"；二是小有过越的根本表现为要谦恭卑柔，也就是卦辞说的"不宜上，宜下"。

客：小有过越虽说可以获得吉祥，所关的也只是些柔小之事，但是这要建立在"正"的基础上，要守持正固，否则必然导致凶险。

主：对。卦中的六爻都是紧紧围绕着上述的意思而阐发的。从中我们可以看出，六二、六五因其阴柔居中，最得小过精髓；初六与上六虽说也是阴柔之体，但都违背了"宜下"之理而致凶险；九三、九四两阳，前者过乎刚盛，不能自下，后者居于阴柔之地，刚而不过，故前者"凶"而后者"无咎"。

客：由此观之，"宜下"的原则对小过而言，极为重要。不过话又说回来，小有过越之道，从理论上讲，是可以亨通得吉的，但是在日常社会生活中，如何处理好小过问题就不是那么容易的了。

主：不过我想只要我们能够适可而止，审时度势，具体问题具体分析，我相信还是可以逢凶化吉的。

63. 既济卦——论慎终如始

☲☵ 离下坎上

既济：亨小，利贞，初吉终乱。

【译文】既济卦象征事已成：连柔小者也获得亨通，利于守持正道，若不能慎终如始则起初吉祥终将危乱。

【提示】大功已成，仍应慎终如始。

客："既济"到底是什么意思？从字面上看似应为已经渡过河水。

主：是的。"既"为已然之辞，"济"为渡水，这里是用渡水已竟表示事已成。朱熹《周易本义》说："既济，事之既成也。"

客：既济卦既然象征事已成，为什么卦辞还说"亨小"？

主："亨小"不同于旅卦、巽卦的"小亨"。"小亨"意为小有亨通，"亨小"意为亨通至极，及于小者。即"既济"之时不但大者亨通，连柔小者也获得亨通，所以卦中六爻不论是阳刚还是阴柔皆得正位。正如孔颖达《周易正义》所说："既万事皆济，若小者不通，则有所未济，故曰'既济，亨小'也。小者尚亨，何况于大？则大小刚柔各当其位，皆得其所。"

客：事已成功，举凡天下事无论大小无不能济，卦辞为何还诫之以"利贞"？

主：既济不是保险柜，若行事不能守持正道，既济就会走向其反面未济，那么"初吉"也就会发展为"终乱"。

客：卦辞"初吉终乱"是诫勉人们在大功告成之时，应居安思危、慎终如始，不可陶醉于成功的欢悦中而忘乎所以。

主：是的，居安思危、慎终如始是既济卦的核心思想。

《象》曰：既济，亨，小者亨也。利贞，刚柔正而位当也。初吉，柔得中也。终止则乱，其道穷也。

【译文】《象传》说：事已成，亨通，说明此时连柔小者也获得亨通。利于守持正道，因为阳刚阴柔均行为端正居位适当。起初吉祥，说明柔小者能持中不偏。最终停止不前必将导致危乱，说明既济之道已经困穷。

【提示】 解释卦辞。

主：《彖传》首先正确地解释了卦辞"亨小"之意，指出"既济亨"是"小者亨也"。之所以特别指出"小者亨"，是因为处在既济的时候，大者亨自不待言，即使是小者也都亨，只有无所不亨，才是真正的既济。

客："刚柔正而位当也"，是以卦中六爻刚柔均当位来释"利贞"的。

主：是的。既济阴爻在阴位，阳爻在阳位，六爻都当位得正，以喻在既济之时，无论阳刚阴柔均行为端正，居位适当，故曰利于守持正道。

客："初吉，柔得中也"，似较难把握。从卦形来看，六二爻柔顺居中，但是这与"初吉"有什么关系？

主：《易》一般以刚中为善，而既济卦以柔中为善。既济是万事万物经过一番变化发展，达到了阴阳平衡的局面，有大功告成之意。但是随着形势的发展，原有的阴阳平衡的局面必然要被打破，出现新的矛盾，这样旧的过程就结束了，新的过程又将开始，既济也就又转为未济。由此可见，既济以内卦为主，至外卦则又开始走向未济了。而内卦的六二爻柔中，正是既济卦"初吉"之象，所以《彖传》才将"初吉"归诸柔中。

客："终止则乱，其道穷也"是解释卦辞"终乱"的，不过依我看"终止则乱"与"终乱"还是有区别的。"终乱"是一个断辞，体现了一种客观规律：至终必乱。"终止则乱"更多地强调了主观因素，似乎是说在既济之时未必都终乱，人于其终而有"止"心，才是乱的根源。

主：说的是。乱与不乱，与人的主观努力有很大关系，如果能做到慎终如始，生命不息，奋斗不止，那么即使有终乱之道亦复可济。相反，如果认为既济之时大功告成，躺在功劳簿上睡大觉，停止了奋斗与追求，怠惰苟安，有患无备，则危乱必不可免，此时"既济"之道就陷入了困穷，"事已成"将变成"事未成"。

客：人不能违背"天道"，不能违反自然规律，但是人可以利用这一规律，同时充分发挥人自身的主观能动性，这样人就可以改变自己的命运，不受天道的限制，由必然王国进入自由王国。正是在这个意义上，人们常说"人定胜天"。我有一种强烈的感觉，就是既济卦与乾卦似乎有某种联系，可能说从乾卦开始的人生奋斗，经历了六十余卦的斗争、变化、发展，终于进入大功告成的既济境界。这正是乾卦《象传》所说的"天行健，君子以自强不息"的奋斗历程。但既济之时，天的运行并没有停止，仍是那么刚强劲健，因此君子不能有丝毫懈怠，也仍须"自强不息"。"既济"只是人生的一个驿站，而不是终点。

主：完全同意你的观点，下面我们还有机会讨论这个问题，现在先来看《象传》。

《象》曰：水在火上，既济。君子以思患而预防之。

【译文】《象传》说：水在火上，象征"事已成"。君子因此而思虑可能出现的祸患而预先作好防备。

【提示】思患而预防之，既济不忘未济。

客：既济卦离下坎上，离为火，坎为水，故《象传》说水在火上，水在火上可以煮成食物，故以象征事已成。

主：孔颖达的《周易正义》正是这样解释的，他说："水在火上，炊爨之象。饮食以之而成，性命以之而济，故曰'水在火上，既济'也。"

客："思患而预防之"是对卦辞"初吉终乱"所含诫意的进一步阐发，比《象传》所言"终止则乱"的意义又更加显豁。但是

"思患而预防之"与水在火上之象有何关系呢?

主:水在火上可以煮成食物,象征事已成,这是水火相济发挥功用的一面;但是水火还有相灭的一面,水决则火灭,火炎则水涸。君子观此卦象,意识到既济中隐伏着矛盾,要采取措施预防既济转向未济,所以要在无患之时"思患",预为防备,以保其"初吉"之亨而去其"终乱"之忧。下面我们就来领略一下六爻是如何"思患而预防"的。

☲. 初九,曳其轮,濡其尾,无咎。

【译文】 初九,向后拖曳车轮使之缓行,沾湿小狐的尾巴使之缓渡,没有咎害。

《象》曰:曳其轮,义无咎也。

【译文】《象传》说:向后拖曳车轮使之缓行,说明初九的行为符合居安思危、慎终如始的道理而不至咎害。(义:道理。)

【提示】 谨慎守成,可以无咎。

主:"曳其轮"是把车轮向后拖曳,使之不能快速行驶;"濡其尾"是将渡河的小狐尾巴沾湿,使之不能快速泅渡——据说狐之渡水,必然把尾巴竖起来不使之沾到水,若沾湿了尾巴,尾巴不能高举摇摆,也就不能快速渡河了。

客:"曳其轮,濡其尾"该是一种比喻的说法吧?

主:是的。初九处于既济之初,以阳当位,又上应六四,一切皆亨,于是就忘记了居安思危、慎终如始的道理,行事孟浪,急于求应于六四,沉湎于欢愉之中,这是很危险的。故爻辞以"曳其轮,濡其尾"为喻,劝其谨慎守成,不要轻举妄动。

客:古往今来,有多少豪杰之士在取得成功之后就忘乎所以,以致大难临头还浑然不知。甚至连无敌于天下的一代名将关云长,在事业、名声达到鼎盛之时也都不免昏昏然,以至在率主力北伐后掉以轻心，忽视了两面作战的可能性，将后方留守兵力大量调至前线，致使腹背受敌，孤军作战，最后败走麦城，父子均被擒杀，真是血的教训。

主：所以魏徵在《谏太宗十思疏》中说："善始者实繁，克终者盖寡。"初九若能做到"曳其轮，濡其尾"，就符合居安思危、慎终如始的道理，也就不会有所咎害。正如《象传》所说："曳其轮，义无咎也。"

☲. 六二，妇丧其茀，勿逐，七日得。

【**译文**】六二，妇人丧失车幔，不用去追寻，七天后必能复得。（茀：音 fú，车幔。）

《象》曰：七日得，以中道也。

【**译文**】《象传》说：七日后必能复得，是因为六二能守中正之道。

【**提示**】坚持柔中之道，维护局势的稳定。

客：六二爻好像是讲了一个小故事：一位妇人丢失了车幔，无法出门了，但用不着急着去追寻，因为将会有拾金不昧的好心人给送来，过不了几天就能失而复得。而《象传》说六二之所以能"七日得"，是因为六二能守中正之道，正所谓好人有好报。

主：六二以柔爻得中得正，像一位柔顺淑贤的妇人，好人有好报是必然的，《象传》曾强调"初吉，柔得中也"，就是指六二。但是你千万不要以为六二此时心里特别舒坦，恰恰相反，六二此时正用极大的毅力来克制自己。

客：这是怎么回事？

主：六二爻的这段小故事是有象征意义的。"妇丧其茀"，所乘之车就不能前进了，而爻辞又要六二不要去追寻，说六二只要持中守正，自然会有人将丢失的东西送来。这实际上是说六二本有建功立业之志，但处在既济之时，不可妄动，应守柔顺中正之道，以维护局势的稳定。这样一来，六二失去了施展才干的机遇，心里当然不痛快，好在六二的确是一个柔顺中正的"好人"，能够克制自己，以大局为重。

客：这可真是危境多机遇，盛世有遗贤。我想只要六二能坚持中正之道，适合六二施展才干的机遇终将会到来。

主：是的，爻辞"七日得"，有此喻意。

☰☷ 九三，高宗伐鬼方，三年克之，小人勿用。

【译文】 九三，殷高宗讨伐鬼方，历经三年终于取得了胜利，在善后处理上不要任用小人。

《象》曰：三年克之，惫也。

【译文】 《象传》说：历经三年终于取得了胜利，说明九三已疲惫不堪。

【提示】 胜利来之不易，万勿任用小人。

客：高宗是商代第二十二代王武丁（公元前1344～前1264年左右）的号。鬼方是商周时代西北方的部族，常袭扰中原。殷高宗作为商代著名的中兴之君，曾征伐鬼方，既保护了黄河流域的农业文明，又加速了中华民族的融合，有进步意义。不知九三爻拈出这一史实有何用意？

主：九三爻以殷高宗伐鬼方费时三年才获得胜利的历史事件为喻，说明胜利来之不易。《象传》说"三年克之，惫也"，可见其战斗的艰苦卓绝。但胜利之后，在既济的形势下管理国事也不容易，这里就面临一个新问题：怎样对待小人？

客：战乱之时，小人也能顺势立功，但小人焦躁激进，若任用小人管理国家，必致危乱。但他们毕竟曾有功于国家，究竟该怎么办呢？

主：爻辞明确指出："小人勿用。"对待小人宁可给以重赏，不可给以重用。

客：由九三爻可以看出，创业难守成更难，守成之事千头万绪，会遇到许多意想不到的事，稍有不慎就可能酿成大祸。

䷾· 六四，繻有衣袽，终日戒。

【译文】 六四，华美的衣服将会变成破敝的衣服，应当整天戒备可能发生的祸患。（繻：音 rú，彩色的丝帛，这里指华美的服装。袽：音 rú，败絮，即破棉花套子，这里指破敝的衣服。）

《象》曰：终日戒，有所疑也。

【译文】《象传》说：整天戒备，说明六四有所疑惧。

【提示】 居安思危，守正防患。

客：你在讲《象传》时说，既济以内卦为主，至外卦则开始向未济方向转化，六四已进入外卦，情况是否已开始变化？

主：六四居外卦之始，将要变化但尚未变化。不过六四有很深的哲学素养，他从华美的衣服终将会变成破敝的衣服中，悟知静止是相对的，变化才是绝对的，所以能居安思危，终日戒惧，以防患于未然。

客：六四进入外卦坎体之中，此为坎险之地，六四的"终日戒"恐怕也与此有关。

主：是的。六四居多惧之处，有所疑虑，所以才提高警惕，守正防患。

客：既济卦六四的"终日戒"与乾卦九三的"君子终日乾乾"有异曲同工之妙。乾卦说的是在创业之时要终日乾乾，警惕戒惧，自强不息；既济说的是在守成之时仍须终日戒惧，自强不息。

主：很有道理。表面看来，既济之时各种矛盾均已解决，一切亨通，实际上此时只是旧有矛盾止息了，而新的矛盾正在酝酿、产生，所以君子无论是处在事未成之时，还是处在事已成之时，都不应有瞬息的懈怠，而应"终日戒"。

䷾ 九五，东邻杀牛，不如西邻之禴祭，实受其福。

【译文】 九五，东边邻国杀牛盛祭，不如西边邻国简薄的禴祭，更能切实承受神灵赐予的福泽。（禴［音 yuè］祭：一种祭品菲薄的祭祀。）

《象》曰：东邻杀牛，不如西邻之时也。实受其福，吉大来也。

【译文】 《象传》说：东边邻国杀牛盛祭，不如西方邻国能适时而薄祭。西方邻国能更切实地承受神灵赐予的福泽，说明盛大的吉祥将会来临。

【提示】 处盛之时最忌骄奢，心怀诚敬可受福泽。

主：此爻"东邻""西邻"不是实指，而是举出两种情况，说明在既济的盛大之时，最忌骄奢，只有心怀诚敬，慎修其德，才能获得神灵所赐予的福泽。

客：杀牛之祭是盛祭，禴祭是微薄之祭，盛祭未必能致福，薄祭未必不能致福，关键在于主祭人是否心怀诚敬。

主：有的人临时抱佛脚，祭祀带有很强的功利心，这种人不管杀多少头牛恐怕都无济于事。《象传》说西邻虽为薄祭却"实受其福"，是因为能适"时"而祭，这正是心怀诚敬的表现。依礼当祭则祭，而不是等到有事才想起去祭祀，这样即使祭品微薄，盛大的吉祥也会源源不断地来临。

客：九五以阳刚中正，处既济之尊位，事成物盛，此时最易生骄奢之心而失诚敬之意，所以爻辞以东邻西邻之祭祀为喻，说明处盛之时切忌骄奢，勿忘诚敬，须知既济已经到来，未济就在后面。

"六十四卦"中的人生哲理与谋略

主：这正是九五爻的核心要义之所在。

☲☵ 上六，濡其首，厉。

【译文】 上六，小狐渡河沾湿头部，有危险。

《象》曰：濡其首厉，何可久也。

【译文】 《象传》说：小狐渡河沾湿头部有危险，说明若不采取断然措施怎么能够长久。

【提示】 既济之道已面临危险，应采取断然措施。

客：上六处既济之极，坎险之上，质本柔弱，济道又穷，有如小狐涉水而濡溺其首，危厉可想而知。

主：不过"厉"只是危险，还有转危为安的可能，若至于凶便无可挽回了，所以《象传》说"濡其首厉，何可久也"，劝其采取措施，否则便不能长久了，其焦虑心情溢于言表。

客：卦辞所说的"终乱"，《象传》所说的"道穷"，在上六这一爻中都表现出来了。

主：是的。但《象传》说"终止则乱"，若能不停奋斗，自强不息，危机还是可以挽救的。《象传》说"何可久也"，就有劝其知危惧而速改的深意。

客：既济虽说是处于事已成之时，物无大小俱获亨通，但日子过得一点也不轻松。卦辞强调"利贞"，并警告说"初吉终乱"，《象传》与卦前《象传》也反复申述了思患防患的思想，六爻更是无不见警戒之旨，初九要"曳其轮，濡其尾"，六二"妇丧其茀"而"勿逐"，九三"小人勿用"，六四"终日戒"，九五"东邻杀牛"竟不如"西邻之禴祭"，上六"濡其首"，真是守成之难，难于上青天。

主：存不忘亡，安不忘危，既济不忘未济，既济卦所阐述的这种警钟长鸣、慎终如始的思想，是古人留给我们的宝贵遗产，值得今人去认真思考。

64. 未济卦——论变易无穷

☲ 坎下离上

未济：亨。小狐汔济，濡其尾，无攸利。

【译文】 未济卦象征事未成：亨通。小狐渡河接近成功之时，被沾湿了尾巴，无所利益。（汔：音 qì，接近、几乎。）

【提示】 未济之时应慎始慎终。

客：未济与既济的意思正好相反，既济以渡水已竟表示事已成，未济以渡水未竟表示事未成；两卦上下体也正好相反，既济是离下坎上，未济是坎下离上；卦画也完全相对，既济卦形旋转180度即为未济卦形，同时两卦六爻皆应，而既济六爻皆得位，未济六爻皆不得位。这种情况在《易经》六十四卦中是绝无仅有的。

主：既济、未济两卦在六十四卦中的地位是极为特殊的，可以说仅次于乾、坤两卦。在研讨上一卦时，你说你感觉到既济卦与乾卦似有某种联系，这说明你十分敏感，已捕捉到《周易》的精髓。《周易》的作者把事物看作有始有终、终而复始、有生有灭、生生不息的过程。而这个过程是由阴阳相聚所形成的天地为起始的，故以乾坤两卦为《周易》之首；天地生成万物，遂有千种变化、万般运动，故乾坤两卦之后次之诸卦，展开各种矛盾斗争：从自然规律到政治形势，从统治阶级到普通百姓，从婚姻家庭到衣食住行，从文化民俗到哲学思想，无所不及。然而过程总有穷尽之日，矛盾总有解决之时，所以经过无数阴阳消长、事物盛衰的矛盾斗争，终于有了一个终结，迎来了阴阳协调、矛盾消失、大功告成、万事亨通的既济时代。但是如果《周易》以此大团圆为结局，那它就不是《周易》了。《周易》的作者深刻地认识

"六十四卦"中的人生哲理与谋略

到，矛盾止息只是相对的，矛盾的运动才是绝对的，随着旧的过程止息，新的过程必将产生，所以《周易》并不以既济作结，而是以未济作结。正如《序卦传》所说："物不可终穷，故受之以未济终焉。"以未济作结，充分反映了作者对宇宙变易无穷的认识。而从《周易》全书来看，这种以乾坤为开首，以既济未济为终结的安排，使得"《周易》者，变也"这一深刻的思想得以巧妙地表现出来，以至我们今天在读这部数千年前的古老著作时，仍不得不对其深邃的思想和哲学魅力叹为观止。

客：这一番议论使我对六十四卦排列所蕴含的思想有了清晰的理性认识。不过就本卦而言，为什么既济言"亨"，而未济也言"亨"？

主：正如既济会走向其反面"初吉终乱"一样，未济也能够向既济的方向发展，由事未成发展为事已成，故未济亦可有"亨"。《周易正义》言："未济有可济之理，所以得通。"

客：看来既济"亨"是已然之亨，未济"亨"是未然之亨。未济的"亨"最终将决定于事态的发展和主观的努力。

主：主观努力相当重要。既济之时要慎终如始，未济之时则要慎始慎终，"自始济以至于将济，不可一息而忘敬慎也。"（李光地《御纂周易折中》）否则就会像小狐涉水，接近成功之时，却濡湿其尾，必将不能成济而无所利。

客：卦辞中小狐渡水的故事很生动。一只没有经验的小狐，在大河即将渡过、对岸近在咫尺时，被即将到来的成功冲昏了头脑，竟然在水中欢呼跳跃起来，结果沾湿了尾巴，差点被水淹没，终于未能成济。

主：这个故事实为一则寓言，它告诉我们不论干什么事都要慎始慎终，有一个环节疏忽大意，就可能功亏一篑，前功尽弃。

《象》曰：未济亨，柔得中也。小狐汔济，未出中也；濡其尾无所利，不续终也。虽不当位，刚柔应也。

【译文】《象传》说：事未成而至亨通，是因为柔顺而能守持中道。小狐渡河接近成功之时，实际上仍未脱出坎水之中；沾湿了尾巴而无所利益，说明努力没有持续至终。卦中六爻虽然皆不当位，但刚柔两两相应，勉力可获成功。

【提示】解释卦辞，阐发卦义。

客：你在讲既济时说，既济以内卦为主，以柔中为善，我觉得未济也是以内卦为主，以柔中为善。既济离下坎上，离为光明，坎为险陷，所以既济内卦处于离明之本，六二柔中也处于离明之内，合于既济《象传》所言"初吉，柔得中也"，若再向外发展，进入坎险，就转向未济而要"终乱"了。未济坎下离上，也以内卦为主，内卦为坎险，正体现了未济之卦义，再向外发展，进入离明之体，则有可能转为既济而得亨。

主：完全正确。《象传》开头所说的"未济亨，柔得中也"正是阐释这一观点的。未济之亨在于柔得中，而未济卦恰恰是处于外卦的六五为柔得中。《象传》以此说明未济卦以内卦为主，内卦的坎险体现卦义，故内卦无亨可言，只有发展到外卦才有可能转向既济，有亨可言。

客：那么具体说来，为什么六五可至亨呢？

主：从卦体上看，六五已走出坎险，进入离明，这是客观条件；就六五自身而言，六五下应九二，上承上九，既能纳刚健，又不违刚，处事柔顺适中，有可济之象，故可至亨。

客：不用说，"小狐汔济"是指九二了。九二处在坎险之中，上有六五之应，似乎将要出险，但毕竟尚未出险，所以《象传》解释说："小狐汔济，未出中也。"

主：小狐处在"汔济"之时，只要再加一把劲就可渡过河去，

"六十四卦"中的人生哲理与谋略

到达成功的彼岸，可惜它未能坚持到底，可能由于即将成功而过度兴奋，也可能是力量不济，总之小狐顾头顾不了尾，把尾巴弄湿了，而尾巴一旦沾湿则影响渡水，无所利益，所以《象传》无奈地说："濡其尾，无攸利，不续终也。"感喟小狐的努力未能持续至终。

客：从《象传》的语气来看，未济之时未必不能成功，小狐若能慎始慎终，不把尾巴搞湿，还是能渡过河去的。

主：是的。卦辞言"未济，亨"，正是说事未成可以发展为事已成。《象传》最后说"虽不当位，刚柔应也"，也是从六爻来阐释这一卦义的。未济卦六爻皆不当位，有未济之象，但六爻均刚柔相应，若合力相拯，慎始慎终，还是可济的。

客：是否可以说，正因为有既济的可能性，所以卦名才叫"未济"，如果根本就无可济之理，卦名也许就叫"不济"了。

主："未济"只是尚未济，而不是不能济，你的推测也许有道理。

《象》曰：火在水上，未济。君子以慎辨物居方。

【译文】《象传》说：火在水上，象征事未成。君子因此以审慎的态度分辨万事万物，使之各居适当的处所。

【提示】处未济之道，以审慎为主。

客：未济卦坎下离上，坎为水，离为火，故曰"火在水上"。

主：是的。与既济卦水在火上可以煮成食物相反，火在水上，不能烹饪，未能济物，所以以象征事未成。

客：火在水上，居位不当，致使难以煮物，君子观此卦象悟知未济之时必须以审慎的态度分辨万事万物，并使之各居其所，以便发挥各自的作用，以促未济转向既济。

主：《象传》以推演卦辞小狐渡河的故事来阐述慎始慎终的卦

义，《象传》则以上下卦体为喻象，从另一侧面揭示了这一思想，同时引导人们去分辨和区别各种事物的不同特点，用其所长，弃其所短，最大限度地变不利因素为有利因素，争取形势的根本好转。这个思路别出机杼，为身处逆境的人改变环境、发展自我提供了行动指南。

☲☵ 初六，濡其尾，吝。

【译文】 初六，小狐渡水沾湿了尾巴未能成济，有所遗憾。

《象》曰：濡其尾，亦不知极也。

【译文】 《象传》说：小狐渡水沾湿了尾巴未能成济，亦不知其结局将是如何。（极：终。）

【提示】 冒险躁进，终有吝惜。

主：初六处于未济的开始，并不具备可济的条件，且本质阴柔，力不从心。但初六居于坎险之中，急于脱险，又应于九四，必欲上行，而九四本身并不是中正之才，不会前来援助，如此，则初六的前途可想而知。爻辞以小狐渡河为喻，说明初六犹如柔弱幼小之狐，不度量自己的才力和客观形势冒险躁进，结果未游到对岸就气力不济，沾湿了尾巴，终有憾惜。

客：既济初九亦云"濡其尾"，两者有何不同？

主：既济初九阳刚得正，处离明之体，当既济之时以"濡其尾"戒其谨慎守正，不轻举妄动，故得"无咎"。未济初六是不自量力而进，"濡其尾"言其欲济而终不能济，故有"吝"。

客：明白了，同样是"濡其尾"，由于所处时位不同，既济初九喻其当济而慎于济，未济初六喻其不当济而急于济。

主：正是这样。未济初六如此莽撞躁进，其终局如何也就很难说了，故《象传》言"濡其尾，亦不知其极也"。这与《象传》所说的"濡其尾，无攸利，不续终也"的意思是相合的。

　　　　　　　　　　　"六十四卦"中的人生哲理与谋略

☵. 九二，曳其轮，贞吉。

【译文】 九二，向后拖曳车轮使之缓行，守持正固可获吉祥。

《象》曰：九二贞吉，中以行正也。

【译文】 《象传》说：九二守持正固可获吉祥，说明居位适中，行事端正。

【提示】 审慎而行，可获吉祥。

客：九二似乎是吸取了初六的教训，虽然上应六五，既有阳刚之才，又得柔中之助，是可以有为的，但因身处坎险之中，谨慎而不敢轻进，犹如向后拖曳车轮使之缓行。能如此谨慎守正，自然可以获吉。

主：非常正确，看到了九二爻的本质。九二以阳居阴，位并不正，为何言其“贞吉”？这是因为九二得中。我们多次说过《易》例正未必中，而中无不正。九二能居于中位，则必能行正，所以《象传》说：“九二贞吉，中以行正也。”

客：既济初爻亦言“曳其轮”，其意义与未济九二似无不同。

主：是的，两者说的都是要审慎而行，但两者义同而时位不同。既济初九因居于一卦之初，故以“曳其轮”为喻戒其小心行事，未济九二以阳刚而获中德，也仍然要像既济初九那样“曳其轮”，可见未济的处境是多么艰难，故尤须谨慎行事。

☵. 六三，未济，征凶，利涉大川。

【译文】 六三，事未成，前进必有凶险，利于涉越大河巨川。

《象》曰：未济征凶，位不当也。

【译文】 《象传》说：事未成而前进必有凶险，说明六三居位不适当。

【提示】 失位处险，不可妄动。

客：六三的爻辞似有矛盾，既言"征凶"，为何又曰"利涉大川"？

主：这里确实有矛盾，历来说《易》者曾有多种解释，但都不甚圆满。朱熹《周易本义》曰："或疑'利'字上当有'不'字。"这个看法值得重视，因为从六三的《象传》"位不当也"来看，也是表示"不利涉大川"的，说明《象传》的作者所看到的《易经》的确是"不利涉大川"，此后由于辗转抄书，脱去一字。

客：如果加一个"不"字来理解那就顺畅了。六三在事未成之时，以阴柔之质处坎险之上，属居位不当，此时不宜妄动，更不利涉大川，若强行前进，必有凶险。

主：是这个意思。下面看九四爻。

☲ 九四，贞吉，悔亡。震用伐鬼方，三年有赏于大国。

【译文】 九四，守持正固可获吉祥，悔恨消失。以雷霆震动之势讨伐鬼方，历经三年而取得战争的胜利，被封赏为大国诸侯。

《象》曰：贞吉悔亡，志行也。

【译文】 《象传》说：守持正固可获吉祥，悔恨消失，说明九四立志于求济的行动。

【提示】 坚持不懈，可获成功。

主：九四已脱离下卦坎险进入上卦离明，总体说来命运已开始改变，未济将有可济的希望。但九四以阳居阴，处位不正，仍然有悔，须守持正固方可获吉，消除悔恨，故爻辞戒之以"贞吉"。

客：九四处在未济之时，要真正地守正除悔，不能靠坐等，而应奋起斗争，立志于求济的行动，这就是《象传》所言"贞吉悔亡，志行也"之意。

主：是的。天上不会掉下馅饼，要想拯救未济走向既济，就

"六十四卦"中的人生哲理与谋略

要全力以赴投入艰苦卓绝的斗争，像爻辞所比喻的那样，以雷霆震动之势讨伐鬼方，坚持不懈地战斗三年必能取得胜利，获得封赏。

客：既济卦九三也以伐鬼方为喻，与未济九四有无不同？

主：既济九三倒转过来就是未济九四，故其喻象相同，不过既济九三与未济九四两爻喻意各有侧重。既济已处于事成之时，言高宗伐鬼方之事，只是说明胜利来之不易，故在胜利之后要谨慎行事，"勿用小人"。未济处事未成之时，举伐鬼方之事，意在说明要经过艰苦斗争才能转向既济；而三年得胜更是强调斗争的艰巨性、持久性，劝勉九四拼搏到底；"有赏于大国"则说明只要坚持不懈，必可获得成功。

客：看来未济至此，坚冰已经打破，航道已经开通，胜利在即，曙光在望。

䷿ 六五，贞吉，无悔；君子之光，有孚吉。

【译文】 六五，守持正固可获吉祥，没有悔恨；君子之德似太阳之光，的确给人们带来了吉祥。（有孚：有信，的确。）

《象》曰：君子之光，其晖吉也。

【译文】 《象传》说：君子之德似太阳之光，说明六五为文明之主，光照天下，带来吉祥。（晖：光盛生辉。）

【提示】 文明之主，光照天下，未济达于既济。

主：六五是从未济转向既济的关键。六五虽以阴居阳不当位，但居中，居中则无不正，故可守持正固获得吉祥，而没有悔恨。

客：九四言"悔亡"，六五言"无悔"，意思相同吗？

主：不大一样。"悔亡"是有悔而后悔亡，"无悔"是根本没有悔恨。所以六五爻位非常好，《象传》所说"未济亨，柔得中也"，指的正是六五。

客：为什么六五是未济卦得以至亨的主爻？

主：六五居上卦离体之中，是文明之主，他不仅自己能守持正固获得吉祥，没有悔恨，而且以柔居刚，下应九二，象征着他能带领大家共同渡过未济难关，进入既济的太平盛世。故爻辞将六五君子之德比作东方的太阳，礼赞太阳驱散了乌云，光照大地，的确给人们带来了蓬勃的生机，带来了幸福吉祥。

客：看来六五是独善其身与兼济天下的完美统一体。

主：是的。《象传》说"君子之光，其晖吉也"，正是着眼于这一点。"晖"是阳光照射、光披四海之意。君子之光所以能带给人们吉祥，是因为它不是只照亮了自己，而是同时照亮了大家，使人们告别了黑暗，走向光明。

☲ 上九，有孚于饮酒，无咎。濡其首，有孚失是。

【译文】 上九，怀着必胜的信心举杯庆贺，没有咎害。但若沉湎于酒，将如小狐渡水沾湿头部，必然有失正道。（孚：信，的确。）

《象》曰：饮酒濡首，亦不知节也。

【译文】 《象传》说：沉湎于饮酒如同小狐渡水沾湿头部，说明如此下去也太不知节制了。

【提示】 未济而得既济，既济复又未济，易变无穷。

主：上九以阳居未济之极，物极必反，未济遂成既济，于是举杯庆贺，天下太平。但是作者笔锋一转，指出此时若沉湎于饮酒，就会转向其反面，重演小狐濡首的悲剧，正道尽失，既济又将变为未济。

客：在这最后一爻中，作者巧妙地再次浓缩和再现了未济—既济、既济—未济这一"物不可穷"的观点。一方面警醒世人慎待人生，须臾不可耽于逸乐；一方面辛彰显其志，揭示了事物总是按着否定之否定的形式向前发展的辩证思想。

主：的确如此。《周易》由既济卦而未济卦的安排已经显示了作者的独具匠心，而既济、未济内部之爻的正反相向的变化又再次深化了这一思想。尽管如此，在未济卦最后一爻中，当我们再次读到这种否定之否定思想的表述时，我们仍要为作者深刻的思想和慎戒不已的精神所感动。而在这同时，我们也不得不同样为全卦最后一爻的《象传》的最后一句话"亦不知节也"所震撼。在这最后的一爻之内，由既济而未济的变化何其速也，关键在于"不知节"。在更多的情况下，不仅仅是客观原因促成事态的变化，主观因素往往更起着决定性的作用。可以说《周易》一方面讲天道讲客观规律，另一方面更多的是强调人谋，强调主观能动性。《周易》对宇宙与人类社会的探讨是全方位的，而我们只择取其人生哲理与处世智慧的这一方面来加以研究和探讨，正是为了汲取前人的经验教训，应用到我们自己的生活中去。

结束语

——占卦真义

客：多承您将六十四卦一一开示，引我进入《易经》的神秘殿堂，得以窥见其万户千门、光怪陆离的内景。真是受益无穷！

主：我只是以浅测深，随意而谈，难免有盲人摸象之见、郢书燕说之误。

客：我还有一个疑问向你请教。《易经》本来就是占卜之书，历史上一直有人用《易经》六十四卦来占卜，说得神乎其神，无比灵验。这究竟有没有道理？六十四卦到底有没有探测祸福凶吉的功能？

主：占卜是先民在自然界和社会的种种压力之下，感到软弱无力，对自身的遭遇或行为的后果感到难以把握，心中迷惘不安，希望借助于神灵的启示，以求逢凶化吉、消灾趋福的心理作用下的产物。只要未来还是处在茫茫然的迷雾之中，具有某种不确定的神秘色彩，或者人们感到难以对命运的安排做出明确的解说，就会有人企图利用占卜术来预测凶吉。

客：眼前书肆上有关八卦算命的书汗牛充栋，五花八门，有的美其名曰"《周易》预测术"，很是诱人。请问，利用六十四卦占卜究竟有没有预测功能？

主：说实话，这一点非我所知，也无法证实。占卜是否灵验？从概率论看，其命中率为50%。只要你随意向桌上抛一枚硬币，多次重复，你就会发现，出现正面和反面的次数几乎是一样多。

实际上，占卜的"命中率"还要高一些，这原因是复杂的。首先，占辞具有高度的抽象性和辩证性，可以涵盖多种现象，对占辞的解释有很大的回旋余地，甚至可以朝相反方向去解释。其次，由于求卜者的希望、好奇和补偿心理，人们常常忘了那些不灵验的结果，而对其中的"灵验"印象深刻，终身不忘。最后，占卜的预言往往能对求卜者产生很强的心理暗示作用，使他不知不觉地随着预言的指向去行动。

客：这样说来，六十四卦占卜纯属无稽之谈了？

主：这又不然。

客：此话怎讲？

用六十四卦占卜有预测的功能吗？
——六十四卦占卜的人生咨询作用及原理

主：据我看来，用六十四卦占卜是否有神奇的预测功能虽然不得而知，但它的思维方法精密而巧妙，助思而益智，富于启示，确实具有不可忽视的人生咨询作用。

客：通过对六十四卦的探讨，我愈益感受到你把《易经》视为人生行为的指南是正确的。六十四卦正是有关社会人生的六十四个专题，三百八十四爻正是在三百八十四种处境中可能发生的情况和最佳对策。我们遇到疑难，只需到这部行为手册中去查考有关专题，加以精研，寻求启示，就可以了，还用得着占卜吗？

主：不知占卜，毕竟还不能善用《易经》。因为《易经》本来就是一本占卜之书嘛。不过，我们用六十四卦占卜，不是为了预测凶吉，而是为了寻求如何避凶就吉之良策。从某种意义上说，这也带有一些观测凶吉的意味。为所当为则吉，为所不当为则凶，这还是可以预测的吧。所以，我认为，把占卜问卦看作是一种人生咨询活动，这是再确当不过的了。换句话说，占卜问卦就是向

《易经》这位人生导师求教。

客：这倒很有意思！愿闻其详。

主：瑞士著名的心理学家卡尔·G. 琼曾经说，他潜心研究《易经》许多年，经常在一棵古树下一坐几小时，先提出问题，再从《易经》中找出答案。《易经》从来没有使他失望，它得出的答案总是令人惊奇，开发人脑的想象力，帮助我们看到问题的深层。关于这方面的例证，你可以查看英国克利斯朵夫·巴克特所著《易经——第一号成功预测》的译本（宁夏人民出版社出版）。

客：利用占卜问卦作为人生咨询，何以会有这样好的效果呢？

主：关键在于，当你进行占卜时，无论是起卦还是解卦，你自始至终要处于一种虚静自然的心理状态。有人说，这种虚静自然的心理状态，会引导你唤醒潜意识，复苏内在的直觉本能。而这种被呼唤出来的潜意识，是与整个人类的潜意识，甚至整个宇宙生命的潜意识相通的，当然足以针对人生问题的质疑做出回答。

客：这似乎涉及神秘现象了。

主：此说是耶非耶，我们也难以判断，只好置而不论。我们认为，在占卜问卦时进入虚静自然的状态，起码可以帮助我们排除各种私心杂念，防止爱憎利欲等主观偏见和不良情绪的干扰，离开个人得失利害的忧虑，从而进入对事物发展规律进行客观观照的明智清醒的心态。这对于求得人生疑难问题的正确答案无疑是必要的。

客：就是说，要从"当局者迷"的圈子里跳出来，进入"旁观者清"的心理状态，才能针对错综复杂的人生百态进行清醒冷静的观察思考，才会得出明智的判断。

主：对了！在我看来，利用占卜问卦而进行人生咨询的原理正在于此，这就是占卜之精髓与真义。无论是起卦还是解卦，都要时刻注意，要处于一种虚静自然的随意心态，要去掉得失心、欲求心、执著心、忧虑心、自私心。要像《老子》中所说："为道日损，损之又损，以至于无为。"损去各种私心杂念，才能接近客观真理，才能从卦爻辞中汲取其中固有的哲理，获得有益的启示，从而正确地剖析复杂的人间现象，进而有效地指导人生。

起卦与解卦——占卦方法

客：在这样的原理指导下进行占卦，一定是很能引人入胜的心理实验活动。用哪一种占卦方法为好呢？

主：占卦的方法不宜太繁，也不宜太简。因为占卦的起卦和解卦的过程本身，就能够诱导你进入虚静自然的状态。如果占卦方法太简单，抛一下硬币就决定一切，就起不到这种诱导作用。但是太繁杂也不行。像古代用50根蓍草来起卦的方法就太烦琐复杂了，很难学会，起一次卦要折腾好长时间，经过三演十八变才能求得一卦。现代人生活节奏紧张，哪有那么多工夫慢慢地摆弄呢？依我看，民间流行的铜钱摇卦法不繁不简，最为实用。

客：用铜钱怎么摇卦？

主：求卦要分两步走，先投掷六次铜钱，得出一个卦象，这叫"起卦"；然后再从卦爻辞中寻求问题的答案，这叫"解卦"。占卦常用三枚古代铜钱，用三枚现代硬币代替亦可。把铜钱、《易经》、纸笔放在面前，就可以准备起卦了。当然，这时最好找一个环境幽静、不受干扰的地方，造成一种安宁独处的气氛。最好是在晚间，在自己不忙不乱、不急不躁、不饥不饱、头脑清楚的时候。起卦之前先静坐几分钟，宽衣解带，面带笑容，把全身放松到十分舒适的状态。放松入静之后，再把你所遇到的疑难问题，用简明扼要的语言写在纸上。然后开始摇卦，把三枚铜钱扣在双手中摇动数次（也可以放在竹筒里面摇），然后投放在桌面上，看看是正面朝上、还是背面朝上。背面（反面）为阳，正面为阴，这一点要记清楚。农夫种田总是背朝太阳的。中医理论也认为人的背面为阳，人的正面为阴。三枚铜钱的组合有这样的四种可能：

一、正正反（两正一反）：为少阳，画阳爻符号"—"。

二、反反正（两反一正）：为少阴，画阴爻符号"– –"。

三、反反反（三个反面）：为老阳，画阳爻符号"—·"。加一个黑点表示这是"变爻"，因为阳极要变为阴。

四、正正正（三个正面）：为老阴，画阴爻符号"– –·"。加一个黑点表示这是"变爻"，因为阴极要变为阳。

这样，每摇动三枚铜钱投掷一次后，就得出一个爻画；投掷六次后，就得到六个爻画，依次从下向上画出这六个爻画，就构成了一个卦象。比方说，经过六次摇卦演成的卦象是"䷓"。

客：这是什么卦？我一时还认不出来，需要到《易经》里去查找。

主：我这里有一张"卦序表"，专供由卦象查找卦序和卦名之用，使用起来很方便。请看：

卦 序 表

下三线＼上三线	乾 ☰	震 ☳	坎 ☵	艮 ☶	坤 ☷	巽 ☴	离 ☲	兑 ☱
乾 ☰	2	34	5	26	11	9	14	43
震 ☳	25	51	3	27	24	42	21	17
坎 ☵	6	40	29	4	7	59	64	47
艮 ☶	33	62	39	52	15	53	56	31
坤 ☷	12	16	8	23	1	20	35	45
巽 ☴	44	32	48	18	46	57	50	28
离 ☲	13	55	63	22	36	37	30	49
兑 ☱	10	54	60	41	19	61	38	58

"六十四卦"中的人生哲理与谋略

客：让我对照这张表查查"䷥"的卦序和卦名。下三线为"☱"（兑），上三线为"☲"（离），从表上看，这是第38卦。再查一下《易经》六十四卦目录，这是睽卦。

主：走到这一步，起卦就完成了。卦象中上九爻带小黑点，表示这一爻是"变爻"。变爻在解卦时很有用。

客：得出卦象和卦名，就按照卦辞、爻辞来解卦吗？

主：是的。不过，依据卦辞还是依据爻辞，依据哪一爻的爻辞，这里面还有许多讲究，也必须了解。通常按照朱熹在《易学启蒙》中总结出的办法处理。一卦得出后，其中可能有"变爻"和"不变爻"，无非是以下七种情况，在解卦时要区别对待：

一、六爻不变：卦中六爻都是不变爻，这叫"静卦"，依据本卦的卦辞来解卦。

二、一爻变：卦中有一个变爻，就用这个变爻的爻辞解卦。

三、二爻变：卦中有两变爻，用这两个变爻的爻辞解卦，而以上爻爻辞为主。

四、三爻变：卦中有三个变爻，解卦时用本卦的卦辞并结合变卦的卦辞作综合考虑。

客：请允许我插问一句，什么是"变卦"？

主："变卦"又叫"之卦"，就是在本卦的变爻改变性质（阳爻变阴爻，阴爻变阳爻）之后，所形成的新卦。"变卦"的情况，在解卦时经常要考虑到。

客：请你接着讲下去。

主：以下就是四爻变、五爻变、六爻全变，不过在摇卦时很少出现。

五、四爻变：卦中有四个变爻，用另外两个不变爻的爻辞解卦，而以下爻爻辞为主。

六、五爻变：卦中有五个变爻，用变卦的不变爻的爻辞解卦。

七、六爻皆变：卦中六爻都是变爻，如果是乾、坤两卦就用"用九""用六"解卦，其他卦则用变卦的卦辞解卦。

客：看起来，摇卦可能出现的情况也够复杂的。

主：其实，摇卦时经常出现的是六爻不变、一爻变、二爻变这三种情况，视情况不同采用本卦卦辞和变爻爻辞解卦，这并不复杂。不过，在用爻辞解卦时，经常要参看本卦卦辞和变卦的相应爻辞，作综合考虑，这一点特别需要注意。

客：怎样解读卦象所指出的特定的卦爻辞呢？

主：要记住两个要领：第一，继续排除内外干扰，保持松静自然的心态，充分释放你的直觉潜能。须知，人的直觉具有选择正确答案、进行客观判断的暗示能力。如何开发《易经》这个人类智慧宝库？最精巧的计算机就在你的大脑深处。当你的潜在智力与你所得到的卦象这个"软件"接通时，它就会自动地从许多可能的联系中选择出最佳对策，作为对你的生活咨询的正确答复。只有在你处于松静自然的状态时，你的智力潜能才会得到释放，你的潜意识和意识、理智和感情、直觉和思维才能得到协调，才有可能出色地解卦。第二个要领是，必须明确，卦爻辞所提示的哲理带有很大的抽象性、包容性、多维性、启示性，因而它是广义的、多层次的、富于变化的。要任凭心灵的暗示，作灵活的、随机的领悟，决不可拘泥于卦爻辞文句的直接含义，呆板地理解。固然六十四卦可以视为有关社会人生的六十四个专题，但也不可以作机械的、僵化的理解，对于每一卦的卦理都可以作多角度的审视，加以灵活运用，这样，才能把它们的象征意义与你的特定问题联系起来。这样，才能称得上是善于解卦。

客：究竟怎样起卦、怎样解卦，您是否可以当场替我占一卦呢？

主：好，让我们试着占一卦吧！

　　　　　　　　　　　"六十四卦"中的人生哲理与谋略

让我们来占一卦——占卦实例

客：正好我有一件疑难的事需要问卦。最近有一位熟人，建议我停薪留职，跟他一起去做生意，经营一家娱乐场。我正在为此事而举棋不定。

主：怎么？你也想下海经商吗？你舍得丢下你自己的专业研究工作吗？

客：专业研究虽然是我的兴趣所在，但是经济收入实在过于微薄，长期坐冷板凳，清贫难耐，何时是了？经营娱乐场，收入丰厚，我不禁为之心动，但又犹豫不决。请老兄为我占卦决疑，如何？

主：好吧，这里有三枚铜钱，请你自己摇卦。让我们先静坐一会，进入松静自然的状态。

（客静坐片刻，然后摇卦六次，得出的卦象是䷐ 。）

客：此卦上兑下震，让我查一下卦序表，这是第 17 卦——随卦。这卦倒是有些意思，论随从之道，正与我的疑问合拍。我倒要看看，是随从朋友去经商好呢？还是继续坐研究所的冷板凳好呢？

主：解卦也要保持松静自然的心态，以求得客观准确的解答。请注意本卦卦辞："随，元亨，利贞，无咎。"它指出随从之道的基本原则——"利贞"，利于坚守正道。就是说，随从必须以守正为前提，随而得其正才为有"利"，才能"元亨"而"无咎"。如果不随正道而行，跟错了人，不仅无"亨"可言，而且会动则得咎。

客：随人经商难道不是正道吗？

主：经商对别人来说可能是正途，对你来说就不一定了。你本是学界人士，是科研工作者，为什么要舍长取短、弃学从商呢？

不过，随人经商究竟凶吉如何，还要看看本卦的变爻是怎么说的。你摇出的卦的变爻是第几爻？

客：是六二爻，让我看看爻辞："系小子，失丈夫。"哎呀，果然不妙！

主：这明明是因小失大之象。六二爻与下面的初九这个"小子"阴阳相比，又与上面九五这个"丈夫"阴阳相应。如果依从于小子，势必要失去大丈夫。鱼和熊掌不可兼得，顾此则失彼，所以《象传》说："系小子，弗兼与也。"何去何从，你自己看吧！

客：看了爻辞，我真有些顿悟之感。忽然感到自己只顾眼前的物质利益，打算放弃从事多年的科研事业，真有些小家子气，非大丈夫所为。孟子说："二者不可得兼，舍鱼而取熊掌者也。"看来，我不能放下本行不做，去和娱乐厅的领班为伍。不过，我在研究所里也干得很不痛快，物质待遇清贫不说，人际关系也很别扭，总觉得研究所非久留之地，感到闷闷不乐，希望有跳槽的机会。

主：既然你仍有疑问，让我们再参考一下变卦的相应爻辞，看看是否会得到一些启示。

客：本卦（䷭　）第二爻是变爻，阴变为阳，得到的变卦是䷹　，这是兑卦，第58卦。

主：请看一下兑卦第二爻的爻辞。

客：兑卦第二爻是九二，爻辞是："九二，孚兑，吉，悔亡。"

主："孚兑"是指诚信而又和悦地待人，这意思你懂了吗？是否回答了你刚才的疑问？

客：是啊，这对我很有启发。人际关系不理想，还是要在自己身上找原因。只要自己能以诚信与和悦待人，人际关系总是可以改善的，与同事、领导之间的疑忌是会化解的。占了这一卦，我很有收益。我可以替我儿子占一卦吗？

　　　　　　　　　"六十四卦"中的人生哲理与谋略

主：问什么事情？

客：婚姻之事。一年前有人替我儿子介绍一位女朋友，两人的感情还好，儿子苦苦追求，但是女方至今还没有同意。我的儿子感到很苦恼。不知这门婚事是否有希望？

主：你的儿子做什么工作呢？

客：在工厂当技术员。女方也是技术员，很有上进心，看来对我的儿子不很满意。

主：现在请您起卦吧，让我们一起研究。

（客静坐片刻，摇卦六次，得到的卦象是䷂。查卦序表，知是第3卦屯卦。）

主："屯"是艰难创始的意思。看来，你儿子的婚事还处在草创阶段，离结局还早着呢！

客：结局会怎样呢？本卦有一个变爻——六三，爻辞是："即鹿无虞，唯入于林中。君子幾，不如舍，往吝。"哎呀，这一卦好像又不妙！

主："即鹿"是追猎野鹿，在这里正好可以理解为追求女朋友。到山林里追逐野鹿，如果没有"虞人"带路，只能空无所获，白白地深入林海。君子应该见机行事，在这种情况下，不如放弃勿逐，继续追赶下去只能带来遗憾。

客："虞人"可以理解为男女双方的介绍人吗？他们是通过介绍人认识的，不是"无虞"啊！

主："虞人"是双方沟通的媒介，不一定是介绍人。介绍人只能介绍他们互相认识，却不能保证让他们恋爱成功。

客：这样说来，这门亲事毫无希望了？

主：那倒不一定。再看看变卦的相应爻辞吧，也许还会别有机缘。

客：本卦（䷂）第三爻阴变为阳，变卦是䷿，这是第63

卦既济卦，的确还有成功的希望啊！

主：既济卦的相应爻辞是："九三，高宗伐鬼方，三年克之，小人勿用。"要有殷高宗讨伐鬼方的精神，长期坚持，才有希望获得最后成功。还要树立自己的高大形象，如果在对方眼中只是个渺小的人物，怎么追求也是不中用的。

客：我的儿子也意识到了这一点，正在刻苦努力，参加本科自学考试，提高自己的文化档次，改善自己在女方眼中的形象。

主：叫他努力下去吧，会有结果的。女方既然很有上进心，他也应该在事业上努力进取，这样他们之间的爱情就有了真正的媒介，这应该是本卦中"虞人"的含义。"即鹿无虞"会转变为"即鹿有虞"，"往吝"会转变为"往吉"。变卦"既济"，预示着你的公子的婚事虽有坎坷，最终的结局是成功的。

客：但愿如此。我回家后，会把占得的这一卦分析给儿子听的。的确，《易经》的占卦是具有人生咨询的实用价值的，真应该努力发掘。

主：这要看我们怎样占卦，要善于运用。占卦在"二诸葛""张半仙"者流手中是骗人的迷信工具，而在睿智之士手中则是帮助我们透视人生、优化行为的良师益友。

　　　　　　　"六十四卦"中的人生哲理与谋略

附　录

1. 八卦取象歌

☰ 乾三连（三个爻卦是相连的）

☷ 坤六断（三个爻卦中断为六段）

☳ 震仰盂（形如仰口朝上的盂钵）

☶ 艮覆碗（形如覆盖的碗）

☲ 离中虚（中爻为虚线）

☵ 坎中满（中爻为实线）

☱ 兑上缺（上爻断缺）

☴ 巽下断（下爻断缺）

2. 八卦象征意义一览表

卦名	卦形	自然	人物	人体	动物	状态	方向	四季
乾	☰	天	君、父	首	马	健	西北	秋冬间
坤	☷	地	众、母	腹	牛	顺	西南	夏秋间
震	☳	雷	长男	足	龙	动	东	春
巽	☴	风、木	长女	股	鸡	入	东南	春夏间
坎	☵	水、雨	中男	耳	豕	陷	北	冬
离	☲	火、日	中女	目	雉	附	南	夏
艮	☶	山	少男	手指	狗、鼠	止	东北	冬春间
兑	☱	泽	少女	口舌	羊	悦	西	秋

3. 六爻位置之象征意义

上爻	天	阴位	太上皇之位 太庙之位	象征发展终极	主穷极必反
五爻		阳位	天子之位	象征圆满成功	主处盛戒盈
四爻	人	阴位	公侯之位	象征新进高层	主警惧审时
三爻		阳位	大夫之位	象征功业小成	主慎行防凶
二爻	地	阴位	士人之位	象征崭露头角	主适当进取
初爻		阳位	庶民之位	象征发端萌芽	主潜藏勿用

4. 六十四卦卦名次序歌

[1]乾[2]坤[3]屯[4]蒙[5]需[6]讼[7]师，[8]比[9]小畜兮[10]履[11]泰[12]否。

[13]同人[14]大有[15]谦[16]豫[17]随，[18]蛊[19]临[20]观兮[21]噬嗑[22]贲。

[23]剥[24]复[25]无妄[26]大畜[27]颐，[28]大过[29]坎[30]离三十备。

[31]咸[32]恒[33]遁兮及[34]大壮，[35]晋与[36]明夷[37]家人[38]睽。

[39]蹇[40]解[41]损[42]益[43]夬[44]姤[45]萃，[46]升[47]困[48]井[49]革[50]鼎[51]震继。

[52]艮[53]渐[54]归妹[55]丰[56]旅[57]巽，[58]兑[59]涣[60]节兮[61]中孚至。

[62]小过[63]既济兼[64]未济，是为下经三十四。

5. 六十四卦之卦象变化

其中错卦 8 个，综卦 56 个，合为 64 卦。

错卦（对卦）：六爻相反，两两相对，共有 4 对、8 卦。

[1]乾☰☰   [2]坤☷☷

[27]颐☶☳   [28]大过☱☴

[29]坎☵☵   [30]离☲☲

"六十四卦"中的人生哲理与谋略

⁶¹中孚 ䷼   ⁶²小过 ䷽

综卦（反卦）：卦形颠倒，共有 28 对、56 卦。

³屯	⁵需	⁷师	⁹小畜
⁴蒙	⁶讼	⁸比	¹⁰履
¹¹泰	¹³同人	¹⁵谦	¹⁷随
¹²否	¹⁴大有	¹⁶豫	¹⁸蛊
¹⁹临	²¹噬嗑	²³剥	²⁵无妄
²⁰观	²²贲	²⁴复	²⁶大畜
³¹咸	³³遁	³⁵晋	³⁷家人
³²恒	³⁴大壮	³⁶明夷	³⁸睽
³⁹蹇	⁴¹损	⁴³夬	⁴⁵萃
⁴⁰解	⁴²益	⁴⁴姤	⁴⁶升
⁴⁷困	⁴⁹革	⁵¹震	⁵³渐
⁴⁸井	⁵⁰鼎	⁵²艮	⁵⁴归妹
⁵⁵丰	⁵⁷巽	⁵⁹涣	⁶³既济
⁵⁶旅	⁵⁸兑	⁶⁰节	⁶⁴未济

6. 常用卜辞占断术语

1. 亨：通达顺利。"元亨"即大为通达之意。

2. 贞：守正，持守正道。"利贞"即利于守正之意。

3. 利：有利于，适宜。

4. 吉：吉祥。

5. 吝：麻烦，艰难，遗憾。

6. 悔：悔恨，忧虑。

7. 厉：危险，危难。

8. 咎：灾祸，过失。

9. 凶：祸殃，恶果。

10. 眚：灾祸。

11. 勿用：不发挥作用。

12. 勿恤：无须忧虑。

"六十四卦"中的人生哲理与谋略

增订版后记

　　本书 1994 年由社科文献出版社出版，1998 年出了新版，并多次重印，发行了几万册；本书还在台湾由滚石出版社出版了繁体字本；韩文译本也将在近期由韩国著名的出版公司玄岩社出版。读者对本书产生了很大的兴趣，这是我们始料不及的。由于市场上本书早已脱销，近年来有许多读者来信，希望能够购买本书，出版社也一再催促我们修订本书，尽快推出新的版本。只是由于我们手头都有放不下的工作，增订工作拖至今日方始完成，这是要向读者致歉的。

　　《易经》是中国古代重要的文化典籍，位列十三经之首，它的内容丰富全面，有完整的哲学体系，从宇宙自然到人生社会都有辩证的论述，是取之不尽用之不竭的文化宝藏：哲学家讨论其义理，象数家推演以河书，史学家视为上古实录，文学家赏其歌谣文体，科学家发掘其宇宙奥秘，数学家则悟出了二进制的源头。全部六十四卦的卦爻辞，字字珠玑，是不同境遇下的人生指南，是波谲云诡形势下的治国方略。特别是其自强不息的进取精神和慎终如始的忧患意识，天人合一的和谐发展观念和与时俱进的革故鼎新思想，对当前我国经济社会的发展有着重要的借鉴作用。但由于《易经》文辞简约，佶屈聱牙，含义深奥，晦涩难懂，所以两千年来，众说纷纭，莫衷一是。本书采用主客对话的形式，力图深入浅出，抓住要害，在疏通文字的基础上，联系现实生活解读《易经》六十四卦，展开科学分析，避免无根游谈，揭示人生哲理，点破谋略玄机。

　　本书的初稿是在孙映逵教授的主持下，由孙映逵教授和我分头撰写的，在写作中我们曾参考了古今多种易学著作，特别是金景芳、吕绍纲两位先生的《周易全解》和黄寿祺、张善文两位先生的《周易译注》，持论公允，解释有据，言之成理，多所参照。这次增订仍然是在孙映逵教授主持下进行的，具体工作由两人分工进行，前半部分由孙映逵教授修订，后半部分由我修订，然后由两人分别通读全稿一过，新增加的附录也是由孙映逵教授提供的。此次修订改正了已发现的错误，对有些内容作了调整、改写，其目的是希望在通俗易懂上下功夫，但由于时间和水平所限，肯定还存在着不少的问题，请读者诸君不吝赐教，以便进一步改正。

杨亦鸣

2005 年 9 月 24 日

于徐州云龙山东麓放鹤亭下

　　　　　　　　　"六十四卦"中的人生哲理与谋略

图书在版编目（CIP）数据

"六十四卦"中的人生哲理与谋略：《易经》对话
录：2016 年版 / 孙映逵，杨亦鸣著 . --北京：社会科
学文献出版社，2016.8（2025.4 重印）
（述而作）
ISBN 978 - 7 - 5097 - 9496 - 8

Ⅰ. ①六…　Ⅱ. ①孙…　②杨…　Ⅲ. ①《周易》 - 研
究　Ⅳ. ①B221. 5

中国版本图书馆 CIP 数据核字（2016）第 176432 号

·述而作·
"六十四卦"中的人生哲理与谋略
——《易经》对话录（2016 年版）

著　　者 / 孙映逵　杨亦鸣

出 版 人 / 冀祥德
项目统筹 / 宋月华　杨春花
责任编辑 / 范明礼　侯培岭
责任印制 / 岳　阳

出　　版 / 社会科学文献出版社·人文分社（010）59367215
　　　　　地址：北京市北三环中路甲 29 号院华龙大厦　邮编：100029
　　　　　网址：www. ssap. com. cn
发　　行 / 社会科学文献出版社（010）59367028
印　　装 / 三河市东方印刷有限公司

规　　格 / 开 本：889mm × 1194mm　1/32
　　　　　印 张：19. 625　字 数：492 千字
版　　次 / 2016 年 8 月第 1 版　2025 年 4 月第 8 次印刷
书　　号 / ISBN 978 - 7 - 5097 - 9496 - 8
定　　价 / 69. 00 元

读者服务电话：4008918866